QIAOLIANG
SHANGBU
SHIGONGJISHU

桥梁上部施工技术

鲍英基 王国安 主 编 任蓓蓓 副主编

化学工业出版社
·北京·

内 容 简 介

《桥梁上部施工技术》内容分为五个项目，即认识桥梁构造、桥梁施工基本作业、梁桥施工、拱桥施工和斜拉桥施工，共包含二十七个任务。在每个项目任务实施知识教学的同时，基于真实工程项目配以同步实训，强调任务成果的交流、评价、考核。本书进行了数字化资源配套，设置了二维码，包含工程图纸、施工动画、视频等；提供了配套教学课件、电子教案、任务成果模板等教学资源，可扫描二维码免费下载学习。

本书可作为高职高专道路桥梁工程技术、城市轨道交通工程技术、高速铁道工程技术等专业的教学用书，也可作为相关专业的参考书。

图书在版编目（CIP）数据

桥梁上部施工技术/鲍英基，王国安主编．—北京：化学工业出版社，2021.2
ISBN 978-7-122-38251-1

Ⅰ.①桥⋯ Ⅱ.①鲍⋯②王⋯ Ⅲ.①桥梁结构-上部结构-桥梁施工-教材 Ⅳ.①U443.3

中国版本图书馆CIP数据核字（2020）第257339号

责任编辑：张绪瑞　　　　　　　　　　　　装帧设计：张　辉
责任校对：李　爽

出版发行：化学工业出版社（北京市东城区青年湖南街13号　邮政编码100011）
印　　装：三河市延风印装有限公司
787mm×1092mm　1/16　印张16¾　字数445千字　2021年3月北京第1版第1次印刷

购书咨询：010-64518888　　　　　　　　售后服务：010-64518899
网　　址：http://www.cip.com.cn
凡购买本书，如有缺损质量问题，本社销售中心负责调换。

定　　价：49.80元　　　　　　　　　　　　　　　　　　　　版权所有　违者必究

前言

"桥梁上部施工技术"是高职高专道路桥梁工程技术、城市轨道交通工程技术、高速铁道工程技术等专业的一门专业核心课程。本书基于项目化课程理念，紧跟产业发展，融入新技术、新工艺、新规范，针对施工员岗位职责和工程施工流程，引用真实工程案例设计教学项目，以学生能力培养为重点，突出学生能力目标实现。

本书在结构设计上按照项目化教学要求对教学内容进行重构，采用了项目—任务的编排方式。内容分为五个项目，即认识桥梁构造、桥梁施工基本作业、梁桥施工、拱桥施工和斜拉桥施工，共包含二十七个任务。在教学过程尤其是教学内容中，关注行业发展要求，融入相关职业资格标准，对应职业岗位能力和工作任务，明确项目任务学习内容、知识目标、能力目标、任务成果要求等。在每个项目任务实施知识教学的同时，基于真实工程项目配以同步实训，强调任务成果的交流、评价、考核。

本书进行了数字化资源配套，设置了二维码，包含工程图纸、施工动画、视频等。提供了配套教学课件、电子教案、任务成果模板等教学资源。可扫描二维码免费下载学习。

本书由鲍英基、王国安任主编，任蓓蓓任副主编，董峰辉、王江波、陈书生参编，具体编写分工为：项目一由江苏建筑职业技术学院王国安编写，项目二由江苏建筑职业技术学院鲍英基编写，项目三由江苏建筑职业技术学院任蓓蓓编写，项目四由中交第一公路勘察设计研究院陈书生、中铁隧道股份有限公司王江波编写，项目五由南京林业大学董峰辉编写。在本书编写过程中得到了无锡交通工程建设有限公司、江苏东南工程咨询有限公司及浙江交工集团股份有限公司的支持，同时江苏建筑职业技术学院道路桥梁工程技术专业部分同学也参与了教材的编写和校对工作，未能一一列出，在此一并致谢。

本书可作为高职高专道路桥梁工程技术、城市轨道交通工程技术、高速铁道工程技术等专业的教学用书，也可作为相关专业的参考书。由于编写时间仓促及编者水平有限，不足之处恳请各位专家及读者指正。

编者

2020 年 9 月

目录

项目1 认识桥梁构造 — 1

任务1.1 中国桥梁发展 — 1
- 1.1.1 中国桥梁工程技术的崛起 — 1
- 1.1.2 大跨度桥梁建设 — 2
- 1.1.3 跨海工程建设 — 5

任务1.2 桥梁的基本组成和分类 — 7
- 1.2.1 桥梁的组成 — 7
- 1.2.2 桥梁的分类 — 8

任务1.3 桥梁规划与设计 — 11
- 1.3.1 前期工作——预可行性研究报告与可行性研究报告的编制 — 12
- 1.3.2 初步设计 — 15
- 1.3.3 技术设计 — 16
- 1.3.4 施工图设计 — 16

任务1.4 桥梁设计作用 — 17
- 1.4.1 公路桥梁设计荷载 — 17
- 1.4.2 铁路桥涵设计荷载 — 24

任务1.5 桥面布置与构造 — 28
- 1.5.1 桥面铺装 — 28
- 1.5.2 桥面纵横坡 — 29
- 1.5.3 防水层 — 30
- 1.5.4 桥面排水系统 — 30
- 1.5.5 伸缩缝 — 32
- 1.5.6 人行道 — 35
- 1.5.7 护栏和栏杆 — 36

项目 2　桥梁施工基本作业　38

任务 2.1　钢筋工程　39
- 2.1.1　钢筋的种类　39
- 2.1.2　钢筋的进场检验和存放　40
- 2.1.3　钢筋的加工　41
- 2.1.4　钢筋连接　41
- 2.1.5　钢筋的绑扎与安装　43

任务 2.2　模板、支架工程　44
- 2.2.1　模板类型　45
- 2.2.2　支架类型　47
- 2.2.3　模板、支架设计　49
- 2.2.4　模板的制作与安装　50
- 2.2.5　支架的制作与安装　50
- 2.2.6　模板、支架的拆除　51

任务 2.3　混凝土工程　51
- 2.3.1　混凝土的强度　51
- 2.3.2　混凝土配制　53
- 2.3.3　混凝土拌制、运输　54
- 2.3.4　混凝土浇筑　55
- 2.3.5　混凝土养护　56
- 2.3.6　混凝土质量检验　58

任务 2.4　预应力混凝土工程　59
- 2.4.1　预应力钢筋　59
- 2.4.2　预应力设备　61
- 2.4.3　先张法　70
- 2.4.4　后张法　72

项目 3　梁桥施工　76

任务 3.1　梁桥构造　77
- 3.1.1　梁桥的类型及特点　77
- 3.1.2　梁桥立面布置　80
- 3.1.3　梁桥横截面布置　83

任务 3.2 支架施工法 ·· 90
　3.2.1 支架 ··· 90
　3.2.2 施工方法 ··· 92

任务 3.3 逐孔施工法 ·· 95
　3.3.1 整孔吊装或分段吊装逐孔施工 ·· 95
　3.3.2 临时支撑组拼预制节段逐孔施工 ··· 98
　3.3.3 移动支架逐孔现浇施工（移动模架法） ··· 101
　3.3.4 体系转换 ··· 103

任务 3.4 悬臂法施工 ·· 105
　3.4.1 0号块的施工 ·· 106
　3.4.2 节段悬臂浇筑施工 ··· 108
　3.4.3 悬臂拼装施工 ··· 116
　3.4.4 边跨直线段施工 ·· 122
　3.4.5 合龙段施工 ·· 122

任务 3.5 顶推法施工 ·· 125
　3.5.1 单点顶推法 ·· 127
　3.5.2 多点顶推法 ·· 128
　3.5.3 其他施工方法 ··· 129
　3.5.4 施工中的临时设施 ··· 131
　3.5.5 顶推施工要点 ··· 132

任务 3.6 案例分析 ··· 133
　3.6.1 重庆长江大桥 ··· 133
　3.6.2 虎门大桥辅助航道桥 ·· 136

项目 4　拱桥施工　142

任务 4.1 拱桥构造认知 ··· 143
　4.1.1 拱桥的基本特点 ·· 143
　4.1.2 拱桥的组成和分类 ··· 144
　4.1.3 拱桥的构造 ·· 147

任务 4.2 拱架施工法 ·· 175
　4.2.1 常见支架形式 ··· 175
　4.2.2 拱桥主拱圈就地浇筑施工 ·· 177
　4.2.3 支架卸落 ··· 179
　4.2.4 拱圈主拱圈的砌筑施工 ··· 181

任务 4.3 缆索吊装施工法 ··· 182
    4.3.1 缆索吊装设备 ··· 182
    4.3.2 拱箱（肋）预制 ··· 185
    4.3.3 吊装方法 ··· 186
    4.3.4 加载程序 ··· 187

任务 4.4 拱桥转体施工法 ··· 188
    4.4.1 平面转体施工 ··· 188
    4.4.2 竖向转体施工 ··· 192
    4.4.3 平竖转体施工 ··· 192

任务 4.5 劲性骨架施工法 ··· 192

任务 4.6 悬臂施工法 ··· 195
    4.6.1 塔架扣索悬臂浇筑施工法 ··· 195
    4.6.2 斜吊式悬臂浇筑施工法 ··· 195
    4.6.3 悬臂拼装法 ··· 196

任务 4.7 案例分析 ··· 197
    4.7.1 重庆万州长江大桥 ··· 197
    4.7.2 重庆巫山长江大桥 ··· 200

项目 5　斜拉桥施工　203

任务 5.1 斜拉桥总体布置 ··· 204
    5.1.1 跨径布置 ··· 205
    5.1.2 索塔布置 ··· 206
    5.1.3 拉索布置 ··· 207
    5.1.4 主梁布置 ··· 209
    5.1.5 辅助墩及外边孔 ··· 209
    5.1.6 结构体系 ··· 210

任务 5.2 斜拉桥构造 ··· 211
    5.2.1 斜拉索构造 ··· 211
    5.2.2 混凝土主梁构造 ··· 218
    5.2.3 钢-混凝土结合梁构造 ··· 224
    5.2.4 索塔构造 ··· 229

任务 5.3 混凝土斜拉桥的施工 ··· 235
    5.3.1 主梁施工 ··· 235
    5.3.2 混凝土索塔施工 ··· 239

  5.3.3 斜拉索施工 …………………………………………………… 243
任务 5.4 斜拉桥的施工控制与调整 …………………………………… 248
任务 5.5 案例分析 …………………………………………………… 252
  5.5.1 案例一——苏通长江公路大桥 …………………………… 252
  5.5.2 案例二——瑞士 Sunniberg 大桥 ………………………… 254
  5.5.3 案例三——法国米约大桥 ………………………………… 255

参考文献 ……………………………………………………………… 259

项目1　认识桥梁构造

【知识目标】
① 了解中国桥梁的发展历史及代表性的桥梁。
② 掌握桥梁的基本组成和分类。
③ 了解桥梁设计和规划的程序。
④ 了解桥梁的设计荷载和作用。
⑤ 熟悉桥面布置与构造。

【能力目标】
① 能根据桥梁结构示意图确定其基本组成，分析其受力特点。
② 能分析桥梁承受的作用类型并合理取值。
③ 能根据桥面类型和构造确定其使用功能。

任务1.1　中国桥梁发展

【任务引领】
　　古代保存至今的中国古代桥梁，不仅在技术上，而且在艺术上都取得了辉煌的成就。但是自1840年鸦片战争以后的百余年内，桥梁科学技术远远地落在了西方国家的后面，古代在桥梁建筑方面创造的辉煌已成历史烟云。中华人民共和国成立后，在原有各种基础条件十分薄弱的情况下，经过艰苦努力奋斗至今，中国已跻身于世界桥梁强国之列，本任务通过学习中国桥梁发展历史了解中国桥梁建设取得的成就。

1.1.1　中国桥梁工程技术的崛起

　　中国古代桥梁工程技术的辉煌成就曾在世界桥梁发展史中占有重要的地位，为世人所公认。18世纪英国工业革命造就了现代科学技术，使欧美各国相继进入了现代桥梁工程的新时期。1935年开工修建的杭州钱塘江大桥是第一座由中国工程师主持设计建造的现代钢桥，仅用了30个月即于1937年9月建成通车，是中国桥梁史的一座丰碑。如图1-1-1所示。
　　中华人民共和国成立后，随着国民经济和交通事业的兴起，桥梁建设也得到了蓬勃的发展。1957年，9孔128m、全长1155.5m的武汉长江大桥的建成为我国现代大跨度钢桥和深水基础工程的发展奠定了基础。1968年底建成的南京长江大桥是由我国工程师独立主持设计和施工的第二座长江大桥，如图1-1-2所示。与武汉长江大桥相比，南京长江大桥跨度增大为160m，是采用带下加劲的第三弦杆的连续钢桁梁桥。由于桥址地质条件复杂，它采用四种不同的深水基础形式，是我国完全自主建设长江大桥的一个里程碑。

图 1-1-1　钱塘江大桥

图 1-1-2　南京长江大桥

进入20世纪90年代后，由于上海浦东的开发与开放以及全国经济建设的顺利发展，桥梁建设也在改革开放十年的基础上出现了新的高潮。上海南浦大桥（见图1-1-3）于1991年胜利建成通车，紧接着又于1993年建成了另一座主跨602m的斜拉桥——上海杨浦大桥。两座斜拉桥的成功兴建大大鼓舞了全国各省桥梁同行自主建设大跨度桥梁的信心和热情，掀起了大规模建设大桥的全国性高潮。

20世纪90年代在拱桥建设方面也取得了重要的进展。由于钢材供应已逐渐充裕，在国外应用较广的钢管混凝土拱桥开始引入我国。这种复合结构具有安装施工方便、用料经济合理、承载能力大的优点。1990年在四川旺苍建成了第一座主跨115m的钢管混凝土拱桥后，迅速在全国推广。与此同时，采用劲性骨架的钢筋混凝土箱形拱桥也取得了发展。在20世纪80年代末建成主跨200m的重庆市涪陵乌江桥和主跨240m的四川宜宾金沙江桥以后，改用新型的钢管混凝土拱为骨架建成了当时世界最大跨度混凝土拱桥——主跨420m的重庆市万县长江大桥（见图1-1-4），这是另一座丰碑，引起了国际同行的注目。

图 1-1-3　上海南浦大桥

图 1-1-4　万县长江大桥

1994年，筹备已久的江阴长江大桥正式开工，这一凝聚着中国几代桥梁人的梦想，中国第一座超千米的大跨度悬索桥终于完全由中国人自主设计。主跨1385m的江阴长江大桥（见图1-1-5）在世纪末的1999年建成通车，标志着中国以其令世人惊叹的桥梁建设规模和发展速度以及位于各种桥型跨度排行榜前列的突出成就，进入了世界桥梁强国之列。

1.1.2　大跨度桥梁建设

中国现代桥梁在20世纪最后20年通过自主建设取得了令世人惊叹的进步和成就，和发达国家一起面向 21 世纪更加宏伟的跨江跨海大桥工程建设。经过 20 世纪 80 年代"学习和赶超"和 90 年代"跟踪和提高"两个发展阶段，中国桥梁界在 21 世纪初进入一个"创新和超越"的新时期，即通过创新的设计和施工，实现跨越式发展，提高了中国桥梁的国际竞争力。

（1）苏通长江大桥（见图 1-1-6）

苏通长江大桥是中国第一座超千米的斜拉桥。在宽阔的长江下游水域满足 10 万吨海轮的通航要求，又要避免水中锚碇的困难，就有必要采用超大跨度的斜拉桥。

图 1-1-5　江阴长江大桥　　　　　　　图 1-1-6　苏通长江大桥

首先是深水塔墩基础。经过比较，决定采用施工把握较大的大型群桩基础，131 根长 120m、直径 2.5～2.8m 的大直径钻孔桩施工需要很大的承台，钢吊箱质量达到 6000t，需要克服很多难题。同时，为防止今后的冲刷危及基础，还需要进行永久性的冲刷防护。

苏通大桥的抗风和抗震设计是方案设计阶段重点考虑的问题，经过多方案的比选，采用具有刚性限位和液体黏滞阻尼的组合纵向约束装置，引进了美国泰勒公司先进的液体黏滞阻尼器，并为苏通大桥特别设计了带限位（最大限位力 10000kN，最大限位±750mm）的特大阻尼器，在强风和强地震作用下，桥面不致发生过大的位移导致桥塔的不利受力，并危及伸缩缝，成为大跨桥梁重要的保护系统，以保障桥塔的安全。

苏通大桥的桥面较宽，又采用稳定性较好的斜索面布置，抗风稳定性是有保证的。为了减小拉索的风荷载，减小桥面的侧向位移，同时防止拉索的风雨振动和其他风致振动，苏通大桥采用日本先进的带凹点的表面处理技术，以及索端的阻尼装置。同时，进行详细的大比例尺高雷诺数风洞试验和抗风研究，以避免不利的桥面涡激振动。

300m 高的桥塔施工以及先进的塔顶钢锚箱的安装需要高效、安全、稳妥的塔吊。苏通大桥请法国公司对原用于南京三桥的先进塔吊进行了加高和改造，使之适合于苏通大桥的要求，同时还引进了先进的爬模装备和泵送混凝土设备。这些 20 世纪 90 年代的先进装备保证了桥塔安全和高效快速的施工，并得到了高质量的桥塔。

超千米的桥面钢箱梁施工也是一项挑战。由于苏通大桥的桥面比法国诺曼底大桥和日本多多罗大桥要宽，虽然悬臂长度增大，但宽跨比反而小，使施工阶段的侧向刚度相对较大，而侧向风致振动减小，这是比较有利的。

为了使苏通大桥的施工控制赶上世界先进水平，采用了"精确几何控制"的先进技术，指挥部和施工总承包单位邀请英国茂盛公司和丹麦 COWI 公司作为顾问单位，用他们的先进软件协助进行控制，取得了很好的效果。为了保证拼装的效率和精度，引进了英国道门朗公司（DL Tech）的先进桥面吊机，使长达 500 余米的悬臂拼装得以顺利合拢。

可以说，苏通大桥指挥部坚持了自主建设但不排斥聘请发达国家协助咨询难点的正确方针，使大桥所采用的技术达到了20世纪90年代国际先进水平，保证了工程质量，提高了效率，取得了很大的进步，也得到了外国同行的赞许。

(2) 舟山西堠门大桥（见图1-1-7）

舟山大陆连岛工程位于浙江省东北部的东海海域，连接舟山、宁波两市。工程起于舟山市册子岛桃夭门岭，接桃夭门大桥西接线，于门头山经老虎山跨越西堠门水道，初步设计全长5.45km，其中西堠门大桥2.586km，按双向4车道高速公路设计，设计速度80km/h。西堠门大桥采用主跨1650m的两跨连续中间开槽6m的钢箱梁悬索桥，孔跨组合为578m+1650m+485m，是当时我国跨度第一、世界第二的特大型悬索桥。

图1-1-7 舟山西堠门大桥

在西堠门大桥之前，我国悬索桥主缆常用强度级别为1670MPa，国内现有盘条不能满足大桥的使用要求，需要从国外进口盘条。为节省投资，由上海宝钢根据使用要求开展自主研发，成功研制了φ5mm系列1770MPa、1860MPa级的高强度镀锌钢丝，减小了主缆的直径和质量，并由此节约了索夹配件、锚碇尺寸和下部基础的造价，达到了先进水平。主缆施工时，首次采用直升机牵引先导索过海，避免了传统方法可能带来的风险。

西堠门大桥采用分体式钢箱梁提高抗风性能。通过模型试验研究制订了分体式钢箱梁的制造工艺，通过采用自航船舶动力定位并首次提出一种天缆辅助动力定位方法，实现精确定位的目的。分体桥面的设计、制造和安装是国内第一次尝试，国际上也缺少可借鉴的经验，在桥梁发展史上具有里程碑意义。

(3) 上海卢浦大桥（见图1-1-8）

主跨达550m的上海卢浦大桥是一座当时创世界纪录跨度的钢拱桥。300m以上拱桥一般都采用桁架拱以减小拼装重量有利于悬拼施工。上海卢浦大桥大胆地采用了倾斜的箱形拱以获得"提篮拱"的美学造型。从侧倾稳定性的分析看，平行拱面也可获得足够的稳定安全系数，而在倾斜的拱面上进行重量达480t的拱肋节段悬拼，确实是巨大的挑战。卢浦大桥的施工单位采用巨型临时塔吊和扣索系统，并通过大量压重措施，同时引进了国外的吊装设备克服了困难，使拱肋得以合龙。在上海的软土地基上修建大跨度拱桥必须采用强大的系杆平衡拱的推力。在施工中将有多次体系转换，将临时扣索的拉力转移到水平的系杆拉索中去。施工全过程的控制技术应当是一项非常具有特色的创造性工作。

图1-1-8 上海卢浦大桥

从桥梁建成后的效果看，虽然多费了一些钢材和施工费用，经济指标并不好，但却证明了500m以上箱形拱桥也是可行的。与古典的桁架拱相比，箱形肋拱可能更具有现代气息。

1.1.3 跨海工程建设

中国的海湾大桥建设始于20世纪90年代初的汕头海湾大桥以及香港新机场线联岛工程中的三座大桥，即青马大桥、汲水门桥及汀九桥。此后，舟山联岛工程也悄悄起步，从舟山本岛逐步向大陆联岛推进。

(1) 东海大桥（见图1-1-9）

第一座在广阔外海海域建造的跨海工程是2005年建成的东海大桥。该桥由上海市南汇区连接洋山深水港，全长32.5km，位于杭州湾口、黄海和东海的交界处，是一座具有里程碑意义的跨海大桥，它的建成为今后的中国跨海工程，如杭州湾大桥、港珠澳大桥、渤海海峡和琼州海峡工程，提供了宝贵的经验。

图1-1-9 东海大桥

东海大桥建设者面对海上的恶劣环境，上下部结构均采用大型预制构件的整体吊装施工，装备了2500t大型浮吊。为保证100年使用寿命，研制了海上高性能混凝土和各种防腐措施，提高了海洋环境下混凝土的耐久性。在海域施工必须采用GPS定位技术，建造大型耐风浪的施工平台，管理上也采用创新的思路，保证海上施工的顺利进行。

(2) 杭州湾跨海大桥（见图1-1-10）

20世纪90年代初，浙江省开始规划建设由乍浦港连接慈溪的杭州湾通道。当时委托刚成立的上海林同炎李国豪顾问公司进行预可行性研究，比较了几条可能的线路走向、桥型布置和基础形式，并估算了造价。20世纪90年代后期资金筹措有了进展，由北京公路规划设计院完成了可行性研究报告，经交通部批准立项，进入了正式筹建阶段。浙江省宁波市组织了指挥部，紧跟上海东海大桥之后动工建设，以便利用东海大桥的大型施工设备和队伍，并借鉴东海大桥的海上施工经验。

图1-1-10 杭州湾跨海大桥

杭州湾通道位于杭州湾内，全长36km，超过东海大桥。大桥设两个通航孔，北通航孔为主跨448m的双塔双索面钢斜拉桥，通航标准3.5万吨；南通航孔为单塔单索面钢斜拉桥，通航标准3万吨。除南北通航孔外，其余海上非通航孔桥梁均采用70m先简支后连续的预应力混凝土箱梁。对东海大桥建设中出现的一些问题，如对预制装配式桥墩湿接头的裂缝控制、连续箱梁预制中的预张拉技术、连续箱梁支座处湿接头的工艺等都采取了改进措施（如改变海工混凝土配合比、增加保护层以及掺加佳路得纤维等），期望能解决湿接头混凝土开裂后影响耐久性的问题。对于重2200t的非通航孔桥箱梁的施工采用由意大利公司设计和德国制造的先进运梁车，将预制梁逐孔移动就位安装，与一般采用移动模架现浇工艺相比，提高了质量。此外，为改善高桥面行车的风环境，首次采用大范围的风障设置取得了很好的效果。

杭州湾大桥于2008年和苏通长江大桥同步建成，实现同三国道主干线跨越长江口和杭州湾两大重点工程，并使上海通往浙闽沿海诸城市的公路交通更为便捷、通畅。

(3) 港珠澳大桥

珠江口的伶仃洋是最重要的河口湾，珠江三角洲的八大口门中有四个汇入伶仃洋，湾口宽30km，面积2000km²。伶仃洋东面是深圳、蛇口和香港，西面是珠海和澳门，距湾顶虎门口的虎门大桥65km。随着珠江三角洲地区经济的飞速发展，湾口两边都开始考虑在伶仃洋架桥的设想。

2009年12月大桥初步设计完成，并通过多轮专家会议评审，建设方决定采用桥隧组合方案，其中隧道约6.7km，桥梁约22.9km。隧道两端各设置一个海中人工岛，东人工岛东边缘距粤港分界线约150m，西人工岛东边缘距伶仃西航道约1800m，两人工岛最近边缘间距约5250m。

大桥设计寿命为120年，是世界上最长的六线行车沉管隧道，以及世界上跨海距离最长的桥隧组合跨海通道。

三地共建段桥梁中有三座航道桥：九洲航道为（85＋127.5＋268＋127.5＋85）m 双塔单索面钢-混组合梁斜拉桥；江海直达桥为（110＋129＋2×258＋129＋110）m 三塔单索面钢箱斜拉桥；青州航道桥为（110＋236＋458＋236＋110）m 双塔双索面钢箱斜拉桥。深水区非通航孔桥跨为110m钢箱梁结构，浅水区非通航孔桥跨为85m钢混组合梁结构。如图1-1-11。

图1-1-11 港珠澳大桥航道桥

港珠澳大桥桥梁工程坚持工法与结构设计紧密结合，采用"大型化、工厂化、标准化、装配化"的施工方案和工艺。本桥施工环境恶劣、环保和耐久性标准高。非通航孔桥基础为打入钢管复合桩，承台、墩身以及上部结构组合梁和钢箱梁均采用工厂化预制，现场用起重船整体安装工艺。

任务 1.2 桥梁的基本组成和分类

【任务引领】

桥梁是跨越各种障碍的结构物，衔接时间、空间的手段。按照不同的划分标准和方法，可以对桥梁进行不同的分类，不同类型的桥梁其基本组成又各不相同。本任务通过对梁桥构造的学习了解桥梁的基本组成，同时重点掌握桥梁按结构体系的分类。

桥梁的基本组成

1.2.1 桥梁的组成

桥梁由四个基本部分组成，即上部结构（superstructure）、下部结构（substructure）、支座（bearing）和附属设施（accessory）。如图 1-2-1 所示。

上部结构（或称桥孔结构、桥跨结构）（图 1-2-1）是跨越各种障碍（如江河、山谷或其他线路等）的结构物。

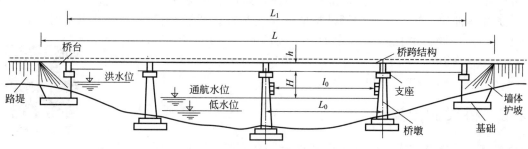

图 1-2-1 桥梁的基本组成

下部结构包括桥墩（pier）、桥台（abutment）和基础（foundation）。桥墩是在河中或岸上支承两侧桥跨上部结构的建筑物。桥台设在桥的两端，一端与路堤相接，并防止路堤滑塌，为保护桥台和路堤填土，桥台两侧常做一些防护工程；另一侧则支承桥跨上部结构的端部。基础是保证桥梁墩台安全并将荷载传至地基的结构部分。基础工程在整个桥梁工程施工中是比较困难的部分，而且是常常需要在水中施工，因而遇到的问题也很复杂。

支座支承上部结构并传递荷载于桥梁墩台上，保证上部结构在荷载、温度变化或其他因素作用下所预计的位移功能。

附属设施主要包括桥面铺装、排水防水系统、栏杆、伸缩缝和灯光照明，主要与桥梁服务功能有关。桥面铺装（或称行车道铺装）铺装的平整、耐磨性、不翘壳、不渗水是保证行车舒适的关键。特别在钢箱梁上铺设沥青路面的技术要求甚严。排水防水系统应迅速排除桥面上积水，并使渗水可能降低至最小限度。此外，城市桥梁排水系统应保证桥下无滴水和无结构上的漏水现象。栏杆（或防护栏杆）既是保证安全的构造措施，又是有利于观赏的最佳装饰件。伸缩缝是防止构件由于气候温度变化（热胀、冷缩），使结构产生裂缝或破坏而沿建筑物或者构筑物施工缝方向的适当部位设置的一条构造缝。灯光照明增添了城市中光彩夺目的晚景。

桥梁结构两支点间的距离 L_0 称为计算跨径。桥梁结构的力学计算是以计算跨径为准的。

对于梁式桥，设计洪水位线上相邻两桥墩（或桥台）的水平净距 l_0 称为桥梁的净跨径，各孔净跨径的总和，称为桥梁的总跨径。桥梁总跨径反映它排泄洪水的能力。

梁式桥、板式桥两桥墩中线间距离或桥墩中线与台背前缘间距离 L_K 称为标准跨径（拱式桥和涵洞，标准跨径为净跨径），标准跨径反映桥涵技术的复杂程度。

桥梁两岸桥台侧墙或八字墙尾端间的距离 L，称为桥梁全长（无桥台的桥梁为桥面系长度），桥梁全长反映桥梁的建设规模。

我国《公路工程技术标准》（JTG B01—2014）规定特大桥、大桥、中桥、小桥、涵洞按单孔跨径或多孔跨径总长分类规定见表 1-2-1。

表 1-2-1 桥梁涵洞分类

桥涵分类	多孔跨径总长 L/m	单孔跨径 L_K/m
特大桥	$L>1000$	$L>150$
大桥	$100<L<1000$	$40<L_K<150$
中桥	$30<L<100$	$20<L_K<40$
小桥	$8<L<30$	$5<L_K<20$
涵洞	—	$L_K<5$

新建中、小桥涵的设计采用标准化的装配式结构及机械化、工厂化施工，可节约投资，便于养护和构件的更换，提高桥涵结构的安全耐久性。桥涵跨径在 50m 及以下时，宜采用标准化跨径。桥涵标准化跨径规定如下：0.75m、1.0m、1.25m、1.5m、2.0m、2.5m、3m、4.0m、5.0m、6.0m、8.0m、10m、13m、16m、20m、25m、35m、40m、45m、50m。

1.2.2 桥梁的分类

桥梁有多种分类方式，按其用途来划分，有公路桥、铁路桥、公路铁路两用桥、农桥、人行桥、运水桥（渡槽）及其他专用桥梁（如通过管路、电缆等）。

按主要承重结构所用的材料来划分，有木桥、钢桥、圬工桥（包括砖、石、混凝土桥）、钢筋混凝土桥和预应力钢筋混凝土桥。木材易腐蚀且资源有限，因此，除了少数临时性桥梁外，一般不采用。在工程建设中，采用的最广泛的是混凝土桥。

按照受力体系分类，桥梁有梁式桥、拱式桥、刚构桥、斜拉桥和悬索桥。

(1) 梁式桥（见图 1-2-2）

梁式桥是一种在竖向荷载作用下无水平反力的结构，由于外力（恒载和活载）的作用方向与承重结构的轴线接近垂直，因而与同样跨径的其他结构体系相比，梁桥内产生的弯矩最大，通常需用抗弯、抗拉能力强的材料（钢、钢筋混凝土、钢-混凝土组合结构等）来建造。对于中小跨径桥梁，目前在公路上应用最广的是标准跨径的钢筋混凝土简支梁桥，施工方法有预制装配和现浇两种。这种梁桥的结构简单，施工方便，简支梁对地基承载力的要求也不高，其常用跨径在 25m 以下，当跨径较大时，需采用预应力混凝土简支梁桥，但跨度一般不超过 50m，为了改善受力条件和使用性能，地质条件较好时，中小跨径梁桥均可修建连续梁桥，对于很大跨径的大桥和特大桥，可采用预应力混凝土梁桥、钢桥和钢-混凝土组合梁桥。

(2) 拱式桥（见图 1-2-3）

拱式桥的主要承重结构是拱圈或拱肋（拱圈横截面设计成分离形式时称为拱肋）。拱结构在竖向荷载作用下，桥墩和桥台将承受水平推力。同时，根据作用力和反作用力原理，墩台向拱圈（拱肋）提供一对水平反力，这种水平反力将大大抵消在拱圈（或拱肋）内由荷载所引起的弯矩。因此，与同跨径的梁相比，拱的弯矩、剪力和变形都要小得多，鉴于拱桥的

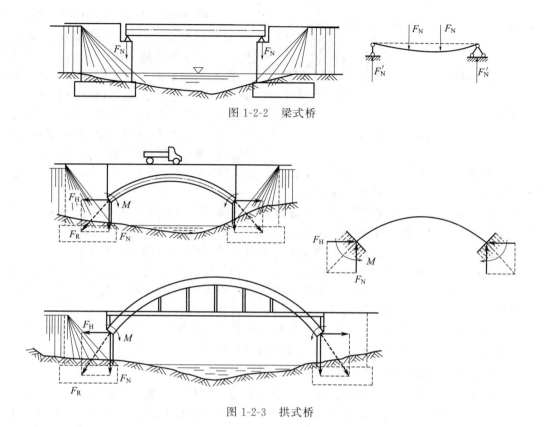

图 1-2-2 梁式桥

图 1-2-3 拱式桥

承重结构以受压为主,通常可用抗压能力强的圬工材料(如砖石、混凝土)和钢筋混凝土等来建造。

拱桥不仅跨越能力很大,而且外形美观,在条件许可的情况下,修建拱桥往往是经济合理的,一般在跨径 500m 以内均可作为比选方案。

应当注意,为了确保拱桥的安全,下部结构和地基(特别是桥台)必须能够经受住很大的水平推力作用(系杆拱除外)。此外,与梁式桥不同,由于拱圈(或拱肋)在合拢前自身不能维持平衡,因而拱桥在施工过程中的难度和危险性要远大于梁式桥。对于特大跨度的拱桥,也可建造钢桥或钢-混凝土组合截面的拱桥,由于自重较轻但强度很高的钢拱首先合拢并不承担施工荷载,这样其施工难度和风险就可降低。

在地基条件不合适修建具有很大推力的拱桥的情况下,也可建造水平推力由受力系杆来承受的系杆拱桥,系杆可由钢、预应力混凝土或高强钢筋做成。

按照行车道和主拱圈的位置,拱桥分为上承式拱、中承式拱和下承式拱三种,主拱圈在行车道上面的,称为上承式桥;主拱圈在行车道下面的,称为下承式桥;主拱圈在行车道上中间的,称为中承式桥。

(3)**刚构桥**(见图 1-2-4)

刚构桥的主要承重结构是梁(或板)与立柱(或竖墙)整体结合在一起的钢架结构,梁和柱的连接处具有很大的刚性,以承担负弯矩的作用。对于门式刚架桥,在竖向荷载作用下,柱脚处具有水平反力,梁部主要受弯,但弯矩值较同跨径的简支梁小,梁内还有轴压力,因而其受力状态介于梁桥与拱桥之间,刚架桥跨中的建筑高度就可以做得较小。但普通钢筋混凝土修建的钢架桥在梁柱刚结处容易产生裂缝,需要在该处多配钢筋。另外,门式刚架桥在温度变化时,内部易产生较大的附加内力,应引起重视。

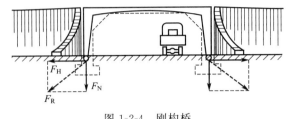

图 1-2-4 刚构桥

T 形刚构桥是修建较大跨径混凝土曾采用的桥型，属于静定或低次超静定结构。对于这种桥型，由于 T 构长悬臂处于一种不受约束的自由变形状态，在车辆荷载作用下，悬臂内的弯扭应力均较大，因而各个方向均易产生裂缝；另外，由于混凝土徐变，会使悬臂端产生一定的下挠，从而在悬臂端部和挂梁的结合处形成一个折角，不仅损坏了伸缩缝，而且车辆在此跳车，给悬臂以附加冲击力，使行车不适，对桥梁受力也不利，目前这种桥型已较少采用。

连续刚构桥属于多次超静定结构，在设计中一般应减小墩柱顶端的水平抗推刚度，使得温度变化下在结构内不致产生较大的附加内力。对于很长的桥，为了降低这种附加内力，往往在两侧的一个或数个边跨上设置滑动支座，从而形成刚构-连续组合体系桥型。

当跨越陡峭河岸和深谷时，修建斜腿式刚构桥往往既经济合理，造型又轻巧美观，由于斜腿墩柱置于岸坡上，有较大斜角，中跨梁内的轴压力也很大，因而斜腿刚构桥的跨越能力比门式刚构桥要大得多，但斜腿的施工难度较直腿大些。

刚构桥一般均需承受正负弯矩的交替作用，横截面宜采用箱型截面，连续刚构桥主梁受力与连续梁相近，横截面形式和尺寸也与连续梁基本相同。

(4) 斜拉桥（见图 1-2-5）

斜拉桥由塔柱、主梁和斜拉索组成，它的基本受力特点是：受拉的斜拉索将主梁多点吊起，并将主梁的恒载和车辆等其他荷载传至塔柱，再通过塔柱基础传至地基。塔柱基本上以受压为主。跨度较大的主梁就像一条多点弹性支承（吊起）的连续梁一样工作，从而使主梁内的弯矩大大减小。由于同时受到斜拉索水平分力的作用，主梁截面的基本受力特征是偏心受压。斜拉桥属于高次超静定结构，主梁所受弯矩大小与斜拉索的初张力密切相关，存在着一定最优的索力分布，使主梁在各种状态下弯矩（或应力）最小。

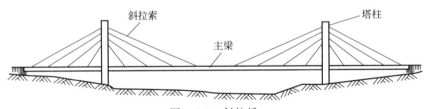

图 1-2-5 斜拉桥

由于受到斜拉索的弹性支承，弯矩较小，使得主梁尺寸大大减小，结构自重显著减轻，大幅度提高了斜拉桥的跨越能力，此外，由于塔柱、拉索和主梁构成稳定的三角形，斜拉桥的结构刚度较大，斜拉桥的抗风能力较悬索桥要好得多，但是，当跨度很大时，悬臂施工的斜拉桥因主梁悬臂长度过长，承受压力过大，而风险较大，塔高也过高，外索过长，索垂度的影响使索的刚度大幅度下降，这些问题都需要认真地研究和解决。

(5) 悬索桥（见图 1-2-6）

悬索桥是用悬挂在主塔上的强大缆索作为主要承重结构，在桥面系竖向荷载作用下，通过吊杆使缆索承受很大的拉力，缆索锚固于悬索桥两端的锚碇结构中，为了承受巨大的缆索拉力，锚碇结构需做得很大，或者依靠天然完整的岩体来承受水平拉力，缆索传至锚碇的拉力可分为垂直和水平两个分力，因为悬索桥也是具有水平反力的结构。现代悬索桥广泛采用高强度的钢丝成股编制形成钢缆,以充分发挥其优良的抗拉性能。悬索桥的承载系统包括缆索、索塔和锚碇三部分,因此结构自重较轻,能够跨越任何其他桥型无法达到的特大跨度。悬索桥的另一特点是,受力简单明了,成卷的钢缆易于运输,在将缆索架设完成后,便形成了一个强大稳定的结构支承系统,施工过程中的风险相对较小。

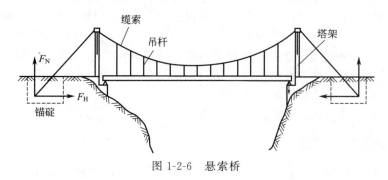

图 1-2-6 悬索桥

任务 1.3 桥梁规划与设计

【任务引领】

我国桥梁设计程序分为前期工作及设计阶段。前期工作包括编制预可行性研究报告和可行性研究报告。设计阶段按"三阶段设计"进行,即初步设计、技术设计与施工图设计。各阶段设计文件完成后的上报和审批都由国家指定的行政部门办理。批准后的文件就是各建设程序进行的依据,也是下一阶段设计文件编制的依据。本任务通过对设计阶段建设程序的关系的学习,了解桥梁建设的程序。

各阶段与建设程序的关系如图 1-3-1 所示,并就预可行性研究报告、可行性研究报告、初步设计、技术设计与施工图设计分别说明如下。

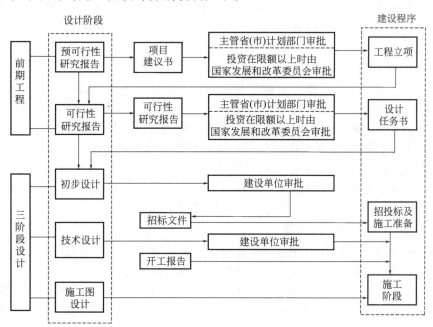

图 1-3-1 设计阶段与建设程序关系图

1.3.1 前期工作——预可行性研究报告与可行性研究报告的编制

预可行性研究报告与可行性研究报告均属建设的前期工作。两者应包括的内容及目的基本是一致的，只是研究的深度不同。预可行性研究报告是在工程可行的基础上，着重研究建设上的必要性和经济上的合理性；可行性研究报告则是在预可行性研究报告审批后，在必要性和合理性得到确认的基础上，着重研究工程上的和投资上的可行性。这两个阶段的研究都是为科学地进行项目决策提供依据，避免盲目性及其带来的严重后果。前期工作的重点在于论证建桥的必要性、可行性，并确定建桥的地点、规模、标准、投资控制等一些宏观问题和重大问题。显而易见，这个阶段的工作是十分重要的。

这两个阶段的文件应包括的内容主要如下。

1.3.1.1 工程必要性论证

必要性论证是评估桥梁建设在国民经济中的作用。桥梁是交通工程中的一部分，交通工程有铁路、公路、城市交通之分，评估方法也有所不同。

铁路桥梁一般从属于路网规划。路网规划是以沿线工农业生产的需要在近期、远期可能的运量为研究对象。铁路桥梁本身一般不作单独的研究。

公路桥梁有的从属于国家规划干线，该不该修建，则是时机问题，有的是属于区域内的桥梁，两者都是以车辆流量为研究对象。为此，要对距准备建桥地点最近及附近的渡口车辆流量，包括通过的车数、车型、流向进行调查。在此基础上，从发展的观点以及桥梁修通以后可能引入的车流，进行科学地分析，得出每日车流量，作为立论的依据。超过一定的日流量修建桥梁才是必要的。根据车辆流向研究，桥梁应该修在有利于解决流向最大的地区。

城市桥梁则从属于城市规划，也必须确定通过桥梁的可能日流量。

无论是铁路运量指标或是公路的车辆流量指标，都是确定桥梁建设标准的重要指标。

1.3.1.2 工程可行性论证

本阶段工作重点首先是选择好桥位，其次是确定桥梁的建设规模，同时还要解决好桥梁与河道、航运、城市规划以及已有设施（通称"外部条件"）的关系。

下面将工程可行性研究中的一些主要问题加以说明。

(1) 制订桥梁标准问题

根据前面调查的运量或流量先要确定线路等级，如铁路是否干线，公路是否高速或一、二级等，并确定车道数、桥面宽度及荷载标准。铁路只有一种标准，即中-活载。公路有多种等级，并要确定是否有特殊荷载（等级以外的荷载）。其次要确定允许车速、桥梁坡度和曲线半径。还要委托地震研究机构，进行本地区的地震危险性分析，从而确定桥梁抗震标准。此外还要确定航运标准、航运水位、航道净空、船舶吨位以及要求的航道数量及位置等。航运标准影响桥梁的高度和跨度，直接影响桥梁建设规模以及设计时如何满足航运的需要。因此设计部门必须与航运部门充分协商，慎重对待。

(2) 自然条件及周围环境问题

为调查自然条件及周围环境而进行的勘测工作称为草测。为此要收集万分之一地形图，进行纸上定线，在实地桥位两岸设点，用测距仪测得跨河距加以校正，并进行现场核查。

本阶段的地质工作以收集资料为主，辅以在两岸适当布置钻孔进行验证。要探明覆盖层的性质、岩面高低、岩性及构造，有无大的构造、断层，并从地质角度对各桥位作出初步评价。

要对各桥位周围环境进行调查，包括桥头引线附近有无要交叉的公路、铁路、高压线、通信光缆；附近有无厂房、民房要拆迁，有无不能拆迁的建筑物，有无文物、古迹，桥梁高度是否在机场航空净空范围以内，附近有无码头、过江电缆、航运锚地等。以上均属要调查清楚的外部条件。对涉及的问题都必须妥善加以处理。

本阶段的水文工作十分重要，如发现地质有问题时，直到初步设计阶段，桥位尚可作适当调整，但水文方面如存在问题其影响则不是适当调整桥位可以解决得了的。

水文工作一般要求提供设计流量，历史最高、最低水位，百年一遇洪水位，常水位情况及流速资料。在提供这些资料时，要考虑上游是否有水库及拟建水库的影响。要通过资料或试验，论证河道是否稳定，主槽的摆动范围，以及桥梁建成后本河段上、下游是否会产生不利影响。譬如建桥后形成的壅水是否影响上游防汛水位；上下游流速减速所形成的淤积对下游沙洲进退有何影响；对下游分汊河道（有沙州的河道分为左、右两支，称为分汊河道）的分流比有何影响，对河道形状可能产生的改变。还有对船舶在桥梁中轴线上、下游的走行轨迹进行测定。这些问题在预可行性研究报告阶段可以只提供分析成果，而在可行性研究报告阶段则必须通过水工模型试验加以论证。

此外还要对一些特殊水文条件进行研究，例如涌潮河段的问题、沿海地区的潮汐问题等。

(3) 桥式方案问题

进行桥式方案比较的目的在于评估方案的可行性，特别是基础工程的可行性。为此应该采取比较成熟的方案以提高评估的可行性。在编制桥式方案时，根据水文、地质及航运条件，研究主桥、引桥的长度及跨度。并以各种结构形式及不同材料的上部结构进行同等深度的比较，研究它们的可行性，并要求提供各个方案的工程量。以工程量中偏高、技术先进并且可行的方案作为一个桥位的桥式参选方案。作为桥位比选时重要的因素之一，提供"估算"用的桥式工程量不宜偏紧。"估算"得过小，国家列入的计划投资不足，会对国家计划的执行造成不利影响。

有些桥梁设计文件在可行性研究报告阶段，甚至在预可行性研究报告阶段就提出推荐桥式方案，这样做并不科学，也无必要。因为本阶段的工作重点不在这里，况且在本阶段内对桥式方案也不可能进行深入的比选。

(4) 桥位问题

至少应该选择两个以上的桥位进行比选。在某些特殊情况下，还需要在大范围内提出多个桥位进行比选。例如钱塘江第二大桥（公路与铁路两用）就曾提出四个桥位互相比较。上下游四个桥位中最远相距达23km（图1-3-2）。桥位比较的内容可以包括下面一些因素。

首先是桥位对路网布置是否有利。过去大型桥梁选择桥位时，总是以桥梁为主体，线路走向服从桥梁。这样线路往往要绕行，甚至导致布置上的不合理。现在由于建桥技术的发展进步，要树立任何地方都能建桥的观念，应该把桥位置于路网内一起考虑，尽量满足选线的需要。

比较造价时，要把各桥位桥梁本身的造价与联络线的造价加在一起进行比较。

桥梁建在城市范围内时，要重视桥梁建设满足城市规划的要求。

还要比较各桥位的航运条件，即航道是否顺直，尤其是桥位上游有无足够长的航道直线段。

在进行自然条件的比较时，要考虑到地质条件对基础工程的设计、施工难度以及工程规模有直接的影响。要考虑是否存在难于处理的自然条件，譬如水特别深、覆盖层软弱层特别厚、基岩软、构造发育、基岩破碎、风化严重、熔岩、岩面高差特别大等不利地层存在。

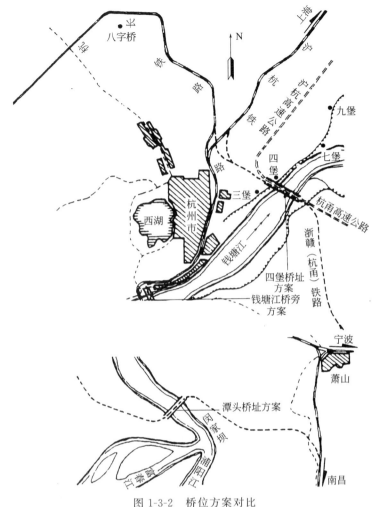

图 1-3-2 桥位方案对比

另一比较因素是外部条件的处理能否落实，不同桥位时的桥梁对周围设施影响程度如何，以及不能拆迁的设施对桥梁的影响程度如何等。

对环境保护的评估也是必不可少的。

经综合比较，根据每个桥位的不同着眼点，选定一个桥位作为推荐桥位。例如，钱塘江第二大桥四个桥位，从上游依次往下为：潭头桥址方案，珊瑚沙桥址方案，钱塘江（老桥）旁方案，四堡桥址方案。四个桥位最远处相距 23km，最后选定四堡桥址方案。此桥位于涌潮河段，施工困难，但对路线走向和城市规划都有利。

1.3.1.3 经济可行性论证

(1) 造价及回报问题

公路桥梁一般通过收取车辆过桥费取得回报，实际上回报率一般偏低，尤其是特大桥，由于投资大，取得全部回报的时间往往拖得很长。不过考虑回报一般也不能就桥论桥，要看到桥梁建设对全社会经济发展和社会效益的作用是巨大的。铁路干线上特大桥的经济和社会效益则更是全国性的，其回报很难由直接投资者收回。这也是一些大桥、特大桥的投资只能是国家或地方政府的行为，个人和社会集团较少感兴趣的原因。

(2) 资金来源及偿还问题

对资金来源，预可行研究报告阶段要有所设想，可行性研究报告阶段则必须予以落实。通过国外贷款、发行债券、民间集资等渠道筹措资金，则必须得到有关部门的批准。

1.3.2 初步设计

由计划部门下达的"设计任务书"是进行初步设计的依据。"设计任务书"要就桥位、建桥标准、建桥规模等控制性要求作出规定。在进行进一步勘测工作时如发现选定的桥位确系地质不良，并将造成设计、施工困难时，可以在选定桥位的上下游附近不影响桥梁总体布置的范围内通过地质条件的比较，推荐一个新的桥位。下面介绍初步设计阶段的主要工作内容。

(1) 进一步开展水文、勘测工作

在初步设计阶段还要通过进一步的水文工作提供基础设计和施工所需要的水文资料，施工期间各月可能的高、低水位和相应的流速（各个墩位处同一时期流速有所不同），以及河床可能的最大冲刷和施工时可能的冲刷等。

本阶段的勘测工作称为"初勘"。在初勘中要求建立以桥位中心线为轴线的控制三角网，提供桥址范围内两千分之一地形图。

勘探工作一般在桥轴线上的陆地及水上布置必要的钻孔。必要时还要在桥轴线的上、下游也适当布置一些钻孔，以便能控制住岩层构造情况及其变化。根据钻探取得的资料确定岩性、强度及基岩风化程度，覆盖层的物理、力学指标以及地下水位情况等。

(2) 桥式方案比选

桥式方案比选是初步设计阶段的工作重点，一般均要进行多个方案比较。各方案均要求提供桥式布置图。图上必须标明桥跨布置，高程布置，上、下部结构形式及工程数量。对推荐方案，还要提供上、下部结构的结构布置图，以及一些主要的及特殊部位的细节处理图。各类结构都需经过检算并提出可行的施工方案。

推荐方案必须是经过比选后得出的，要经得起反复推敲。采用什么桥式和跨径必须建立在科学的基础上，切忌先入为主，搞一窝蜂，赶时髦，或在某种主观意志的支配下，一定要搞某种桥式或一定要搞多大跨度。所谓科学性，具体体现在方案比选时要贯彻"实用、经济、美观"的原则。这条原则已在桥梁界贯彻了很多年，直到现在还是正确的。要时刻防止那种反科学的，缺乏全面观点，脱离中国实际，不算经济账，好大喜功，奢侈浪费，盲目追求规模与速度上的全国第一、世界第一的浮夸作风。努力修建一座造价低，又能处理好各方面的关系，既实用又美观的桥梁，把尽可能节省下来的钱，用于修造更多的桥梁，造福人民，应该是建设主管部门和桥梁设计人员共同追求的目标，前者肩负更大的责任。

在桥式布置中首先要慎重确定桥梁跨度，特别是主跨的跨度。采用大跨度对通航有利，也可减少费力费时的基础工程量。但是采用大跨度相对小跨度而言造价要高，工期要长（较小的跨度可以采用多点施工，平行作业的措施），故要加以综合比较。

桥跨布置必须在掌握充分资料的基础上进行，要研究在高、中、低水位时的航道轨迹。通航桥跨要与航道相适应，要能覆盖各种水位时航道可能出现的变化。一般情况下，桥梁跨度应比航道要求的标准宽度稍大，留有一定富余即可，过大则没有必要。

桥梁跨度的大小也受到自然条件及施工条件的限制。如果基础的设计、施工困难，施工时航运繁忙，则要减少桥墩而加大跨度。例如上海南浦、杨浦大桥水上施工时要受黄浦江上航运繁忙的影响，会互相干扰；长江西陵大桥位于三峡大坝前沿，在大坝施工期间，要经历三次河道改造，这三座桥梁均采用了一跨过江的方案是完全正确的。

近年来,我国桥梁上部结构,特别是大、中跨度的桥型发展很快,并且基本趋于成熟,所以在编制桥式方案时,可供选择的余地比较大。从使用角度看,预应力混凝土结构与连续体系的桥型应该优先考虑。

基础工程在我国发展相对较为迟缓。钻孔桩在设计、施工、检验技术方面已趋成熟,施工简便,质量可靠,陆地或浅水地段使用比较有利。水中基础采用钻孔形式也是可靠的,但在如何选择施工方案方面,还有进一步提高的必要和可能。沉井基础也常常是值得比较的基础类型。

桥梁设计应尽量采用新技术、新材料、新工艺。在设计工作中发现问题,提出问题,解决问题,研究要透,解决要细,这样才能把我国的桥梁科学技术不断推向前进。

(3) 科研项目

在初步设计阶段要提出设计、施工中需要进一步通过试验寻求解决的技术难题的科研项目及经费计划,待主管部门审批初步设计文件时一起审批,批准后才能实施。

(4) 施工组织设计

对推荐桥式方案要编制施工组织设计,包括主要结构的施工方案,施工设备清单,砂、石料来源,施工安排及工期等。

(5) 概算

根据工程量、施工组织设计以及标准定额编列概算。各个桥式方案都要编列相应的概算,以便进行不同方案工程费用这一项目的比较。

按照规定,初步设计概算不能大于前期工作已批准的估算的10%,否则方案应重新编制。根据具体情况,对概算适当调整,可以作为招标时的"标底"。

在主管部门审批初步设计文件时,如对推荐方案提出必须修改的意见时,则需根据审批意见,另外编制"修改初步设计"报送上级审批。

1.3.3 技术设计

技术设计阶段要进行补充勘探(简称"技勘")。在进行补充勘探时,水中基础必须每墩布置必要的钻孔。岸上基础的钻孔也要有一定的密度,基础下到岩层的钻孔应加密,还要通过勘探充分判断土层的变化。

技术设计阶段的主要内容是对选定的桥式方案中的各个结构总体的、细部的技术问题作进一步研究解决。在初步设计中批准的科研项目也要在这一阶段中予以实施,得出结果。

技术设计阶段要对结构各部分的设计提出详尽的设计图纸,包括结构断面、配筋,细节处理,材料清单及工程量等。

技术设计的最后工作是调整概算(修正概算)。

1.3.4 施工图设计

在施工图设计阶段还要进一步根据施工需要进行补充钻探(称"施工钻探"),特别是对于重要的基础。支承在岩层内的基础要探明岩面高程的变化(一般不再布置深钻孔)。

根据批准的技术设计文件,绘制让施工人员能按图施工的施工详图提供给施工用。绘制施工详图过程中对断面不宜作大的变动,但对细节处理及配筋,特别是钢筋布置则允许作适当改进性的变动。

根据施工图设计资料,施工单位编制工程预算。

施工图设计可以由原编制技术设计的单位继续进行,也可由中标的施工单位进行。施工单位在编制施工图设计时,如对技术设计有所变更,则要对变更部分负责,并要得到监理的认可。顾名思义,施工图设计文件是为施工需要而编制的,不管是由设计单位还是由施工单位编制施工图设计文件,均必须符合施工实际,满足既有施工条件及施工环境,必须是能够直接按图施工的文件。

以上介绍的是大型桥梁工程项目的设计程序及其内容。国内一般的公路大桥常把技术设计和施工图设计合并为一个阶段进行,而中、小桥梁的设计程序一般没有大型桥梁复杂,视各部门的具体情况而定,但一些精神和原则是一致的。我国实行社会主义市场经济,建设必须考虑它的必要性与可行性,必须严格按建设程序办事,才能避免和减少盲目性。

任务 1.4　桥梁设计作用

【任务引领】

荷载的种类、形式和大小选择是否恰当,关系到桥梁结构在其有限寿命期限内的安全,也关系到桥梁建设费用的合理投资。实际上,荷载分析是比结构分析更为重要的问题。对于大跨径桥梁结构,风载、地震荷载分析的重要性愈显突出;又如预应力混凝土桥梁结构,近代各国规范都将预应力的影响、混凝土徐变与收缩的影响、温度变化的影响等列入荷载范围。由于荷载种类、形式复杂化,在桥梁设计中,考虑哪些荷载可能同时出现的组合也就更复杂了。通过本任务的学习,了解我国现行的公路桥梁和铁路桥梁的设计荷载。

1.4.1　公路桥梁设计荷载

引起结构反应的原因可以按作用的性质分为截然不同的两类:一类是施加于结构上的外力,如车辆、人群、结构自重等,它们是直接施加于结构上的,可用"荷载"这一术语来概括;另一类不是以外力的形式施加于结构,它们产生的效应与结构本身的特性、结构所处的环境等有关,如地震、基础变位、混凝土收缩和徐变、温度变化等,它们是间接作用于结构的,如果也称为"荷载",容易引起人们的误解。因此,目前国际上普遍地将所有引起结构反应的原因统称为"作用",而"荷载",仅限于施加于结构上的直接作用。

我国现行的《公路桥涵设计通用规范》(JTG D60—2015)将作用分为永久作用、可变作用、偶然作用和地震作用。

永久作用是指在设计基准期内始终存在且其量值变化与平均值相比可忽略不计的作用,或其变化是单调的并趋于某个限制的作用;可变作用是指在设计基准期内其量值随时间而变化,且变化值与平均值相比不可忽略不计的作用;偶然作用是指在设计基准期内不一定出现,而一旦出现其量值很大,其持续时间很短的作用;地震作用是一种特殊的偶然作用,因此,将地震作用单列为一种类型。

各类作用见表 1-4-1。

表 1-4-1　作用分类

序号	分类	名称
1	永久作用	结构重力(包括结构附加重力)
2		预加力
3		土的重力
4		土侧压力
5		混凝土收缩、徐变作用

续表

序号	分类	名称
6	永久作用	水浮力
7		基础变位作用
8	可变作用	汽车荷载
9		汽车冲击力
10		汽车离心力
11		汽车引起的土侧压力
12		汽车制动力
13		人群荷载
14		疲劳荷载
15		风荷载
16		流水压力
17		冰压力
18		波浪力
19		温度(均匀温度和梯度温度)作用
20		支座摩阻力
21	偶然作用	船舶的撞击作用
22		漂流物的撞击作用
23		汽车撞击作用
24	地震作用	地震作用

1.4.1.1 永久作用

永久作用包括结构重力（包括结构附加重力）、预加力、土的重力、土侧压力、混凝土收缩、徐变作用、水浮力和基础变位作用。

结构重力包括结构自重及桥面铺装、附属设备等附加重力，它的标准值可按结构设计规定的设计尺寸和材料的重度计算确定。桥梁结构的自重往往占全部设计荷载的大部分，因此采用轻质高强材料对减轻桥梁自重、增大跨越能力具有重要意义。

预加力在结构进行正常使用极限状态设计和使用阶段构件应力计算时，预加力应作为永久作用计算其主效应和次效应，并计入相应阶段的预应力损失，但不计由于预加力偏心距增大引起的附加效应；在结构进行承载能力极限状态设计时，预加力不应作为作用，应将预应力钢筋作为结构抗力的一部分。但在连续梁等超静定结构中，应考虑预加力引起的次效应。

混凝土的收缩、徐变影响力在外部超静定的混凝土结构及复合梁桥等结构中是必然产生的，而且是长期作用的；水浮力对水中结构部分也是长期作用的；基础变位影响力一旦出现，也是长期作用在结构上的。因此，根据设计实际需要和工程实际情况，这些力都列入永久作用。

1.4.1.2 可变作用

可变作用包括汽车荷载、汽车冲击力、汽车离心力、汽车引起的土侧压力、汽车制动力、人群荷载、疲劳荷载、风荷载、流水压力、冰压力、波浪力、温度（均匀温度和梯度温度）作用和支座摩阻力。

(1) 汽车荷载

桥梁上行驶的车辆荷载种类繁多，有汽车、平板挂车、履带车、压路机等；同一类车辆，例如汽车，也有许多不同的型号和载重等级，而且随着交通运输和高速公路的发展，出现了集装箱运输车等载重量越来越大的车辆。因此，对于桥梁设计，载重标准的确定是关系到贯彻适用、经济、安全原则的一个重要问题。

通过对实际车辆轮轴数目、前后轴间距、轴重力等情况的分析、综合和概括，我国交通运输部在《公路工程技术标准》（JTG B01—2014）中规定了桥涵设计的标准化荷载。汽车荷载分为公路-Ⅰ级和公路-Ⅱ级两个等级。各级公路桥涵设计的汽车荷载等级应符合表1-4-2的规定。

表1-4-2 各类公路车辆荷载

公路等级	高速公路	一级公路	二级公路	三级公路	四级公路
汽车荷载等级	公路-Ⅰ级	公路-Ⅰ级	公路-Ⅰ级	公路-Ⅱ级	公路-Ⅱ级

汽车荷载由车道荷载和车辆荷载组成。桥梁结构整体计算采用车道荷载；桥梁结构的局部加载、涵洞、桥台和挡土墙压力等计算采用车辆荷载。车道荷载与车辆荷载的作用不得叠加。

① 车道荷载 车道荷载由均布荷载和集中荷载组成，车道荷载的计算图如图1-4-1所示。

公路-Ⅰ级车道荷载的均布荷载标准值为 $q_k = 10.5 \text{kN/m}$。集中荷载标准值取用的规定是：桥梁计算跨径小于或等于5m时，$P_k = 270 \text{kN}$；桥梁计算跨径等于或大于50m时，$P_k = 360 \text{kN}$；桥梁计算跨径在5～50m时，P_k 值按 $2(L_0 + 130)$ 取值。计算

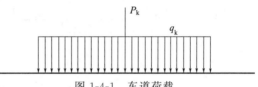

图1-4-1 车道荷载

剪力效应时，上述集中荷载标准值应乘以1.2系数。公路-Ⅱ级车道荷载的均布荷载标准值 q_k 和集中荷载标准值 P_k 按公路-Ⅰ级车道荷载的0.75倍采用。车道荷载的均布荷载标准值应满布于使结构产生最不利效应的同号影响线上；集中荷载标准值只作用于相应影响线中一个影响线峰值处。

② 车辆荷载 车辆荷载为一辆总重550kN的标准车。其立面、平面尺寸如图1-4-2所示，主要技术指标规定见表1-4-3。公路-Ⅰ级和公路-Ⅱ级汽车荷载采用相同的车辆荷载标准值。

表1-4-3 车辆荷载的主要技术指标

项目	单位	技术指标
车辆重力标准值	kN	550
前轴重力标准值	kN	30
中轴重力标准值	kN	2×120
后轴重力标准值	kN	2×140
轴距	m	3+1.4+7+1.4
轮距	m	1.8
前轮着地宽度及长度	m	0.3×0.2
中、后轮着地宽度及长度	m	0.6×0.2
车辆外形尺寸（长×宽）	m	15×2.5

桥梁设计时，为取得主梁的最大受力，汽车荷载在桥面上需要偏心加载，车道荷载横向

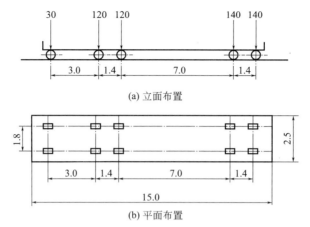

(a) 立面布置

(b) 平面布置

图 1-4-2 车辆荷载的立面、平面尺寸（尺寸单位：m；荷载单位：kN）

分布系数可按图 1-4-3 所示布置的车道荷载进行计算。

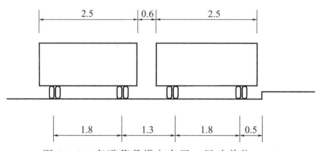

图 1-4-3 车道荷载横向布置（尺寸单位：m）

(2) 汽车冲击力

汽车以一定的速度在桥上行驶，桥梁产生的应力与变形比大小相等的静载引起的要大一些，这是因为汽车荷载不是慢慢地增加，而是以较快速度突然加载于桥上，因而使桥梁发生振动。同时由于车辆驶过时路面不平、车轮不圆和发动机的抖动等原因也会使桥梁发生振动。这种由于荷载的动力作用使桥梁发生振动而造成内力加大的现象称为冲击作用。也就是说，桥梁不仅承受车辆各轴的重力作用，还受到一种冲击力，目前以系数 μ 来考虑冲击作用的影响，冲击系数 μ 可按下式计算：

当 $f < 1.5\,\text{Hz}$ 时，$\mu = 0.05$

当 $1.5\,\text{Hz} \leqslant f \leqslant 14\,\text{Hz}$ 时，$\mu = 0.176\ln f - 0.0157$

当 $f \geqslant 14\,\text{Hz}$ 时，$\mu = 0.45$

式中，f 为结构基频。

钢桥、钢筋混凝土及预应力混凝土桥、圬工拱桥等上部构造和钢支座、板式橡胶支座、盆式橡胶支座及钢筋混凝土柱式墩台，应计算汽车的冲击作用。填料厚度（包括路面厚度）等于或大于 0.5m 的拱桥、涵洞以及重力式墩台不计冲击力。支座的冲击力，按相应的桥梁取用。汽车荷载的局部加载及在 T 梁、箱梁悬臂板上的冲击系数采用 0.3。

(3) 汽车离心力

汽车离心力是一种伴随着车辆在弯道行驶时所产生的惯性力，其以水平力的形式作用于桥梁结构，是弯桥横向受力与抗扭设计计算所考虑的主要因素。

(4) 汽车引起的土侧压力

采用车辆荷载加载，车辆荷载作用在桥台台背或路堤挡土墙上，将引起台背填土或挡土墙后填土的破坏棱体对桥台或挡土墙的土侧压力，按汽车轮重换算为等代均布土层厚度来计算。

(5) 汽车制动力

桥上汽车制动力，是车辆在制动时为克服车辆的惯性力而在路面与车辆之间发生的滑动摩擦力。车辆与路面间的摩擦系数可以达 0.5 以上，但是制动常常只限于车队的一部分车辆，所以制动力并不等于摩擦系数乘全部车辆荷载。规范中规定，汽车荷载制动力按同向行驶的汽车荷载（不计冲击力）计算，并按有关车辆荷载标准值的规定，以使桥梁墩台产生最不利纵向力的加载长度进行纵向折减。一个车道上由汽车荷载产生的制动力标准值按车道荷载标准值在加载长度上计算的总重力的 10% 计算，但公路-Ⅰ级汽车荷载的制动力标准值不得小于 165kN；公路-Ⅱ级汽车荷载的制动力标准值不得小于 90kN，同向行驶双车道的汽车荷载制动力标准值为一个设计车道制动力标准值的 2 倍，同向行驶三车道为一个设计车道的 2.34 倍；同向行驶四车道为一个设计车道的 2.68 倍。

制动力的着力点在桥面以上 1.2m 处。在计算墩台时，可移至支座中心（或滚轴中心），或滑动支座、橡胶支座、摆动支座的底座面上；计算刚构桥、拱桥时，可移至桥面上，但不计因移动而产生的竖向力和力矩。

设有板式橡胶支座的简支梁、连续桥面简支梁或连续梁排架式柔性墩台，应根据支座与墩台的抗推刚度集成情况分配和传递制动力。设有板式橡胶支座的简支梁刚性墩台，按单跨两端的板式橡胶支座的抗推刚度分配制动力。刚性墩台因不同支座传递制动力的计算在规范中都有具体规定，可参照执行。

(6) 人群荷载

桥梁计算跨径小于或等于 50m 时，人群荷载标准值为 $3kN/m^2$；当桥梁计算跨径等于或大于 150m 时，人群荷载标准值为 $2.5kN/m^2$；当桥梁计算跨径在 50～150m 时，可按 $(3.25-0.005L_0)$ 取值。非机动车、行人密集的公路桥梁，人群荷载标准值取上述标准值的 1.15 倍，专用人行桥梁，人群荷载标准值为 $3.5kN/m^2$。

人群荷载在横向应布置在人行道的净宽度内，在纵向施加于使结构产生最不利荷载效应的区段内。人行道板（局部构件）可以以一块板为单元，按标准值 $4.0kN/m^2$ 的均布荷载进行验算。计算人行道栏杆时，人群作用于栏杆上的水平推力规定为 $0.75kN/m$，作用在栏杆扶手上的竖向力标准值取 $1.0kN/m$。

(7) 疲劳荷载

疲劳荷载的计算模型有Ⅰ型、Ⅱ型和Ⅲ型。

疲劳荷载计算模型Ⅰ型采用等效的车道荷载，集中荷载为 $0.7P_k$，均布荷载为 $0.3q_k$。

疲劳荷载计算模型Ⅱ型采用双车模型，两辆模型车轴距与轴重相同，其单车的轴重与轴距布置如图 1-4-4 所示，计算加载时，两模型车的中心距不得小于 40m。

疲劳荷载计算模型Ⅲ型采用单车模型，模型车轴载及分布如图 1-4-5 所示。

(8) 风荷载

对于大跨径桥梁，特别是斜拉桥和悬索桥，风荷载是极为重要的设计荷载，有时甚至起着决定性的作用，即对结构的强度、刚度和稳定性起控制作用。

当风以一定的速度向前运动遇到结构物阻碍时，结构承受了风压。在顺风向，风压常分成平均风压和脉动风压。在横风向，风流经过结构而产生旋涡，因旋涡的特性，横风向还会

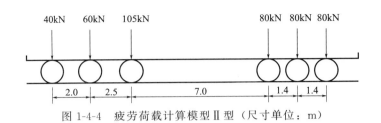

图 1-4-4 疲劳荷载计算模型Ⅱ型（尺寸单位：m）

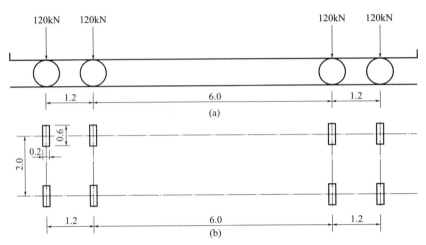

图 1-4-5 疲劳荷载计算模型Ⅲ型（尺寸单位：m）

产生周期性风压（有时也可能是随机的）。因而，一般来说，风对结构作用的计算有三个不同的方面：对于顺风的平均风压，采用静力计算方法按《公路桥涵设计通用规范》（JTG D60—2015）等规定的风力计算方法；对于顺风的脉动风或横风向的脉动风，则应按随机振动理论计算；对于横风向的周期性风力，产生了横风向振动，偏心时还产生扭转振动，通常作为确定荷载对结构进行动力计算。后两种计算理论是属于研究结构风压和风振理论的一门新学科。

(9) 流水压力

位于流水中的桥墩，其上游迎水面受到流水压力，流水压力的大小与桥墩的平面形状、墩台表面的粗糙率、水流速度、水流形态、水温及水的黏性有关。圆形、圆端形或尖端形桥墩可减小流水压力。当流速大于10m/s时，需考虑水流的脉动冲击压力。

(10) 冰压力

冰压力仅适用于通常的河流流冰情况。

(11) 波浪力

位于外海、海湾、海峡的桥梁结构，下部结构设计必要时应考虑波浪力的作用影响。近年来，我国修建了一批近海和跨越海湾、海峡的桥梁工程，其下部结构在波浪和海流的共同作用下，受到较大强度的波浪力作用，波浪力的效应不能忽略。

各海域的水文条件不同，波浪和海流的影响因素复杂，且桥梁墩台的结构形式多样，难以规定同一的波浪力标准值。我国几座大桥都是在设计前期，开展专门的波浪水流数学模型或物理模型试验来确定桥梁下部结构所受的波浪力，并通过现场波浪力观测，对试验研究成果的准确性、正确性进行检验。因此规范推荐通过专题研究来确定波浪力的大小。

(12) 温度（均匀温度和梯度温度）作用

桥梁结构处于自然环境中，将受到温度作用的影响，例如，常年气温变化导致桥梁沿纵向均匀地位移，这种位移不产生结构内力，只有当结构的位移受到约束时才会引起温度次内力，这种温度作用的形式称为均匀温度作用。太阳辐射是温度作用的另一种形式，它使结构沿高度或宽度方向形成非线性的温度梯度，导致结构产生次内力，称为温度梯度作用。

计算桥梁结构因均匀温度作用引起的外加变形或约束变形时，应从受到约束时的结构温度开始，考虑最高和最低有效温度的作用效应。当缺乏实际调查资料时，公路混凝土结构和钢结构的最高和最低有限温度标准值可按表1-4-4取用。

表1-4-4 公路桥梁结构的有效温度标准值　　　　　　　　单位：℃

气候分布	钢桥面板钢桥		混凝土桥面板钢桥		混凝土、石桥	
	最高	最低	最高	最低	最高	最低
严寒地区	46	−43	39	−32	34	−23
寒冷地区	46	−21	39	−15	34	−10
温热地区	46	−9(−3)	39	−6(−1)	34	−3(0)

注：表中括弧内数值适用于昆明、南宁、广州、福州地区。

计算桥梁结构由于温度梯度引起的效应时，可采用图1-4-6所示的竖向温度梯度曲线，其桥面板表面的最高温度T_1规定见表1-4-5。

混凝土结构当梁高H小于400mm时，$A = H − 100$（mm）；梁高大于或等于400mm时，$A = 300$mm；带混凝土桥面板的钢结构$A = 300$mm，t为混凝土桥面板的厚度（见图1-4-6）。

混凝土上部结构和带混凝土桥面板的钢结构的竖向日照反温差为正温差乘以×0.5。对于无悬臂的宽幅箱梁，宜考虑横向温度梯度引起的效应。计算圬工拱桥考虑徐变影响引起的温差作用效应时，计算的温差效应乘以折减系数0.7。

当公路桥面采用沥青混凝土铺装时，沥青混凝土摊铺时要求高温操作，施工时摊铺温度往往可高达150℃左右，如此高的温度将在主梁内引起较大的温差分布。对于采用混凝土桥面板的桥梁，沥青高温摊铺可能会导致主梁混凝土原有裂缝的扩展及新裂缝的产生，影响桥梁的耐久性，必要时设计需考虑沥青摊铺温度作用的影响。

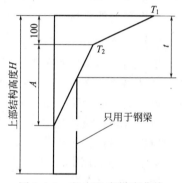

图1-4-6 竖向温度梯度曲线
（尺寸单位：mm）

表1-4-5 竖向日照正温差计算的温度基数

结构类型	T_1/℃	T_2/℃
水泥混凝土铺装	25	6.7
50mm沥青混凝土铺装层	20	6.7
100mm沥青混凝土铺装层	14	5.5

(13) 支座摩阻力

上部结构因温度变化引起的伸长或缩短以及受到其他纵向力的作用，活动支座将产生一个方向相反的力，即支座摩阻力。摩阻力的大小取决于上部结构传给支座的反力大小、支座类型及材料等。

活动支座承受的纵向力（一般为制动力和温度、收缩作用），不容许超过支座与混凝土或其他结构材料之间的摩阻力。

1.4.1.3 偶然作用

偶然作用与地震作用

偶然作用是指在设计基准期内不一定出现，而一旦出现其量值很大，其持续时间很短的作用，主要包括船舶的撞击作用、漂流物的撞击作用和汽车撞击作用。

(1) 船舶的撞击作用

跨越江、河、海湾的桥梁，应考虑船舶对桥梁墩台的撞击作用。

船舶与桥梁结构的碰撞过程十分复杂，与碰撞时的环境因素（风浪、气候、水流等）、船舶特性（船舶类型、船舶尺寸、行进速度、装载情况以及船首、船壳和甲板室的强度和刚度等）、桥梁结构因素（桥梁构件的尺寸、形状、材料、质量和抗力特性等）及驾驶员的反应时间等因素有关，因此，精确确定船舶与桥梁的相互作用力十分困难，船舶的撞击作用设计值宜按专题研究确定。

规划航道内可能遭受大型船舶撞击作用的桥墩，应根据桥墩的自身抗撞击能力、桥墩的位置和外形、水流流速、水位变化、通航船舶类型和碰撞速度等因素作桥墩防撞设施的设计。当设有与墩台分开的防撞击的防护结构时，桥墩可不计船舶的撞击作用。

(2) 漂流物的撞击作用

有漂流物的水域中的桥梁墩台，设计时应考虑漂流物的撞击作用。

(3) 汽车撞击作用

桥梁结构必要时可考虑汽车的撞击作用，汽车撞击力设计值在车辆行驶方向取 1000kN，在车辆行驶垂直方向取 500kN，两个方向的撞击力不同时考虑，撞击力应作用于行车道以上 1.2m 处，直接分布于撞击涉及的构件上。

对设有防撞设施的结构构件，可视防撞设施的防撞能力，对汽车撞击力标准值予以折减，但折减后的汽车撞击力设计值不应低于上述规定值的 1/6。

除了上述规范中规定的三种荷载以外，在桥梁设计中，还必须注意到结构物在预制、运输、架设安装及各施工阶段可能遇到的各种临时荷载，如起重机具的重力等，可总称其为施工荷载。桥梁设计中因为对施工荷载的取值不当或验算上的疏忽，造成毁桥事故还是并不少见的。

1.4.1.4 地震作用

在地震区建造桥梁，必须考虑地震力。它虽然不一定出现，而一旦出现，时间极为短促（经常是十几秒），且对结构安全会产生非常巨大的影响。所谓地震力主要是指地震时强烈的地面运动引起的结构惯性力，因而它不是静力作用，而是动力作用；不是固定值，而是随机变值；不完全决定于地震时地面运动的强烈程度，而还决定于结构的动力特性（频率与振型）。公路桥梁的抗震设防起点，一般为设计地震烈度 7 度。地震力的计算和结构抗震设计应符合《公路桥梁抗震设计细则》(XJTG/T B02-01—2008) 的规定。

1.4.2 铁路桥涵设计荷载

铁路桥涵荷载按其性质和发生概率划分为主力、附加力和特殊荷载。主力是经常作用的；附加力不是经常发生的，或者其大值发生概率较小；特殊荷载是暂时的或者属于灾害性的，发生的概率极小。桥涵结构设计应根据结构的特性，按表 1-4-7 所列的荷载，就其可能的最不利组合情况进行计算。

表 1-4-7 桥涵荷载

荷载分类		荷载名称	荷载分类	荷载名称
主力	恒载	结构构件及附属设备自重 预加力 混凝土收缩和徐变的影响 土压力 静水压力及水浮力 基础变位的影响	附加力	制动力或牵引力 支座摩阻力 风力 流水压力 冰压力 温度变化的作用 冻胀力 波浪力
	活载	列车竖向静活载 公路（城市道路）活载 列车竖向动力作用 离心力 横向摇摆力 活载土压力 人行道人行荷载 气动力	特殊荷载	列车脱轨荷载 船只或排筏的撞击力 汽车撞击力 施工临时荷载 地震力 长钢轨纵向作用力（伸缩力、挠曲力和断轨力）

注：1. 如杆件的主要用途为承受某种附加力，则在计算此杆件时，该附加力应按主力考虑。
2. 流水压力不与冰压力组合，两者也不与制动力或牵引力组合。
3. 船只或排筏的撞击力、汽车撞击力，只计算其中的一种荷载与主力相组合，不与其他附加力组合。
4. 列车脱轨荷载只与主力中恒载组合，不与主力中活载和其他附加力组合。
5. 地震力与其他荷载的组合应符合现行《铁路工程抗震设计规范》(GB 50111) 的相关规定。
6. 无缝线路纵向作用力不参与常规组合。

桥梁设计时，应仅考虑主力与一个方向（顺桥或横桥方向）的附加力相结合。考虑到不同荷载同时发生的概率不同，因此不同荷载组合时结构物应有不同的安全储备，采用的安全系数应该有所区别，反映在设计上的材料容许应力也应不同。根据各种结构的不同荷载组合，应将材料基本容许应力和地基容许承载力乘以不同的提高系数。预应力混凝土结构中的强度及抗裂性计算应采用不同的安全系数。

铁路公路（城市道路）两用桥梁考虑同时承受铁路和公路（城市道路）活载时，铁路活载应按本章有关规定计算，公路（城市道路）活载应按现行《公路工程技术标准》(JTG B01)、《城市桥梁设计荷载标准》(CJJ 77) 规定的全部活载的 75% 计算，但对仅承受公路（城市道路）活载的构件，应按公路（城市道路）全部活载计算。

1.4.2.1 恒载

桥涵结构的恒载应按材料的容重计算。一般常用材料容重应符合表 1-4-8 的规定。

表 1-4-8 一般常用材料容重

材料名称	材料容重/(kN/m³)	材料名称	材料容重/(kN/m³)
钢、铸钢	78.5	混凝土和片石混凝土	24.0
铸铁	72.5	浆砌块石或料石	24.0～25.0
铅	114.0	浆砌片石	23.0
钢筋混凝土或预应力混凝土（配筋率在3%以内）	25.0～26.0	干砌块石或片石	21.0
		碎（砾）石	21.0

续表

材料名称	材料容重/(kN/m³)	材料名称	材料容重/(kN/m³)
级配碎石	22.0	浇筑的沥青	15.0
填土	17.0~18.0	压实的沥青	20.0
填石（利用弃砟）	19.0~20.0	不注油的木材	7.5
碎石道砟	21.0	注油的木材	9.0

注：钢筋混凝土中配筋率大于3%时，其容重为单位体积中混凝土（扣除所含钢筋体积）自重加钢筋自重。

作用于墩台上的土的侧压力可按库伦（楔体极限平衡）理论推导的主动土压力计算。应考虑路堤填方作用于涵洞的竖向压力和水平力。墩台基础设计应根据所处地基状况考虑水浮力的影响。

1.4.2.2 活载

(1) 列车竖向静活载

铁路桥涵结构设计采用的列车荷载标准应符合《铁路列车荷载图式》的规定。同时承受多线列车荷载的桥梁，其列车竖向静活载计算应符合下列规定。

采用 ZKH 或 ZH 活载时，双线桥梁结构活载按两条线路在最不利位置承受 90% 计算；三线、四线桥梁结构活载按所有线路在最不利位置承受 80% 计算；四线以上桥梁结构活载按所有线路在最不利位置承受 75% 计算。

采用 ZK 或 ZC 活载时，双线桥梁结构按两条线路在最不利位置承受 100% 的 ZK 或 ZC 活载计算。多于两线的桥梁结构应按以下两种情况最不利者考虑：按两条线路在最不利位置承受 100% 的 ZK 或 ZC 活载，其余线路不承受列车活载；所有线路在最不利位置承受 75% 的 ZK 或 ZC 活载。

桥上所有线路不能同时运转时，应按可能同时运转的线路计算列车竖向力、离心力。对承受局部活载的杆件均按该列车竖向活载的 100% 计算。对于货物运输方向固定的多线重载铁路桥梁结构，列车竖向活载计算时可根据实际情况考虑相应折减。

设计加载时列车荷载图式可以任意截取。加载的结构（影响线）长度应符合下列规定：需要加载的结构（影响线）长度超过运营列车最大编组长度时，可采用列车最大编组长度；对于多符号影响线，可在同符号影响线各区段进行加载，异符号影响线区段长度不大于 15m 时可不加活载；异符号影响线区段长度大于 15m 时，可按空车活载 10kN/m 加载；用空车检算桥梁各部构件时，竖向活载应按 10kN/m 计算；疲劳验算时异符号影响线区段长度内均应按活载图式中的均布荷载加载。

(2) 列车竖向动力作用

桥涵结构计算应考虑列车竖向活载动力作用，可按竖向静活载乘以动力系数 $(1+\mu)$ 确定。实体墩台、基础计算可不考虑动力作用。客货共线、重载铁路桥梁结构动力系数应按下列公式计算，且不小于 1.0。

简支或连续的钢桥跨结构和钢墩台动力系数应按下式计算：

$$1+\mu = 1 + \frac{28}{40+L} \tag{1-4-1}$$

钢与钢筋混凝土板的结合梁动力系数应按下式计算：

$$1+\mu = 1 + \frac{22}{40+L} \tag{1-4-2}$$

钢筋混凝土、素混凝土、石砌的桥跨结构及涵洞、刚架桥，其顶上填土厚度 $h \geqslant 3\text{m}$

（从轨底算起）时不计列车竖向动力作用。当 $h<3m$ 时，动力系数应按下式计算：

$$1+\mu=1+\alpha\left(\frac{6}{30+L}\right) \tag{1-4-3}$$

式中，$\alpha=0.32(3-h)\times 2$，$h<0.5m$ 时 h 取 $0.5m$。式（1-4-1）~式（1-4-3）中的 L 以 m 计，除承受局部活载杆件为影响线加载长度外，其余均为桥梁跨度。

空腹式钢筋混凝土拱桥的拱圈和拱肋动力系数应按下式计算：

$$1+\mu=1+\frac{15}{100+\lambda}\left(1+\frac{0.4L}{f}\right) \tag{1-4-4}$$

式中 L——拱桥的跨度，m；
λ——计算桥跨结构的主要杆件时为计算跨度；对于只承受局部活载的杆件，则为一个或数个节间的长度，m；
f——拱的矢高，m。

支座的动力系数计算公式与相应的桥跨结构计算公式相同。

高速铁路、城际铁路桥梁结构动力系数（$1+\mu$）应按下式计算，且不小于 1.0。

$$1+\mu=1+\left(\frac{1.44}{\sqrt{L_\varphi}-0.2}-0.18\right) \tag{1-4-5}$$

式中，L_φ 为加载长度，m。加载长度小于 3.61m 时，应取 3.61m；简支梁应取梁的跨度；连续梁可按平均跨度乘以跨度调整系数确定，且不应小于最大跨度。

高速铁路、城际铁路涵洞及结构顶面有填土的承重结构，顶面填土厚度大于 3m 时，可不计列车动力作用；顶面填土厚度小于等于 3m 时，动力系数应按下式计算，且

$$1+\mu=1+\left(\frac{1.44}{\sqrt{L_\varphi}-0.2}-0.18\right)-\mu_{折减} \tag{1-4-6}$$

式中 L_φ——加载长度，m，加载长度小于 3.61m 时，应取 3.61m；
$\mu_{折减}$——涵洞动力系数折减系数，可按 $\mu_{折减}=0.63-0.5/(h_c+0.8)$，其中 h_c 为涵洞及结构顶面至轨底的填土厚度（m）。

(3) 离心力

桥梁在曲线时，应考虑列车竖向静活载产生的离心力，并进行计算。

(4) 横向摇摆力

列车横向摇摆力作为一个集中荷载取最不利位置，以水平方向垂直线路中心线作用于钢轨顶面。横向摇摆力取值按表 1-4-9 取值并应符合下列规定：多线桥梁可仅计算任一线上的横向摇摆力，客货共线铁路、重载铁路空车时应考虑横向摇摆力。

表 1-4-9 横向摇摆力计算取值

设计标准	重载铁路	客货共线铁路	高速铁路	城际铁路
摇摆力/kN	100z	100	80	60

注：重载铁路列车横向摇摆力折减系数 z 的取值与重载铁路荷载系数一致。

(5) 活载土压力

列车静活载在桥台后引起的侧向土压力可按主动土压力计算，列车静活载可换算为当量均布土层厚度计算。

列车竖向活载对涵洞的竖向压力和水平压力计算时，假定活载在轨底平面上的横向分布宽度为 2.6m，其在路基内与竖直线成一角度（正切为 0.5）向外扩散进行计算。

(6) 气动力

由驶过列车引起的气动压力和气动吸力应由一个 5m 长的移动面荷载 $+q$ 及一个 5m 长的移动面荷载 $-q$ 组成。水平气动力作用在轨顶之上 5m 范围内，可按规范查取。垂直气动力 q_v 应按下式计算：

$$q_v = 2q_h \frac{7D+30}{100} \tag{1-4-7}$$

式中　q_v——垂直气动力，kN/m^2；

　　　q_h——水平气动力，kN/m^2；

　　　D——作用线至线路中心距离，m。

对顶盖下的建筑物或构件，q_v 与 q_h 应乘以 1.5 的阻挡系数。声屏障设计时面荷载 q_v 和 q_h 应与有车的风荷载叠加。因气动力可能引起自振的结构，还应考虑动力放大系数。该系数通过研究确定。

任务 1.5　桥面布置与构造

【任务引领】

桥面构造直接与车辆、行人接触，它对桥梁的主要结构起保护作用，使桥梁能正常使用。同时，桥面构造多属于外露部位，其选择是否合理，布置是否恰当直接影响桥梁的使用功能、布局和美观。由于桥面构造工程量小、项目繁杂，在施工中又多在主体工程结束之后进行，往往在设计和施工中得不到应有的重视，从而造成桥梁使用中的弊病或过早地进行维修、养护，甚至会中断交通，因此，必须要了解桥面构造各部件的工作性能，合理选择、认真设计、精心施工。本任务通过学习了解各种桥面构造的类型及作用。

桥面构造包括行车道铺装、排水防水系统、人行道（或安全带）、缘石、栏杆、护栏、照明灯具和伸缩缝等。桥面的一般构造如图 1-5-1 所示。

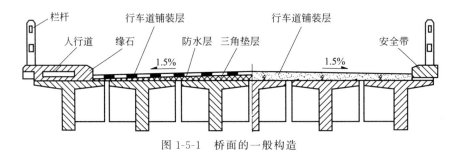

图 1-5-1　桥面的一般构造

1.5.1　桥面铺装

桥面铺装即行车道铺装，亦称桥面保护层，它是车轮直接作用的部分。桥面铺装的作用在于防止车辆轮胎或履带直接磨耗行车道板，保护主梁免受雨水侵蚀，并对车辆轮重的集中荷载起到分布作用。因此行车道铺装要求有抗车辙、行车舒适、抗滑、不透水（和桥面板一起作用时）、刚度好等优点。行车道铺装可采用水泥混凝土、沥青混凝土、沥青表面处治和泥结碎石等各种类型，水泥混凝土和沥青混凝土桥面铺装用得较广，能满足各项要求。

沥青混凝土桥面铺装维修养护方便，但易老化和变形。高速公路、一级公路水泥混凝土桥面沥青混合料铺装层厚度不宜小于 70mm，宜采用两层或两层以上的结构，沥青混合料铺装上层厚度不宜小于30mm。二级及二级以下公路水泥混凝土桥面沥青混合料铺装层厚度不宜小于50mm。特大桥桥面铺装宜设置砂粒式沥青混合料层。砂粒式沥青混合料层应具有足够的高温稳定性、密水性和抗施工损伤性能，可选用改性沥青胶砂、浇筑式沥青混凝土等。桥面沥青混合料铺装层应具有较小的空隙率，并具有良好的高温稳定和抗滑性能，宜选用连续级配沥青混合料或沥青玛蹄脂碎石等，常见的沥青铺装形式见图1-5-2(a)。

水泥混凝土铺装层直接承受车辆轮压的作用，既是保护层、又是受力层，要具有足够的强度、良好的整体性以及抗冲击与耐疲劳特性，同时还要具有防水性及其对温度变化的适应性。水泥混凝土桥面铺装面层（不含整平层和垫层）的厚度不宜小于80mm，混凝土强度等级不应低于C40。水泥混凝土桥面铺装层内应配置钢筋网。钢筋直径不应小于8mm，间距不宜大于100mm。常见的水泥混凝土铺装形式见图1-5-2(b)。

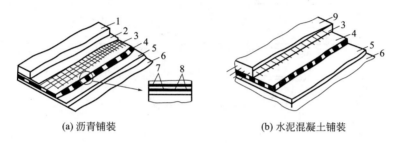

(a) 沥青铺装　　　　(b) 水泥混凝土铺装

图1-5-2　桥面铺装类型

1—沥青混凝土厚5～8cm；2—混凝土保护层厚3～5cm；3—钢筋网；4—防水层厚1～2cm；5—混凝土整平层厚2～3cm；6—钢筋混凝土桥面板；7—油毛毡或玻璃布层厚2mm；8—沥青胶泥层厚2mm；9—水混凝土桥面（不含垫平层）厚度不小于8cm，强度不低于C40

钢桥面铺装一般采用沥青混凝土体系，其结构应根据桥梁纵面线形、桥梁结构受力状态、桥面系的实际情况、当地气象与环境条件、铺装材料的性能等综合研究选用。钢桥面应进行抛丸处理，除锈等级应不低于Sa2.5级，并应及时涂刷防锈层或黏结层。钢桥面铺装宜采用浇筑式沥青混凝土、环氧沥青混凝土、连续级配沥青混合料、沥青马蹄脂碎石或多种混合料组合。

桥面铺装一般不作受力计算，如在施工中能确保铺装层与行车道板紧密结合成整体，则铺装层的混凝土（除去作为车轮磨耗部分可取0.01～0.02m厚外）还可计算在行车道的厚度内和行车道板共同受力。为使铺装层具有足够的强度和良好的整体性（能起联系各主梁共同受力的作用），一般宜在混凝土中铺设直径为4～6mm的钢筋网。

1.5.2　桥面纵横坡

桥面设置纵横坡，以利雨水迅速排除，防止或减少雨水对铺装层的渗透，从而保护行车道板，延长桥梁使用寿命。

桥面上设置的纵坡，应首先有利于排水，同时，在平原地区，还可以在满足桥下通航净空要求的前提下，降低墩台高程，减少桥头引导土方量，从而节省工程费用。桥面的纵坡，一般都做成双向纵坡，在桥中心设置曲线，纵坡一般以不超过3%～4%为宜。

桥面上设置的横坡，一般采用1.5%～3%，通常有三种形式，如图1-5-3所示。

① 对于板桥（矩形板或空心板）或就地浇筑的肋板式梁桥，为节省铺装材料并减轻恒载重量，可以将横坡直接设在墩台顶部，而使桥梁上部结构做成双向倾斜，此时，铺装层在整个桥宽上做成等厚。

② 在装配式类板式梁桥中，为使主梁构造简单，架设与拼装方便，通常横坡不再设在

墩台顶部，而直接设在行车道板上。先铺设一层厚度变化的混凝土三角形垫层，形成双向倾斜，再铺设等厚的混凝土铺装层。

③ 在比较宽的桥梁（或城市桥梁）中，用三角形垫层设置横坡将使混凝土用量或恒载重量增加太多。为此，可将行车道板做成倾斜面而形成横坡，它的缺点是使主梁构造复杂，制作烦琐。

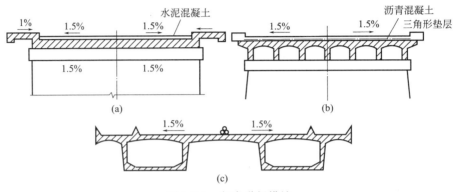

图 1-5-3　行车道板横坡

1.5.3　防水层

桥面的防水层，设置在行车道铺装层下边，它将透过铺装层渗下的雨水汇集到排水设备（泄水管）排出。

钢筋混凝土桥面板与铺装层之间是否要设防水层，应视当地的气温、雨量、桥梁结构和桥面铺装的形式等具体情况而定。桥面伸缩缝处应连续铺设，不可切断；桥面纵向应铺过桥台背；截面横向两侧，则应伸过缘石底面从人行道与缘石砌缝里向上叠起0.1m。如无需设防水层，但考虑桥面铺装长期磨损，如桥面排水不良等，仍可能漏水，故桥面在主梁受弯作用处应设置防水层。

根据交通运输部行业规范《公路沥青路面设计规范》（JTG D50—2017）的有关条文，沥青铺装由黏结层、防水层及沥青面层组成，为提高桥面使用年限，减少维修养护，应在黏结层上设置防水层。

防水层有三种类型：①洒布薄层沥青或改性沥青，其上撒布一层砂，经碾压形成沥青涂胶下封层；②涂刷聚氨酯胶泥、环氧树脂、阳离子乳化沥青、氯丁乳胶等高分子聚合物涂胶；③铺装沥青或改性沥青防水卷材，以及浸渍沥青的无纺土工布等。

高分子聚合物沥青防水涂料是以石油沥青为主要材料，并配以各种表面活性剂及多种化学助剂为辅助原料，再掺加大剂量的高分子聚合物进行改性而成的符合防水涂料。该涂料不但具有高分子聚合物的优异弹塑性、耐热性和黏结性，还具有与石油沥青制品良好的亲和性，以适应在沥青混凝土高温条件下施工，施工操作方便安全，无环境污染，成为各类大型桥梁及高架桥桥面防水施工的专用涂料。

沥青防水卷材为结构材料的防水层，造价高，施工麻烦、费时。它虽有防水作用，但因把行车道与铺装层分开，施工处理不当，将使行车道铺装层似有一层弹性垫层，在车轮荷载作用下，铺装层容易起壳开裂。

1.5.4　桥面排水系统

为了迅速排除桥面积水，防止雨水积滞于桥面并渗入梁体而影响桥梁的耐久性，在桥梁设计时要有一个完整的排水系统。

桥面应有足够的横向和纵向排水坡度。桥面横向排水坡度宜与路面横坡度一致，当设有人行道时，人行道应设置倾向行车道 0.5%～1.5% 的横坡。当桥面纵坡小于 0.5% 时，宜在桥面铺装较低侧边缘设置纵向渗沟排水系统。桥面排水对桥下通行有影响时，桥面水通过横坡和纵坡排入泄水口后，应汇集到纵向排水管或排水槽中，通过设在墩台处的竖向排水管排入地面排水设施或河流中。竖向排水管出口处应设置排水沟，并适当加固，避免冲刷和漫流。

泄水口宜设置在桥面行车道边缘处，间距可依据设计径流量计算确定，且最大间距不宜超过 20m。在桥梁伸缩缝的上游方向应增设泄水口，在桥面凹形竖曲线的最低点及其前后 3～5m 处应各设置一个泄水口。

泄水口可为圆形或矩形。圆形泄水口的直径宜为 150～200mm；矩形泄水口的宽度宜为 200～300mm，长度宜为 300～400mm。泄水口顶部应采用格栅盖板，其顶面宜比周围桥面铺装低 5～10mm。泄水管可采用铸铁管、PVC 管或复合材料管，内径不宜小 150mm。泄水管伸入铺装结构内部的部分应做成孔隙状，其周围的桥面板应配置补强钢筋网。

图 1-5-4 所示为一种构造比较完备的铸铁泄水管，适用于具有防水层的铺装结构。泄水管的内径一般为 0.1～0.15m，管子下端应伸出行车道板底面以下至少 0.15～0.2m，以防渗湿主梁肋表面。安设泄水管，与防水层的结合处要做得特别仔细，防水层的边缘要紧夹在管子顶缘与泄水漏斗之间，以便防水层的渗水能通过漏斗上的过水孔流入管内。这种铸铁泄水管，使用效果好，但结构较为复杂，根据具体情况，可以作简化改进，如采用钢管和钢板的焊接构造等。

排水管或排水槽宜设置在悬臂板外侧，并与周围景观相协调。排水管宜采用铸铁管、PVC 管、PE 管、玻璃钢管或钢管，其内径应大于或等于泄水管的内径。排水槽宜采用铝、钢或玻璃钢材料，其横截面应为矩形或 U 形，

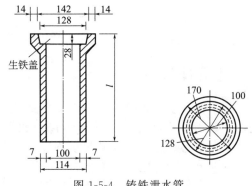

图 1-5-4 铸铁泄水管

宽度和深度均不宜小于 200mm。纵向排水管或排水槽的坡度不得小于 0.5%。桥梁伸缩缝处的纵向排水管或排水槽应设置可伸缩的柔性套筒。寒冷地区的竖向排水管，其末端宜距地面 500mm 以上。

小跨径桥，纵向排水管中的水在箱梁中或主梁腹板内侧通往桥台，并用管道引向底面（图 1-5-5）。在活动支座处，竖向管道的连接应使桥梁的纵向活动不受影响。在长桥中，纵向排水管可通向一个设在台帽上的大漏斗中排水。

如果需要在桥墩上布置排水管道，尽可能布置在墩壁的槽中或者最好布置在桥墩内部的箱室中。当桥墩很高时，排水管道应每隔 20～30m 设置伸缩缝，并且管道要有良好的固定装置，在墩脚处要有一个盆，作为消除下落的能量装置。

排水管道原则上不许现浇在混凝土内，因为在冬天水管堵塞可能冻裂混凝土，而应采用在混凝土中预留孔道或埋入直径较大的套管，然后再设置排水管道。一旦有损可以及时更换，当管道通过车道悬臂板而截面高度较小时，管道可以做成扁平形状。管道在泄水口处的构造如图 1-5-6 所示。

在箱梁或箱墩中设置排水管道系统，要在箱孔的深处预先考虑 2～3 个排水线路，以免一路受阻或爆裂而影响排水功能。

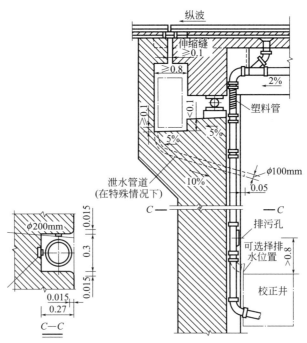

图 1-5-5 设在桥台处的排水管道（尺寸单位：m）

1.5.5 伸缩缝

桥梁在气温变化时，桥面有膨胀或收缩的纵向变形，车辆荷载也将引起梁端的转动和纵向位移，为使车辆平稳通过桥面并满足桥面变形，需要设置一定的伸缩装置。这种装置称为桥面伸缩缝装置。

对桥面伸缩缝的设计与施工，应全面考虑下述要求。

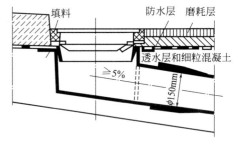

图 1-5-6 梁体内的管道与泄水口构造

① 除能够适应桥梁温度变化所引起的伸缩外，还必须考虑施工时的温度所需调整的量，以使在全部的预期温度范围内都能可靠地工作。

② 桥面平坦，行驶性良好的构造。伸缩缝装置与前后桥面必须平坦，包括伸缩缝装置在内的前后桥面平整度，在 3m 长范围内，必须保证误差在 ±3mm 内。在桥墩、桥台与桥头引道沉降结束后，上述误差应在 ±8mm 以内。所谓行驶性，不仅对汽车而言，而且包括自行车在内。

③ 施工安装方便，且与桥梁结构连为整体。如果在主梁上只需预留钢筋头，预埋件均敷设在铺装层内，且无复杂工艺，那么，这种装置无疑是比较受欢迎的。

④ 具有能够安全排水和防水的构造。钢制伸缩缝装置本身大部分缺乏排水功能，这就产生支座生锈与雨水下漏等弊病。因此，各种桥面伸缩缝装置均应采取有效措施，保证具有良好的防水性能。

⑤ 承担各种车辆荷载的作用。伸缩缝装置之所以易于破损和不耐久，一般认为不全是由于交通量引起的，而往往是由重型车辆引起的。因此重型车交通量大的道路，应选择耐久性好的伸缩缝装置。

⑥ 养护修理与更换方便。修理与更换的难易首先取决于损坏的部位，是橡胶件还是桥

面混凝土或钢件。前者容易更换，后者取决于桥面的破坏程度。伸缩装置大修的周期最好至少与面层的大修周期一样长。

⑦ 经济价廉。经济性问题，不仅只就各种伸缩缝建筑投资来比较，还要尽量使伸缩缝装置的寿命与桥面寿命相等。

到目前为止，在我国公路桥梁上使用的伸缩缝种类很多。着重于伸缩缝的传力方式和构造特点，伸缩缝可以分为模数式伸缩装置、梳齿板式伸缩装置和无缝式伸缩装置，其构造见表 1-5-1。

表 1-5-1 伸缩装置构造示意

装置类型		装置构造	伸缩量 e/mm
名称	代号		
模数式伸缩装置	MA	1—桥梁端部或桥台 2—伸缩缝中心线 3—边纵梁 4—橡胶密封带	$20 < e < 80$
	MB	1—桥梁端部或桥台 2—伸缩缝中心线 3—边纵梁 4—中纵梁 5—横梁 6—弹性支承元件 7—橡胶密封带	$e > 160$
梳齿板式伸缩装置	SC	1—桥梁端部或桥台 2—伸缩缝中心线 3—悬臂梳齿板 4—导水装置	$60 < e < 240$
	SSA	1—桥梁端部或桥台 2—伸缩缝中心线 3—固定梳齿板 4—活动梳齿板 5—导水装置 6—不锈钢板	$80 < e < 1000$

续表

装置类型		装置构造	伸缩量 e/mm
名称	代号		
梳齿板式伸缩装置	SSB	1—桥梁端部或桥台 2—伸缩缝中心线 3—固定梳齿板 4—活动梳齿板 5—导水装置 6—不锈钢板	$e>1000$
无缝式伸缩装置	W	1—桥梁端部或桥台 2—伸缩缝中心线 3—弹性伸缩体 4—隔离膜	$20<e<100$

(1) 模数式伸缩装置

随着我国高等级公路和城市高架桥建设事业的迅速发展，桥梁的长大化得到突破性进展，这就要求有结构合理、大位移量的桥梁伸缩装置来适应这一发展的需要。然而板式橡胶制品这一类伸缩装置，很难满足大位移量的要求；钢制型的伸缩装置，又很难做到密封不透水，而且容易造成对车辆的冲击，影响车辆的行驶性。因此，出现了利用吸震缓冲性能好又容易做到密封的橡胶材料，与强度高、刚性好的异型钢材组合的，在大位移量情况下能承受车辆荷载的各种类型模数支承式（模数式）桥梁伸缩装置系列（图 1-5-7）。这类伸缩装置，其构造相同点是，均由 V 形截面或其他截面形状的橡胶密封条（带），嵌接于异型边梁钢和中梁钢内组成可伸缩的密封体，异型钢梁直接承受车辆荷载，且可根据要求的伸缩量，随意增加中梁钢和密封橡胶条（带），加工组装成各种伸缩量的系列产品；其不同点仅在于承重异型钢梁和传递伸缩力的传动机构形式及原理上的差异。异型钢梁有采用钢板或型钢焊接而成的，有挤压成型的，也有轧钢坯经车轧成型或局部分段（层）轧制焊接成型的。目前已实现了热轧整体成型专用异型钢材的国产化。模数式伸缩装置按橡胶密封带的数量分为单缝（代号为 MA）和多缝（代号为 MB），其伸缩范围单缝为 20～80mm，多缝为大于 160mm。

(2) 梳齿板式伸缩装置

在处理大跨径桥梁接缝时一般采用梳齿板伸缩装置。钢梳齿板采用铸制件时，一般为梁间悬臂式（图 1-5-8），伸缩量可以达到 600mm，构造比较复杂。钢梳齿板也可用钢板切割而成，伸缩量视其为梁间悬臂式（代号 SC）和简支式（代号为 SS），前者伸缩量为 60～240mm。后者按活动梳齿板与伸缩缝的相对位置又可分为活动梳齿板的齿板位于伸缩缝一侧（代号为 SSA）和活动梳齿板的齿板跨越伸缩缝（代号为 SSB）。

(3) 无缝式伸缩装置

无缝式伸缩装置，是接缝构造不伸出桥面时，在桥梁端部的伸缩间隙中填入弹性材料铺

项目 1　认识桥梁构造

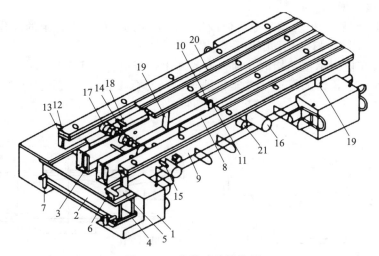

图 1-5-7　模数式伸缩装置

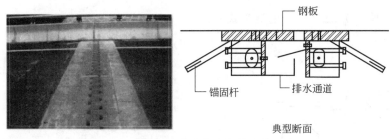

图 1-5-8　悬臂式梳齿板伸缩装置

上防水材料，然后在桥面铺装层铺筑黏弹性复合材料，使伸缩接缝处的桥面铺装与其他铺装部分形成一个连续体，以连接缝的沥青混凝土等材料的变形承受伸缩的一种构造。如我国常用的桥面连续型（图 1-5-9）、TST 弹塑体等。这类伸缩装置的主要特点为：①能适应桥梁上部构造的伸缩变形和小量转动变形；②将使桥面铺装形成连续体，行车时不致产生冲击、振动等，舒适性较好；③形成多重防水构造，防水性也较好；④在寒冷地区，易于机械化除雪养护，不至破坏接缝；⑤施工简单，一般易于维修和更换。鉴于这类形式的结构特点，是在路面铺装完成后再用切割器切割路面，并在其槽口内注入嵌缝材料而成的构造。这种接缝仅适用于较小的接缝部位，适用范围有所限制。

1.5.6　人行道

高速公路上的桥梁不宜设人行道。一、二、三、四级公路上桥梁的桥上人行道和自行车道，应根据需要而定，并应与前后路线布置协调。人行道、自行车道与行车道之间，应设护栏或路缘石等分隔设施。人行道的宽度宜为 1.0m；大于 1.0m

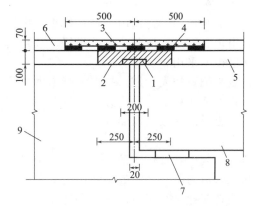

图 1-5-9　桥面连续型收缩装置

1—钢板；2—Ⅰ型改性沥青混凝土；3—Ⅱ型改性沥青混凝土；
4—编织布；5—桥面现浇混凝土层；6—沥青混凝土铺装；
7—板式橡胶支座；8—预制板；9—背墙

时，按 0.5m 的级差增加。

人行道是用路缘石或护栏及其他类似设施加以分隔的专门供人行走的部分。按人行道在桥梁结构中所处高程不同有以下几种形式。

① 人行道设在桥面承重结构的顶面，而且高出行车道［图 1-5-10(a)］。

② 双层桥面布置，即人行道（含非机动车道）与行车道布置在两个高程不同的桥面系［图 1-5-10(b)］。

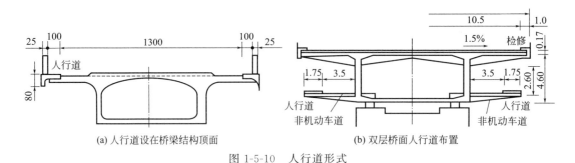

图 1-5-10　人行道形式

按人行道的施工方法分为就地浇筑式（图 1-5-11）、预制装配式（图 1-5-12）、部分装配和部分现浇的混合式。

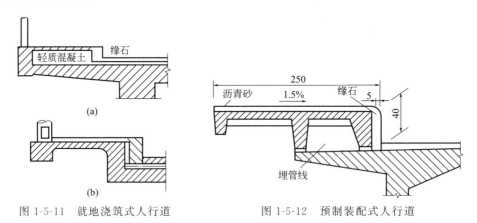

图 1-5-11　就地浇筑式人行道　　　图 1-5-12　预制装配式人行道

就地浇筑式的人行道用于跨径较小的桥梁中，有时人行道与行车道板及梁整体地连接在一起。由于人行道的恒载及活载很轻，故将其设在桥梁行车道的悬臂挑出部分上，但目前此种做法已很少采用。

预制装配式的人行道，是将人行道做成预制块件安装，按预制块件分有整体式和分块式两种。按安装在桥上的形式分，有悬臂式和搁置式两种。

人行道顶面一般铺设 20mm 厚的水泥砂浆或沥青砂作为面层，并以此形成人行道顶面的排水横坡。

桥面铺装中若设贴式防水层，就要在人行道内侧设置缘石，以便把防水层伸过缘石底面，从人行道与缘石之间的砌缝里向上叠起。人行道在桥面断缝处也必须做伸缩缝。现代桥梁人行道伸缩缝与行车道伸缩缝是连在一起的。

1.5.7　护栏和栏杆

一般桥梁上的栏杆，当设于人行道上时，主要作用是给行人提供安全感，遮拦行人，防止其跌落桥下；当无人行道时，桥上的栏杆虽有时也可防止行人跌落桥下，但其主要作用与高填路堤或危险路段所设护栏相仿，用于视线诱导，起到一些轮廓标的作用，使车辆尽量在路幅之内驶，并给驾驶员安全感。主要用于高速公路、一级汽车专用公路、城市快速道路、主干道路、立交工程等的护栏时用以封闭沿线两侧，不使人畜与非机动车辆闯入公路的隔离设施，它同时具有吸收碰撞能量、迫使失控车辆改变方向，并有恢复到原有行驶方向趋势，防止其越出路外或跌落桥下的作用。

各等级公路桥梁必须设置路侧护栏。高速公路、作为次要干线的一级公路桥梁必须设置中央分隔带护栏，作为主要集散的一级公路桥梁应设置中央分隔带护栏。设置人行道的桥梁，可通过路缘石或桥梁护栏将人行道和车行道进行分离。

桥梁护栏常用的结构形式包括刚性护栏（图 1-5-13）、半刚性护栏（图 1-5-14）和组合式护栏（图 1-5-15）。

刚性护栏是一种基本不变形的护栏结构。包括混凝土 F 型、单坡型、梁柱型等，其中钢筋混凝土梁柱式护栏在我国使用较少。混凝土护栏是一种以一定形状的混凝土块相互连接而

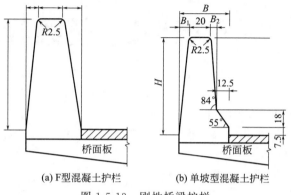

(a) F型混凝土护栏　　(b) 单坡型混凝土护栏

图 1-5-13　刚性桥梁护栏

组成的墙式结构，它利用失控车辆碰撞后爬高并转向来吸收碰撞能量。

半刚性护栏是一种连续的梁柱式护栏，具有一定的刚度和柔性。半刚性护栏最常用的是金属梁柱式，它以美观通透、强度高、变形小见长，其形状主要有双波形梁护栏和三波型梁护栏。是一种以波纹状钢护栏板相互拼接，并由立柱支撑而组成的连续结构，它利用土基、立柱、波形梁的变形来吸收碰撞能量，并迫使失控车辆改变方向。

组合式护栏兼顾了混凝土护栏的刚性和半刚性护栏的柔性及通透性，在大、中桥梁中使用较多。组合式护栏的混凝土部分宜采用 F 型。

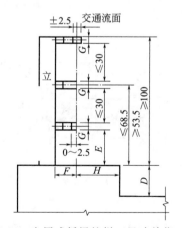

图 1-5-14　金属式桥梁护栏（尺寸单位：mm）

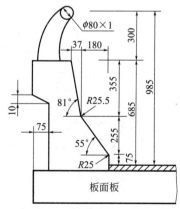

图 1-5-15　组合式桥梁护栏（尺寸单位：mm）

项目2　桥梁施工基本作业

【情景引入】

我国正在大规模建设的铁路客运专线，设计速度200～350km/h，这就对轨道的平顺要求很高，不但要考虑建成时的情况，同时还要考虑长期变形后的结果。因此要求，长期总沉降不超过30mm，且20m范围内的不均匀沉降不超过20mm。如此高的要求，对软土地基地区以及路基填土高度超过5m的区段是无法达到的，所以这些区段需要采取以桥代路的设计方案，这就大大增加了客运专线铁路桥梁长度所占的比例，平均桥梁占线路总长的36%。以桥代路的桥梁一般不需要大跨径，跨径大小取决于上部结构造价与下部结构造价的平衡，同时还取决于工期、设备能力等因素。线路大量采用桥梁使建设工期成为客运专线建设的重要控制因素，快速架桥就成为必须解决的课题。提高架设长桥速度的方法有几种。一是采用满堂支架全面开工，这种做法需要大量的支架、模板及人力，且不能周转使用。二是采用大节段预制拼装工艺，这需要高效快速的预制厂，同时还需要大型的运梁架梁设备。为解决这一课题，在铁路相关研究和工程单位的长期探索后，开发了我国客运专线的标准桥梁——32m、24m、20m跨径后张法预应力混凝土简支箱梁（见图2-0-1）。三种跨径标准双线箱梁重分别为899t、699t、562t，采用整体预制、运输、吊装的施工工艺，以达到快速施工的目的。

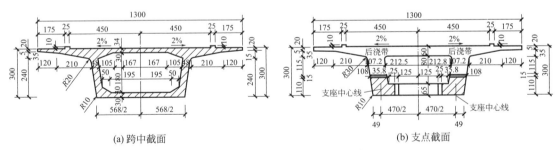

图 2-0-1　客运专线32m双线箱梁截面

箱梁主要在预制厂内预制，预制包括钢筋工程、模板支架工程、混凝土工程和预应力混凝土工程。通过梁上运梁的办法运输到梁位，再通过架桥机架设。整套工艺包括预制、运输、安装的操作流程以及所需要的装备。

【知识目标】

① 了解桥梁钢筋和预应力钢筋的种类、混凝土的强度等级、模板支架的类型。

② 掌握钢筋的进场检验、加工、连接和绑扎与安装。
③ 掌握模板支架的设计、制作与安装、拆除。
④ 掌握混凝土原材料的要求、混凝土的拌制、运输、浇筑、养护和质量检验。
⑤ 掌握预应力混凝土的先张法和后张法施工工艺。
⑥ 熟悉预应力混凝土施工的设备。

【能力目标】

① 能根据钢筋类型确定钢筋加工和连接方式，对钢筋绑扎和安装质量进行验收。
② 能根据上部结构形式合理地选择模板和支架，编制支架计算书。
③ 能根据混凝土强度等级确定混凝土配合比，编制混凝土拌制、运输、浇筑和养护的方案，对混凝土工程进行质量检验。
④ 能根据梁桥预制工艺选择合适的施工设备，编制施工方案。

任务 2.1 钢筋工程

【任务引领】

钢筋是钢筋混凝土和预应力混凝土桥梁的受力骨架，对改善桥梁结构受力，提高桥梁结构强度具有重要作用；其施工质量关系到桥梁的承载能力和耐久性。本任务要求通过识读施工图编制桥梁钢筋工程施工方案。

2.1.1 钢筋的种类

按钢筋的加工方法，钢筋可分为热轧钢筋、冷拉钢筋、冷轧带肋钢筋、热处理钢筋和钢丝五大类。《公路钢筋混凝土及预应力混凝土桥涵设计规范》（JTG 3362—2018）规定钢筋混凝土及预应力混凝土构件中的普通钢筋宜选用热轧钢筋，预应力混凝土构件中的箍筋应选用其中的带肋钢筋。按构造要求配置的钢筋网可采用冷轧带肋钢筋。

（1）热轧钢筋的种类

热轧钢筋按照外形分为光圆钢筋和带肋钢筋（图 2-1-1）。热轧光圆钢筋是经热轧成形并自然冷却的表面光滑、截面为圆形的钢筋。热轧带肋钢筋是经热成形并自然冷却而其圆周表面通常带有两条纵肋且沿长度方向有均匀分布横肋的钢筋，其中，横肋斜向一个方向而呈螺纹形的，称为螺纹钢筋；横肋斜向不同方向而呈"人"字形的，称为人字形钢筋；纵肋与横肋不相交且横肋为月牙形状的，称为月牙肋钢筋。

我国目前生产的热轧带肋钢筋大多为月牙肋钢筋，其横肋高度向肋的两端逐渐降至零，呈月牙形，这样可使横肋相交处的应力集中现象有所缓解。

由于热轧带肋钢筋截面包括纵肋和横肋，外周不是一个光滑连续的圆周，因此，热轧带肋钢筋直径采用公称直径。公称直径是与钢筋的公称横截面面积相等的圆的直径，即以公称直径所得的圆面积就是钢筋的截面面积。对于热轧光圆钢筋截面，其直径就是公称直径。

（2）热轧钢筋的强度等级和牌号

钢筋的牌号是根据钢筋屈服强度标准值、制造成形方

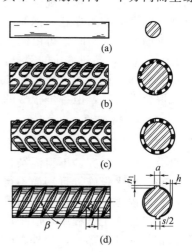

图 2-1-1 热轧钢筋的外形

式及种类等规定加以分类的代号。热轧钢筋的牌号由英文字母缩写和屈服强度标准值组成。

我国《公路桥涵施工技术规范》(JTG/T F50—2011)对钢筋的力学、工艺性能的规定见表2-1-1。表中HPB是英文名称Hot Rolled Plain Steel Bars的缩写，表示热轧光圆钢筋；HRB是英文名称Hot Rolled Ribbed Steel Bars的缩写，表示热轧带肋钢筋；HRBF是细晶粒热轧带肋钢筋的英文名称缩写；RRB是热处理带肋钢筋的英文名称缩写。国产热轧钢筋常按其屈服强度标准值的高低分为3个强度等级：300MPa、400MPa和500MPa。因此，表2-1-1中HPB300表示屈服强度标准值为300MPa的热轧光圆钢筋，HRB400表示屈服强度标准值为400MPa的热轧带肋钢筋。

表 2-1-1 钢筋的力学、工艺性能

品种	牌号	符号	公称直径 /mm	屈服点 σ_s /MPa	抗拉强度 σ_b /MPa	伸长率 δ_5 /%	冷弯180°	反向弯曲正弯45°反弯23°
				不小于			d=弯心直径 a=钢筋公称直径	
热轧光圆钢筋	HPB300	E	6～22	300	420	25	$d=a$	
热轧带肋钢筋	HRB400 HRBF400	C C^F	6～25 28～40 >40～50	400	540	16	$d=4a$ $d=5a$ $d=6a$	受弯曲部位表面不得产生裂纹
	RRB400	C^R	8～25 28～40	400	540	14	$d=4a$ $d=5a$	
	HRB500	D	6～25 28～40 >40～50	500	630	15	$d=6a$ $d=7a$ $d=8a$	

2.1.2 钢筋的进场检验和存放

(1) 钢筋进场检验

钢筋应具有出厂质量证明书和试验报告单，进场时除应检查其外观和标志外，尚应按不同的钢种、等级、牌号规格及生产厂家分批抽取试样进行力学性能检验，检验试验方法应符合现行国家标准的规定。钢筋经进场检验合格后方可使用。

钢筋分批检验时，可由同一牌号、同一炉罐号、同一尺寸的钢筋进行组批，每批的质量不宜大于60t，超过60t的部分，每增加40t（或不足40t的余数）应增加一个拉伸和一个弯曲试验试样；钢筋的进场检验亦可由同一牌号、同一冶炼方法、同一浇注方法的不同炉罐号组成混合批进行，但各炉罐号的含碳量之差应不大于0.02%，含锰量之差应不大于0.15%。

(2) 钢筋存放

钢筋在运输过程中应避免锈蚀、污染或被压弯；在工地存放时，应按不同品种、规格，分批分别堆置整齐，不得混杂，并应设立识别标志，存放的时间不宜超过6个月。存放场地应有防、排水设施，且钢筋不得直接置于地面，应垫高或堆置在台座上，顶部应采用合适的材料予以覆盖，防止水浸和雨淋。

在工程施工过程中，应采取适当的措施，防止钢筋产生锈蚀。对设置在结构或构件中的预留钢筋的外露部分，当外露时间较长且环境湿度较大时，宜采取包裹、涂刷防锈材料或其他有效方式，进行临时性防护。

2.1.3 钢筋的加工

钢筋的表面应洁净、无损伤，使用前应将表面的油渍、漆皮、鳞锈等清除干净，带有颗粒状或片状的钢筋不得使用；当除锈后钢筋表面有严重的麻坑、斑点，已伤蚀截面时，应降级使用或剔除不用。

钢筋应平直、无局部弯折，成盘的钢筋和弯曲的钢筋均应调直。采用冷拉方法调直钢筋时，可同时去掉钢筋表面锈皮，提高除锈工作效率。冷拉率的大小以能将钢筋调整并去掉锈皮为宜，不必也不宜过多地提高冷拉率，HRB400 级钢筋的冷拉率不宜大于 1%。钢筋的形状、尺寸应按照设计的规定进行加工。加工后的钢筋，其表面不应有削弱钢筋截面的伤痕。

钢筋的弯制和端部的弯钩应符合设计要求，设计未要求时，应符合表 2-1-2 的规定。表中规定的各级钢筋弯钩的最小半径，防止弯钩加工时弯钩部分发生裂纹，降低弯钩部分的抗拉强度。有些受压截面上的变形钢筋，设计上认为其黏结力已够，可不设弯钩。有些主钢筋在跨径中弯起，规定其弯曲最小半径是为了防止弯曲处的混凝土被钢筋的合成应力压碎。一般主钢筋末端除应做弯钩外，并应有适当的锚固平直长度，以便发挥其受力作用。

表 2-1-2　受力主钢筋制作和末端弯钩形状

弯曲部位	弯曲角度	形状图	钢筋种类	公称直径/mm	弯曲直径 D	平直段长度
末端弯钩	180°		HPB300	6～22	≥2.5d	≥3d
	135°		HRB400	6～25	≥4d	≥5d
				28～40	≥5d	
				>40～50	≥6d	
			RRB400	8～25	≥4d	
				28～40	≥5d	
	90°		HRB400	6～25	≥4d	≥10d
				28～40	≥5d	
				>40～50	≥6d	
			RRB400	8～25	≥4d	
				28～40	≥5d	
中间弯钩	90°以下		各类		≥20d	

注：采用环氧树脂涂层钢筋时，除应满足表内规定外，当钢筋直径 d≤20mm 时，弯钩内直径 D 不应小于 4d；当 d>20mm 时，弯钩内直径 D 不应小于 6d；直线段长度不应小于 5d。

2.1.4 钢筋连接

钢筋的连接宜采用焊接接头或机械连接接头。绑扎接头仅当钢筋构造复杂施工困难时方可采用，绑扎接头的钢筋直径不宜大于 28mm，对轴心受压和偏心受压构件中的受压钢筋可不大于 32mm；轴心受拉和小偏心受拉构件不应采用绑扎接头。

受力钢筋的连接接头应设置在内力较小处，并应错开布置。对焊接接头和机械连接接头，在接头长度区段内，同一根钢筋不得有两个接头；对绑扎接头，两接头间的距离应不小于 1.3 倍搭接长度。配置在接头长度区段内的受力钢筋，其接头的截面面积占总截面面积的百分率，应符合表 2-1-3 的规定。

表 2-1-3　接头长度区段内受力钢筋接头面积的最大百分率

接头形式	接头面积最大百分率/%	
	受拉区	受压区
主钢筋绑扎接头	25	50
主钢筋焊接接头	50	不限制

注：1. 焊接接头长度区段内是指 35d（d 为钢筋直径）长度范围内，但不得小于 500mm，绑扎接头长度区段是指 1.3 倍搭接长度。
2. 在同一根钢筋上宜少设接头。
3. 装配式构件连接处的受力钢筋焊接接头可不受此限制。
4. 绑扎接头中钢筋的横向净距不应小于钢筋直径且不应小于 25mm。

(1) 焊接接头

钢筋的焊接接头宜采用闪光对焊，或采用电弧焊、电渣压力焊或气压焊，但电渣压力焊仅可用于竖向钢筋的连接，不得用作水平钢筋和斜筋的连接。钢筋焊接的接头形式、焊接方法和焊接材料应符合现行行业标准《钢筋焊接及验收规程》(JGJ 18—2012) 的规定。

每批钢筋焊接前，应先选定焊接工艺和焊接参数，按实际条件进行试焊，并检验接头外观质量及规定的力学性能，试焊质量经检验合格后方可正式施焊。焊接时，对施焊场地应有适当的防风、雨、雪、严寒的设施。

钢筋接头如采用搭接或帮条电弧焊接而做成单面焊缝时，钢筋产生偏心应力，对钢筋受力情况不利，故应尽量采用双面焊缝，仅在双面焊无法施焊时，方可采用单面焊缝。采用搭接电弧焊时，两钢筋搭接端部应预先折向一侧，两接合钢筋的轴线应保持一致；采用帮条电弧焊时，帮条应采用与主筋相同的钢筋，其总截面面积不应小于被焊接钢筋的截面面积。电弧焊接头的焊缝长度对双面焊缝不应小于 $5d$，单面焊缝不应小于 $10d$（d 为钢筋直径）。电弧焊接与钢筋弯曲处的距离不应小于 $10d$，且不宜位于构件的最大弯矩处。

(2) 机械连接接头

钢筋的机械连接宜采用镦粗直螺纹、滚轧直螺纹或套筒挤压连接接头。镦粗直螺纹和滚轧直螺纹连接接头适用于直径大于或等于 25mm 的 HRB400 级热轧带肋钢筋；套筒挤压连接接头适用于直径 16～40mm 的 HRB400 级热轧带肋钢筋。

① 套筒挤压连接接头　套筒挤压钢筋接头依靠套筒与钢筋表面的机械咬合和摩擦力传递拉力或压力，钢筋表面的杂物或严重锈蚀均对接头强度有不利影响，故应清除杂物和锈蚀。

对套筒挤压接头，挤压应从套筒中央向两端开始，依次向两端挤压，压痕的波动范围应控制在允许范围内。钢筋端头插入套筒的深度应有明显标记，钢筋端头离套筒长度中点不宜超过 10mm。挤压后的套筒不得有肉眼可见裂纹，无论出现纵向或横向裂纹都是不允许的。

② 直螺纹钢筋接头　钢筋机械连接直螺纹接头包括镦粗直螺纹接头、剥肋滚轧直螺纹接头和直接滚轧直螺纹接头。钢筋丝头在套筒中央位置相互应顶紧，这主要是为了减少接头的残余变形，以保证直螺纹钢筋丝头的安装质量。

(3) 绑扎接头

绑扎接头的末端距钢筋弯折处的距离，不应小于钢筋直径的 10 倍，接头不宜位于构件的最大弯矩处。受拉钢筋绑扎接头的搭接长度,应符合表 2-1-4 的规定;受压钢筋绑扎接头的搭接长度,应取受拉钢筋绑扎接头搭接长度的 0.7 倍。

表 2-1-4　受拉钢筋绑扎接头的搭接长度

钢筋类型	混凝土强度等级	
	C25	高于 C25
HPB300	30d	25d
HRB400、RRB400		45d

注:1. 当带肋钢筋直径 d 大于 25mm 时,其受拉钢筋的搭接长度应按表中值增加 5d 采用;当带肋钢筋直径 d 小于或等于 25mm 时,其受拉钢筋的搭接长度按表中值减少 5d 采用。
2. 当混凝土在凝固过程中受力钢筋易受扰动时,其搭接长度应增加 5d。
3. 在任何情况下,纵向受拉钢筋的搭接长度均不应小于 300mm,受压钢筋的搭接长度均不应小于 200mm。
4. 环氧树脂涂层钢筋的绑扎接头搭接长度,受拉钢筋按表值的 1.5 倍采用。
5. 两根不同直径的钢筋的搭接长度,以较细的钢筋直径计算。

2.1.5　钢筋的绑扎与安装

安装钢筋时钢筋的级别、直径、根数、间距等应符合设计的规定。对多层多排钢筋宜根据安装需要在其间隔处设立一定数量的架立钢筋或短钢筋,但架立钢筋或短钢筋的端头不得伸入混凝土保护层内。当钢筋过密影响到混凝土浇筑质量时,应及时与设计人员协商解决。

钢筋绑扎时钢筋的交叉点宜采用直径 0.7~2.0mm 的铁丝扎牢,必要时可采用点焊焊牢。绑扎宜采取逐点改变绕丝方向的 8 字形方式交错扎结,对直径 25mm 及以上的钢筋,宜采取双对角线的十字形方式扎结。结构或构件拐角处的钢筋交叉点应全部绑扎;中间平直部分的交叉点可交错绑扎,但绑扎的交叉点宜占全部交叉点的 40% 以上。钢筋绑扎时,除设计有特殊规定者外,箍筋应与主筋垂直。绑扎钢筋的铁丝丝头不应进入混凝土保护层内。

钢筋的混凝土保护层厚度,对防止钢筋锈蚀、保证结构的耐久性具有非常重要的作用,施工中可在钢筋与模板之间设置垫块确定保护层厚度。垫块材料可使用混凝土,且应具有足够的强度和密实性;采用其他材料制作垫块时,除应满足使用强度的要求外,其材料中不应含有对混凝土产生不利影响的成分。垫块的制作厚度不应出现负误差,正误差应不大于 1mm。用于重要工程或有防腐蚀要求的混凝土结构或构件中的垫块,宜采用专门制作的定型产品。垫块应相互错开、分散设置在钢筋与模板之间,但不应横贯混凝土保护层的全部截面进行设置。垫块在结构或构件侧面和底面所布设的数量应不少于 3 个/m²,重要部位宜适当加密。垫块应与钢筋绑扎牢固,且其绑丝的丝头不应进入混凝土保护层内。混凝土浇筑前,应对垫块的位置、数量和紧固程度进行检查,不符合要求时应及时处理,应保证钢筋的混凝土保护层厚度满足设计要求和规范的规定。

钢筋骨架的焊接拼装应在坚固的工作台上进行,拼装前应按设计图纸放大样,放样时应考虑焊接变形的预留拱度。拼装时,在需要焊接的位置宜采用楔形卡卡紧,防止焊接时局部变形。

骨架焊接时,不同直径钢筋的中心线应在同一平面上,较小直径的钢筋在焊接时,下面宜垫以厚度适当的钢板。施焊顺序宜由中到边对称地向两端进行,先焊骨架下部,后焊骨架上部。相邻的焊缝应采用分区对称跳焊,不得顺方向一次焊成。钢筋骨架拼装的允许误差不得超过表 2-1-5 的规定。

表 2-1-5 钢筋焊接骨架质量标准

项目	允许偏差/mm
骨架的宽及高	±5
骨架长度	±10
箍筋间距	±10

绑扎或焊接的钢筋网和钢筋骨架不得有变形、松脱和开焊，钢筋位置的偏差不得超过表 2-1-6 的规定。

表 2-1-6 钢筋安装质量标准

项目			允许偏差/mm
受力钢筋间距	两排以上排距		±5
	同排	梁、板、拱肋	±10
		基础、锚碇、墩台、柱	±20
		灌注桩	±20
箍筋、横向水平钢筋、螺旋筋间距			±10
钢筋骨架尺寸		长	±10
		宽、高或直径	±5
绑扎钢筋网尺寸		长、宽	±10
		网眼尺寸	±20
弯起钢筋位置			±20
保护层厚度		柱、梁、拱肋	±5
		基础、锚碇、墩台	±10
		板	±3

任务 2.2 模板、支架工程

【任务引领】

预制梁的模板和支架是施工过程中的临时结构，这不仅关系到预制梁尺寸的精度，而且对工程质量、施工进度和工程造价有直接的影响，支架模板的设置既要考虑施工的安全性也要考虑经济合理性。本任务要求通过识读施工图编制支架计算书。

《公路桥涵施工技术规范》（JTG/T F50—2011）对模板、支架的要求如下。

① 模板和支架应具有足够的强度、刚度和稳定性，应能承受施工过程中所产生的各种荷载。

② 模板、支架的构造应简单、合理，结构受力应明确，安装、拆除应方便。

③ 模板应能与混凝土结构或构件的特征、施工条件和浇筑方法相适应，应保证结构物各部位形状尺寸和相互位置的准确。

④ 模板的板面应平整，接缝处应严密且不漏浆；模板与混凝土的接触面应涂刷隔离剂，但不得采用废机油等油料，且不得污染钢筋及混凝土的施工缝。

⑤ 支架应稳定、坚固，应能抵抗在施工过程中可能发生的振动和偶然撞击。

2.2.1 模板类型

模板宜采用钢材、胶合板或其他适宜的材料制作；优先采用钢材制作模板，主要是由于钢模板坚固、耐用，可多次重复使用；钢模板表面平整光滑，使浇筑成的混凝土结构物外表较美观；模板的板面采用胶合板的做法目前亦较为流行，胶合板有木材胶合板和竹材胶合板两种。其他适宜的材料是指诸如"高分子合成材料、硬塑料或玻璃钢"等材料，这些材料一般用作模板的面板。

(1) 钢模板

组合钢模板是一种工具式模板，它由具有一定模数的模板、角模、支撑件和连接件组成，大都做成大型块件，一般长3~8m，由钢板和加劲骨架焊接组成。可以拼装出各种形状，以适应不同的结构类型，组合钢模板的模板类型如图2-2-1所示。

常用钢模板规格见表2-2-1。

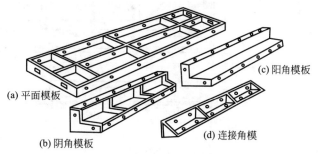

图 2-2-1　组合钢模板的模板类型

表 2-2-1　钢模板规格尺寸　　　　　　　　　　　单位：mm

名称	宽度	长度	肋高
平面模板	300,250,200,150,100	1500,1200,900,750,600,450	55
阴角模板	150×150,100×150		
阳角模板	100×100,50×50		
连接角模	50×50		

组合钢模板的主要优点是：可以节约大量木材；混凝土成型质量好；轻便灵活、拆装方便；板块小，存放、修理、运输方便；使用周转次数多，每套钢模可以重复使用5~100次以上；每次摊销费用低，所以广泛应用于桥梁建设中。

通常钢板厚4~8mm。骨架由水平肋和竖向肋形成，肋由钢板或角钢做成，肋距0.5~0.8m。大型钢模块件之间用螺栓或销连接。在梁的下部，常集中布置受力钢筋或预应力束筋，必要时可在钢模板上开设天窗，以便浇筑和振实混凝土，其构造如图2-2-2所示。

(2) 胶合板模板

混凝土模板用胶合板（plywood for concrete form）是指能够通过煮沸试验，用作混凝土成型模具的胶合板。胶合板的用材树种为马尾松、云南松、落叶松、辐射松、杨树、桉树、木荷、枫香、拟赤杨、柳安、克隆、阿必东等。

胶合板按表面处理可分为未饰面混凝土模板用胶合板（简称素板），树脂饰面混凝土模板用胶合板（简称涂胶板），浸渍胶膜纸饰面混凝土模板用胶合板（简称覆面膜板）。覆面胶合板表面平整光滑，加工灵活，每次使用前不必刷脱模剂，用加设封条和覆贴胶带纸等方法封堵拼缝。覆面胶合板比木模板高效省力，可降低施工费用，而且比组合钢模板尺寸大，模板拼缝少，拼装和拆除效率高并且浇筑的混凝土表面平整光滑，能减少其表面气泡，有效提高表面质量。

混凝土模板用胶合板的胶黏剂应采用酚醛树脂或性能相当的树脂。树脂饰面处理的应采用酚醛树脂或性能相当的树脂。覆膜用的树脂应采用酚醛树脂或性能相当的树脂。

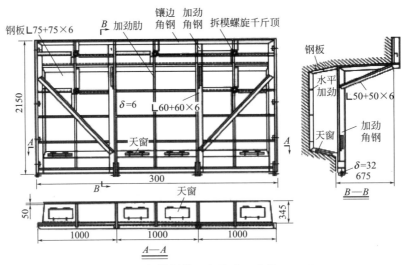

图 2-2-2 钢模板的一般构造（单位：mm）

胶合板模板中为建筑物、建筑构件、建筑制品以及有关设备的尺寸之间相互协调而选定的标准尺度系列称为模数制，模数制及非模数制的幅面尺寸和厚度应符合表 2-2-2 的规定。

表 2-2-2 胶合板规格尺寸 单位：mm

幅面尺寸				厚度范围 t
模数制		非模数制		
宽度	长度	宽度	长度	
—	—	915	1830	$12 \leqslant t < 15$
900	1800	1220	1880	$15 \leqslant t < 18$
1000	2000	915	2135	$18 \leqslant t < 21$
1200	2400	1220	2440	$21 \leqslant t < 24$
		1250	2500	

注：其他规格尺寸由供需双方协议。

(3) 充气橡胶胎模

采用充气橡胶胎模制作的内模，施工方便、容易拆除，所充气压的大小与胎模的直径、新灌筑混凝土的压力、气温等因素有关。当板的空心直径为 0.3m 时，一般采用 39.2～49kPa 气压。浇筑混凝土时，为防止胎模上浮和偏位，应用定位箍筋、压块等加以固定，并应对称平衡地进行。胎模放气的时间与气温有关，应通过试验确定。当气温为 5～15℃ 时，可在混凝土施工完毕后 8～10h 进行。图 2-2-3 为内充气胶囊构成的空心板梁内模。

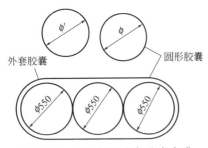

图 2-2-3 空心板梁充气胶囊内膜构造（尺寸单位：mm）

模板工程是结构混凝土成型施工中的重要组成部分。由于在公路桥涵工程中结构混凝土的外表面一般情况下均不进行额外装饰（房屋建筑行业称为"清水混凝土"），而仅仅是在拆除模板后对混凝土的外露面进行简单的修整或修饰，因此就对模板的质量提出了较高的要求。在正常施工条件下，模板、混凝土和施工工艺水平是保证结构混凝土表观质量的三大要素，缺一不可，而模板的优劣对混凝土的表观质量起着举足轻重的作用，是三大要素中的首要条件。因此模板应能与混凝土结构或构件的特征、施工条件和浇筑方法相适应，应保证结构物各部位形状尺寸和相互位置的准确。

2.2.2 支架类型

支架宜采用钢材或常备式定型钢构件等材料制作。常备式定型钢构件是指万能杆件、装配式公路钢桥中的贝雷桁片、六四式军用梁中的桁片，以及建筑施工用的各种钢管脚手架等钢构件，也有型钢或钢管等材料制作的通用钢构件。这类钢构件在支架的制作、安装和拆除时较为简便、快速。

(1) 钢管支架

① 钢管扣件式支架 钢管扣件式支架是目前使用较广泛的支架，它具有装拆方便、搭设灵活的特点。

钢管扣件式支架由钢管和扣件两种构件组拼而成。扣件有直角扣件、旋转扣件和对接扣件三种，如图 2-2-4 所示。钢管直角连接时，采用直角扣件；钢管之间呈锐角连接时，采用旋转扣件；钢管需要连接时，采用对接扣件。

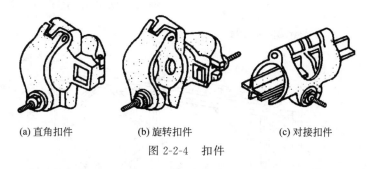

(a) 直角扣件　　(b) 旋转扣件　　(c) 对接扣件

图 2-2-4　扣件

② 碗扣式钢管支架 碗扣式钢管支架是在汲取国外同类型支架的先进接头和配件的基础上，结合我国实际情况研制的一种新型支架，广泛用作桥梁工程的支撑架。碗扣式钢管支架接头构造合理，拼装快速、省力，在三维方向上均有可靠的力学强度和自锁性能，避免了螺栓作业和零散扣件的拼装，能方便地组装成各种脚手架和支撑承力架等。

碗扣式钢管支架主要由碗扣接头、立杆、横杆、顶杆、支座和其他配套构件组成。其碗扣接头是核心部件，由上碗扣、下碗扣、横杆接头和上碗扣限位销组成，如图 2-2-5 所示。下碗扣焊在钢管上，上碗扣对应地套在铜管上。横杆由铜管两端焊接横杆接头制成。

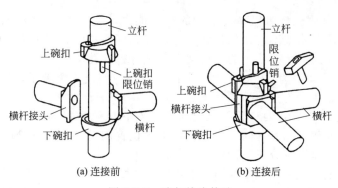

(a) 连接前　　(b) 连接后

图 2-2-5　碗扣接头构造

(2) 贝雷梁

贝雷梁也称贝雷片、贝雷架,其每一桁架片形式相同,通过销子或螺栓可迅速接长,还可拼成多层、多排,适用于不同长度及荷载的临时承重结构,现在普遍用于装配式钢桁架桥和支架。根据需要,贝雷梁可以拼装成以下结构:桥梁施工中用的脚手架、塔架等临时设备;架桥机、起重机等架桥设备;装配式钢桥的梁体及各种钢桥的承重结构;其他临时承重设备。

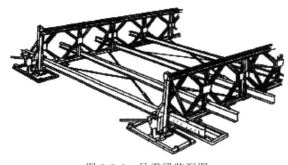

图 2-2-6 贝雷梁装配图

贝雷梁由桁架片、销子、横梁、纵梁等通过铰接和螺栓拼装而成。按用途不同可分为主体结构、桥面系、支撑连接结构和桥端结构四大部分,图 2-2-6 所示为贝雷梁装配图。

① 桁架片　桁架片是组成贝雷梁的基本单元,如图 2-2-7 所示,它主要由上弦杆、下弦杆和斜撑等连接而成。

② 销子与保险插销　销子用于连接桁架,其端部有一小圆孔,用来安装保险插销,防止销子脱落。销子头有一凹槽,

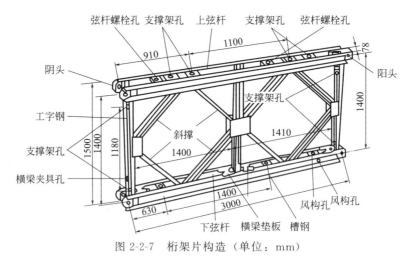

图 2-2-7 桁架片构造(单位:mm)

其方向与小圆孔相同,安装时如看不见插销孔,可借凹槽方向以定插销孔方向,使插销能顺利装上。

③ 加强弦杆　加强弦杆可提高贝雷梁的抗弯能力,发挥桁架腹杆的抗剪作用。贝雷梁端部弯矩小,故首尾节桁架不需设加强弦杆。加强弦杆两端设有阴阳头,中部设有支撑架孔和弦杆螺栓孔,其作用同桁架片中的支撑架孔和弦杆螺栓孔。

④ 横梁　横梁质量约为 245kg,由工字钢制成,中部设 4 个卡子,用以固定纵梁位置。横梁两端焊有短柱,用来连接斜撑。

⑤ 纵梁　纵梁分有扣纵梁和无扣纵梁两种。有扣纵梁质量为 107kg,在梁的一边焊有扣子,桥面板榫头安放在扣子之间,从而使桥面板位置固定。无扣纵梁质量为 105kg,安置在有扣纵梁的中间,可以不分正反面任意安装。

⑥ 支撑连接结构　贝雷梁的支撑结构主要有:斜撑,其作用是增强贝雷梁的横向稳定性;联板,在拼装三排桁架时使用;支撑架,用于多排桁架间的连接;抗风拉杆,抗风拉杆用圆钢

制成,每节桁架交叉设置两根,承受垂直于贝雷梁任何一侧的横向风力;横梁夹具,用来固定横梁位置,以保持横梁的稳定等。除此之外还需大量的桁架螺栓辅以完成杆件的连接。

(3) 万能杆件

万能杆件由角钢、钢板、螺栓组成,可用来拼装各种施工构架或常备杆件。例如,可以组拼成桁架、墩架、塔架和龙门架等形式,以作为桥梁墩台、索塔的施工支架,或作为吊车主梁以安装各种预制构件,必要时还可以作为临时的桥梁墩台和桁架。

万能杆件拆装容易,运输方便,利用率高,可以大量节省辅助结构所需的木料、劳动力和工期,因此适用范围较广。万能杆件的类型有铁道部门生产的甲型(又称M型)、乙型(又称N型)和西安筑路机械有限公司生产的乙型(称为西乙型)三种。这三者在结构、拼装形式上基本相同,只在局部构件的尺寸上略有差异而已。

用万能杆件组拼成桁架时,其高度可为2m、4m及2m的倍数。当高度为2m时,腹杆为三角形;当高度为4m时,腹杆为菱形;高度超过6m时,则可做成多斜杆的形式。用万能杆件组拼墩架、塔架时,其柱与柱之间距离,可以和桁架一样,按每节2m排列。

(4) 军用梁

六四式军用梁为目前常用的战备桥梁设备。分为普通型和加强型两种,二者主桁构件尺寸均相同,具体区别在二者使用的材料不同,普通型军用梁的材料是16锰低合金钢,加强型军用梁仅加强三角和加强弦杆的材料是15锰钒合金钢。两种军用梁主桁都是全焊结构,采用销接组装,可拼装单层或双层多片梁式明桥面体系的拆装式上承钢桁梁。

六四式铁路军用梁的主桁包括标准三角、端构架、标准弦杆、端弦杆、斜弦杆和撑杆六种基本构件和钢销、撑杆销栓两种节点联结件组成,标准弦杆、端弦杆、斜弦杆和撑杆为两端带销孔的单一杆件。其构件单元在与其他构件单元联结处都有销孔,标准三角和2m端构的具体构造如图2-2-8所示。

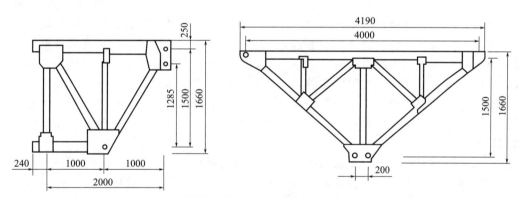

图2-2-8 军用梁端构架和标准三角的构造(单位:mm)

2.2.3 模板、支架设计

模板、支架的设计应根据工程结构形式、荷载情况、地基土类别、施工设备和材料性能等条件进行。设计时应考虑下列各项荷载,并应按表2-2-3的规定进行荷载组合。

① 模板、支架自重。
② 新浇筑混凝土、钢筋、预应力筋或其他圬工结构物的重力。
③ 施工人员及施工设备、施工材料等荷载。
④ 振捣混凝土时产生的振动荷载。

⑤ 新浇筑混凝土对模板侧面的压力。
⑥ 混凝土入模时产生的水平方向的冲击荷载。
⑦ 设于水中的支架所承受的水流压力、波浪力、流冰压力、船只及其他漂浮物的撞击力。
⑧ 其他可能产生的荷载，如风荷载、雪荷载、冬季保温设施荷载等。

表 2-2-3　模板、支架设计计算的荷载组合

模板、支架结构类别	荷载组合	
	强度计算	刚度验算
梁、板的底模板以及支撑板、支架等	①+②+③+④+⑦+⑧	①+②+⑦+⑧
缘石、人行道、栏杆、柱、梁、板等的侧模板	④+⑤	⑤
基础、墩台等厚大结构物的侧模板	⑤+⑥	⑤

验算模板、支架的刚度时，其最大变形值不得超过下列允许值：
① 结构表面外露的模板，挠度为模板构件跨度的 1/400。
② 结构表面隐蔽的模板，挠度为模板构件跨度的 1/250。
③ 支架受载后挠曲的杆件（横梁、纵梁），其弹性挠度为相应结构计算跨度的 1/400。
④ 钢模板的面板变形为 1.5mm，钢棱和柱箍变形为 $L/500$ 和 $B/500$（其中 L 为计算跨径，B 为柱宽）。

验算模板、支架在自重和风荷载等作用下的抗倾覆稳定性时，其抗倾覆稳定系数应不小于 1.3。

2.2.4　模板的制作与安装

模板制作时，钢模板应按批准的加工图进行制作，成品经检验合格后方可使用。组装前应对零部件的几何尺寸和焊缝进行全面检查，合格后方可进行组装。面板变形及整体刚度应符合规定要求。制作钢木组合模板时，钢与木之间的接触面应贴紧。面板采用防水胶合板的模板，除应使胶合板与背棱之间密贴外，对在制作过程中裁切过的防水胶合板茬口，应按产品的要求及时涂刷防水涂料。木模板与混凝土接触的表面应刨光且应保持平整。木模板的接缝可制作成平缝、搭接缝或企口缝，当采用平缝时，应有防止漏浆的措施；转角处应加嵌条或做成斜角。

采用其他材料（高分子合成材料面板、硬塑料或玻璃钢）制作模板时，其接缝应严密，边肋及加强肋应安装牢固，并应与面板成一整体。

模板安装时，模板应按设计要求准确就位，且不宜与脚手架连接。安装侧模板时，支撑应牢固，应防止模板在浇筑混凝土时产生移位。模板在安装过程中，必须设置防倾覆的临时固定设施。模板安装完成后，其尺寸、平面位置和顶部高程等应符合设计要求，节点联系应牢固。梁、板等结构的底模板应设置预拱度。固定在模板上的预埋件和预留孔洞均不得遗漏，安装应牢固，位置应准确。

2.2.5　支架的制作与安装

支架宜采用标准化、系列化、通用化的钢构件制作拼装。制作木支架时，两相邻立柱的连接接头宜分设在不同的水平面上，并应减少长杆件接头。主要压力杆的接长连接，宜使用对接法，并宜采用木夹板或铁夹板夹紧；次要构件的连接可采用搭接法。

支架应按施工图设计的要求进行安装。立柱应垂直,节点连接应可靠。支架在纵桥向和横桥向均应加强水平、斜向连接,增强整体稳定。高支架应设置足够的斜向连接、扣件或缆风绳,横向稳定应有保证措施。

应通过预压的方式,消除支架地基的不均匀沉降和支架的非弹性变形并获取弹性变形参数,或检验支架的安全性。预压荷载宜为支架需承受全部荷载的1.05～1.10倍,预压荷载的分布应模拟需承受的结构荷载及施工荷载。

支架在安装完成后,应对其平面位置、顶部高程、节点连接及纵、横向稳定性进行全面检查,符合要求后,方可进行下一工序。

支架应结合模板的安装一并考虑设置预拱度和卸落装置。设置的预拱度值,应包括结构本身需要的预拱度和施工需要的预拱度两部分。施工预拱度应考虑下列因素:模板、支架承受施工荷载引起的弹性变形;受载后由于杆件接头的挤压和卸落装置压缩而产生的非弹性变形;支架地基在受载后的沉降变形。

2.2.6 模板、支架的拆除

模板、支架的拆除期限和拆除程序等应严格按施工图设计的要求进行,设计未要求时,应根据结构物特点、模板部位和混凝土所应达到的强度要求决定。

非承重侧模板应在混凝土抗压强度达到2.5MPa,且能保证其表面及棱角不致因拆模而受损坏时方可拆除。芯模和预留孔道的内模,应在混凝土强度能保证其表面不发生塌陷或裂缝现象时,方可拆除。

钢筋混凝土结构的承重模板,应在混凝土强度能承受其自重荷载及其他可能的叠加荷载时,方可拆除。对预应力混凝土结构,在符合上述规定的条件下,其侧模应在预应力钢束张拉前拆除;底模及支架应在结构建立预应力后方可拆除。

模板、支架的拆除应遵循后支先拆、先支后拆的原则顺序进行。墩、台的模板宜在其上部结构施工前拆除。拆除梁、板等结构的承重模板时,在横向应同时、在纵向应对称均衡卸落。简支梁、连续梁结构的模板宜从跨中向支座方向依次循环卸落;悬臂梁结构的模板宜从悬臂端开始顺序卸落。

在低温、干燥或大风环境下拆除模板时,应采取必要的措施,防止混凝土表面产生裂缝。拆除模板时,不得损伤混凝土结构。

任务2.3 混凝土工程

【任务引领】

施工中的拌制、运输、浇筑和养护都会对混凝土工程的质量有较大的影响,必须进行严格的控制。本任务要求通过识读施工图编制混凝土工程施工方案。

2.3.1 混凝土的强度

(1) 混凝土立方体抗压强度

混凝土的立方体抗压强度是按规定的标准试件和标准试验方法得到的混凝土强度基本代表值。我国取用的标准试件为边长相等的混凝土立方体,这种试件的制作和试验均比较简便,而且离散性较小。

我国国家标准《普通混凝土力学性能试验方法标准》(GB/T 50081)规定,以每边边长为150mm的立方体为标准试件，在20℃±2℃的温度和相对湿度在95％以上的潮湿空气中养护28d，依照标准制作方法和试验方法测得的抗压强度值（以MPa为单位）作为混凝土的立方体抗压强度，用符号f_{cu}表示。按这样的规定，就可以排除不同制作方法、养护环境等因素对混凝土立方体强度的影响。

混凝土立方体抗压强度与试验方法有着密切的关系。在通常情况下，试件的上下表面与试验机承压板之间将产生阻止试件向外自由变形的摩阻力，阻滞了裂缝的发展，从而提高了试块的抗压强度。破坏时，远离承压板的试件中部混凝土所受的约束最少，混凝土也剥落得最多，形成两个对顶叠置的截头方锥体。要是在承压板和试件上下表面之间涂以油脂润滑剂，则试验加压时摩阻力将大为减小，所测得的抗压强度较低。规定采用的方法是不加油脂润滑剂的试验方法。

混凝土的抗压强度还与试件尺寸有关。试验表明，立方体试件尺寸越小，摩阻力的影响越大，测得的强度也越高。在实际工程中有时采用边长为200mm和边长为100mm的混凝土立方体试件，则所测得的立方体强度应分别乘以换算系数1.05和0.95来折算成边长为150mm的混凝土立方体抗压强度。

(2) 混凝土轴心抗压强度（棱柱体抗压强度）

通常钢筋混凝土构件的长度比它的截面边长要大得多，因此，棱柱体试件（高度大于截面边长的试件）的受力状态更接近于实际构件中混凝土的受力情况。按照与立方体试件相同条件下制作和试验方法所得的棱柱体试件的抗压强度值，称为混凝土轴心抗压强度，用符号f_c表示。

试验表明，棱柱体试件的抗压强度较立方体试块的抗压强度低。棱柱体试件高度h与边长b之比越大，则强度越低。当h/b由1增至2时，混凝土强度降低很快。但是当h/b由2增至4时，其抗压强度变化不大。因为在此范围内，既可消除垫板与试件接触面间摩阻力对抗压强度的影响，又可以避免试件因纵向初弯曲而产生的附加偏心距对抗压强度的影响，故所测得的棱柱体抗压强度较稳定。因此，国家标准《普通混凝土力学性能试验方法标准》（GB/T 50081）规定，混凝土的轴心抗压强度试验以150mm×150mm×300mm的试件为标准试件。

(3) 混凝土抗拉强度

混凝土抗拉强度（用符号f_t表示）和抗压强度一样，都是混凝土的基本强度指标。但是混凝土的抗拉强度比抗压强度低得多，它与同龄期混凝土抗压强度的比值在1/18～1/8之间。这项比值随混凝土抗压强度等级的增大而减小，即混凝土抗拉强度的增加慢于抗压强度的增加。

混凝土轴心受拉试验的试件可采用在两端预埋钢筋的混凝土棱柱体。试验时用试验机的夹具夹紧试件两端外伸的钢筋施加拉力，破坏时，试件在没有钢筋的中部截面被拉断，其平均拉应力即为混凝土的轴心抗拉强度。

在用上述方法测定混凝土的轴心抗拉强度时，保持试件轴心受拉是很重要的，也是不容易完全做到的。因为混凝土内部结构不均匀，钢筋的预埋和试件的安装都难以对中，而偏心又对混凝土抗拉强度测试有很大的干扰，因此，目前国内外常采用立方体或圆柱体的劈裂试验来测定混凝土的轴心抗拉强度。

劈裂试验是在卧置的立方体（或圆柱体）试件与压力机压板之间放置钢垫条及三合板（或纤维板）垫层，压力机通过垫条对试件中心面施加均匀的条形分布荷载。这样，除垫条附近外，在试件中间垂直面上就产生了拉应力，它的方向与加载方向垂直，并且基本上是均匀的。当拉应力达到混凝土的抗拉强度时，试件即被劈裂成两半。我国交通运输部颁布的标准《公路工程水泥及水泥混凝土试验规程》（JTG E30）规定，采用 150mm 立方块作为标准试件进行混凝土劈裂抗拉强度测定，按照规定的试验方法操作，则混凝土劈裂抗拉强度 f_{ts} 按式(2-3-1)计算：

$$f_{ts}=\frac{2F}{\pi A}=0.637\frac{F}{A} \qquad (2-3-1)$$

式中　f_{ts}——混凝土劈裂抗拉强度，MPa；
　　　F——劈裂破坏荷载，N；
　　　A——试件劈裂面面积，mm^2。

采用上述试验方法测得的混凝土劈裂抗拉强度值换算成轴心抗拉强度时，应乘以换算系数 0.9，即 $f_t=0.9f_{ts}$。

混凝土轴心抗压强度标准值 f_{ck} 和轴心抗拉强度标准值 f_{tk} 应按表 2-3-1 采用。

表 2-3-1　混凝土强度标准值

强度等级	C25	C30	C35	C40	C45	C50	C55	C60	C65	C70	C75	C80
f_{ck}/MPa	16.7	20.1	23.4	26.8	29.6	32.4	35.5	38.5	41.5	44.5	47.4	50.2
f_{tk}/MPa	1.78	2.01	2.20	2.40	2.51	2.65	2.74	2.85	2.93	3.00	3.05	3.10

混凝土轴心抗压强度设计值 f_{ck} 和轴心抗拉强度设计值 f_{tk} 应按表 2-3-2 采用。

表 2-3-2　混凝土强度设计值

强度等级	C25	C30	C35	C40	C45	C50	C55	C60	C65	C70	C75	C80
f_{ck}/MPa	11.5	13.8	16.1	18.4	20.5	22.4	24.4	26.5	28.5	30.5	32.4	34.6
f_{tk}/MPa	1.23	1.39	1.52	1.65	1.74	1.83	1.89	1.96	2.02	2.07	2.10	2.14

2.3.2　混凝土配制

(1) 混凝土原材料

混凝土工程所用的各种原材料（水泥、粗集料、细集料、水、外加剂和掺合料等），均应符合现行国家或行业标准的规定，并应在进场时对其性能和质量进行检验。

① 水泥　公路桥涵工程采用的水泥应符合现行国家标准《通用硅酸盐水泥》（GB 175）的规定，水泥的品种和强度等级应通过混凝土配合比试验选定，且其特性应不会对混凝土的强度、耐久性和工作性能产生不利影响。当混凝土中采用碱活性集料时，宜选用含碱量不大于 0.6% 的低碱水泥。

公路桥涵混凝土工程宜采用散装水泥，散装水泥在工地应采用专用水泥罐储存；采用袋装水泥时，在运输和储存过程中应防止受潮，且不得长时间露天堆放，临时露天堆放时应设支垫并覆盖。不同品种、强度等级和出厂日期的水泥应分别按批存放。

② 细集料　细集料宜采用级配良好、质地坚硬、颗粒洁净且粒径小于 5mm 的河砂；当河砂不易得到时，可采用符合规定的其他天然砂或人工砂；细集料不宜采用海砂，不得不采用时，应经过冲洗处理。

③ 粗集料　粗集料宜采用质地坚硬、洁净、级配合理、粒形良好、吸水率小的碎石或卵石。粗集料宜根据混凝土最大粒径采用连续两级配或连续多级配，不宜采用单粒径级或间断级配配制，必须使用时，应通过试验验证。

施工前应对所用的粗集料进行碱活性检验，在条件许可时宜避免采用有碱活性反应的粗集料，必须采用时应采取必要的抑制措施。粗集料在生产、运输与储存过程中，不得混入影响混凝土性能的有害物质。粗集料应按品种、规格分别堆放，不得混杂。在装卸及存储时，应采取措施，使集料颗粒级配均匀，并保持洁净。

④ 水　符合国家标准的饮用水可直接作为混凝土的拌制和养护用水；当采用其他水源或对水质有疑问时，应对水质进行检验。水中不应有漂浮明显的油脂和泡沫，及有明显的颜色和异味。严禁将未经处理的海水用于结构混凝土的拌制。

⑤ 外加剂　公路桥涵工程使用的外加剂，与水泥、矿物掺合料之间应具有良好的相容性。所采用的外加剂应是经过具备相关资质的检测机构检验并附有检验合格证明的产品，且其质量应符合现行国家标准《混凝土外加剂》（GB 8076）的规定。外加剂使用前应进行复验，复验结果满足要求后方可用于工程中。外加剂的品种和掺量应根据使用要求、施工条件、混凝土原材料的变化等通过试验确定。

⑥ 掺合料　掺合料应保证其产品品质稳定，来料均匀；掺合料应由生产单位专门加工进行产品检验并出具产品合格证书。混凝土中需要掺用粉煤灰、磨细矿渣、硅灰等掺合料时，其掺入量应通过试验确定。

(2) 混凝土配合比

混凝土的配合比应以质量比表示，并应通过计算和试配选定。试配时应使用施工实际采用的材料，配制的混凝土拌和物应满足和易性、凝结时间等施工技术条件，制成的混凝土应满足强度、耐久性（抗冻、抗渗、抗侵蚀）等质量要求。

普通混凝土的配合比，可按照现行行业标准《普通混凝土配合比设计规程》（JGJ 55）的规定进行计算，并应通过试配确定。混凝土的试配强度，应根据设计强度等级，并考虑施工条件的差异和变化以及原材料质量可能的波动，按照规范计算确定；混凝土的坍落度和工作性能宜根据结构物情况和施工工艺要求确定，在满足工艺要求的前提下，宜采用低坍落度的混凝土施工。通过设计和试配确定的配合比，应经批准后方可使用，且应在混凝土拌制前将理论配合比换算为施工配合比。

2.3.3　混凝土拌制、运输

(1) 混凝土拌制

混凝土的配料宜采用自动计量装置，各种衡器的精度应符合要求，计量应准确。计量器具应定期标定，迁移后应重新进行标定。拌制混凝土所用的各项材料应按质量投料，配料数量的允许质量偏差应符合表 2-3-3 的规定。

表 2-3-3　配料数量允许偏差

材料类别	允许偏差/%	
	现场拌制	预制场或集中搅拌站拌制
水泥、掺合料	±2	±1
粗、细集料	±3	±2
水、外加剂	±2	±1

外加剂宜以稀释溶液加入，其稀释用水和原液中的水量，应从拌和加水量中扣除。加入搅拌筒的外加剂溶液应充分溶解，并搅拌均匀。掺合料应采用与水泥相同的输送、计量方式加入。

混凝土应采用机械拌制，拌制时，自全部材料装入搅拌筒开始搅拌至开始出料的最短搅拌时间，应按照搅拌机产品说明书的要求并经试验确定。

混凝土拌和物应搅拌均匀，颜色一致，不得有离析和泌水现象，对在施工现场集中拌制的混凝土，应检测其拌和物的均匀性。检测时，应在搅拌机的卸料过程中，从卸料流的 1/4～3/4 之间部位取试样进行试验，试验结果混凝土中砂浆密度两次测值的相对误差应不大于 0.8%，单位体积混凝土中粗集料含量两次测值的相对误差应不大于 5%。

混凝土搅拌完毕后，应按下列要求检测混凝土拌和物的各项性能。混凝土拌和物的坍落度及其损失，宜在搅拌地点和浇筑地点分别取样检测，每一工作班或每一单元结构物不应少于两次，评定时应以浇筑地点的测值为准。当混凝土拌和物从搅拌机出料起至浇筑入模的时间不超过 15min 时，其坍落度可仅在搅拌地点取样检测。必要时，尚宜对工作性能、泌水率及含气量等混凝土拌和物的其他指标进行检测。

(2) 混凝土运输

运输能力应与混凝土的凝结速度和浇筑速度相适应，应使浇筑工作不间断且混凝土运到浇筑地点时仍能保持其均匀性和规定的坍落度。混凝土的运输宜采用搅拌运输车，或在条件允许时采用泵送方式输送；采用吊斗或其他方式运输时，运距不宜超过 100m 且不得使混凝土产生离析。

采用搅拌运输车运输混凝土时，途中应以 2～4r/min 的慢速进行搅动，卸料前应以常速再次搅拌。混凝土运至浇筑地点后发生离析、泌水或坍落度不符合要求时，应进行第二次搅拌，二次搅拌时不宜任意加水，确有必要时，可同时加水、相应的胶凝材料和外加剂并保持其原水胶比不变；二次搅拌仍不符合要求时，则不得使用。

混凝土在运输过程中出现离析泌水或坍落度不符合要求时，允许进行二次拌和，但严禁采用改变水胶比的办法进行处理，因为这样会降低混凝土的强度等性能。

混凝土的供应宜使输送混凝土的泵能连续工作，泵送的间歇时间不宜超过 15min。在泵送过程中，受料斗内应具有足够的混凝土，应防止吸入空气产生阻塞。输送管应顺直，转弯处应圆缓，接头应严密不漏气。向低处泵送混凝土时，应采取必要措施，防止混凝土离析或堵塞输送管。

2.3.4 混凝土浇筑

应根据待浇筑结构物的情况、环境条件及浇筑量等制订合理的浇筑工艺方案，工艺方案应对施工缝设置、浇筑顺序、浇筑工具、防裂措施、保护层的控制等作出明确规定。

自高处向模板内倾卸混凝土时，应防止混凝土离析。直接倾卸时，其自由倾落高度不宜超过 2m；超过 2m 时，应通过串筒、溜管（槽）或振动溜管（槽）等设施下落；倾落高度超过 10m 时，应设置减速装置。

混凝土应按一定的厚度、顺序和方向分层浇筑，且应在下层混凝土初凝或能重塑前浇筑完成上层混凝土；上下层同时浇筑时，上层与下层的前后浇筑距离应保持 1.5m 以上；在倾斜面上浇筑混凝土时，应从低处开始逐层扩展升高，并保持水平分层。混凝土分层浇筑的厚度不宜超过表 2-3-4 的规定。

表 2-3-4 混凝土分层浇筑厚度

捣实方法		浇筑层厚度/mm
用插入式振动器		300
用附着式振动器		300
用表面振动器	无筋或配筋稀疏时	250
	配筋较密时	150

采用振动器振捣混凝土时，插入式振动器的移位间距应不超过振动器作用半径的1.5倍，与侧模应保持50～100mm的距离，且插入下层混凝土中的深度宜为50～100mm。表面振动器的移位间距应使振动器平板能覆盖已振实部分不小于100mm。附着式振动器的布置距离，应根据结构物形状和振动器的性能通过试验确定。每一振点的振捣延续时间宜为20～30s，以混凝土停止下沉、不出现气泡、表面呈现浮浆为度。

混凝土的浇筑应连续进行，如因故必须间断时，其间断时间应小于前层混凝土的初凝时间或能重塑的时间。混凝土的拌和、运输、浇筑及间歇的全部时间不得超过表2-3-5的规定。当超过允许时间时，应按浇筑中断处理，同时预留施工缝，并做好记录。

表2-3-5　混凝土的拌和、运输、浇筑及间歇的全部允许时间　　单位：min

混凝土强度等级	气温≤25℃	气温＞25℃
≤C30	210	180
＞C30	180	150

注：当混凝土中掺有促凝或缓凝剂时，其允许时间应根据试验结果确定。

施工缝的位置应在混凝土浇筑之前确定，且宜留置在结构受剪力和弯矩较小并便于施工的部位，施工缝宜设置成水平面或垂直面。施工缝处理层混凝土表面的松弱层应予以凿除。对处理层混凝土的强度，当采用水冲洗凿毛时，应达到0.5MPa；人工凿毛时，应达到2.5MPa；采用风动机凿毛时，应达到10MPa。经凿毛处理后的混凝土面，应采用洁净水冲洗干净。重要部位及有抗震要求的混凝土结构或钢筋稀疏的钢筋混凝土结构，宜在施工缝处补插锚固钢筋；有抗渗要求的混凝土，其施工缝宜做成凹形、凸形或设置止水带；施工缝为斜面时宜浇筑或凿成台阶状。

2.3.5　混凝土养护

(1) 混凝土

对新浇筑混凝土的养护，应满足其对温度、湿度和时间的要求。应根据施工对象、环境条件、水泥品种外加剂或掺合料以及混凝土性能等因素，制订具体的养护方案，并严格实施。混凝土的养护方式包括自然养护和蒸汽养护。

混凝土养护期间，应重点加强对混凝土湿度和温度的控制，尽量减少表面混凝土的暴露时间，及时对混凝土暴露面进行紧密覆盖，防止表面水分蒸发。暴露面保护层混凝土初凝前，应卷起覆盖物，用抹子搓压表面至少两遍，使之平整后再次覆盖，此时应注意覆盖物不要直接接触混凝土表面，直至混凝土终凝为止。

保湿是混凝土自然养护的重点，对带模养护期间，应在模板外部采取包裹、浇水喷淋洒水等措施进行保湿养护，保证混凝土不致失水干燥。混凝土去除表面覆盖物或拆模后应对混凝土采用蓄水或覆盖洒水等措施继续进行潮湿养护。对于不易洒水养护的异型或大面积混凝土结构也可适当喷洒薄膜养生液进行养护。

混凝土养护期间应注意采取保温措施，防止混凝土表面温度受环境因素影响（如暴晒、气温骤降等）而发生剧烈变化。养护期间混凝土的内部与表层、表层与周围环境之间的温差不宜超过20℃。

混凝土在冬期和热期拆模后，若天气产生骤然变化时，应采取适当的保温或隔热措施，防止混凝土产生过大的温差应力。

总之，对新浇混凝土应根据施工的各种因素，制订具体的养护方案并严格实施，保证其需要的湿度、温度和时间。

混凝土浇筑完成后，应在其收浆后尽快予以覆盖并洒水保湿养护。对干硬性混凝土、高强度和高性能混凝土、炎热天气浇筑的混凝土以及桥面等大面积裸露的混凝土，应加强初始保湿养护，具备条件的可在浇筑完成后立即加设棚罩，待收浆后再予以覆盖和洒水养护，覆盖时不得损伤或污染混凝土的表面。混凝土面有模板覆盖时，应在养护期间使模板保持湿润。

混凝土的养护不得采用海水或含有害物质的水。混凝土的洒水保湿养护时间应不少于7d，对重要工程或有特殊要求的混凝土，应根据环境湿度、温度、水泥品种，以及掺用的外加剂和掺合料等情况，酌情延长养护时间，并应使混凝土表面始终保持湿润状态。当气温低于5℃时，应采取保温养护的措施，不得向混凝土表面洒水。当采用喷洒养护剂对混凝土进行养护时，所使用的养护剂应不会对混凝土产生不利影响，且应通过试验验证其养护效果。

新浇筑的混凝土与流动的地表水或地下水接触时，应采取临时防护措施，保证混凝土在7d以内且强度达到设计强度的50%以前，不受水的冲刷侵袭；当环境水具有侵蚀作用时，应保证混凝土在10d以内且强度达到设计强度的70%以前，不受水的侵袭。混凝土处于冻融循环作用的环境时，宜在结冰期到来4周前完成浇筑施工，且在混凝土强度未达到设计强度等级的80%前不得受冻，否则应采取技术措施，防止发生冻害。

(2) 大体积混凝土

大体积混凝土在选用原材料和进行配合比设计时，应按照降低水化热温升的原则进行，宜选用低水化热和凝结时间长的水泥品种。粗集料宜采用连续级配，细集料宜采用中砂。宜掺用可降低混凝土早期水化热的外加剂和掺合料，外加剂宜采用缓凝剂、减水剂；掺合料宜采用粉煤灰、矿渣粉等。

进行配合比设计时，在保证混凝土强度、和易性及坍落度要求的前提下，宜采取改善粗集料级配、提高掺合料和粗集料的含量、降低水胶比等措施，减少单方混凝土的水泥用量。大体积混凝土进行配合比设计及质量评定时，可按60d龄期的抗压强度控制。

大体积混凝土的施工应提前制订专项施工技术方案，并应对混凝土采取温度控制措施。施工前应根据原材料、配合比、环境条件、施工方案和施工工艺等因素，进行温控设计和温控监测设计，并应在浇筑后按该设计要求对混凝土内部和表面的温度实施监测和控制。对大体积混凝土进行温度控制时，应使其内部最高温度不大于75℃、内表温差不大于25℃。

大体积混凝土可分层、分块浇筑，分层、分块的尺寸宜根据温控设计的要求及浇筑能力合理确定；当结构尺寸相对较小或能满足温控要求时，可全断面一次浇筑。

分层浇筑时，在上层混凝土浇筑之前应对下层混凝土的顶面作凿毛处理，且新浇混凝土与下层已浇筑混凝土的温差宜小于20℃，并应采取措施将各层间的浇筑间歇期控制在7d以内。

分块浇筑时，块与块之间的竖向接缝面应平行于结构物的短边，并应在浇筑完成拆模后按施工缝的要求进行凿毛处理。分块施工所形成的后浇段，应在对大体积混凝土实施温度控制且其温度场趋于稳定后方可浇筑；后浇段宜采用微膨胀混凝土，并应一次浇筑完成。

大体积混凝土的浇筑宜在气温较低时进行，但混凝土的入模温度应不低于5℃；热期施工时，宜采取措施降低混凝土的入模温度，且其入模温度不宜高于28℃。

大体积混凝土的温度控制宜按照"内降外保"的原则，对混凝土内部采取设置冷却水管通循环水冷却，对混凝土外部采取覆盖蓄热或蓄水保温等措施进行。在混凝土内部通水降温时，进出口水的温差宜小于或等于10℃，且水温与内部混凝土的温差宜不大于20℃，降温速率宜不大于2℃/d，利用冷却水管中排出的降温用水在混凝土顶面蓄水保温养护时，养护水温度与混凝土表面温度的差值应不大于15℃。

大体积混凝土采用硅酸盐水泥或普通硅酸盐水泥时，其浇筑后的养护时间不宜少于14d，采用其他品种水泥时不宜少于21d。在寒冷天气或遇气温骤降天气时浇筑的混凝土，除应对其外部加强覆盖保温外，尚宜适当延长养护时间。

2.3.6 混凝土质量检验

混凝土的质量宜分为施工前、施工过程和施工后三个阶段进行检验。施工前检验的项目应全部合格方可进行施工；施工过程中的检验项目不合格时，应分析原因，采取措施调整，待合格后方可继续施工；施工后的检验应与施工前、施工过程的检验共同作为混凝土质量评定和验收的依据。

混凝土施工前的检验项目应包括下列内容。

① 施工设备和场地。
② 混凝土的原材料和各种组成材料的质量。
③ 混凝土配合比及其拌和物的工作性能、力学性能及抗裂性能等，对耐久性混凝土，尚应包括耐久性的性能。
④ 基础、钢筋、预埋件等隐蔽工程及支架、模板。
⑤ 混凝土的运输、浇筑和养护方法及设施，安全设施。

混凝土施工过程的检验项目应包括下列内容。

① 混凝土组成材料的外观及配料、拌制，每一工作班应不少于2次，必要时应随时抽样试验。
② 混凝土的和易性、坍落度及扩展度等工作性能，每工作班应检验不少于2次。
③ 砂石材料的含水率，每日开工前应检测1次，天气有较大变化时应随时检测；当含水率变化较大并将使配料偏差超过规定时，应及时调整。
④ 钢筋、预应力管道、模板、支架等的安装位置和稳固性。
⑤ 混凝土的浇筑质量。
⑥ 外加剂使用效果。

混凝土拆模且养护结束后应对实体混凝土进行下列检验：

① 养护情况。
② 混凝土强度，拆模时间。
③ 混凝土外露面质量。
④ 结构的外形尺寸、位置、裂缝、变形和沉降等。

对混凝土应制取试件检验其在标准养护条件下28d龄期的抗压强度。不同强度等级及不同配合比的混凝土应分别制取试件，试件应在浇筑地点从同一盘混凝土或同一车运送的混凝土中随机制取。试件制取组数应符合下列规定：

① 浇筑一般体积的结构物（如基础、墩台等）时，每一单元结构物应制取不少于2组。
② 连续浇筑大体积结构物时，每200m³或每一工作班应制取不少于2组。
③ 每片梁（板），长16m以下的应制取1组，16~30m应制取2组，31~50m应制取3组，50m以上者应不少于5组。
④ 就地浇筑混凝土的小桥涵，每一座或每一工作班应制取不少于2组；当原材料和配合比相同，并由同一拌和站拌制时，可几座合并制取不少于2组。
⑤ 应根据施工需要，制取与结构物同条件养护的试件，作为判断结构混凝土在拆模、出池、吊装、预施应力、承受载荷等阶段强度的依据。

任务2.4 预应力混凝土工程

【任务引领】

现阶段我国公路和铁路上主要采用标准跨径的简支梁，桥梁在预制厂内预制，通过梁上运梁的办法运输到梁位，再通过架桥机架设。整套工艺包括预制、运输、安装的操作流程以及所需要的装备。其预制方法为先张法和后张法。本任务要求根据施工图纸确定先张法或后张法施工工艺，并编制施工方案。

所谓预应力混凝土结构，就是事先人为地在混凝土或钢筋混凝土结构中引入内部应力，且其数值和分布恰好能将使用荷载产生的应力抵消到一个合适程度的配筋混凝土结构。例如，对混凝土或钢筋混凝土梁的受拉区预先施加压应力，使之建立一种人为的应力状态，这种应力的大小和分布规律，能有利于抵消使用荷载作用下产生的拉应力，因而使混凝土构件在使用荷载作用下不致开裂，或推迟开裂，或者使裂缝宽度减小。这种由配置预应力钢筋再通过张拉或其他方法建立预应力的混凝土结构，称为预应力混凝土结构。

2.4.1 预应力钢筋

2.4.1.1 预应力钢筋种类

预应内钢筋的分类

我国生产的预应力钢筋有钢丝、钢绞线和螺纹钢筋。

(1) 钢丝

预应力混凝土用钢丝是用优质碳素钢轧制成盘圆条后，用盘圆条通过拔线模或轧辊经冷加工而成的产品，以盘卷供货的钢丝，又称冷拉钢丝，对冷拉钢丝进行一次性连续消除应力处理生产的钢丝，称为消除应力钢丝。

钢丝按其外形分为光圆钢丝、螺旋肋钢丝 [图2-4-1(a)] 和刻痕钢丝 [图2-4-1(b)]。

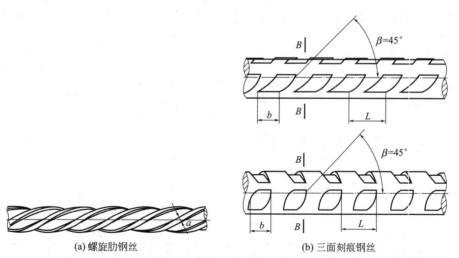

(a) 螺旋肋钢丝　　(b) 三面刻痕钢丝

图 2-4-1　常见的预应力钢丝

(2) 钢绞线

钢绞线是由2根、3根、7根或19根高强钢丝扭结而成并经消除内应力后的盘卷钢丝束。最常用的是6根钢丝围绕一根芯丝顺一个方向相扭结而成的七股钢绞线。芯丝直径常比外围钢丝直径大 5%～7%，以使各根钢丝紧密接触，钢丝扭矩一般为钢绞线公称直径的 12～16 倍。

预应力钢绞线（见图 2-4-2）的产品标记由预应力钢绞线、结构代号、公称直径、强度级别和标准号组成，例如预应力钢绞线 1×7-15.20-1860，表示公称直径为 15.20mm，强度级别为 1860MPa 的 7 根钢丝捻制的标准型钢绞线，其中公称直径为钢绞线外接圆直径的名义尺寸 D。

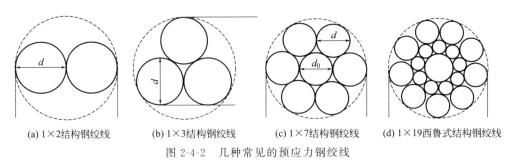

(a) 1×2结构钢绞线　(b) 1×3结构钢绞线　(c) 1×7结构钢绞线　(d) 1×19西鲁式结构钢绞线

图 2-4-2　几种常见的预应力钢绞线

钢绞线具有截面集中，比较柔软、盘弯运输方便，与混凝土黏结性能良好等特点，可大大简化现场成束的工序，是一种较理想的预应力钢筋。据国外统计，钢绞线在预应力筋中的用量约占 75%，而钢丝与螺纹钢筋共约占 25%。我国使用高强度、低松弛钢绞线也已经成为主流。

我国目前生产了一种模拔成形钢绞线，它是在捻制成形时通过模孔拉拔而成。钢丝互相挤紧成近于六边形，使钢绞线的内部空隙和外径大大减小，在相同预留孔道的条件下，可增加预拉力约为 20%，且周边与锚具接触的面积增加，有利于锚固。

(3) 螺纹钢筋

预应力螺纹钢筋是一种热轧成带有不连续的外螺纹的直条钢筋，该钢筋在任意截面处，均可用带有匹配形状的内螺纹的连接器或锚具进行连接或锚固。因此，不需要再加工螺纹，也不需要焊接。目前，这种高强钢筋仅用于中、小型预应力混凝土构件或作为箱梁的竖向、横向预应力钢筋。

预应力钢筋的参数见表 2-4-1。

表 2-4-1　预应力钢筋抗拉强度标准值

钢筋种类		符号	公称直径/mm	f_{pk}/MPa
钢绞线	1×7	Φ^S	9.5、12.7、15.2、17.8	1720、1860、1960
			21.6	1860
消除应力钢丝	光面螺纹肋	Φ^P Φ^H	5	1570、1770、1860
			7	1570
			9	1470、1570
预应力螺纹钢筋		Φ^T	18、25、32、40、50	785、960、1080

注：抗拉强度标准值为 1960MPa 的钢绞线作为预应力钢筋使用时，应有可靠工程经验或充分试验验证。

2.4.1.2　预应力钢筋进场检验

预应力钢筋进场时应分批验收，验收时，除应按合同要求对其质量证明书、包装、标志和规格等进行检查外，尚应按下列规定进行检验。

① 钢丝分批检验时每批质量应不大于60t。检验时应先从每批中抽查5%且不少于5盘，进行表面质量检查，如检查不合格，则应对该批钢丝逐盘检查。在表面质量检查合格的钢丝中抽取5%，但不少于3盘，在每盘钢丝的两端取样进行抗拉强度、弯曲和伸长率的试验。试验结果如有一项不合格时，则不合格盘报废，并从同批未试验过的钢丝盘中取双倍数量的试样进行该不合格项的复验；如仍有一项不合格，则该批钢丝为不合格。

② 钢绞线分批检验时每批质量应不大于60t，检验时应从每批钢绞线中任取3盘，并从每盘所选的钢绞线端部正常部位截取一组试样进行表面质量、直径偏差和力学性能试验。如每批少于3盘，则应逐盘取样进行上述试验。试验结果如有一项不合格时，则不合格盘报废，并再从该批未试验过的钢绞线中取双倍数量的试样进行该不合格项的复验；如仍有一项不合格，则该批钢绞线为不合格。

③ 螺纹钢筋分批检验时每批质量应不大于100t，对表面质量应逐根目视检查，外观检查合格后在每批中任选2根钢筋截取试件进行拉伸试验。试验结果如有一项不合格时，则应另取双倍数量的试件重做全部各项试验；如仍有一根试件不合格，则该批钢筋为不合格。

④ 预应力筋的实际强度不得低于现行国家标准的规定。预应力筋的检验试验方法应按现行国家标准的规定执行，用作拉伸试验的试件，不得进行任何形式的加工。在对预应力筋的拉伸试验中，应同时测定其弹性模量。

⑤ 对特大桥、大桥或重要桥梁工程中使用的钢丝、钢绞线和螺纹钢筋，进场时应按上述规定进行检验；对预应力材料用量较少的一般桥梁工程，其预应力钢材的力学性能，可仅进行抗拉强度检验，或由生产厂提供力学性能试验报告。

预应力筋应保持清洁，在存放和搬运过程中应避免使其产生机械损伤和有害的锈蚀。进场后的存放时间不宜超过6个月，且宜存放在干燥、防潮、通风良好、无腐蚀气体和介质的仓库内；在室外存放时，不得直接堆放于地面，应支垫并遮盖，防止雨露和各种腐蚀性介质对其产生不利影响。

2.4.2 预应力设备

2.4.2.1 锚具

临时夹具（在制作先张法或后张法预应力混凝土构件时，为保持预应力筋拉力的临时性锚固装置）、锚具（在后张法预应力混凝土构件中，为保持预应力筋的拉力并将其传递到混凝土上所用的永久性锚固装置）和连接器都是保证预应力混凝土构件施工安全、结构可靠的关键设备。因此，锚具、夹具和连接器应按设计规定采用，并应具有可靠的锚固性能、足够的承载能力和良好的适用性，应能保证充分发挥预应力筋的强度，并安全地实现预应力张拉作业。

(1) 锚具的分类

锚具的类型繁多，按其传力锚固的受力原理可分为以下几类。

① 依靠摩阻力锚固的锚具。如楔形锚、锥形锚和用于锚固钢绞线的JM锚与夹片式群锚等，都是借张拉预应力钢筋的回缩或千斤顶顶压，带动锥销式或夹片将预应力钢筋楔紧于锥孔中而锚固的。

② 依靠承压锚固的锚具。如墩头锚、钢筋螺纹锚等，是利用钢丝的墩粗头或钢筋螺纹承压进行锚固。

③ 依靠黏结力锚固的锚具。如先张预应力钢筋锚固，以及后张预应力固定端的钢绞线压花锚具等，都是利用预应力钢筋与混凝土之间的黏结力进行锚固的。

对于不同形式的锚具，往往需要配套使用专门的张拉设备，因此，在设计施工中，锚具与张拉设备的选择应同时考虑。

(2) 桥梁结构中常用的锚具

① 锥形锚 锥形锚又称弗式锚，主要用于钢丝束的锚固，如图 2-4-3 所示。它由锚圈和锚塞（又称锥销）两部分组成。锥形锚是通过张拉钢丝束时顶压锚塞，把预应力钢丝楔紧在锚圈与锚塞之间，借助摩阻力锚固的。在锚固时，利用钢丝的回缩力带动锚塞向锚圈内滑进，使钢被进一步楔紧。此时，锚圈承受着很大的横向（径向）张拉（一般等于钢丝束张拉力的 4 倍），故对锚圈的设计、制造应足够重视。锚具的承载力一般不应低于钢丝束的极限拉力，或不低于钢丝束控制张拉力的 1.5 倍，可在压力机上试验确定。此外，对锚具的材质、几何尺寸、加工质量，均必须做严格的检验，以保证安全。

在桥梁中使用的锥形锚有锚固 $18\Phi^P 5mm$ 和锚固 $24\Phi^P 5mm$ 的钢丝束两种，并配用 60t 双作用千斤顶或 YZ85 型三作用千斤顶张拉。锚塞用 45 号优质碳素结构钢经热处理制成，其硬度一般要求为洛氏硬度 HRC55～58 单位，以便顶塞后，锚塞齿纹能稍微压入钢丝表面，而获得可靠的锚固。锚圈可用 45 号钢冷作旋制而成，不做淬火处理。

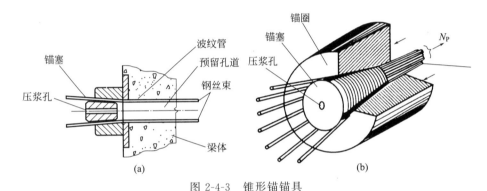

图 2-4-3 锥形锚锚具

锥形锚的优点是锚固方便，锚具面积小，便于在梁体上分散布置。但锚固时钢丝的回缩量较大，应力损失较其他锚具大。同时，它不能重复张拉和接长，使预应力钢筋设计长度受到千斤顶行程的限制。为防止预应力钢丝受振松动，必须及时给预留孔道压浆。

国外同类型的弗式锚具已有较大改进和发展，不仅能用于锚固钢丝束，而且也能锚固钢绞线束，其最大锚固能力已达到 10000kN。

② 墩头锚 墩头锚主要用于锚固钢丝束，也可锚固直径在 14mm 以下的预应力粗钢筋。钢丝的根数和锚具的尺寸依设计张拉力的大小选定。钢丝束墩头锚具是 1979 年由瑞士 4 名工程师研制而成的，并以他们名字的头一个字母命名为 BBRV 体系锚具。我国墩头锚有锚固 12～133 根 $\Phi^P 5mm$ 和 12～84 根 $\Phi^P 7mm$ 两种锚具系列，配套的墩头机有 LD-10 型和 LD-20 型两种类型。

墩头锚的工作原理如图 2-4-4 所示，先以钢丝逐一穿过锚杯的蜂窝眼，然后用墩头机将钢丝端头镦粗如蘑菇形，借墩头直接承压将钢丝锚固于锚杯上。锚杯的外圆车有螺纹，穿束后，在固定端将锚圈（大螺母）拧上，即可将钢丝束锚固于梁端。在张拉端，先将于千斤顶连接的拉杆旋入锚杯内，用千斤顶支承于梁体上进行张拉，待达到设计张拉力时，将锚圈（螺母）拧紧，再慢慢放松千斤顶，退出拉杆，于是钢丝束的回缩力就通过锚圈、垫板传递到梁体混凝土而获得锚固。

墩头锚锚固可靠，不会出现锥形锚那样的"滑丝"问题；锚固时的应力损失很小；墩头工艺操作简便迅速，但预应力钢筋张拉吨位过大，钢丝数很多，施工亦显麻烦，故大吨位墩

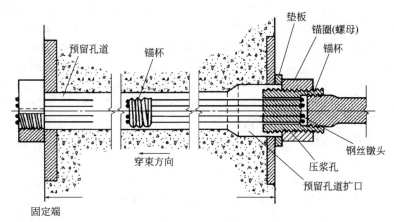

图 2-4-4 墩头锚锚具工作原理

头锚宜加大钢丝直径,由 $\Phi^P 5mm$ 改为用 $\Phi^P 7mm$,或改用钢绞线夹片锚具。此外,墩头锚对钢丝的下料长度要求很精确,误差不得超过 1/300。误差过大,张拉时可能由于受力不均匀发生断丝现象。

墩头锚适于锚固直线式配束,对于较缓和的曲线预应力钢筋也可采用。目前斜拉桥中锚固斜拉索的高振幅锚具——HiAm 式冷铸墩头锚,因锚杯内填入了环氧树脂、锌粉和钢球的混合料,具有较好的抗疲劳性能。

③ 钢筋螺纹锚具 当采用高强度钢筋(预应力螺纹钢筋)作为预应力钢筋时,可采用螺纹锚具固定。即借助于粗钢筋两端的螺纹,在钢筋张拉后直接拧上螺母进行锚固,钢丝的回缩力由螺母经支承垫板承压传递给梁体而获得预应力。如图 2-4-5 所示。

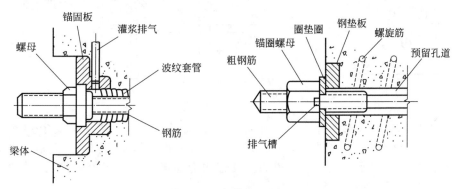

图 2-4-5 钢筋螺纹锚具

螺纹锚具的制造关键在于螺纹的加工。为了避免端部螺纹削弱钢筋截面,常采用特制的钢模冷轧而成,使其阴纹压入钢筋圆周之内,而阳纹则挤到钢筋圆周之外,这样可使平均直径与原钢筋直径相差无几(约小 2%),而且冷轧还可以提高钢筋的强度。由于螺纹系冷轧而成,故又将这种锚具称为轧丝锚。

20 世纪 70 年代以来,国内外相继采用可以直接拧上螺母和连接套筒(用于钢筋接长)的高强预应力螺纹钢筋,它沿通长都具有规则、但不连续的凸形螺纹,可在任何位置进行锚固和连接,故可不必再在施工时临时轧丝。国际上采用的迪维达格(Dywidag)锚具,就是采用特殊的锥形螺母和钟式垫板来锚固这种钢筋的螺纹锚具。

钢筋螺纹锚具的受力明确,锚固可靠;构造简单,施工方便;能重复张拉、放松和拆卸,并可以简便地采用套筒接长。

④ 夹片锚具　夹片锚具体系主要作为锚固钢绞线之用。由于钢绞线与周围接触的面积小，且强度高、硬度大，故对其锚具的锚固性能要求很高。JM锚是我国20世纪60年代研制的钢绞线夹片锚具。随着钢绞线的大量使用和钢绞线强度的大幅度提高，仅JM锚具已难以满足要求。20世纪80年代，除进一步改进了JM锚具的设计外，特别着重进行钢绞线群锚体系的研究与试制工作。中国建筑科学研究院先后研制出了XM锚具和QM锚具系列；中交公路规划设计研究院研制出了YM锚具系列；柳州建筑机械总厂与同济大学合作，在QM锚具系列的基础上又研制出了OVM锚具系列等。这些锚具体系都经过严格检测、鉴定后定型，锚固性能均达到国际预应力混凝土协会（FIP）标准，并已广泛地应用于桥梁、水利、房屋等各种土建结构工程中。

a. 钢绞线夹片锚具。夹片锚具如图2-4-6所示。夹片锚具由带锥孔的锚板和夹片所组成。张拉时，每个锥孔放置1根钢绞线，张拉后各自用夹片将锚孔中的钢绞线抱夹锚固，每个锥孔各自成为一个独立的锚固单元。每个夹片锚具一般由多个独立锚固单元所组成，它能锚固由1～55根不等的公称直径为$\Phi^S15.2mm$与$\Phi^S12.7mm$钢绞线所组成的预应力钢束，其最大锚固吨位可达到1100t（张拉力110000N），故夹片锚具又称为大吨位钢绞线群锚体系。其特点是每根钢绞线均为单独工作，即1根钢绞线锚固失效也不会影响全锚，只需对失效锥孔的钢绞线进行补拉即可。但预留孔端部，因锚板锥孔布置的需要，必须扩孔，故工作锚下的一段预留孔道一般需设置成喇叭形，或配套设置专门的铸铁喇叭形锚垫板。

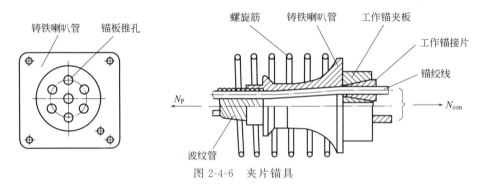

图2-4-6　夹片锚具

b. 扁形夹片锚具。扁形夹片锚具是为适应扁薄截面构件（如桥面板梁等）预应力钢筋锚固得需要而研制的，简称扁锚。其工作原理与一般夹片锚具体系相同，只是工作锚板、锚下钢垫板和喇叭管，以及形成预留孔道的波纹管均为扁形而已。每个扁锚一般锚固2～5根钢绞线，采用单根逐一张拉，施工方便。其一般符号为BM锚。

⑤ 固定端锚具　预应力钢筋采用一端张拉时，其固定端锚具除可采用与张拉端相同的夹片锚具外，还可采用挤压锚具和压花锚具。

挤压锚具是利用压头机，将套在钢绞线端头上的软钢（一般为45钢）套筒与钢绞线一起强行顶压，通过规定的模具孔挤压而成（图2-4-7）。为增加套筒与钢绞线间的摩阻力，挤压前，在钢绞线与套筒之间衬置一硬钢丝螺旋圈，以便在挤压后使硬钢丝分别压入钢绞线与套筒内壁之内。

压花锚具是用压花机将钢绞线端头压制成梨形花头的一种黏结型锚具（图2-4-8），张拉前预先埋入构件混凝土中。

⑥ 连接器　连接器有两种：钢绞线束锚固后，用来再连接钢绞线束的叫锚头连接器；当两段未张拉的钢绞线束需直接接长时，则可采用接长连接器。如图2-4-9所示。

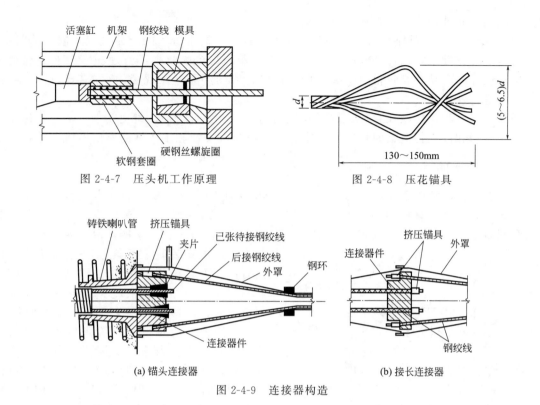

图 2-4-7 压头机工作原理

图 2-4-8 压花锚具

(a) 锚头连接器　　(b) 接长连接器

图 2-4-9 连接器构造

(3) 锚具的进场检验

锚具、夹具和连接器进场时，应按合同核对其型号、规格和数量，以及适用的预应力筋品种、规格和强度等级，且生产厂家应提供产品质保书、产品技术手册、锚固区传力性能型式检验报告，以及夹片式锚具的锚口摩擦损失测试报告或参数。产品按合同验收后，应按下列规定进行进场检验。

① 外观检查：应从每批产品中抽取 2％且不少于 10 套样品，检查其外形尺寸、表面裂纹及锈蚀情况。外形尺寸应符合产品质保书所示的尺寸范围，且表面不得有裂纹及锈蚀。当有下列情况之一时，本批产品应逐套检查，合格者方可进入后续检验：

a. 当有 1 个零件不符合产品质保书所示的外形尺寸，则应另取双倍数量的零件重新检查，仍有 1 个不合格；

b. 当有 1 个零件表面有裂纹或夹片、锚孔锥面有锈蚀。

对配套使用的锚垫板和螺旋筋可按上述方法进行外观检查，但允许表面有轻度锈蚀。

② 硬度检验：应从每批产品中抽取 3％且不少于 5 套样品（对多孔夹片式锚具的夹片，每套抽取 6 片），对其中有硬度要求的零件进行硬度检验，每个零件测试 3 点，其硬度应符合产品质保书的规定。当有 1 个零件不合格时，则应另取双倍数量的零件重做检验；如仍有 1 个零件不合格，应对本批产品逐个检验，合格者方可使用或进入后续检验。

③ 静载锚固性能试验：应在外观检查和硬度检验均合格的同批产品中抽取样品，与相应规格和强度等级的预应力筋组成 3 个预应力筋——锚具组装件，进行静载锚固性能试验。如有 1 个试件不符合要求时，则应另取双倍数量的样品重做试验；仍有 1 个试件不符合要求，则该批锚具为不合格。

④ 对特大桥、大桥和重要桥梁工程中使用的锚具产品，应进行上述 3 项检查和检验；对锚具用量较小的一般中、小桥梁工程，如生产厂能提供有效的静载锚固性能试验合格的证

明文件，则仅需进行外观检查和硬度检验。

⑤ 进场检验时，同种材料、同一生产工艺条件下、同批进场的产品可视为同一验收批。锚具的每个验收批不宜超过 2000 套；夹具、连接器的每个验收批不宜超过 500 套；获得第三方独立认证的产品其验收批可扩大 1 倍。检验合格的产品，在现场的存放期超过 1 年时，再用时应进行外观检查。

锚具、夹具和连接器在存放、搬运及使用期间均应妥善防护，避免锈蚀、沾污、遭受机械损伤、混淆和散失，但临时性的防护措施应不影响其安装和永久性防腐的实施。

2.4.2.2 千斤顶

各种锚具都必须配置相应的张拉设备，才能顺利地进行张拉、锚固。与夹片锚具配套的张拉设备，是一种大直径的穿心单作用千斤顶（图 2-4-10）。它常与夹片锚具配套研制。其他各种锚具也都有各自适用的张拉千斤顶，需要时可查阅各生产厂家的产品目录。

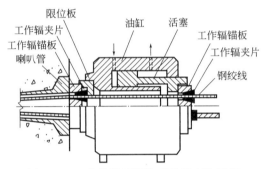

图 2-4-10 夹片锚是张拉千斤顶安装示意

千斤顶安装时，工具锚应与前端的工作锚对正，工具锚和工作锚之间的各根预应力筋不得错位、扭绞。实施张拉时，千斤顶与预应力筋、锚具的中心线应位于同一轴线上。

预应力筋的张拉顺序和张拉控制应力应符合设计规定。当施工中需要对预应力筋实施超张拉或计入锚圈口预应力损失时，可比设计规定提高 5%，但在任何情况下均不得超过设计规定的最大张拉控制应力。

预应力筋采用应力控制方法张拉时，应以伸长值进行校核。实际伸长值与理论伸长值的差值应符合设计规定；设计未规定时，其偏差应控制在 ±6% 以内，否则应暂停张拉，待查明原因并采取措施予以调整后，方可继续张拉。对环形筋、U 形筋等曲率半径较小的预应力束，其实际伸长值与理论伸长值的偏差宜通过试验确定。预应力筋的理论伸长值 ΔL(mm) 可按式(2-4-1)计算：

$$\Delta L = \frac{P_p L}{A_p E_p} \quad (2\text{-}4\text{-}1)$$

式中 P_p——预应力筋的平均张拉力，直线筋取张拉端的拉力，两端张拉的曲线筋按规范取值，N；

L——预应力筋的长度，mm；

A_p——预应力筋的截面面积，mm²；

E_p——预应力筋的弹性模量，N/mm²。

预应力筋张拉时，应先调整到初应力 σ_0，该初应力宜为张拉控制应力 σ_{con} 的 10%~25%，伸长值应从初应力时开始量测。预应力筋的实际伸长值除量测的伸长值外，尚应加上初应力以下的推算伸长值。预应力筋张拉的实际伸长值 ΔL（mm），可按式(2-4-2)计算：

$$\Delta L = \Delta L_1 + \Delta L_2 \quad (2\text{-}4\text{-}2)$$

式中 ΔL_1——从初应力至最大张拉应力间的实测伸长值，mm；

ΔL_2——初应力以下的推算伸长值，可采用相邻级的伸长值，mm。

预应力筋的锚固，应在张拉控制应力处于稳定状态下进行。锚固阶段张拉端锚具变形、预应力筋的内缩量和接缝压缩值，应不大于设计规定或不大于表 2-4-2 所列容许值。

表 2-4-2 锚具变形、预应力筋回缩和接缝压缩容许值

锚具、接缝类型		变形形式	容许值 ΔL/mm
钢制锥形锚具		预应力筋回缩、锚具变形	6
夹片式锚具	有顶压时	预应力筋回缩、锚具变形	4
	无顶压时		6
镦头锚具		缝隙压密	1
粗钢筋锚具（用于螺纹钢筋）		预应力筋回缩、锚具变形	1
每块后加垫板的缝隙		缝隙压密	1
水泥砂浆接缝		缝隙压密	1
环氧树脂砂浆接缝		缝隙压密	1

2.4.2.3 制孔器

后张法构件预制时，需预先留好待混凝土结硬后穿入预应力钢筋的孔道。目前，我国桥梁构件预留孔道所用的制孔器主要有抽拔橡胶管、抽拔钢管与波纹管。

(1) 抽拔橡胶管

在钢丝网胶管内事先穿入钢筋（称芯棒），再将胶管（连同芯棒一起）放入模板内，待浇筑混凝土达到一定强度后，抽去芯棒，再拔出胶管，则预留孔道形成。

(2) 抽拔钢管

先将钢管埋设在模板内孔道位置处，在混凝土浇筑过程中和浇筑之后，每间隔一定时间慢慢转动钢管，使之不与混凝土黏结，待混凝土初凝后、终凝前抽出钢管，即形成孔道。

采用胶管抽芯法制孔时，胶管内应插入芯棒或充以压力水增加刚度；采用钢管抽芯法制孔时，钢管表面应光滑，焊接接头应平顺。抽芯时间应通过试验确定，以混凝土抗压强度达到 0.4~0.8MPa 时为宜，抽拔时不得损伤结构混凝土。抽芯后，应采用通孔器或压气、压水等方法对孔道进行检查，如发现孔道堵塞或有残留物或与邻孔有串通，应及时处理。

(3) 波纹管

在浇筑混凝土之前，将波纹管按预应力钢筋设计位置，绑扎于与箍筋焊连的钢筋托架上，再浇筑混凝土，结硬后即可形成穿束的孔道。使用波纹管制孔的穿束方法，有先穿法与后穿法两种。先穿法即在浇筑混凝土之前将预应力钢筋穿入波纹管中，绑扎就位后再浇筑混凝土；后穿法即是浇筑混凝土成孔之后再穿预应力钢筋。

波纹管依材料分为金属波纹管和塑料波纹管，金属波纹管是用薄钢带经卷管机压波后卷成，其质量轻，纵向弯曲性能好，径向刚度较大，连接方便，与混凝土黏结良好，与预应力钢筋的摩阻系数也小，是后张法预应力混凝土构件一种较理想的制孔器。塑料波纹管由聚丙烯或高密度聚乙烯制成。使用时，波纹管外表面的螺旋肋与周围的混凝土具有较高的黏结力。这种塑料波纹管具有耐腐蚀性能好、孔道摩擦损失小以及有利于提高结构抗疲劳性能的优点。

采用金属或塑料管道构成后张预应力混凝土结构或构件的孔道时，管道的规格、尺寸应符合设计规定，且其内横截面积应不小于预应力筋净截面积的 2 倍；对长度大于 60m 的管道，宜通过试验确定其面积比是否可以进行正常的压浆作业。

管道应按设计规定的坐标位置进行安装，并应采用定位钢筋固定，使其能牢固地置于模板内的设计位置，且在混凝土浇筑期间不产生位移。管道与普通钢筋重叠时，应移动普通钢

筋，不得改变管道的设计坐标位置。固定各种成孔管道用的定位钢筋的间距，对钢管不宜大于10m；波纹管不宜大于0.8m；位于曲线上的管道和扁平波纹管道应适当加密。定位后的管道应平顺，其端部的中心线应与锚垫板相垂直。

管道接头处的连接管宜采用大一级直径的同类管道，其长度宜为被连接管道内径的5～7倍。连接时不应使接头处产生角度变化及在混凝土浇筑期间发生管道的转动或移位，并应缠裹紧密防止水泥浆的渗入。塑料波纹管应采用专用焊接机进行热熔焊接或采用具有密封性能的塑料结构连接器连接。当采用真空辅助压浆工艺进行孔道压浆时，管道的所有接头应具有可靠的密封性能，并应满足真空度的要求。

所有管道均应在每个顶点设排气孔及需要时在每个低点设排水孔。压浆管、排气管和排水管应采用最小内径为20mm的标准管或适宜的塑性管，与管道之间的连接应采用金属或塑料结构扣件，长度应足以从管道引出结构物以外。

管道安装完毕后，其端口应采取可靠措施临时封堵，防止水或其他杂物进入。

2.4.2.4 穿索（束）机

在桥梁悬臂施工和尺寸较大的构件中，一般都采用后穿法穿束。对于大跨桥梁有的预应力钢筋很长，人工穿束十分吃力，故采用穿索（束）机。

穿索（束）机有两种类型：一是液压式；二是电动式。桥梁中多用前者。它一般采用单根钢绞线穿入，穿索（束）时应在钢绞线前端套一弹性帽子，以减小穿束阻力。穿索（束）机由电动机带动4个托轮支承的链板，钢绞线置于链板上，并4个与托轮相对应的压紧轮压紧，则钢绞线就可借链板的转动向前穿入构件的预留孔中。穿索（束）机最大推力为3kN，最大水平传送距离可达150m。

2.4.2.5 管道压浆用水泥浆及压浆机

在后张法预应力混凝土构件中，预应力钢筋张拉锚固后宜采用专用压浆料或专用压浆剂配制的水泥浆进行管道压浆，以免钢筋锈蚀并使预应力钢筋与梁体混凝土结合为一个整体。

目前，在工程上采用两种管道压浆施工方法。一种是普通压力压浆方法，采用压浆泵将水泥浆在一定的压力下压入管道中；另一种是真空压浆方法，采取对管道进行抽真空处理后再注入水泥浆，它是把真空吸浆技术与压浆方法相结合的方法，故又称真空辅助压浆法。

(1) 水泥浆

为保证后张预应力筋管道压浆的质量和耐久性，所用水泥浆的性能应具备以下特征：①具有高流动度；②不泌水，不离析，无沉降；③适宜的凝结时间；④在塑性阶段具有良好的补偿收缩能力，且硬化后产生微膨胀；⑤具有一定的强度。

压浆用水泥浆的水胶比以0.26～0.28为宜，拌和后24h自由泌水率和3h钢丝间泌水率都为0；另外，可在水泥浆中掺入适量膨胀剂，使水泥浆在硬化过程中膨胀，但其自由膨胀率应小于3%，膨胀剂宜采用钙矾石系或复合型膨胀剂，不得采用以铝粉为膨胀源的膨胀剂或总碱量0.75%以上的高碱膨胀剂。

水泥应采用性能稳定、强度等级不低于42.5的低碱硅酸盐或低碱普通硅酸盐水泥。拌和用的水不应含有对预应力筋或水泥有害的成分，每升水不得含350mg以上的氯化物离子或任何一种其他有机物，宜采用符合国家卫生标准的清洁饮用水。

水泥浆制备应采用高速搅拌机，不得采用普通的砂浆搅拌机，《公路桥涵施工技术规范》规定应采用转速不低于1000r/min的搅拌机，搅拌叶的形状应与转速相匹配，其叶片的线速度不宜小于10m/s，最高线速度宜限制在20m/s以内，且应能满足在规定的时间内搅拌均匀的要求。

(2) 压浆机

压浆机是孔道压浆的主要设备，主要由水泥浆、储浆桶和压送浆液的压浆泵以及供水系统组成。

用于临时储存水泥浆的储料罐亦应具有搅拌功能，且应设置网格尺寸不大于3mm的过滤网。

压浆机应采用活塞式可连续作业的压浆泵，其压力表的最小分度值不大于0.1MPa，最大量程应使实际工作压力在其25%～75%的量程范围内，不得采用风压式压浆泵进行孔道压浆。压浆泵需要的压力，以能将水泥浆压入并充满管道孔隙为原则，一般在出浆口应先后排出空气、水、稀浆及浓浆。

真空辅助压浆工艺中采用的真空泵应能达到0.10MPa的负压力。

2.4.2.6 张拉台座

生产先张法预应力混凝土构件时，需设置用作张拉和临时锚固预应力钢筋的张拉台座。台座因需要承受张拉预应力钢筋巨大的回缩力，设计时应保证它具有足够的强度、刚度和稳定性。批量生产时，有条件的尽量设计成长线式台座，以提高生产效率。张拉台座的台面（即预制构件的底模），为了提高产品质量，有的构件厂已采用了预应力混凝土滑动台面，可防止在使用过程中台面开裂。常用的台座形式有墩式和槽式两种。

(1) 墩式台座

靠自重和土压力来平衡张拉所产生的倾覆力矩，并靠土壤的反力和摩擦力来抵抗水平位移。其抗倾覆安全系数应不小于1.5，抗滑移系数应不小于1.3。地质条件良好，台座张拉线较长的情况下，采用墩式台座可以节约大量混凝土。台座由台面、承力架、横梁和定位钢板等组成，如图2-4-11所示，锚固横梁应有足够的刚度，受力后挠度应不大于2mm。

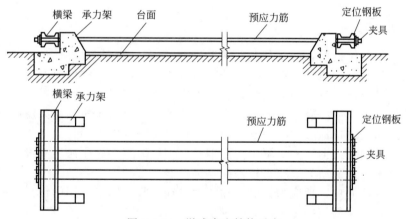

图 2-4-11 墩式台座结构示意

台面有整体式混凝土台面和装配式台面两种，它是预制构件的底模，承力架承受全部的张拉力，可以因地制宜采用不同的形式，如图2-4-12所示。横梁是将预应力筋张拉力传给承力架的构件，它们都须进行专门的设计计算。定位钢板用来固定预应力筋的位置，其厚度必须保证承受张拉力后具有足够的刚度。定位板上圆孔的位置则按构件中预应力筋的设计位置确定。

(2) 槽式台座

当现场地质条件较差，台座又不是很长时，采用由台面、传力柱、横梁、横系梁等构件

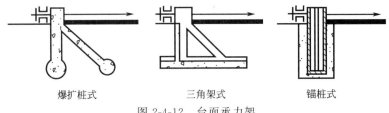

图 2-4-12 台面承力架

组成的台座,如图 2-4-13 所示。传力柱和横系梁一般用钢筋混凝土做成,其他部分与墩式台座相似。

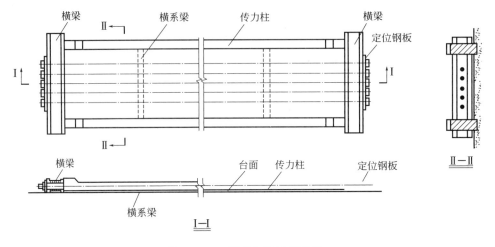

图 2-4-13 槽式台座结构示意

2.4.3 先张法

先张法,即先张拉钢筋,后浇筑构件混凝土的方法。如图 2-4-14 所示,先在张拉台座上按设计规定的拉力张拉预应力钢筋,并进行临时锚固,再浇筑构件混凝土,待混凝土达到要求强度后,放张,让预应力钢筋回缩,通过预应力钢筋与混凝土间的黏结作用,将钢筋的回缩力传递给混凝土,使混凝土获得预压应力。这种在台座上张拉预应力筋后浇筑混凝土并通过黏结力传递而建立预加应力的混凝土构件就是先张法预应力混凝土构件。

先张法所用的预应力钢筋一般可用高强钢丝、钢绞线等。先张法不专设永久锚具,预应力钢筋借助与混凝土的黏结力以获得较好的自锚性能。

先张法施工工序简单,预应力钢筋靠黏结力自锚,临时固定所用的锚具(一般称为工具式锚具或夹具)可以重复使用,因此大批量生产先张法预应力构件比较经济,质量也比较稳定。目前,先张法在我国一般仅用于生产直线配筋的中小型构件。大型构件因需配合弯矩与剪力沿梁长度的分布而采用曲线配筋,使施工设备和工艺复杂化,且需配备庞大的张拉台座,因而很少采用先张法。

(1) 预应力筋的张拉准备

张拉前,应对台座、锚固横梁及各项张拉设备进行详细检查,符合要求后方可进行操作。

同时张拉多根预应力筋时,应预先调整其单根预应力筋的初应力,使相互之间的应力一致,再整体张拉。张拉过程中,应使活动横梁与固定横梁始终保持平行,并应检查预应力筋的预应力值，其偏差的绝对值不得超过按一个构件全部预应力筋预应力总值的 5%。

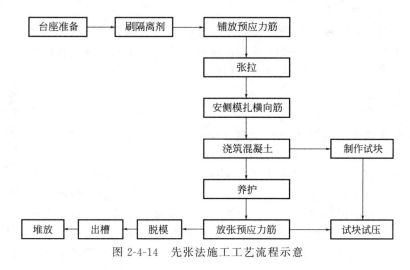

图 2-4-14 先张法施工工艺流程示意

(2) 张拉程序

先张法预应力筋的张拉程序应符合设计规定；设计未规定时，其张拉程序可按表 2-4-3 的规定进行。

表 2-4-3 先张法预应力筋张拉程序

预应力筋种类		张拉程序
钢丝、钢绞线	夹片式等具有自锚性能的锚具	普通松弛预应力筋：0→初应力→$1.03\sigma_{con}$（锚固）
		低松弛预应力筋：0→初应力→σ_{con}（持荷 5min 锚固）
	其他锚具	0→初应力→$1.05\sigma_{con}$（持荷 5min）→0→σ_{con}（锚固）
螺纹钢筋		0→初应力→$1.05\sigma_{con}$（持荷 5min）→$0.9\sigma_{con}$→σ_{con}（锚固）

注：1. σ_{con} 为张拉时的控制应力值，包括预应力损失值。
2. 超张拉数值超过表 2-4-3 规定的最大超张拉应力限值时，应按规范的限制张拉应力进行张拉。
3. 张拉螺纹钢筋时，应在超张拉并持荷 5min 后放张至 $0.9\sigma_{con}$ 时再安装模板、普通钢筋及预埋件等。

张拉时，预应力筋的断丝数量不得超过表 2-4-4 的规定。

表 2-4-4 先张法预应力筋断丝限制

预应力筋种类	检查项目	控制数
钢丝、钢绞线	同一构件内断丝数不得超过钢丝总数的百分比	1%
螺纹钢筋	断筋	不容许

预应力筋张拉完毕后，其位置与设计位置的偏差应不大于 5mm，同时不应大于构件最短边长的 4%，且宜在 4h 内浇筑混凝土。

(3) 预应力筋放张

预应力筋放张时构件混凝土的强度和弹性模量（或龄期）应符合设计规定；设计未规定时，混凝土的强度应不低于设计强度等级值的 80%，弹性模量应不低于混凝土 28d 弹性模量的 80%。在预应力筋放张之前，应将限制位移的侧模、翼缘模板或内模拆除。

预应力筋的放张顺序应符合设计规定；设计未规定时，应分阶段均匀、对称、相互交错地放张。多根整批预应力筋的放张，当采用砂箱放张时，放砂速度应均匀一致；采用千斤顶放张时，放张宜分数次完成；单根钢筋采用拧松螺母的方法放张时，宜先两侧后中间，并不得一次将一根预应力筋松完。

预应力筋放张后，对钢丝和钢绞线，应采用机械切割的方式进行切断；对螺纹钢筋，可采用乙炔氧气切割，但应采取必要措施防止高温对其产生不利影响。长线台座上预应力筋的切断顺序，应由放张端开始，依次向另一端切断。

2.4.4 后张法

体外预应力

后张法是先浇筑构件混凝土，待混凝土结硬后，再张拉预应力钢筋并锚固的方法，如图 2-4-15 所示，先浇筑构件混凝土，并在其中预留管道（预埋套管），待混凝土达到要求强度后，将预应力钢筋穿入预留管道内，将千斤顶支撑于混凝土构件端部，张拉预应力钢筋，使构件也同时受到反力压缩。待张拉到控制应力后，即用特制的锚具将预应力钢筋锚固于混凝土构件上，使混凝土获得并保持其预压应力。最后，在预留管道内压注水泥浆，以保护预应力钢筋不致锈蚀，并使预应力钢筋与混凝土黏结成为整体。这种在混凝土结硬后通过张拉预应力筋并锚固而建立预加应力的构件称为后张法预应力混凝土构件。

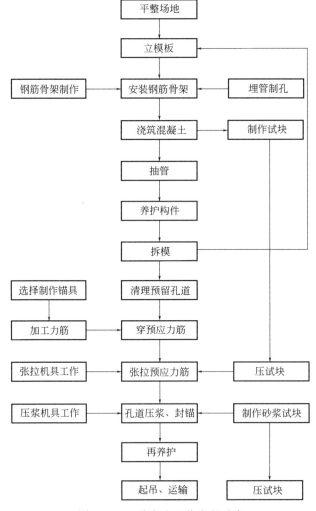

图 2-4-15 后张法工艺流程示意

2.4.4.1 预应力钢筋的安装

预应力筋可在浇筑混凝土之前或之后穿入孔道,穿束前应检查锚垫板和孔道,锚垫板的位置应准确;孔道内应畅通,无水和其他杂物。

宜将一根钢束中的全部预应力筋编束后整体穿入孔道中,整体穿束时,束的前端宜设置穿束网套或特制的牵引头,应保持预应力筋顺直,且仅应前后拖动,不得扭转。对钢绞线,可采用穿束机逐根将其穿入孔道内,但应保证其在孔道内不发生相互缠绕。

对在混凝土浇筑及养护之前安装在孔道中但在表 2-4-5 的规定时限内未压浆的预应力筋,应采取防止锈蚀或其他防腐蚀的措施,直至压浆。

表 2-4-5 未采取防腐蚀措施的力筋在安装后至压浆时的容许间隔时间

暴露条件	安装后至压浆时的容许间隔时间/d
空气湿度大于 70% 或盐分过大时	7
空气湿度 40%～70% 时	15
空气湿度小于 40% 时	20

预应力筋安装在管道中后,应将管道端部开口密封防止湿气进入。采用蒸汽养护混凝土时,在养护完成之前不应安装预应力筋。

在任何情况下,当在安装有预应力筋的结构或构件附近进行电焊时,均应对全部预应力筋、管道和附属构件进行保护,防止溅上焊渣或造成其他损坏。

对在混凝土浇筑之前穿束的管道,预应力筋安装完成后,应进行全面检查,查出可能被损坏的管道。在混凝土浇筑之前,应将管道上所有非有意留的孔、开口或损坏之处修复,并应在浇筑混凝土过程中随时检查预应力筋能否在管道内自由移动。

2.4.4.2 预应力钢筋张拉

预应力张拉之前,宜对不同类型的孔道进行至少一个孔道的摩阻测试,通过测试所确定的 μ 值和 k 值宜用于对设计张拉控制应力的修正。

张拉时,结构或构件混凝土的强度、弹性模量(或龄期)应符合设计规定;设计未规定时,混凝土的强度应不低于设计强度等级值的 80%,弹性模量应不低于混凝土 28d 弹性模量的 80%。

预应力筋的张拉顺序应符合设计规定;设计未规定时,可采取分批、分阶段的方式对称张拉。

预应力筋应整束张拉锚固。对扁平管道中平行排放的预应力钢绞线束,在保证各根钢绞线不会叠压时,可采用小型千斤顶逐根张拉,但应考虑逐根张拉时预应力损失对控制应力的影响。

预应力筋张拉端的设置应符合设计规定;设计未规定时,应符合下列规定。

① 直线筋和螺纹钢筋可在一端张拉。对曲线预应力筋,应根据施工计算的要求采取两端张拉或一端张拉的方式进行,当锚固损失的影响长度小于或等于 $L/2$(L 为结构或构件长度)时,应采取两端张拉;当锚固损失的影响长度大于 $L/2$ 时,可采取一端张拉。

② 当同一截面中有多束一端张拉的预应力筋时,张拉端宜分别交错设置在结构或构件的两端。

③ 预应力筋采用两端张拉时,宜两端同时张拉,或先在一端张拉锚固后,再在另一端补足预应力值进行锚固。

后张预应力筋的张拉程序应符合设计规定；设计未规定时，可按表 2-4-6 的规定进行。

表 2-4-6　后张法预应力筋张拉程序

锚具和预应力类别		张拉程序
夹片式等具有自锚性能的锚具	钢绞线束、钢丝束	普通松弛预应力筋：0→初应力→1.03σ_{con}（锚固）
		低松弛预应力筋：0→初应力→σ_{con}（持荷 5min 锚固）
其他锚具	钢绞线束、钢丝束	0→初应力→1.05σ_{con}（持荷 5min）→σ_{con}（锚固）
		0→初应力→1.05σ_{con}（持荷 5min）→0→σ_{con}（锚固）
螺母锚固锚具	螺纹钢筋	0→初应力→σ_{con}（持荷 5min 锚固）→0→σ_{con}（锚固）

注：1. σ_{con} 为张拉时的控制应力，包括预应力损失值。
2. 两端同时张拉时，两端千斤顶升降压、画线、测伸长等工作应基本一致。
3. 超张拉数值超过表 2-4-3 规定的最大超张拉应力限值时，应按该条规定的限值进行张拉。

后张预应力筋断丝及滑移不得超过表 2-4-7 的控制数。

表 2-4-7　后张预应力筋断丝、滑移限制

类别	检查项目	控制数
钢丝束和钢绞线束	每束钢丝断丝或滑丝	1 根
	每束钢绞线断丝或滑丝	1 丝
	每个断面断丝之和不超过该断面钢丝总数的	1%
螺纹钢筋	断筋或滑移	不容许

注：1. 钢绞线断丝系指单根钢绞线内钢丝的断丝。
2. 超过表列控制数时，原则上应更换，当不能更换时，在许可的条件下，可采取补救措施，如提高其他束预应力值，但须满足设计上各阶段极限状态的要求。

预应力筋在张拉控制应力达到稳定后方可锚固。对夹片式锚具，锚固后夹片顶面应平齐，其相互间的错位不宜大于 2mm，且露出锚具外的高度不应大于 4mm。锚固完毕并经检验确认合格后方可切割端头多余的预应力筋，切割时应采用砂轮锯，严禁采用电弧进行切割，同时不得损伤锚具。

切割后预应力筋的外露长度不应小于 30mm，且不应小于 1.5 倍预应力筋直径。锚具应采用封端混凝土保护，当需长期外露时，应采取防止锈蚀的措施。

2.4.4.3　孔道压浆及封锚

预应力筋张拉锚固后，孔道应尽早压浆，且应在 48h 内完成，否则应采取避免预应力筋锈蚀的措施。

后张预应力孔道压浆的目的主要有：保护预应力筋不致锈蚀；使预应力筋与混凝土黏结成为整体，从而减少预应力损失；提高结构或构件的整体抗弯刚度。

要求与高性能混凝土所用原材料的品质要求是一致的。

(1) 压浆前准备

孔道压浆前应在工地试验室对压浆材料加水进行试配，各种材料的称量（均以质量计）应精确到±1%。经试配的浆液其各项性能指标均应满足要求后方可用于正式压浆。

应对孔道进行清洁处理。对抽芯成型的孔道应冲洗干净并应使孔壁完全湿润；金属和塑料管道在必要时亦应冲洗清除附着于孔道内壁的有害材料。对孔道内可能存在的油污等，可采用已知对预应力筋和管道无腐蚀作用的中性洗涤剂或皂液，用水稀释后进行冲洗；冲洗后，应使用不含油的压缩空气将孔道内的所有积水吹出。

应对压浆设备进行清洗，清洗后的设备内不应有残渣和积水。

(2) 压浆

压浆时，对曲线孔道和竖向孔道应从最低点的压浆孔压入；对结构或构件中以上下分层设置的孔道，应按先下层后上层的顺序进行压浆。同一管道的压浆应连续进行，一次完成。压浆应缓慢、均匀地进行，不得中断，并应将所有最高点的排气孔依次一一打开和关闭，使孔道内排气通畅。

浆液自拌制完成至压入孔道的延续时间不宜超过40min，且在使用前和压注过程中应连续搅拌，对因延迟使用所致流动度降低的水泥浆，不得通过额外加水增加其流动度。

对水平或曲线孔道，压浆的压力宜为0.5~0.7MPa；对超长孔道，最大压力不宜超过1.0MPa；对竖向孔道，压浆的压力宜为0.3~0.4MPa。压浆的充盈度应达到孔道另一端饱满且排气孔排出与规定流动度相同的水泥浆为止，关闭出浆口后，宜保持一个不小于0.5MPa的稳压期，该稳压期的保持时间宜为3~5min。采用真空辅助压浆工艺时，真空度宜稳定在-0.06~-0.1MPa范围内，在压浆前应对孔道进行抽真空真空度稳定后，应立即开启孔道压浆端的阀门，同时启动压浆泵进行连续压浆。

压浆过程中及压浆后48h内，结构或构件混凝土的温度及环境温度不得低于5℃，否则应采取保温措施，并应按冬期施工的要求处理，浆液中可适量掺用引气剂，但不得掺用防冻剂。当环境温度高于35℃时，压浆宜在夜间进行。

压浆后应通过检查孔抽查压浆的密实情况，如有不实，应及时进行补压浆处理。压浆完成后，应及时对锚固端按设计要求进行封闭保护或防腐处理，需要封锚的锚具，应在压浆完成后对梁端混凝土凿毛并将其周围冲洗干净，设置钢筋网浇筑封锚混凝土；封锚应采用与结构或构件同强度的混凝土并应严格控制封锚后的梁体长度。长期外露的锚具，应采取防锈措施。

对后张预制构件，在孔道压浆前不得安装就位；压浆后，应在浆液强度达到规定的强度后方可移运和吊装。

孔道压浆应填写施工记录。记录项目应包括：压浆材料、配合比、压浆日期、搅拌时间、出机初始流动度、浆液温度、环境温度、稳压压力及时间，采用真空辅助压浆工艺时尚应包括真空度。

项目3 梁桥施工[1]

【情景引入】

在桥梁工程中，施工是非常重要的一环，它决定着工程的质量和整个工程的造价等问题。因此，在桥梁施工中，合理地选择施工方法，正确地组织施工和科学管理具有十分重要的意义。

回顾混凝土梁桥的发展历史，可以清楚地看到施工工艺的革新对桥梁类型、体系的发展，对提高桥梁跨越能力和丰富结构构造形式起着重要的作用。早期的混凝土梁桥一般是支架就地浇筑施工的中、小跨径的钢筋混凝土简支梁桥和悬臂梁桥。随着桥梁施工的工厂化，出现了装配式钢筋混凝土简支梁桥。自从预应力技术在桥梁工程中应用之后。并随着起重能力的提高，中小跨径的装配式预应力混凝土简支梁桥得到了普遍推广。这些装配式混凝土简支梁桥，大多数采用分片式整体预制，安装后横向整体化，即采用整体施工的方法。20世纪50年代中期，悬臂施工法从钢桥引入了混凝土梁桥，混凝土梁桥可以从桥墩对称进行分段悬臂浇筑施工或悬臂拼装施工。这种施工方法不用或很少用支架，不影响河道的通航，建造大跨径桥梁不需要大型起吊设备，从而使预应力混凝土悬臂梁桥、预应力混凝土T形刚构桥、连续梁桥和连续刚构得到了发展，桥梁的跨径从100m突破到200m，现已达到301m。桥梁不仅有实腹式，也出现了空腹桁架式，主梁截面形式也从T形、I形发展成箱形。继悬臂施工法之后，1959年顶推施工法首次用于预应力混凝土连续梁桥的施工，它是在沿桥纵轴方向的桥后开辟预制场地，分节段预制主梁，并用纵向预应力筋连成整体，然后通过水平液压千斤顶施力，借助滑动装置，将梁段向对岸顶进就位。

桥梁结构的发展对施工提出了各种不同的要求，也促进了施工方法的发展，多跨长桥和高架桥梁的大量建造，出现了与它们相适应的逐孔施工和移动模架施工方法。多跨长桥及高架桥的跨径通常考虑经济分孔，采用等截面梁，因此要求施工快速、简便，使用一套机具设备连续作业。逐跨施工法可以整跨预制、逐跨施工，可以分节段预制后再进行拼装逐跨施工，也可在支架上逐跨现浇施工。而移动模架法则是采用大型施工设备，在梁的位置上逐跨完成梁的一系列制造工作后，纵移施工设备连续施工，其相当于把桥梁的预制场移到桥位，并依靠动力逐跨完成，它对于大型桥梁工程施工向工厂化、机械化、自动化和标准化方向迈进是一种有益的尝试。

桥梁转体施工是20世纪40年代以后发展起来的一种架桥工艺。它是在河流的两岸或适

---

[1] 项目3梁桥施工配套有三跨连续梁Revit模型和三跨连续梁midas模型，有需求的读者可登录 https://cip.com.cn/Service/Download 下载。

当的位置，利用地形或使用简便的支架先将半桥预制完成，之后以桥梁结构本身为转动体，使用一些机具设备，分别将两个半桥转体到桥位轴线位置合龙成桥。

转体施工将复杂的、技术性强的高空及水上作业变为岸边的陆上作业，它既能保证施工的质量安全，也减少了施工费用和机具设备，同时在施工期间不影响桥位通航。

转体施工法较多地见于拱桥的施工，目前在梁桥、斜拉桥、刚架桥等不同桥型上部结构施工中也都得到应用。

科学技术的发展将不断对施工提出新的要求，今后也将会出现更多的、适应各种不同条件的施工方法。

混凝土梁桥的施工方法很多，即使在同一种方法中也有不同的情况，所需的机具、人力、施工步骤和施工期限也不一样。因此，在确定桥梁施工方法时，应根据桥梁的设计要求，施工现场、环境、设备、经验等各种因素综合分析考虑，合理选择最佳的施工方法。

桥梁的施工应包括施工技术和施工组织管理。其中，施工技术是选择施工方法，确定各施工阶段所需机具、设备、材料和人力等的依据。施工的组织管理需要制订施工计划表，合理地组织施工，保证各阶段施工所需的机具设备、材料和人力，安排好场地布置，进行施工经济管理、经济分析和全面质量管理组织好生产与生活等。

本章主要阐述混凝土梁桥的施工方法，并对各主要方法的优缺点和适用场合做概括说明。桥梁施工方法需要在实践中不断深入研究，大胆实践，才能有深刻的认识，才能在工作中取得新的成就。

【知识目标】
① 了解混凝土简支梁（板）桥的类型和构造。
② 掌握预应力混凝土连续梁桥的受力特点。
③ 掌握预应力混凝土连续梁桥的总体布置及构造细节。
④ 掌握连续梁桥的施工方法。

【能力目标】
① 能够根据图纸分析梁桥的结构体系及受力特点。
② 能够根据梁桥的构造选择施工工艺。
③ 能够根据梁桥的施工工艺编制施工方案。

任务 3.1　梁桥构造

【任务引领】

预应力混凝土连续梁桥由于跨越能力大、施工方法灵活、适应性强、结构刚度大、抗震能力强、行车平顺性好以及造型美观等特点，目前在世界各地已得到广泛应用。施工技术的发展对连续梁的跨径、桥梁的成型、截面形式等方面起着重要的作用。在编制梁桥施工方案前，首先应根据施工图了解梁桥的总体布置，本任务要求通过识读施工图分析斜拉桥的结构体系及受力特点。

3.1.1　梁桥的类型及特点

在钢筋混凝土与预应力混凝土梁式桥体系中，简支梁、悬臂梁和连续梁是三种古老的梁式结构体系，早为人们所采用。20世纪50年代后，由于应用了传统的钢桥悬臂拼装方法，并加以改进与发展，使预应力混凝土梁式桥中的悬臂体系得到了新的发展，形成了T形刚构桥。这种新体系发挥了预应力混凝土结构的受力特点,并使悬臂施工技术得到了新的推广与创新。连续梁体系也因采用了悬臂施工方法获得了新的竞争力。随后,又出现了将T形刚构粗厚桥墩减薄,形成柔性桥墩,使墩梁连固而成连续刚构桥,它是T形刚构与连续梁结合的一种新体系。它与一般的连续刚架的区别在于柔性桥墩的作用,使结构在垂直荷载作用下基本上属于无推力体系,而上部梁结构主要具有连续梁的特点。因此梁式桥体系主要包括简支梁桥、连续梁桥和连续刚构桥。各种体系如图3-1-1所示。

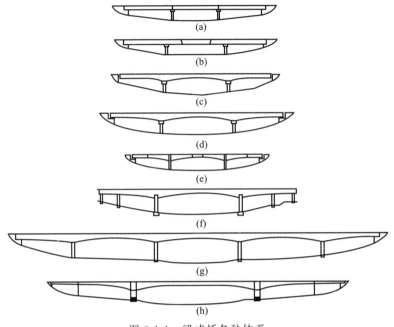

图3-1-1 梁式桥各种体系

(1) 简支梁桥

简支梁桥,如图3-1-1(a)所示,是梁式桥中应用最早、使用最广泛的一种桥型。它受力简单,梁中只有正弯矩,适用T形截面梁这种构造简单的截面形式;体系温度变化、混凝土收缩徐变、张拉预应力等均不会在梁中产生附加内力,设计计算方便,最易设计成各种标准跨径的装配式结构。由于简支梁是静定结构,结构内力不受地基变形的影响,对基础要求较低,能适用于在地基较差的桥址上建桥。在多孔简支梁桥中,相邻桥孔各自单独受力,便于预制、架设,简化施工管理,施工费用低,因此在城市高架、跨河大桥的引桥上被广泛采用。为减少伸缩缝装置,使行车平整舒适,国内目前常采用桥面连续的预应力混凝土简支梁桥。

简支梁的设计主要受跨中正弯矩的控制;当跨径增大时,跨中恒载和活载弯矩将急剧增加,当恒载弯矩所占的比例相当大时,结构能承受活载的能力就减小。在钢筋混凝土简支梁桥中,经济合理的常用跨径在20m以下。为了提高简支梁的跨越能力,采用了预应力混凝土结构。由于预加应力使梁全截面参加工作,减轻了结构恒载,增大了抵抗活载的能力。目前,世界上预应力混凝土简支梁最大跨径已达76m,但在一般情况下,它的跨径超过50m后,桥型显得过于笨重,安装重量较大,相对地给装配式施工带来困难,实际上并不经济。

(2) 连续梁桥

将简支梁梁体在支点上连续而成连续梁,连续梁可以做成两跨或三跨一联的,也可以做成多跨一联的。每联跨数太多,联长就要加大,受温度变化及混凝土收缩等影响产生的纵向位移也就较大，使伸缩缝及活动支座的构造复杂化；每联长度太短，则使伸缩缝的数目加多，不利于高速行车。为充分发挥连续梁对高速行车平顺的优点，现代的伸缩缝及支座构造不断改进，最大伸缩缝长度已达 1m，梁体的连续长度已达 1000m 以上。一般情况下，连续梁中间墩上只需设置一个支座，而在相邻两联连续梁的桥墩仍需设置两个支座。在跨越山谷的连续梁中，中间高墩也可采用双柱式墩，每柱上都没有支座，并可削低连续梁支点的负弯矩尖峰。

从图 3-1-2 中可以看出，简支梁的各跨跨中恒载弯矩最大，连续梁在恒载作用下，由于支点负弯矩的卸载作用，跨中正弯矩显著减小。

预应力混凝土连续梁的应用非常广泛，尤其是悬臂施工法、顶推法、逐跨施工法在连续梁桥的应用，这种充分应用预应力技术的优点使施工设备机械化，生产工厂化，从而提高了施工质量，降低了施工费用。连续梁的突出优点是：结构刚度大、变形小、动力性能好、主梁变形挠曲线平缓，有利于高速行车。

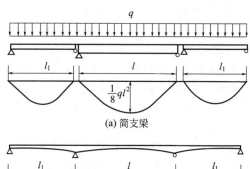

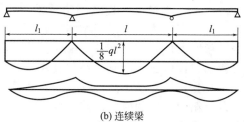

图 3-1-2　弯矩对比图

然而应指出的是，预应力混凝土连续梁设计中的一个特点是：必须以各个截面的最大正、负弯矩的绝对值之和，也即按弯矩变化幅值布置预应力束筋。例如一个三孔等跨连续梁，其中孔跨中活载正弯矩与活载负弯矩的绝对值之和（弯矩变化幅值）为 $0.125ql^2$，与同跨简支梁弯矩相同，支点上弯矩变化幅值为 $0.133ql^2$，在公路桥梁上，因恒载弯矩占总弯矩的比例较大，实际上支点控制设计的是负弯矩，跨中控制设计的是正弯矩（因支点上的活载正弯矩与恒载负弯矩之和为负弯矩；跨中活载负弯矩与恒载正弯矩之和为正弯矩）。在梁体中，弯矩有正、负变号的区段仅在支点到跨中的某一区段。这样，布置预应力束筋并不增加太大的用量，就能满足设计要求。反之，在活载较大的铁路桥上及恒载弯矩占总弯矩比例不大的小跨连续梁桥上。因预应力筋节省有限，施工较简支梁复杂，经济效益差，而较少采用。

为克服钢筋混凝土连续梁因支点负弯矩在梁顶面产生裂缝，影响使用年限，在支点负弯矩区段布置预应力索，以承担荷载产生的负弯矩，在梁的正弯矩区段仍布置普通钢筋，构成局部预应力混凝土连续梁。这种结构具有良好的经济及使用效果，施工较预应力混凝土连续梁方便，目前在城市高架中已基本取代钢筋混凝土连续梁。

连续梁是超静定结构，基础不均匀沉降将在结构中产生附加内力，因此，对桥梁基础要求较高，通常宜用于地基较好的场合。此外，箱梁截面局部温差，混凝土收缩、徐变及预加应力均会在结构中产生附加内力，增加了设计计算的复杂程度。

(3) 连续刚构桥

连续刚构桥是预应力混凝土大跨梁式桥的主要桥型之一，它综合了连续梁和 T 形刚构桥的受力特点，将主梁做成连续梁体与薄壁桥墩间接而成。它同连续梁一样，可以做成一联多孔，在长桥中，可以在若干中间孔以剪力铰相连或简支挂梁相连。20 世纪 60 年代，德同首先采用悬臂浇筑施工法在莱茵河上建成主跨分别为 114.2m 及 208m 的沃尔姆斯和本道夫桥。它采用薄壁桥墩来代替 T 形刚构的粗大桥墩，中孔采用剪力铰，边孔做成连续体系，如图 3-1-3 所示。

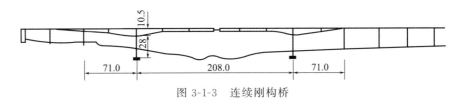

图 3-1-3 连续刚构桥

连续刚构体系的主梁结构的受力性能如同连续梁一样。而薄壁墩底部所承受的弯矩，梁体内的轴力随墩高度的增大而急剧减小。在跨径大而墩高小的连续刚构中，由于体系温度的变化，混凝土收缩等将在墩顶产生较大的水平位移，为减小水平位移在墩中产生的弯矩，连续刚构桥常采用水平抗推刚度较小的双薄壁墩。

由于连续刚构体系除保持了连续梁的各个优点外，墩梁固接节省了大型支座的昂贵费用，减少了墩及基础的工程量，并改善了结构在水平荷载（例如地震荷载）作用下的受力性能，即各柔性墩按刚度比分配水平力。对柔性墩的设计必须考虑上部梁体变形（转动与纵向位移）对它的影响。目前，在大跨径的预应力混凝土梁式桥中，已成为主要考虑的桥型方案。

钢筋混凝土与预应力混凝土梁式体系桥在桥梁工程中占有较大的地位，至今国内绝大多数中、小跨径桥梁仍大量采用预应力混凝土梁式结构。在大跨径梁式桥中，主要采用预应力混凝土T构、连续梁、连续刚构桥梁。20世纪50年代初期，开创了悬臂施工方法，T构就迅猛发展。但构造上增多了伸缩缝，行车不平顺。特别是进入20世纪90年代，国内高速公路的迅猛发展，要求行车平顺舒适，T构已不适用，连续梁与连续T构就获得广泛应用。结合我国建设情况，简支体系仍在中、小跨径桥上是首选桥型，主要是经济指标低、施工方便、机具先进性要求不高。随着对工程质量日益重视，对结构安全性和耐久性认识的不断深入，以及箱形结构的应用逐步推广，简支箱梁或简支变连续的预应力混凝土箱梁将在高速公路和大跨径桥梁的引桥上得到更广泛的应用。

连续梁与连续刚构的特点是主梁连续无缝，行车平顺，又可最大限度地应用平衡悬臂施工法。两者同是连续体系，在活载作用下，连续刚构的正弯矩比连续梁小，两者负弯矩较接近，在恒载下，两者弯矩也比较接近。但在支座发生沉降变化产生附加力，连续刚构比连续梁稍大。连续刚构受力变化与墩的刚度有关，因而必须根据地形条件，选取合适的墩刚度，调整上下部的结构受力，高墩中常采用双薄壁柔性墩，可进一步削减支点负弯矩高峰。

连续体系今后在更大跨径范围内（30~200m）得到更广泛的应用，特别是采用逐孔施工法，引进先进的设备，经济指标将会逐步降低。连续刚构体系更适应于跨越海湾、山沟、河谷，有柔性单薄壁墩和双薄壁墩体系。虽然高强度等级混凝土（C60~C80）的应用，以及大吨位群锚与高强低松弛预应力钢绞线的研制发展，不断增加了这类结构的跨越能力，如当结构恒载引起弯矩超过总荷载85%~90%以上，跨径的发展将受到经济效益的制约。连续刚构桥在我国发展很快，已成为大跨桥梁的主选桥型之一，重庆长江大桥复线桥主跨已达到330m（跨中采用108m的钢箱梁）。随着修建数量的增多和跨径的增大，连续刚构桥也出现了主梁腹板开裂和跨中持续下挠等病害，需要在设计和施工方面作出优化，以促进这种桥型的进一步发展。

3.1.2 梁桥立面布置

梁桥的立面布置，在初步设计中占有十分重要的地位。布置得是否合理，将直接影响桥梁的实用、经济和美观。立面布置通常指的是选定了桥梁体系后，确定桥长及分跨，梁高及梁底曲线，桥梁下部结构和基础形式，桥梁各控制点如桥面、梁底、基础底面等的高程。

连续梁桥
总体布置

为了叙述问题方便，将梁桥的立面布置按照结构受力特点分成简支、连续和连续刚构三个基本类型进行阐述。在此着重叙述梁高、跨径及其关系的选用。

3.1.2.1 简支体系

简支体系的桥梁包括简支板桥和简支梁桥。

(1) 简支板桥

板桥是小跨径桥梁最常用的桥型之一。由于它在建成后外形上像一块薄板，故习惯称之为板桥。板桥一般具有以下的优点。

① 建筑高度小，适用于桥下净空受限制的桥梁。与其他类型的桥梁相比，可以降低桥头引道路堤高度和缩短引道长度。

② 外形简单、制作方便，既便于现场整体浇筑，又便于进行工厂化成批生产。

③ 做成装配式板桥的预制构件时，重量不大，架设方便。板桥的主要缺点是跨径不宜过大。跨径超过一定限制时，截面显著加高，从而导致自重过大，截面材料使用上不经济；此外，装配式板桥是通过铰缝传递横向荷载，整体性差，因而在通过特殊重载车时无超载挖潜能力。

板桥分为整体式板桥和装配式板桥。装配式板桥按截面形式分又有实心板和空心板两种。板桥一般都设计成等厚度的。整体式板桥板厚度与跨径之比一般为 1/16~1/12；采用低预应力钢筋或钢绞线的装配式板桥，板厚与跨径之比可取 1/22~1/16。

(2) 简支梁桥

对于中、小跨径的桥梁，钢筋混凝土和预应力混凝土简支梁是应用最广泛的桥型。目前国内外所采用的钢筋混凝土和预应力混凝土简支梁，绝大部分均采用装配式结构。采用装配式的施工方法，可以节约大量模板支架，缩短施工期限，加快建桥速度，所以广为采用。整体浇筑的简支梁，由于费工、费时、费料，只在少数如异形变宽截面等场合下采用。

装配式钢筋混凝土简支梁的常用跨径为 8.0~20m。我国标准设计为 10m、13m、16m、20m 四种，其梁高分别为 0.8~0.9m、0.9~1.0m、1.0~1.1m、1.1~1.3m。经分析比较，表明高跨比（梁高与跨径之比）的经济范围为 1/18~1/11，跨径大取用偏小的值。

当跨径超过 20m 时，一般采用预应力混凝土梁。我国后张法装配式预应力混凝土简支梁的标准设计有 25m、30m、35m、40m 四种，其梁高分别为 1.25~1.45m、1.65~1.75m、2.0m、2.30m。标准设计中高跨比值为 1/20~1/17，其主梁高度主要取决于活载标准，主梁间距可在较大范围内变化，通常其高跨比为 1/25~1/15。

主梁高度如不受建筑高度限制，高跨比宜取偏大值。增大梁高，只增加腹板高度，混凝土数量增加不多，但可以节省钢筋用量，往往比较经济。

简支梁一般做成等截面，以便于预制。个别大跨径预应力混凝土简支梁为减少梁的自重，也有做成鱼腹式变截面梁。

3.1.2.2 连续体系

(1) 连续梁桥

按照桥梁跨径相互关系来分，有等跨连续梁和不等跨连续梁。按照桥梁的梁高来分，有等高度的连续梁和变高度的连续梁。按照主梁与下部结构的关系来分，有墩梁分离的连续梁和墩梁固结的连续刚构桥。按照下部结构的支承形式来分，有普通的单式桥墩、V 形墩和双薄壁柱式桥墩。按照主梁梁身的构造来分，有实腹式主梁和空腹式的桁架结构。按照受力钢筋来分有预应力混凝土连续梁及钢筋混凝土连续梁。钢筋混凝土连续梁因需要有支架施工，且受支点负弯矩引起梁顶面拉应力的限制，跨径不大，一般不超过 25m，因此除了城市高架、立交桥外，在线路上很少采用。为了克服钢筋混凝土连续梁桥的上述缺点，目前采用在支点局部施加预应力，构成局部预应力混凝土连续梁。

连续梁跨径的布置一般采用不等跨的形式。如果采用等跨布置，则边跨内力（包括边支墩处梁中的负弯矩）将控制全桥设计，这样是不经济的。此外，边跨过长，削弱了边跨的刚度，将增大活载在中跨跨中截面处的弯矩变化幅值，增加预应力束筋数量。故一般边跨长度取中跨的 0.5～0.8，对钢筋混凝土连续梁取偏大值，使边跨与中跨控制截面内力基本相同；对预应力连续梁宜取偏小值，以增加边跨刚度，减少活载弯矩的变化幅度，减少预应力筋的数量。边跨长度过短，边跨桥台支座将会产生负反力，支座与桥台必须采用相应抗拔措施或边梁压重来解决。应该注意到，边跨的长度与连续梁的施工方法有关，如采用悬臂法施工，考虑到一部分边跨是采用悬臂施工外，剩余的一部分边跨须在脚手架上施工。为减少支架及现浇段长度，边跨长度取以不超过中跨长度的 0.65 为宜。

从结构受力性能看，等跨连续梁要比不等跨的连续梁差一些。但在某些条件下，如当桥梁总长度很大，设计者采用顶推或者先简支后连续的施工方法时，则等跨结构受力性能较差所带来的欠缺完全可以从施工经济效益的提高而得到补偿。所以跨湖过海湾的长桥多采用中、小跨径的等跨连续梁的布置。

从预应力混凝土连续梁桥的受力特点来分析，连续梁的立面应采取变高度的布置为宜。连续梁在恒、活载作用下，支点截面将出现较大的负弯矩，从绝对值来看，支点截面的负弯矩往往大于跨中截面的正弯矩，因此采用变高度梁能较好地符合梁的内力分布规律。同时，采用悬臂法施工的连续梁，变高度梁又与施工的内力状态相吻合。另外，变高度梁使梁体外形和谐，节省材料并增大桥下净空。所以从已建桥梁统计资料分析，跨径大于 100m 的预应力混凝土连续梁有 90% 以上是选用变高度梁。

变高度梁的截面变化规律可采用圆弧线、二次抛物线和折线等，通常以二次抛物线最为常用，因为二次抛物线的变化规律与连续梁的弯矩变化规律基本相近。采用折线形截面变化布置可使桥梁的构造简单、施工方便，常用于中小跨径。

在采用顶推法、移动模架法、整孔架设法施工的桥梁，其跨径在 40～60m 的预应力混凝土连续梁，一般都采用等高梁。等高连续梁的缺点，是梁在支点上不能利用增加梁高而只能增加预应力束筋用量来抵抗较大的负弯矩，材料用量较大，但是其优点是结构构造简单。国外在一些跨径超过 100m 的多跨连续梁中，在采用悬臂施工方法时，仍采用等高度连续梁，以求得构造简单、线形简洁美观的要求。

(2) 连续刚构

连续刚构桥是墩梁固接的连续梁桥，如图 3-1-4 所示。因为这种体系利用主墩的柔性来适应桥梁的纵向变形，所以在大跨高墩连续梁桥中比较适合。连续刚构桥也分跨中无铰和跨中带铰两种类型，两者一般均采用变高度梁。梁墩固接点多设置在大跨、高墩的桥墩上，因为利用高墩的柔度可以适应结构由预加力、混凝土收缩徐变和温度变化所引起的纵向位移。边跨较矮的桥墩，相对刚度较大，可将铰设在桥墩的顶部或底部。带铰的连续刚构桥，由于跨中的铰可以满足一部分纵向位移，所以桥墩的刚度可以比不设铰的连续刚构大一些。桥梁的伸缩缝通常设在连续梁两端的桥台处，设铰的长桥也可将伸缩缝设在铰处。为保证结构的水平稳定性，桥台处需设置控制水平位移的挡块。

当跨径较大，而墩的高度不高时，为增加墩的柔性，常采用图 3-1-4(b) 所示的双薄壁墩这种形式的连续刚构桥，此外，双薄壁墩还具有墩顶负弯矩的削峰作用。因此，目前国内多数连续刚构桥采用这种桥型。

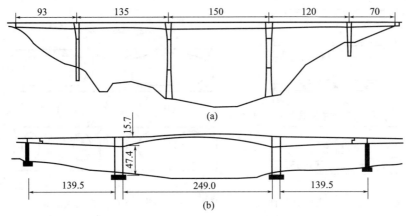

图 3-1-4 连续刚构体系

这种桥型都采用平衡悬臂施工法，跨径布置、梁高选用与变高度连续梁相似。公路多跨连续刚构桥，箱梁根部可取用 $(1/20\sim1/17)L_1$，跨中可取 $(1/60\sim1/50)L_1$，对铁路桥，因活载较大，箱梁根部可取 $(1/16\sim1/15)L_1$，跨中可取 $(1/50\sim1/30)L_1$。

加大箱梁根部梁高，通常可使正弯矩减小，正弯矩区缩短，使主梁大部分承受负弯矩，这样可使大多数预应力钢束布置在梁的顶部，构造与施工均较简单。

多跨连续刚构，由于结构上墩梁固接，为减小次内力的敏感性，必须选择抗压刚度较大、抗推刚度较小的单壁或双壁的薄壁墩，使墩可适应梁结构的变形。一般情况下，在初步设计选择墩的尺寸时，其长细比可为 16～20。双薄壁墩的中距与主跨比值为 1/25～1/20。在通航繁忙的大河上建墩，应充分注意薄壁墩抗船撞的安全度，及早研究防撞措施。

3.1.3 梁桥横截面布置

3.1.3.1 板式截面

板式截面包括整体式矩形实心板（图 3-1-5）、装配式实心板和空心板。整体式矩形实心板具有形状简单、施工方便、建筑高度小、结构整体刚度大等优点，但施工时需现浇混凝土，受季节气候影响，又需模板与支架。从受力要求看，截面材料不经济、自重大，所以只在小跨板桥使用。有时为了减轻自重，也可将截面受拉区稍加挖空做成矮肋式的板截面，如图 3-1-5(b) 所示。

装配式预制空心板截面中间挖空形式很多，如图 3-1-6 所示为几种常用的空心板截面形式。挖成单个较宽的孔洞，其挖空体积最大，块件重量也最轻，但在顶板内要布置一定数量的横向受力钢筋。图 3-1-6(a) 的顶板略呈微弯形，可以节省一些钢筋，但模板较图 3-1-6(b) 复杂些。图 3-1-6(c) 挖成两个正圆孔，当用无缝钢管作芯模时施工方便，但其挖空体积较小。图 3-1-6(d) 的芯模由两个半圆及两块侧模板组成，对不同厚度的板只要更换两块侧模板就能形成空心，该形式挖空体积较大，适用性也较好。目前采用高压充气胶囊代替金属或木芯模，尽管形成的内腔因胶囊变形不如模板好，但是它具有制作及脱模方便、预制台座有效利用率高等优点，故用得较为广泛。

图 3-1-5(e) 是一种装配组合式板截面，它利用一些小型预制构件安装就位后作为底模，在其上再现浇桥面混凝土结合成整体。该形式具有施工简易的优点，特别在缺乏起重设备的场合更为适用。

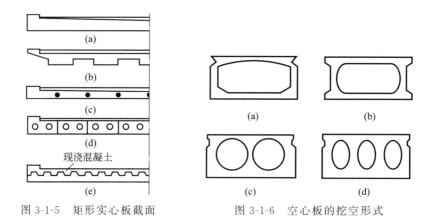

图 3-1-5 矩形实心板截面　　图 3-1-6 空心板的挖空形式

3.1.3.2 肋梁式截面

肋梁式截面有三种基本类型：Π形、I形、T形（图 3-1-7）。在桥横截面上，一般采用多片主梁布置形式，因而当采用Π形、I形主梁截面组合成桥横截面时，基本形式也与多T形截面类同。

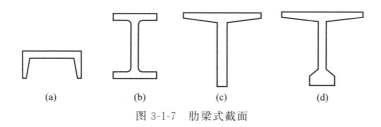

图 3-1-7 肋梁式截面

众所周知，当梁桥跨径增大时，在梁截面不改变的情况下，弯矩随跨径平方增加。在横截面设计中，要求在增大主梁截面抵抗矩的同时减少梁的自重，必然形成两种截面形式：一是闭合薄壁箱形截面，一是多主梁式T形截面。从受力来看，对钢筋混凝土结构而言，T形截面顶板宽翼缘受压，下部开裂后不参与工作，要能有布置钢筋的足够面积即可，有利于承受正弯矩。在承受负弯矩时，顶上翼缘处于受拉区，而肋部处于受压区，要提高抗负弯矩的能力，必须加大底部成马蹄形。显然，T形截面在钢筋混凝土结构中，T形截面重心位置偏上，其承受正弯矩能力远大于承受负弯矩能力。因此T形截面有利于承受单向弯矩（正弯矩），不利于承受双向弯矩（正、负弯矩）。因而在简支梁中，跨径为13～50m，大多数的横截面形式布置成多T梁截面形式。

(1) 整体式横截面形式

图 3-1-8 所示为采用现浇整体式T形截面布置的横截面形式。图中，采用的多是双T形主梁截面布置形式。在悬臂梁或连续梁结构中，常常采用这种布置形式。这种形式的梁肋宽度较大，在承受负弯矩区段上，肋宽及底部还可加大。对现场设立支架、模板现浇混凝土施工，较少采用多主梁截面形式，以求施工简便，降低模板制作费用。一般肋宽 0.6～1.2m。T形截面的翼缘厚度，即桥面板厚度，与主梁间距有关，一般在中央的厚度为 250～350mm，根部在 400～550mm。在城市高架桥中，一般为求得桥下较大净空，要求做较小的柱式墩。此外，建筑高度限制较小，因而做成低高度的宽肋式的双T形截面，或单T形截面，这种截面的肋宽可以做到 2～4m，桥宽不宜过大，一般为 10～15m。如图 3-1-8(a)、

(b) 所示。主梁T形截面的整体式横截面布置，一般在建筑高度较小的简支梁桥中采用。

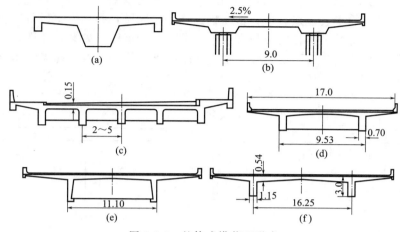

图 3-1-8　整体式横截面形式

(2) 装配式横截面形式

目前，国内外在小跨径简支梁桥、悬臂桥中依然采用多片装配式预制主梁的肋梁式横截面。它具有下列优点。

① 将主梁划分成多片标准化预制构件，构件标准化，尺寸模数化，简化了模板，可工厂化成批生产，降低了制作费用。

② 主梁采用工厂或现场预制，可提高质量，减薄主梁尺寸，从而减轻整个桥梁自重。

③ 桥梁上部预制构件与下部墩台基础可平行作业，缩短了桥梁施工工期，节省了大量支架，降低桥的造价。

对一定的跨径或桥宽的桥梁而言，采用何种预制主梁截面，主梁间距多大，应从经济的材料用量、尽可能减少预制工作盘，并考虑单片主梁的吊装重量等各方面去优选。

显然，主梁间距小，主梁片数就多，预制工作量亦增多，而主梁吊装重量轻；反之主梁间距大，主梁片数就少，预制工作量也少，而主梁吊装重量要增大。为求得更经济的材料用量，又要解决上述矛盾，除了采用装配式预制主梁的肋梁式横截面外，也有采用较小尺寸的预制主梁，然后借现浇桥面混凝土组合而成肋梁式横截面。

图 3-1-9 所示为装配肋梁式横截面的几种基本类型，图 3-1-9(a) 的预制主梁为Π形截面，横向为密排式多主梁横截面。预制主梁之间用穿过腹板的螺栓连接，其装配建议。Π形主梁的特点是截面形状稳定，横向抗弯刚度大，块件堆放、装卸都方便。设计经验表明，跨径较大时Π形梁桥的混凝土和用钢量都比T形梁桥大，而且构件重，横向联系较差，制造也较复杂，现已很少使用。

目前，我国主梁用得最多的装配肋梁式

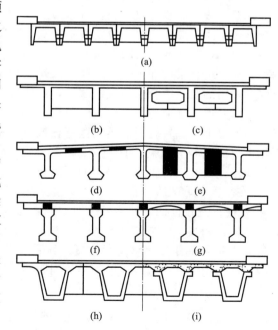

图 3-1-9　装配肋梁式横截面基本类型

横截面形式是 T 形截面。T 形梁的翼板构成桥梁的行车道，又是主梁的受压翼缘，在预应力混凝土梁中，受拉翼缘部分做成加宽的马蹄形，以满足承受压应力和布置预应力钢筋的需要。它的特点是外形简单、制造方便，横向借助横隔梁联结，整体性也较好。为了减少预制构件占用预制场地，并减轻构件的重量和外形尺寸，便于运输、安装，主梁可采用短翼板的 T 形截面或 I 形截面借现浇桥面板混凝土连成整体，或在预制主梁上现浇整体桥面板，组合成梁肋式横截面，如图 3-1-10 所示。

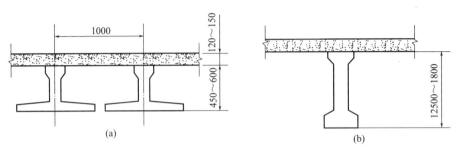

图 3-1-10 装配肋梁横截面

但这种组合肋梁式截面在受力性能方面存在不足。以图 3-1-10(b) 为例，其主要缺点是将桥梁主要承重构件"拦腰"划为两部分，使一个整体梁的受弯构件装配成一个组合梁的受弯构件，这种构造布置在设计中必须注意下面两个问题。

① 在结合面处于截面弯曲剪应力较大的部位，为保证组合梁上下部分结合成一整体受弯构件，必须加强结合面的强度。应适当加大 I 形梁上缘宽度并伸出足够的连接钢筋来增强结合。

② 组合梁的装配顺序决定了它将是分阶段受力。在第一阶段，桥面板和横隔梁重量与梁肋自重均由预制 I 字形梁肋承受；第二阶段是车辆荷载的作用，由组合梁全截面来承受。在整体预制的 T 梁中，所有恒载由整个 T 形截面来负担，在组合梁中，却要梁肋部分来单独承受，这就必然增加了梁肋的负担，不但要适当放大截面，而且要增加一些配筋。组合梁的全截面一般要比装配式的整体 T 梁为大，混凝土和钢筋用量就随之增加。预应力混凝土组合梁还应注意在预应力张拉阶段不带翼板的梁肋中性轴较低，自重及惯性矩较小，受力是极为不利的，往往要在梁肋上缘布置临时预应力束，给施工带来麻烦。

此外，组合梁增加了现浇混凝土数量，增加了施工工序及模板支架，延长了施工工期。国内常采用的装配组合梁肋式横截面，如图 3-1-9(f)～(i) 所示。这种形式的预制主梁，采用钢筋混凝土或预应力混凝土（先张法）的 I 形与开口槽形构件。它的特点是：在 I 形梁或开口槽形梁上，搁置轻巧的预制微弯板或空心板构件，以作为现浇桥面混凝土的模板之用，简化了现浇混凝土的施工工序。实际上，后者属于装配组合箱形横截面形式。

我国过去在进行钢筋混凝土的标准设计时，曾对同一净空要求（净－7.2×1.00m 人行道），在主梁高度相同的条件下，对选用四片主梁（翼板宽 2.0m）与五片主梁（翼板宽 1.6m）进行比较设计，其结果表明：两者材料用量相差不大，四片稍优。鉴于五梁式的翼板刚度较大和当时的施工设备条件，并考虑到统一标准设计尺寸模数化的要求，对钢筋混凝土装配式 T 梁间距给出（翼缘宽度）统一的规定。实际上，对跨径较大的预应力混凝土简支梁，适当加大翼缘宽度，增加梁的间距，可以提高截面效率指标 ρ。

(3) 主梁细部尺寸

① 肋厚（腹板厚度） 在满足主拉应力强度和抗剪强度需要的前提下，主梁梁肋的厚度，一般都做得较薄，以减轻构件的重量，但还要注意满足梁肋的屈曲稳定性和不致使浇筑

混凝土发生困难。以往常用的装配式钢筋混凝土简支梁梁肋厚度为 150～180mm，其上、下限的取法，取决于主钢筋的直径和钢筋骨架的片数。目前，焊接钢筋骨架已较少采用，其次，为了提高结构的耐久性，适当增加保护层的厚度，梁肋厚度已增至 160～240mm。

由于预应力和弯起束筋的作用，预应力混凝土肋中的主拉应力较小，肋板厚度一般都由构造决定。原则上应满足束筋保护层的要求，并力求模板简单，便于浇筑，国外对现浇梁的腹板没有预应力管道时最小厚度为 200mm，仅有纵向或竖向管道的腹板需要 300mm，既有纵向又有竖向管道的腹板需要 380mm。对于高度超过 2400mm 的梁，这些尺寸尚应增加，以减少混凝土浇筑困难，装配式梁的腹板厚度可适当减少，但不能小于 165mm。如为先张法结构，最低值可达 125mm。我国目前所采用的值偏低，一般采用 160mm，标准设计中为 140～160mm，在接近梁两端的区段内，为满足抗剪强度和预应力束筋布置锚具的需要，将肋厚逐渐扩展加厚。

② 上翼缘厚度　T 梁翼板的厚度，在中小跨径的预应力简支梁和钢筋混凝土梁中，主要满足于桥面板承受的车辆局部荷载要求。根据受力特点，翼缘板一般都做成变厚度的，即端部较薄，至根部（与梁肋衔接处）加厚，并不小于主梁高度的 1/12。翼缘板厚度的具体尺寸，有两种处理方法：一种是考虑翼缘板承担全部桥面上的恒载与活载，板的受力钢筋设在翼缘板内，在铺装层内只有局部的加强钢筋网，这时翼缘板做得较厚一些，端部一般取 80mm；另一种是翼缘板只承担桥面铺装层的荷载、施工临时荷载以及向重，活载则由翼缘板和布置有受力钢筋的钢筋混凝土铺装层共同承担（如在小跨径无中横隔板的桥上），在此情况下，端部厚度采用 60mm 即可。目前高速公路上的桥梁及城市高架桥梁均设置防撞栏杆，根据防冲撞的要求，翼缘板端部厚度不小于 200mm。为使翼缘板和梁肋连接平顺，在截面转角处一般均应设置钝角式承托或圆角，以减小局部应力和便于脱模。

③ 下翼缘尺寸　钢筋混凝土简支梁 T 形截面，下翼缘一般与肋板等宽。在预应力混凝土 T 梁的下缘，为了满足布置预应力束筋及承受张拉阶段压应力的要求，应扩大做成马蹄形，马蹄的尺寸大小应满足预施应力各个阶段的强度要求。个别桥由于马蹄尺寸过小，往往在施工和使用中形成水平纵向裂缝，特别是在马蹄斜坡部分，因此马蹄面积不宜过小，一般应占截面总面积的 10%～20%，具体尺寸建议如下。

a. 马蹄总宽度为肋宽的 2～4 倍，并注意马蹄部分（特别是斜坡区），管道保护层不宜小于 60mm。

b. 下翼缘高度加 1/2 斜坡区，高度为梁高的 0.15～0.20，斜坡宜陡于 45°。

应注意的是：下翼缘也不宜过大、过高，这就要求将预应力束筋尽可能按两层或单层布置，将其余的束筋布置在肋板内，因为下马蹄过大，会降低截面形心，减小预应力筋的偏心距。

在装配组合式横截面中，采用先张法预应力，其混凝土开口槽形构件的底板只布置一排预应力粗钢筋或钢绞线，板厚只选用 90mm。

3.1.3.3　箱形截面

(1) 箱形截面基本形式

箱形截面是一种闭口薄壁截面，其抗扭刚度大，并具有较 T 形截面高的截面效率指标 ρ，同时，它的顶板和底板面积均比较大，能有效地承担正负弯矩，并满足配筋的需要，因此在已建成的大跨径预应力混凝土梁桥中，当跨度超过 40m 后，其横截面大多为箱形截面。此外，当桥梁承受偏心荷载时，箱形截面梁抗扭刚度大，内力分布比较均匀；在桥梁处于悬臂状态时，具有良好的静力和动力稳定性，对悬臂施工的大跨度梁桥尤为有利。由于箱形截面整体性能好，因而在限制车道数通过车辆时，可以超载通行，而装配式桥梁由于整体性能差,超载行驶车辆的能力就很有限。

一般地讲,箱形截面形式主要取决于桥面宽度,此外,与墩台构造形式、施工要求等也有关。常见的箱形截面有单箱单室、单箱多室、多箱单室、多箱多室等(图 3-1-11)。

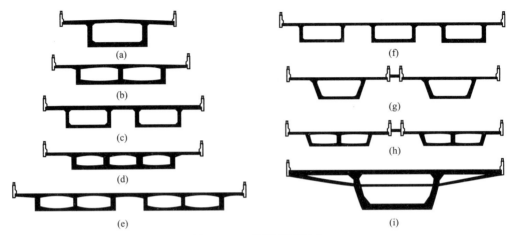

图 3-1-11 箱形截面形式

单箱截面整体性好、施工方便、材料用量较经济,当桥面宽度不大时,以采用单箱截面为好。此外,单箱截面抗扭刚度大,对于弯桥和城市高架桥、立交桥采用独柱桥墩尤为适宜。当桥面较宽时,可采用多箱截面[图 3-1-11(c)],较单箱多室截面[图 3-1-11(d)]要经济,且自重要轻一些。在悬臂施工时,前者可采用分箱施工,减轻了施工荷载,降低了施工费用。当桥面宽度超过 18m 时,高速公路桥梁上须设置中央分隔带,此时采用分离式箱形截面[图 3-1-11(g)、(h)],更有利于分期施工,减小了活载偏心,箱的高宽比也不致差距过大,使箱的受力更为有利。

箱形截面梁的外形可以是矩形、梯形或曲线形。梯形截面[图 3-1-11(g)、(h)]造型美观,且可以减少底板宽度,既减少了梁正弯矩区段混凝土用量,又可以减少墩台尺寸,常用于高墩桥梁。为方便斜腹板中预应力束的布置,除特殊情况外,斜率一般不超过 tan30°,对变截面箱梁斜率控制在 (1:5)~(1:4),不至于支点处底板宽度过于狭窄。梯形截面也有许多不足之处,对变截面箱梁,为保证斜腹板是一个平面,随梁高增大,底板宽度减小,对布置在底板中的预应力束的锚固和弯起较为复杂;支点截面因底板过窄,为满足受压面积的需要而增厚过多,此外,截面形心较之矩形截面偏高,减少了顶板预应力筋的力臂,这些情况对承受负弯矩都是不利的。故对承受负弯矩为主的 T 形刚构桥和连续刚构桥很少采用斜腹板箱形截面。我国修建的悬臂体系预应力混凝土桥,多数是带挂梁的,为预制安装方便挂梁基本上采用 T 形截面,为使侧面外观上衔接平顺,悬臂部分都做成矩形箱梁。鉴于上述原因,梯形截面箱梁较多用于等高度连续梁桥,曲线形的箱形截面则用于对桥梁外观、桥墩宽度要求较高的城市高架桥上。

(2) 箱梁截面细部尺寸

箱形截面由顶板、底板、腹板等几部分组成,它的细部尺寸的拟定既要满足箱梁纵、横向的受力要求,又要满足结构构造及施工上的需要。如果布置不当,将会增加结构的自重及材料用量。下面给出横截面细部尺寸拟定的一些原则及根据国内外已建成桥的一些设计参数的统计,供设计时参照,并根据具体条件进一步优化。

① 底板厚度 对于箱形梁跨中底板厚度,悬臂梁、T 形刚构因接近悬臂端的截面承受的负弯矩较小,因此底板厚度主要由构造要求决定,对 T 构悬臂端箱梁底板厚度一般为

160~180mm；连续梁跨中区段，截面主要承受的是正弯矩，对预应力混凝土连续梁，底板中需配一定数量的预应力束与普通辅助钢筋，底板厚度一般为 200~250mm。

无预应力束筋的箱梁底板厚度尽可能满足 $l_1/30$（l_1 为箱梁底部内壁净距），但不小于 120mm。如箱梁底板上有预应力束筋管孔，其最小厚度应为 $3.3D$（D 为管孔直径），并要加强辅助钢筋，如管孔过密，在管孔间应设吊筋。

在 T 形刚构和连续梁墩顶处截面，随着负弯矩的增大，底板厚度也逐步增大，以适应受压的要求。此外，在破坏阶段，还应使中和轴保持在底板以内，并留有余地。一般墩顶处底板厚度为梁高的 1/12~1/10。

底板除承受自身荷载外，还承受一定的施工荷载。用悬臂施工法施工箱梁时，底板还承受挂篮底模梁后吊点的反力。因此，设计时应对这些因素给予考虑。

② 顶板厚度　确定箱形截面顶板厚度通常主要考虑两个因素：桥面板横向弯矩的受力要求和布置纵向预应力束和横向受力钢筋（或横向预应力束）的构造要求，前者与箱梁腹板的间距及集中活载大小有关。

箱形截面顶板两侧悬臂的长度也是调节顶板内弯矩的重要因素。当悬臂自由长度增加时，集中活载的荷载纵向分布长度也随着增加，所以对弯矩数值影响不大，这就使选择悬臂长度时具有更大的自由度。但恒载及人群荷载弯矩随悬臂长度几乎成平方关系增加，故在大悬臂状态时，宜设置横向预应力束以减薄悬臂根部的厚度。悬臂长度一般采用 2~5m，当长度超过 3m 后，一般需布置横向预应力束筋。在布筋时可利用桥面板的横向坡度和板截面的变高度，以发挥预应力筋的偏心效应。

国内已建成的悬臂体系箱形截面梁桥，为配合挂梁（一般是 T 形截面梁）的翼缘尺寸，翼缘板的悬臂长度多数在 2m 以下，翼缘板根部厚度与悬臂长度有关，一般为 0.2~0.6m。翼缘板端部厚度视构造需要可减薄到 0.08~0.1m，如果设置防撞墙或需锚固横向预应力束筋，则端部厚度不小于 0.2m。

③ 腹板厚度　箱形截面梁一般由两块以上腹板组成，每一块腹板的最小厚度必须满足结构构造及施工中浇筑混凝土的要求，一般经验为：

a.腹板内无预应力束筋管道布置时为 200mm；

b.腹板内有预应力束筋管道布置时为 300mm；

c.腹板内有预应力束筋锚固头时为 380mm。

腹板高度大于 2.4m 时，以上尺寸应予增加，以降低混凝土浇筑的难度。腹板的功用是承受截面的剪应力和主拉应力，腹板的最小厚度应满足剪切极限强度的要求。对侧腹板要满足弯扭剪切极限强度的要求，一般侧腹板比中腹板厚一些。在预应力箱梁中，弯束提供的预剪力可以抵消一部分弯曲剪切力，剪应力和主拉应力较普通钢筋混凝土梁要小，故同样荷载条件下，如不考虑构造需要，其腹板比普通钢筋混凝土梁更薄一些。

(3) 梗腋（承托）

在顶板与腹板接头处设置梗腋很有必要。梗腋提高了截面的抗扭刚度和抗弯刚度，减少了扭转剪应力和畸变应力。桥面板支点刚度加大后，可以吸收负弯矩，从而减少了桥面板的跨中正弯矩。此外，梗腋使力线过渡比较平缓，减小了次应力。从构造上考虑，利用梗腋所提供的空间布置纵向预应力筋和横向预应力筋，这也为减薄底板和顶板的厚度提供了构造上的保证。

加腋有竖向加腋和水平加腋两种。在顶板和腹板交接处如设置竖向加腋，则可加大腹板的刚度，对腹板受力有利，使腹板剪应力控制截面下移，错开了横向弯曲应力高峰，减小了主拉应力，并有利于竖弯束的布置。缺点是使预应力束合力位置降低，对桥面板跨中受力不利。水平加腋增加了桥面顶板与腹板之间的连接宽度，保证箱梁的整体性。一般箱梁上梗腋多采用如图 3-1-12(a) 的形式，腋的竖向高度不小于顶板厚度，当箱梁截面较小时，也采用图 3-1-12(b) 或（c）这种形式。图 3-1-12(d)、(e) 常用于斜腹板与顶板之间的梗腋。施工时为便于拆除箱梁内模，常采用二次浇筑法，先浇筑底板和腹板，后浇顶板。对底板与腹板之间的下梗腋，常采用图 3-1-12(f)、(g) 两种形式，便于底板混凝土的浇筑。

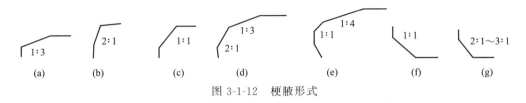

图 3-1-12　梗腋形式

任务 3.2　支架施工法

【任务引领】

梁桥的施工方法多种多样，支架就地浇筑施工法就是在连续梁桥的一联各跨全部布设支架，在一联桥施工完成后，各跨同时卸落支架，一次形成设计要求的一联连续梁结构，因此施工过程不会产生体系转换。这种方法的优点是桥梁整体性较好，施工简便可靠，不需大型起吊设备，并可采用强大的预应力体系，大大方便施工；缺点是需要大量的支架和模板，费用昂贵、施工工期长，要求有一定的场地，并且受通航的影响。20 世纪 50 年代初期我国建造的钢筋混凝土梁桥、悬臂梁桥都是采用这种施工方法，但随着施工技术的不断发展与完善，目前该方法已较少采用，一般仅用于桥墩较低的中、小跨径连续梁桥或交通不便的边远地区。随着桥梁结构的发展，出现了一些变宽桥、弯桥、斜桥等复杂的预应力混凝土桥梁结构，又由于近年来标准钢制脚手架、临时钢构件和万能杆件系统的大量应用，当采其他施工方法都比较困难或经过比较确定支架就地浇筑施工法费用较低、施工更为方便时，也可在中、大桥梁中采用支架就地浇筑的施工方法。本任务要求根据施工图纸编制支架法的施工方案。

3.2.1　支架

3.2.1.1　支架的形式

（1）按材料分类

支架或拱架常用的材料可分为木支架、钢支架、钢木混合支架和钢管支架，其中钢管支架最为常用，一般采用扣件式、碗扣式、门式脚手架等搭设；钢支架一般由型钢、贝雷梁和万能杆件等搭设。

（2）按结构分类

在桥梁施工中，支架常用在就地现浇混凝土梁体施工中。支架按构造可分为立柱式、梁式和梁柱式支架。

a. 立柱式支架。立柱式支架构造简单，常用于陆地或不通航河道以及桥墩不高的小跨径桥梁施工。支架通常由排架和纵梁等构件组成。排架由枕木或桩、立柱和盖梁组成（图 3-2-1、图 3-2-2）。一般排架间距 4m，桩的入土深度按施工要求设置，但不小于 3m。当水深大于 3m 时，柱要用拉杆加强。一般需在纵梁下布置卸落设备。

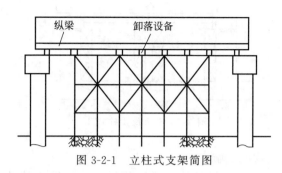

图 3-2-1 立柱式支架简图

图 3-2-2 立柱式支架现场施工图

立柱式支架也可采用 φ48mm，壁厚 3.5mm 的钢管搭设，水中支架需先设基础、排架桩，钢管支架在排架上设置。陆地现浇桥梁，可在整平的地基上铺设碎石层或砾石层，在其上浇筑混凝土作为支架的基础，钢管排架纵横向密排，下设槽钢支撑钢管，钢管间距依桥高及现浇梁自重、施工荷载的大小而定，通常为 0.4～0.8m。钢管由扣件接长或搭接，上端用可调节的槽形顶托固定纵、横木龙骨，形成立柱式支架。搭设钢管支架要设置纵横向水平杆加劲，桥较高时还需加剪刀撑，水平杆加劲与剪刀撑均需扣件与立柱钢管连成整体。排架顶标高应考虑设置预拱度。

方塔式重力支撑脚手架是一种轻型支架，采用焊接钢管制成的方塔，上下均有可调底座和顶托，高度可由标准架组拼调整，方塔间用连接杆连成整体。通过测试，每个单元塔架安全承载力约 180kN。这种支架装拆方便，用钢量少，通常可在高度 5m 以下的支架上使用，常用于陆地、不通航的河道或桥墩较低的小跨径桥梁。塔架一般需加设水平杆加劲及剪刀加劲杆，高桥重载不宜采用。

b. 梁式支架。梁式支架是在两端设立柱，上方设承重梁，模板直接支撑在承重梁上。依其跨径可采用工字钢、钢板梁或钢桁架作承重梁，当跨径小于 10m 时可采用工字钢梁，如图 3-2-3 所示；跨径大于 20m 一般采用钢桁架，如图 3-2-4 所示。梁可以支撑在墩旁支柱上，也可支撑在桥墩上预留的托架或桥墩处临时设置的横梁上。

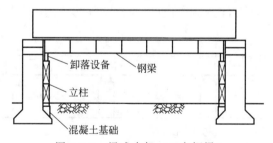

图 3-2-3 梁式支架（工字钢梁）

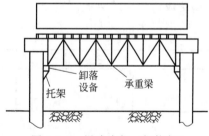

图 3-2-4 梁式支架（钢桁架）

c. 梁柱式支架。当梁式支架跨度比较大时，在梁跨的中间再设置几个立柱，它可在大跨径的桥上使用，梁支撑在多个立柱或临时墩上形成多跨梁柱式支架，如图 3-2-5、图 3-2-6 所示。

3.2.1.2 对支架的要求

① 支架虽为临时结构，但它要承受桥梁的大部分恒重，因此必须有足够的强度、刚度，同时支架的基础应可靠，构件结合要紧密，并要有足够的纵、横、斜向连接杆件，使支架成为整体。

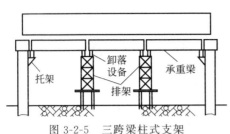
图 3-2-5 三跨梁柱式支架

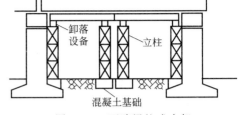
图 3-2-6 两跨梁柱式支架

② 对河道中的支架要充分考虑洪水和漂流物的影响。

③ 支架在受荷后将有变形和挠度，在安装前要进行计算，设置预拱度，使结构的外形尺寸和高程符合设计要求。

④ 支架上要设置落架设备，落架时要对称、均匀，不应使主梁发生局部受力状态。

3.2.2 施工方法

3.2.2.1 混凝土施工

由于就地浇筑施工在简支梁中较少使用，因此这里主要介绍预应力混凝土连续梁桥采用有支架就地浇筑施工的方法。预应力混凝土连续梁桥需要按一定的施工程序完成混凝土的就地浇筑，待混凝土达到所要求的强度后，拆除模板，进行预应力筋的张拉、管道压浆工作。至于何时可以落架，则应与施工程序和预应力筋的张拉工序相配合。当在张拉后恒载自重已能由梁本身承受时，可以落架。多联桥梁、支架拆除后可周转使用。

有时为了减轻支架的负担，节省临时工程材料用量，主梁截面的某些非主要受力部分可在落架后利用主梁自身的支承，继续浇筑第二期结构的混凝土，但由此要增加梁的受力、并使浇筑和张拉的工序有所反复。

小跨径预应力混凝土连续梁桥，一般采用从一端向另一端分层、分段的施工程序，图 3-2-7 所示为一座五跨一联连续空心板桥的施工顺序。施工时，板分两层浇筑，并在墩顶部分留合龙段。当两跨梁的混凝土浇筑完成后，再浇筑中间墩顶的合龙段。照此程序依次完成一联板的混凝土浇筑工作。

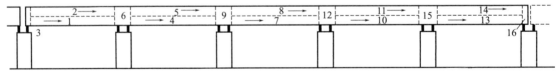
图 3-2-7 五跨一联连续空心板桥的施工程序

大跨径预应力混凝土连续梁桥常采用箱形截面，施工时要分层或分段进行。一种是水平分层方法，先浇筑底板，待达到一定强度后进行腹板施工，或直接先浇筑成槽形梁，然后浇筑顶板。当工程量较大时，各部位可分数次完成浇筑，如图 3-2-8 所示。另一种施工方法是分段施工法，根据施工能力，每隔 20~45m 设置连接缝，该连接缝一般设在梁受弯矩较小的区域，连接缝宽约 1m，待各段混凝土浇筑完成后，最后在接缝处施工合龙。为使接缝处结合紧密，通常在梁的腹板上做齿槽或留企口缝。分段施工法，大部分混凝土重力在梁合龙之前已作用，这样可减少支架早期变形和由此而引起梁的开裂。

对于连续梁桥，其上部结构在支架上浇筑时，由于桥墩为刚性支点，桥跨下的支架为弹

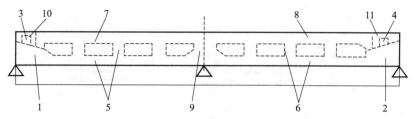

图 3-2-8 某箱梁桥浇筑混凝的施工顺序

性支撑,故在浇筑时会发生不均匀沉降,因此在浇筑混凝土时可采用从跨中向两端墩台的顺序进行浇筑。同时,其邻跨也从跨中向墩台进行,在桥墩处设置接缝,待支架沉降趋于稳定后,再浇筑墩顶处梁的接缝混凝土。浇筑顺序如图 3-2-9(a) 所示,图 3-2-9(b) 所示为坡桥连续梁的分段示意图。浇筑接缝时,为使接缝处混凝土结合紧密,该处梁的腹板常做成齿形或企口缝,同时采用腹板与底板不在同一竖截面内接头的措施。这种分段施工法是在大部分混凝土重量作用完成后合龙,连续梁前支架大部分变形已经发生,这样可以避免由于支架的沉降引起的混凝土开裂,有利于提高质量。

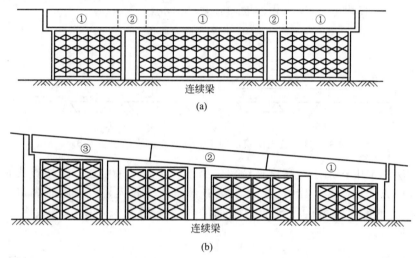

图 3-2-9 连续梁桥在支架上浇筑混凝土的施工顺序

3.2.2.2 预应力筋施工

预应力混凝土连续梁中预应力筋布置分为纵向、横向及竖向,同时布置有三种预应力筋的称为三向预应力体系,同时布置有纵向及竖向或横向的称为双向预应力体系。沿桥跨方向布置的纵向预应力筋的数量及布置,要综合考虑使用阶段及施工阶段的应力要求和承载能力极限状态下的强度要求来确定,因此称为主筋。横向预应力筋一般施加在横隔梁或箱梁顶板内(图 3-2-10),以加强桥梁的横向联系及箱梁顶板的抗弯能力。竖向预应力筋布置在箱梁肋板内,其主要作用是提高梁截面的抗剪能力和纵向预应力共同抵抗斜截面主拉应力。

就地浇筑法施工中,采用满布支架就地浇筑等截面连续梁,如连续梁跨度不大时常采用图 3-2-11(a) 所示连续曲线布筋;如梁的跨度较大仍采用连续曲线布筋,摩阻损失可能过大,此时可采用曲线交叉配筋,在支点处梁顶设置凹槽,凹槽内设置锚具,凹槽在张拉、灌浆后封端,其构造如图 3-2-11(b) 所示。

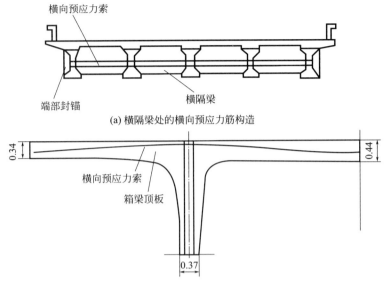

(a) 横隔梁处的横向预应力筋构造

(b) 箱梁顶板的横向预应力筋构造

图 3-2-10　横向预应力筋布置

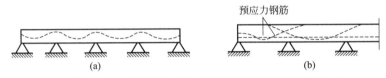

图 3-2-11　就地浇筑法施工的等截面连续梁配筋方式

就地浇筑法施工中，采用变高度连续梁，跨度较小时可采用在下缘按直线布筋，支点截面上布置帽筋的方式如图 3-2-12(a) 所示；若连续梁跨度较大，可采用曲线布筋，由于变高度梁的截面重心线是曲线型的，预应力钢筋的曲率不用太大，就可得较大的偏心距，如图 3-2-12(b) 所示。

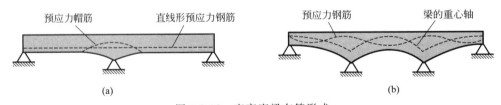

图 3-2-12　变高度梁布筋形式

预应力混凝土连续梁桥在支架上施工，其预应力筋可一次布置，集中张拉施工。

综上所示，就地浇筑施工方法的优缺点如下。

① 桥梁的整体性好，施工平稳、可靠，不需大型起重设备。
② 施工中无体系转换。
③ 预应力混凝土连续梁桥，可以采用强大的预应力体系，使结构构造简化，方便施工。
④ 需要使用大量施工支架，跨河桥梁搭设支架影响河道的通航与排洪，施工期间支架可能受到洪水和漂流物的威胁。
⑤ 施工工期长、费用高，需要有较大的施工场地，施工管理复杂。

任务 3.3　逐孔施工法

【任务引领】

随着城市高架道路、轻轨交通的建设，中等跨径的长桥越来越多地得到利用，由此应运而生发展了逐孔施工法。逐孔施工是中等跨径预应力混凝土梁长桥较常采用的一种施工方法，它使用一套设备从桥梁的一端逐孔施工。桥越长，施工设备的周转次数越多，其经济效益越高。本任务要求根据施工图纸编制逐孔施工法的施工方案。

采用逐孔施工的主要特点在于施工能连续操作，可以使桥梁结构选择最佳的施工接头位置和合理的结构形式。同时，由于连续施工，也便于使用接长的预应力索筋，不仅简化了施工操作，而且可按最优的位置布置索筋，节省高强材料。连续梁桥采用逐孔施工的另一特点是在施工的过程中，结构的体系将不断转换，这也是本节带有共性的特点。

逐孔施工法从施工技术方面可分为三种类型。

① 采用整孔吊装或分段吊装逐孔施工。这种施工方法是早期连续梁桥采用逐孔施工的唯一方法，近年来，由于起重能力增强，使桥梁的预制构件向大型化方向发展，从而更能体现逐孔施工速度快的特点。

② 用临时支承组拼预制节段逐孔施工。它是将每一桥跨分成若干节段，节段预制完成后在临时支承上逐孔组拼施工。

③ 使用移动支架逐孔现浇施工。此法亦称移动模架法，它是在可移动的支架、模板上完成一孔桥梁的全部工序，即从模板工程、钢筋工程、浇筑混凝土和张拉预应力筋等工序，待混凝土有足够强度后，张拉预应力筋，移动支架、模板，进行下一孔梁的施工。由于此法是在桥位上现浇施工，可免去大型运输和吊装设备，使桥梁整体性好；同时，它又具有在桥梁预制厂的生产特点，可提高机械设备的利用率和生产效率。

3.3.1　整孔吊装或分段吊装逐孔施工

近些年来，随着设计方法和施工工艺的不断进步，一种介于简支梁和传统连续梁之间的"先简支后连续"的连续梁应运而生。这种连续梁的施工工艺为：梁体集中预制，运至现场进行吊装。首先形成简支体系，随后浇筑跨梁缝混凝土，从而实现梁体的连续，最后通过更换支座完成体系转换，建成连续梁。这种连续梁，既具有传统连续梁梁缝少、整体性好、行车平稳等优点，又因为采用预制架设的方式进行主体施工，因而施工工期短、效率高且造价较低。

预制梁逐孔施工的优点如下。
① 无需满布支架，大大减少了现浇混凝土的数量。
② 施工中能连续操作，可以选择最佳的施工接缝位置。
③ 可以使上部结构的预制工作和下部结构的施工同步进行，施工速度快。
④ 施工过程中结构体系不断改变。
⑤ 该方法适合于中等跨径的桥梁。

最初在高等级公路桥的建设中，为减小多跨简支梁桥因梁缝不连续而造成的行车不平稳，常采用多孔一联的桥面连续形式。其连续构造如图 3-3-1 所示。

图 3-3-1 所示的连续构造虽然可以减少桥面伸缩缝的数量，使行车更平顺，但跨越梁缝处的现浇桥面板相当于铰接，几乎不具备抗弯能力。因此，仅依靠桥面建立起连续关系的梁体，在车辆荷载作用下的受力与变形特征仍然表现为简支梁，从而使得接缝混凝土随着梁体

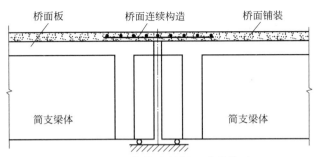

图 3-3-1 早期简支梁桥面连续构造

的变形而长期处于反复拉弯状态；同时，当环境温度变化较大或者当汽车在桥面制动时，强大的水平力将造成接缝处现浇混凝土板发生上拱。上述种种状况将很快造成接缝混凝土的破坏，不得不经常维修。

由以上论述可以看出，仅仅建立起简支梁体系的桥面连续是远远不够的，其存在的弱点很快就会暴露出来，并最终造成初始的连续性被破坏。为了真正实现"先简支后连续"的理念，人们在实践中进行了很多探索，先后采用过多种形式的"先简支后连续"施工工艺，如图 3-3-2～图 3-3-4 所示。

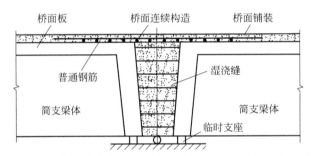

图 3-3-2 在梁缝中满浇混凝土、在梁面布置普通连续钢筋

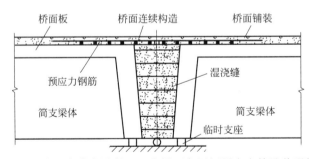

图 3-3-3 在梁缝满浇混凝土、在梁面布置短预应力筋及普通钢筋

为了使简支梁之间的连接更接近传统连续梁，图 3-3-2～图 3-3-4 中均采用梁端全断面浇筑混凝土的方式，避免了早期连续构造中仅梁面一层皮的连续方式。图 3-3-2 中，在梁面附近依旧设置了足够数量的黏结性非预应力钢筋，用来承受部分负弯矩。由于在桥面负弯矩区内没有施加预应力，所以在后期荷载作用下该区域的桥面板混凝土容易开裂，造成桥面板长时间处于带病工作状态。随着裂缝的逐渐发展，该处桥面板内的钢筋逐渐锈蚀，进而影响结构的使用寿命。

为改善图 3-3-2 所示结构的受力弱点，可在两跨简支梁的梁缝之间布置先张预应力连接

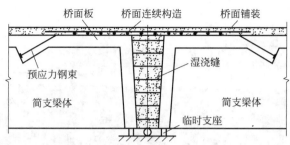

图 3-3-4 在梁缝满浇混凝土、在梁面布置长预应力筋及普通钢筋

钢筋（图 3-3-5），然后浇筑湿接缝混凝土，利用先张预应力连接钢筋的回缩对梁缝区混凝土产生预压应力，这样便产生了如图 3-3-3 所示的连续方式。在这种连续方式的受力状态中，梁面负弯矩区内的混凝土被施加了预应力，在后期荷载作用下一般不会出现裂缝，但由于预拉钢筋长度较短，预应力效应区域比较小，因此在后期荷载作用下，图 3-3-3 所示"先简支后连续"体系的整体性能仍不理想。

图 3-3-5 简支梁端部腹板支顶板预留连接钢筋

针对图 3-3-3 所示连续方式中存在的问题，可采用更完善的预应力施加工艺，如图 3-3-4 所示。首先，采用弹性更好的钢绞线代替钢筋；其次，将先张法改为体外后张法；再有，预应力施加路径改为向下弯曲的曲线形式；最后，增加钢绞线的长度，扩大预应力施加范围。上述四项改进措施使得跨梁缝体外预应力与预制梁体内部的预应力场之间形成了比较完美的搭接，从而实现了预应力在连线梁体内的贯通。体外预应力钢束锚固锯齿如图 3-3-6 和图 3-3-7 所示。此时，梁体内具有完整的预应力体系，更接近于传统连续梁。在后期外荷载作用下，结构的整体性和协调性更好，跨中及梁端接缝处的弯矩水平趋于均衡，有利于梁体的长久安全运营，因而其在桥梁建设中得到广泛的应用。

整孔吊装和分段吊装的施工过程一般为：在工厂或现场预制整孔梁或分段梁，预制梁段的起吊、运输，采用吊装设备逐孔架设施工，根据需要进行结构体系转换。

图 3-3-6 梁缝体外预应力钢束锚固锯齿

图 3-3-7　简支梁端部体外预应力钢束锚固锯齿

预制梁段采用后张法预应力混凝土梁。由于施工过程中结构受力的变化，布设在梁体内的预应力钢束往往采用分阶段张拉方式，即在预制时先张拉部分预应力索，拼装就位后进行二次张拉。当然，在有些桥梁结构中，梁段预制时即将全部预应力钢束一次张拉到位。采用何种张拉顺序，取决于根据施工方法确定的设计要求。

在施工中可选用的吊装机具有多种，可根据起吊重量、桥梁所在的位置以及现有设备和掌握机具的熟练程度等因素决定。梁段的预制、安装类同于装配式简支梁桥。

采用逐孔吊装施工应注意以下几个问题。

① 采用分段组装逐孔施工的接头位置可以设在桥墩处，也可设在梁的 $L/5$ 附近。前者多为由逐孔施工的简支梁连成连续梁桥；后者多为悬臂梁转换为连续梁。在接头位置处可设有 0.5～0.6m 现浇混凝土接缝，当混凝土达到设计强度后张拉连接预应力筋，完成连续。

② 桥的横向是否分隔主要根据起重能力和截面形式而定。在桥梁较宽、起重能力有限的情况下，可以采用 T 梁或工字梁截面，分片架设之后再进行横向及纵向的整体化、连续化。横向连接采用类似简支梁的构造形式，也可在主梁的翼缘板间设 0.5m 宽的现浇接头以增加横向刚度。

③ 对于先简支后连续的施工方法，通常在简支梁架设时使用临时支座，待连接和张拉后期钢索完成连续时拆除临时支座，转由永久支座支承整体结构。为使临时支座便于卸落，可在橡胶支座与混凝土垫块之间设控一层硫黄砂浆。

④ 在梁的反弯点附近设置接头，在可能的情况下，在临时支架上进行接头。

3.3.2　临时支撑组拼预制节段逐孔施工

对于多跨长桥，当缺乏较大能力的起重设备时，可将每跨梁分成若干段，在预制场生产；架设时采用一套支承梁临时承担组拼节段的自重，并在支承梁上张拉预应力筋，将安装跨的梁与施工完成的桥梁结构按照设计要求连接，完成安装跨的架梁工作；随后，移动临时支承梁至下一桥跨，或者采用递增拼装法，从梁的一端开始安装到另一端结束。

(1) 节段的类型

按节段组拼进行逐孔施工，一般的组拼长度为桥梁的跨径；主梁节段长度根据起重能力划分，一般取 4～6m；已成梁体与待连接的梁节段的接头设在桥墩处；结合连续梁桥结构的受力特点并满足预应力钢束的连接、张拉及简化施工，每跨内的节段通常分为桥墩顶节段和标准节段。

节段的腹板设有齿键，顶板和底板设有企口缝，使接缝剪应力传递均匀，并便于拼装就位。前一跨墩顶节段与安装跨第一节段间可以设置就地浇筑混凝土封闭接缝，用以调整安装跨第一节段的准确程度，但也可不设。封闭接缝宽 15～20cm，拼装时由混凝土垫块调整。在施加初预应力后用混凝土封填，这样可调整节段拼装和节段预制的误差，但施工周期要长些。采用节段拼合可加快拼装速度，但对预制和组拼施工精度要求较高。

(2) 拼装架设

① 钢桁架导梁法架设施工　将桥墩间跨长选用的钢桁架导梁支承在桥墩上的横梁或横撑上，钢桁架导梁的支承处设有液压千斤顶用于调整高程，导梁上可设置不锈钢轨，配合置于节段下的聚四氟乙烯板，便于节段在导梁上移动。对钢导梁，要求便于装拆和移运，以适应多次转移逐孔拼装；同时钢梁需设预拱度以满足桥梁纵面高程要求。

当节段组拼就位，封闭接缝混凝土达到一定强度后，张拉预应力筋与前一跨桥组拼成整体。

② 下挂式高架钢桁架　图 3-3-8 为用下挂式高架钢桁梁逐孔组拼施工。

施工时，预制节段可由平板车沿已安装的桥孔运至桥位后，借助架桥机上吊装设备起吊，并将第一跨梁的各节段分别悬吊在架桥机的吊杆上，当各节段位置调整准确后，完成该跨预应力张拉工艺，并使梁体落在支座上。

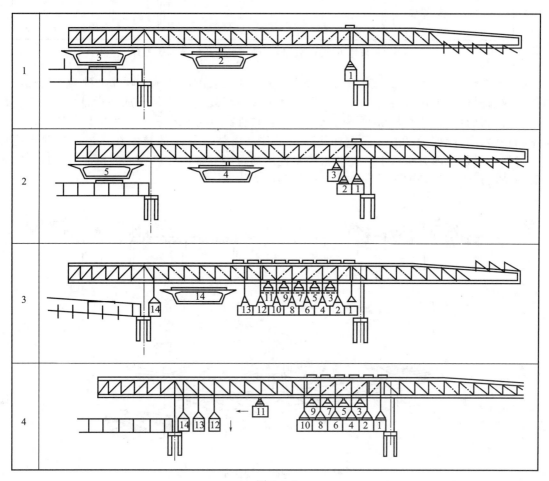

图 3-3-8

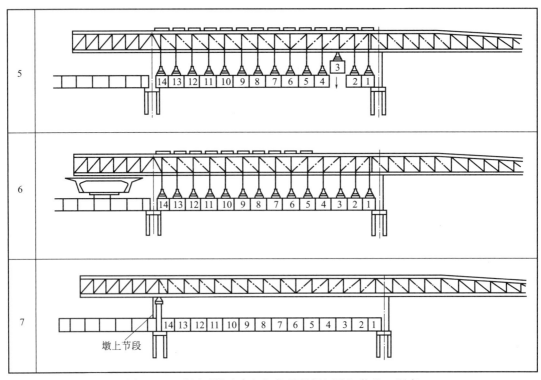

图 3-3-8 采用下挂式高架钢桁梁桥机逐孔组装施工顺序

③ 递增装配法　图 3-3-9 为采用递增装配法。递增装配法的施工程序大致为：块件经过桥面完成部分运到正在拼装的悬臂跨前端，靠旋转吊车逐一将块件安放在设计位置，1/3 跨长部分可依靠自由悬臂长从桥墩一侧悬伸挑出，块件靠外部拉杆和预应力钢束张紧就位。为了平衡桥跨，每段箱梁可由 2 根拉杆从一个可移动塔架上伸出的拉索在适当的位置定位拉紧。塔架一般位于前方桥墩上，使两根缆索连续通过塔并锚固在已完成的桥面上，拉索锚固在梁体节段顶缘，靠轻型千斤顶调整其中的预应力钢束。

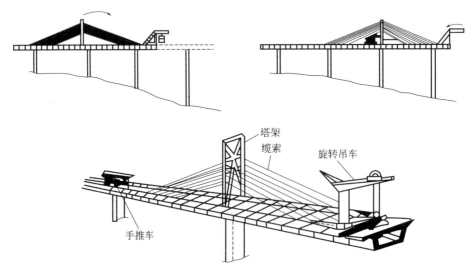

图 3-3-9　递增装配法示意

3.3.3 移动支架逐孔现浇施工(移动模架法)

可使用移动模架法进行现浇施工的桥梁结构形式有简支梁、连续梁、刚构桥和悬臂梁桥等钢筋混凝土或预应力混凝土桥。所采用的截面形式可为 T 形或箱形截面等。

对中小跨径连续梁桥或建造在陆地上的桥跨结构,可以使用落地式或梁式移动支架,如图 3-3-10 所示。

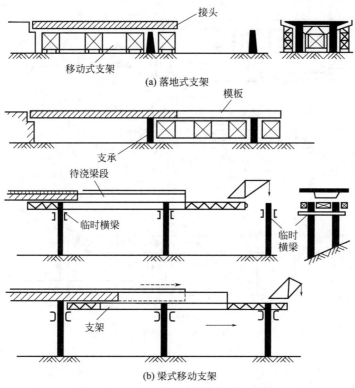

图 3-3-10 移动支架逐孔现浇施工示意

当桥墩较高、桥跨较长或桥下净空受到约束时,可以采用非落地支承的移动模架逐孔现浇施工。常用的移动模架可分为移动悬吊模架与支承式活动模架两种类型。

(1) 移动悬吊模架施工

移动悬吊模架的形式很多,构造各异,就其基本构造包括三个部分:承重梁、肋骨状横梁和移动支承,如图 3-3-11 所示。承重梁通常采用钢箱梁,长度大于 2 倍桥梁跨径,是承担施工设备自重、模板系统重量和现浇湿混凝土重量的主要承重构件。承重梁的后端通过移动式支架落在已完成的梁段上,承重梁的前方支承在桥墩上,工作状态呈单悬臂梁。承重梁除起承重作用外,在一跨梁施工完成后,作为导梁将悬吊模架纵移到前方施工跨。承重梁的移位及内部运输由数组千斤顶或起重机完成,并通过控制室操作。

在承重梁的两侧悬臂出许多横梁覆盖全桥宽,并由承点梁向两侧各用 2~3 组钢索拉住横梁,以增加其刚度。横梁的两端各用竖杆和水平杆形成下端开门的框架并将主梁包在其中。当模板支架处于浇筑混凝土状态时,模板依靠下端的悬臂梁和锚固在横梁上的吊杆定位,并用千斤顶固定模板;当模架需要纵向移位时,放松千斤顶及吊杆,模板安放在下端悬臂梁上,并转动该梁的前端有一段可转动部分,使模架在纵移状态时顺利通过桥墩。

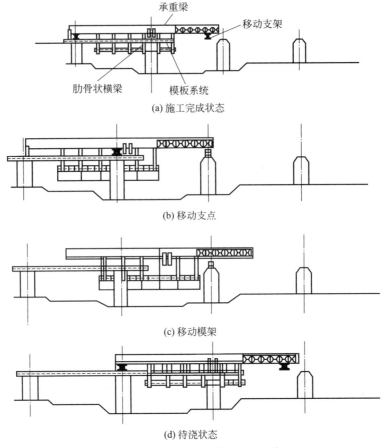

图 3-3-11 移动悬吊模架施工示意

(2) 支承式活动模架施工

支承式活动模架的基本结构由承重梁、导梁、台车和桥墩托架等组成。它采用两根承重梁，分别设置在箱形梁的两侧，承重梁用来支承模板和承受施工荷载，承重梁的长度要大于桥梁的跨径，浇筑混凝土时承重梁支承在桥墩托架上。导梁主要用于移动承重梁和活动模架，因此需要有大于 2 倍桥梁跨径的长度。当一跨桥梁施工完成进行脱模卸架后，由前方台车（在导梁上移动）和后方台车（在已完成的梁上移动）沿纵向将承重梁的活动模架运送到下一跨，承重梁就位后，导梁再向前移动并支承在前方墩上。

移动模架法的施工特点如下。

① 移动模架法不需要设置地面支架，不影响通航或桥下交通，施工安全、可靠。

② 有良好的施工环境，可保证施工质量，一套模架可多次周转使用，具有在类似预制场生产的优点。

③ 机械化、自动化程度高，节省劳力，降低劳动强度，上下部结构可平行作业，可缩短工期。

④ 通常每一施工梁段的长度取用一跨的跨长，接头的位置一般选在桥梁受力较小的地方，即离支点 $L/5$ 附近。

⑤ 移动模架设备投资大，施工准备和操作都比较复杂。

⑥ 此法宜在桥梁跨径小于 50m 的桥上使用。

3.3.4 体系转换

逐孔施工的体系转换有三种：由简支梁状态转换为连续状态（图 3-3-12）、由悬臂梁转换为连续梁（图 3-3-13）以及由少跨连续梁逐孔延伸转换为所要求的体系。在体系转换中，不同的转换途径将得到不同的内力叠加过程，而最终的恒载内力（包括混凝土的收缩、徐变内力重分布）将向着连续梁桥按照全联一次完成的恒载内力靠近。

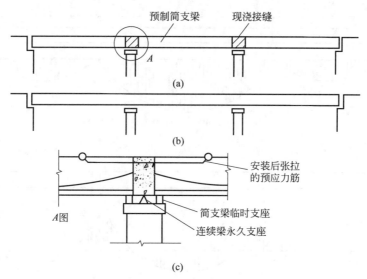

图 3-3-12 简支状态转换为连续状态

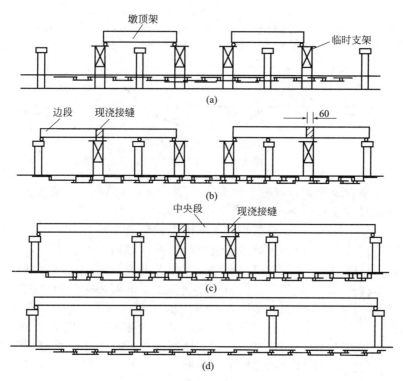

图 3-3-13 悬臂状态转换为连续状态

本节以简支梁状态转换为连续梁状态展开体系转换说明。

该梁桥在三种状态下的弯矩分布情况：①初始状态——简支状态；②中间状态梁体连续但临时支座未拆除；③最终状态体系转换。如图 3-3-14 所示。

从图 3-3-14 中可以看到，在"先简支后连续"施工过程中，梁体的受力经历了一个变化的过程。总的来说，随梁缝处现浇梁段开始发挥承载作用，预制梁体跨中的受力强度大大减小，而梁缝处现浇混凝土梁段的受力强度达到一个较高水平。

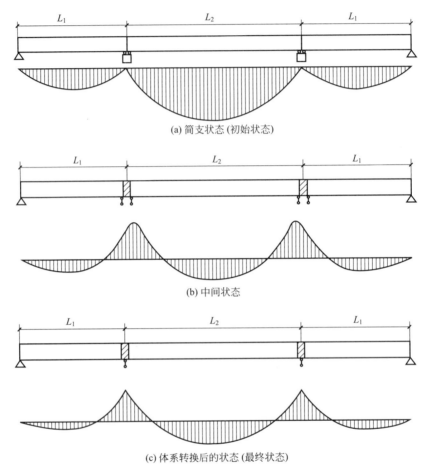

图 3-3-14　简支梁连续体系转换过程受力示意

体系转换就是将简支梁架设时的临时支座拆除，使梁体落在永久支座上。为了便于临时支座的拆除，让梁体安全卸落在永久支座上，通常采用砂筒作为临时支座。

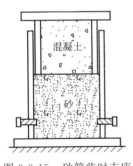

图 3-3-15　砂筒临时支座

砂筒临时支座由无缝钢管制成，分为上、下两部分。其下部为无缝钢管制成的砂筒，砂筒内装有干砂，砂筒下部设有可控漏砂口；临时支座的上部也是由无缝钢管制成的，内部浇筑混凝土，但钢管外径略小于砂筒内径，因此上部可插入下部砂筒中，如图 3-3-15 所示。

进行体系转换时，打开漏砂口。随着干砂从砂筒内均匀、缓慢流出，临时支座缓缓降低，梁体随之缓缓降低，最后降落在永久支座上，如图 3-3-16 所示，从而完成了体系转换。施工中的砂筒临时支座和板式橡胶永久支座如图 3-3-17 所示。

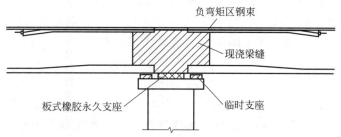

图 3-3-16 临时支座与永久支座转换示意

图 3-3-17 砂筒临时支座与板式橡胶永久支座施工图

悬臂浇筑法恒载内力

悬壁施工法工序

任务 3.4 悬臂法施工

【任务引领】

当公路或铁路桥梁在跨越山谷、河流、海峡及既有公路或铁路时，其主桥往往采用大跨度连续梁。此时，预应力混凝土变截面连续梁往往成为首选桥型。通常情况下，山下不具备搭建支架的条件，因而无法采用满堂支架法进行大跨度预应力混凝土连续梁的就地浇筑。因此，以后张法预应力技术为支持，以挂篮为主要施工设备的悬臂浇筑技术应运而生，并且在工程实践中得到了发展，逐渐成为大跨度预应力混凝土连续梁的主要施工技术。

悬臂施工法是在已建成的桥墩上，沿桥梁跨径方向对称逐段施工的方法。它不仅在施工期间不影响桥下通航或行车，同时密切配合设计和施工的要求，充分利用了预应力混凝土承受负弯矩能力强的特点，将跨中正弯矩转移为支点负弯矩，提高了桥梁的跨越能力。本任务要求根据施工图纸编制悬臂法的施工方案。

采用悬臂法进行桥梁结构施工，总的施工顺序是：墩顶 0 号块的浇筑，悬臂节段的预制安装或挂篮现浇，各桥跨间的合龙段施工及相应的施工结构体系转换，桥面系施工。

要实现悬臂施工，在施工过程中必须保证墩与梁固结，尤其在连续梁桥和悬臂梁桥施工中要采取临时墩梁固结措施。另外，采用悬臂施工法，很有可能出现施工期的体系转换问题。如对于三跨预应力混凝土连续梁桥，采用悬臂施工时，结构的受力状态呈 T 形刚构，边跨合龙就位、更换支座后呈单悬臂梁，跨中合龙后呈连续梁的受力状态。结构上的预应力配置必须与施工受力相一致。

悬臂施工法通常分为悬臂浇筑和悬臂拼装两类。悬臂浇筑是在桥墩两侧对称逐段就地浇筑混凝土，待混凝土达到一定强度后张拉预应力束，移动机具模板（挂篮）继续悬臂施工。悬臂拼装是用吊机将预制块件在桥墩两侧对称起吊、安装就位后，张拉预应力束，使悬臂不断接长，直至合龙。

0 号块施工

3.4.1　0 号块的施工

在悬臂法施工中，0 号块（墩顶梁段）均在墩顶托架上立模现场浇筑，并在施工过程中设置临时梁墩锚固，使 0 号块梁段能承受两侧悬臂施工时产生的不平衡力矩。

临时固结、临时支承措施如下。

① 将 0 号块梁段与桥墩钢筋或预应力筋临时固结，待需要解除固结时切断，如图 3-4-1 所示。

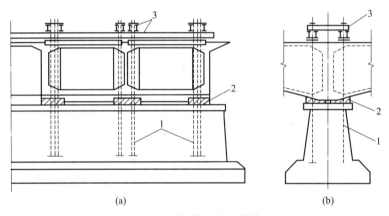

图 3-4-1　0 号块临时固结构造
1—预埋临时锚固用预应力钢筋；2—支座；3—工字钢

② 在桥墩一侧或两侧加临时支承或支墩，如图 3-4-2 所示。

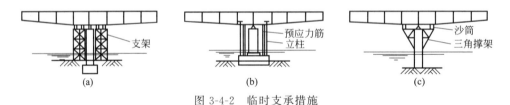

图 3-4-2　临时支承措施

③ 将 0 号块梁段临时支承在扇形或门式托架的两侧。

0 号块结构复杂，预埋件、钢筋、各向预应力钢束及其孔道、锚具密集交错，梁面有纵横坡度，端面与待浇段密切相连，务必精心施工。视其结构形式及高度，一般分 2~3 层浇筑，先底板、再腹板、后顶板。

采用悬臂浇筑法施工时，墩顶 0 号块梁段采用在托架上立模现浇，并在施工过程中设置临时梁墩锚固（临时梁墩固结要考虑两侧对称施工时有一个梁段超前的不平衡力矩，应验算其稳定性，稳定性系数不小于 1.5）。使 0 号块梁段能承受两侧悬臂施工时产生的不平衡力矩。施工托架可根据承台形式、墩身高度和地形情况，分别支承在承台墩身或地面上。它们可采用万能杆件、贝雷桁架（或装配式公路钢桁架），六四军用桁架及型钢等组成，也可采用钢筋混凝土构件作临时支撑。常用施工托架有扇形托架、高墩托架、墩顶预埋牛腿托架平台、临时墩及型钢结构支承平台等。托架的顶面尺寸，视拼装挂篮的需要和拟浇梁段的长度而定，横桥间的宽度一般应比箱梁底板宽出 1.5～2.0m，以便设立箱梁边肋的外侧模板。托架顶面（或增设垫梁）应与箱梁底面纵向线形的变化一致。托架可在现场整体拼装，亦可分部在邻近场地或船上拼装再运吊就位整体组装。托架总长度视拼装挂篮的需要而决定。横桥托架宽度要考虑箱梁外侧主模的要求。托架顶面应与箱梁底面纵向线形一致。

由于考虑到在托架上浇筑梁段0号块混凝土，托架变形对梁体质量影响很大，故在作托架设计时，除考虑托架强度要求外，还应考虑托架的刚度和整体性。由于托架弹性、杆件连接处有缝隙、地基有沉降等因素影响，可能使托架下沉，引起混凝土梁段出现裂缝，因此采用万能杆件、贝雷梁、板梁、型钢等做托架时，在混凝土浇筑以前，可采取预压、抛高或调整等措施，以减少托架变形，并检验托架是否安全。

0号块施工程序如下。
① 安装墩顶托架平台。
② 浇筑支座垫石及临时支座。
③ 安装永久盆式橡胶支座。
④ 安装底、侧钢梁及降落木楔或千斤顶。
⑤ 安装底板部分堵头模板。
⑥ 托架平台试压。
⑦ 调整模板位置及标高。
⑧ 绑扎底板和腹板的伸入钢筋。
⑨ 安装底板上的竖向预应力管道和预应力筋。
⑩ 隐蔽工程验收。
⑪ 浇筑底板第一层混凝土。
⑫ 混凝土养护。
⑬ 绑扎腹板、横隔梁钢筋。
⑭ 安装腹板纵向、横隔梁横向预应力管道和预应力筋。
⑮ 安装全套模板。
⑯ 监理工程师验收。
⑰ 浇筑腹板横隔板。
⑱ 混凝土养护。
⑲ 拆除部分内模后，安装顶板模。
⑳ 安装顶板端模。
㉑ 绑扎顶板底层钢筋网及管道定位筋。
㉒ 安装顶板纵向预应力管道及横向预应力管道和预应力筋。
㉓ 安装顶板上层钢筋网。
㉔ 监理工程师验收。
㉕ 浇筑顶板混凝土。
㉖ 纵向胶管抽拔。
㉗ 管孔清理及混凝土养护。
㉘ 拆除顶、底板端模。
㉙ 两端混凝土连接面凿毛。
㉚ 混凝土强度达到设计要求强度后张拉竖横向预应力筋。
㉛ 竖横向预应力管道压浆。
㉜ 拆除内模、侧模和底模。
㉝ 拆除墩顶托架平台。

3.4.2 节段悬臂浇筑施工

3.4.2.1 挂篮悬臂施工

悬壁段施工

根据挂篮和施工方法的不同，悬臂浇筑又分为挂篮悬臂浇筑施工法、移动桁式吊悬臂浇筑施工法。用挂篮悬臂浇筑施工又称为迪维达克施工法，施工前需首先将梁体进行施工设计分段，然后依照设计节段长度在桥墩两侧以挂篮为机具对称悬臂施工，通常的分段方式如图3-4-3所示：其中 A 段为墩顶0号段，一般在墩旁设支架现浇（图3-4-4），其上可提供挂篮的安装和材料的堆放场地，因此长度按两个挂篮的纵向安装长度而定，一般为5~10m，若场地不够也可将悬臂根部梁段与0号段一同浇筑。0号段是悬臂浇筑施工的中心段，又是体系转换的控制段，受力复杂，预应力孔道最多，需精心施工。B 段为0号段两侧利用挂篮分段对称悬臂施工部分，根据挂篮的承载能力和预应力筋的布置要求，一般每2~5m分成一个节段。C 段为边跨合龙段，根据桥梁分跨比例一般为2~3个悬臂节段长，且因近桥台处桥高较低，因此 C 段均在支架上现浇完成。D 段为中跨合龙段，是悬臂施工的关键部位，应尽量短，一般1.5~2.0m为宜，有多个中跨合龙段时需选择最优合龙顺序以使结构体系转换后内力最合理。

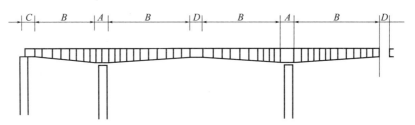

图3-4-3 悬臂浇筑分段示意

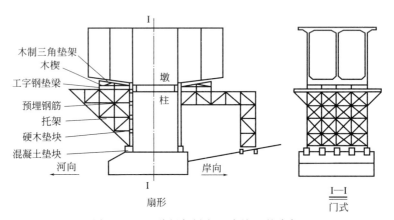

图3-4-4 悬臂根部梁段现浇施工的支架

挂篮悬臂施工时需首先在已建桥墩顶部现浇0号段，张拉预应力筋后在其上安装两个悬臂端挂篮，若墩顶位置不够，可将两侧挂篮的承重梁先连在一起，如图3-4-5(a)所示；安装完毕即可以挂篮为施工机具对称浇筑1号和1'号，这两个节段通过张拉预应力筋和0号段连成整体；之后两个挂篮解体，如图3-4-5(b)所示，各自前移，进行下一节段施工，浇筑一段，前进一段，直至悬臂完成；接下来即可根据设计工序在支架上进行 C 段的边跨合龙或 D 段的中跨合龙，最终成为连续梁体系。

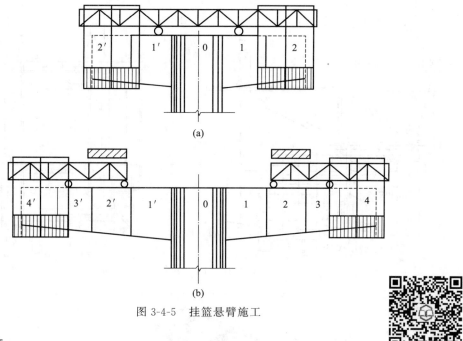

图 3-4-5 挂篮悬臂施工

(1) 挂篮

挂篮的功能是支承梁段模板、调整位置、吊运材料及机具、浇筑混凝土、拆模和在挂篮上进行张拉工作。挂篮除强度应保证安全可靠外，还要求造价低，节省材料，操作使用方便，变形小，稳定性好，装、拆移动灵活和施工速度快等。

挂篮是悬臂施工的关键设备，挂篮的主要功能是支撑模板，承受新浇筑混凝土重量，由工作平台提供张拉、灌浆的场地，调整标高。因此挂篮不仅要求有足够的强度保证，还要有足够的刚度及稳定性，并且结构简便，自重轻，便于装、拆，移动灵活，便于调整标高等。

① 常用的挂篮形式 目前，挂篮的形式很多，按使用材料可分为制式杆件（万能杆件、军用梁、贝雷梁等）组拼的挂篮和由型钢加工而成的挂篮；按受力原理可分为垂直吊杆式（包括三角形挂篮和菱形挂篮）、斜拉式（包括三角斜拉式和预应力斜拉式）和刚性模板式；按抗倾覆平衡方式可分为压重式、锚固式和半压重半锚固式三种；按移动方式可分为滚动式、滑动式和组合式三种。下面以菱形挂篮（图 3-4-6）和三角挂篮（图 3-4-7）为例说明挂篮的构造和功能。

挂篮结构
类型及构造

菱形挂篮主要由承重系统、走行系统、内外模板系统、悬吊系统、锚固系统和张拉操作平台组成。

a. 承重系统：挂篮的承重系统由两榀菱形主桁架组成，桁架主要杆件由 2 片槽钢组焊而成，槽钢的截面由结构分析确定，各杆件间的联结全部为销接，每 2 根主桁杆件由 1 个销子联结。主桁架承受施工设备和新浇节段混凝土的全部重量，并通过支点和锚固装置将荷载传到已施工完成的梁身上。

b. 走行系统：由钢枕、滑道及上滑板构成，其中钢枕为槽钢加 1 块钢板焊接而成，滑道为 2 根槽钢组焊而成，上滑板为厚钢板，牵引动力采用电动卷扬机。

c. 内外模板系统：内模分顶模和内侧模，由型钢组焊成模架；内模工作时由滑梁支承在内吊梁上，脱模时松开内吊梁，滑梁落在内吊梁上，即可滑行前移，顶模板为组合钢模板，侧模板还有部分木模组成，以适应梁高的变化；外模板由侧模板和底模构成，侧模由外吊梁悬挂，模板为型钢和钢板组焊的整体钢模板，底模由底纵梁、底横梁及模板组成，通过底横

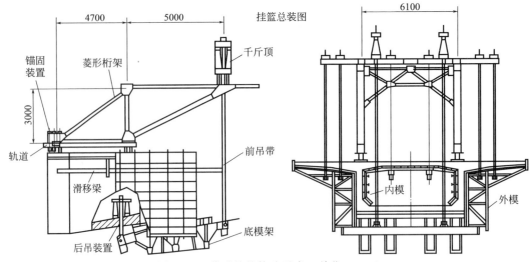

图 3-4-6 菱形挂篮构造示意（单位：mm）

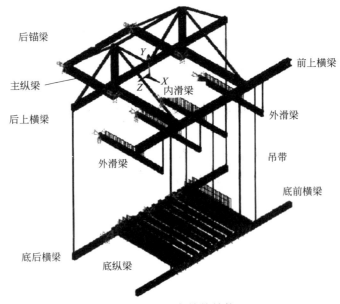

图 3-4-7 三角挂篮结构

梁的前后吊带悬挂在挂篮主桁的前吊点、已浇梁段和外吊梁上，随主桁一起前移，底纵梁由型钢组焊成桁架，底横梁由工字钢组焊成格构式梁。

d. 悬吊系统：由螺旋千斤顶、小横梁、吊带及由 $\Phi^P 32$ 精轧螺纹钢组成，用于悬挂模板系统，调整模板的标高。

e. 锚固系统：对双向及三向预应力梁，可借助梁腹板的竖向预应力钢筋将滑道锚固在梁的顶板上，用以平衡挂篮空载走行时的倾覆力矩；对无竖向预应力筋的梁，可通过施工中的预埋钢筋或预留孔洞来解决。

f. 张拉操作平台：悬挂于主桁上，提供立模、扎筋、浇筑混凝土、张拉预应力束及移动挂篮的工作面。

② 挂篮设计　挂篮是悬臂浇筑施工中非常重要的临时设施，因此挂篮的合理设计是保

证施工质量、加快施工进度的重要因素。

a. 挂篮形式的选择主要考虑结构简单、受力明确、行走安全、坚固稳定、变形小、装拆方便，并尽量利用当地现有构件等方面因素。

b. 挂篮横断面布置，一般取决于桥梁宽度和箱梁横断面形式，当桥梁横断面为单箱时，全断面用一个挂篮施工；当桥梁横断面为双箱时，一般采用两个挂篮分别施工，最后在桥面板处用现浇混凝土连接；有时为了加速施工，可以采用大型宽体桁架式挂篮，双箱一次浇筑施工。

c. 设计时，应考虑各项实际可能发生的荷载情况，进行最不利的荷载组合。设计荷载大体有以下几种：挂篮自重；模板支架自重（包括侧模、内模、底模和端模等）；振动器自重和振动力，千斤顶和油泵及其他有关设备自重；施工人员重量；最大节段混凝土自重等。

d. 验算挂篮的抗倾覆稳定性能，确定结构整体的图式和尺寸以及后锚点的锚力。选择挂篮形式主要考虑结构简单、自重轻、受力明确、变形较小、行走安全、装拆方便等方面因素。在一般情况下，尽量选择本单位现有设备，达到保证施工质量、加速施工进度、投资较少的目的。

挂篮刚度决定了挂篮悬挂端在梁段重量、内外模体系、外模拼装平台等荷载作用下的沉降量。在梁段悬臂施工过程中，为避免因挂篮前端沉降量过大而导致梁的线形难以控制及新旧混凝土结合面产生变形裂隙，要求挂篮必须具备足够的刚度，其悬挂点处的沉降量必须控制在合理范围内。

挂篮除应满足强度、刚度和稳定性要求外，尚应符合下列规定。

a. 挂篮与悬臂梁段混凝土重量比不宜大于 0.5，且挂篮的总重应控制在设计规定的限重之内。

b. 挂篮的最大变形（包括吊带变形的总和）应不大于 20mm。

c. 挂篮在浇筑混凝土状态和行走时的抗倾覆安全系数、自锚固系统的安全系数、斜拉水平限位系统的安全系数及上水平限位的安全系数均不应小于 2。

d. 挂篮的支承平台应有足够的平面尺寸，应能满足梁段现场施工作业的需要。

e. 挂篮制作加工完成后应进行试拼装。挂篮在现场组拼后，应全面检查其安装质量，并应进行模拟荷载试验，符合挂篮设计要求后方可正式投入使用。

③ 挂篮的安装

a. 挂篮组拼后，应全面检查安装质量，并做载重试验，以测定其各部位的变形量，并设法消除其永久变形。

b. 在起步长度内梁段浇筑完成并获得要求的强度后，在墩顶拼装挂篮。有条件时，应在地面上先进行试拼装，以便在墩顶熟练有序地开展挂篮拼装工作，拼装时应对称进行。

c. 挂篮的操作平台下应设置安全网，防止物件坠落，以确保施工安全。挂篮应呈全封闭形式，四周设围护，上下应有专用扶梯，方便施工人员上下挂篮。

d. 挂篮行走时，须在挂篮尾部压平衡重，以防倾覆。浇筑混凝土梁段时，必须在挂篮尾部将挂篮与梁体进行锚固。

④ 挂篮防倾覆措施　在悬臂施工过程中，挂篮防倾覆问题主要涉及两个方面：一是梁段施工过程中挂篮体系的防倾覆问题；二是挂篮前移过程中的防倾覆问题。

梁段施工过程中挂篮体系的防倾覆措施主要为挂篮后端的锚固。施工中通常借助梁体腹板内的竖向精轧螺纹钢筋或者在顶板施工时的预留孔内穿精轧螺纹钢筋将挂篮后端锚固在箱形梁顶板上，如图 3-4-8 所示。而在挂篮前移过程中，后端锚固必须解除，此时挂篮后端开始上翘。使挂篮后端的倒钩走行轮紧紧勾住轨道梁顶板的下缘，以此避免挂篮的前倾坠落。

这就要求轨道梁必须被紧紧锚固在梁面上，为挂篮走行过程中的防倾覆提供条件，如图 3-4-9 所示。

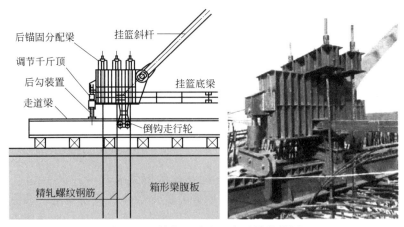

图 3-4-8　挂篮悬臂施工中后端的锚固

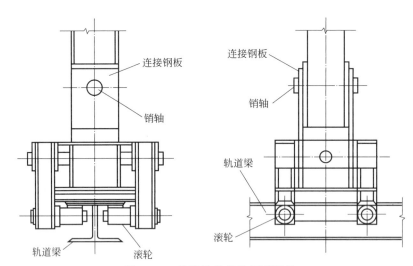

图 3-4-9　挂篮前移的防倾覆措施

⑤ 浇筑混凝土时消除挂篮变形的措施　每个悬浇段的混凝土一般经两次或三次浇筑即可完成（混凝土数量少的也可采用一次浇筑完成），为了不使后浇混凝土的重力引起先浇混凝土的开裂，故需要消除后浇混凝土引起的挂篮变形。一般可采取下列方法。

a. 箱梁混凝土一次浇筑法。箱梁混凝土的浇筑采用一次浇筑，并在底板混凝土凝固前全部浇筑完毕，也就是要求挂篮的变形全部发生在混凝土塑性状态之间，避免裂纹的产生。但需在浇筑混凝土前预留准确的下沉量。

b. 水箱法。浇筑混凝土前先在水箱中注入相当于混凝土重量的水，在混凝土浇筑中逐步放水，使挂篮的负荷和挠度基本不变。

c. 浇筑混凝土时根据混凝土重量变化，随时调整吊带高度。

d. 将底模梁支承在千斤顶上，浇筑混凝土时，随混凝土重量的变化，随时调整底模梁下的千斤顶，抵消挠度变形。

e. 抬高挂篮的后支点法。

浇筑混凝土前将模板前端设计标高抬高 10～30mm，预留第一次浇筑混凝土的下沉量，同时用螺旋式千斤顶顶起挂篮后支点，使之高于滑道或钢轨顶面（一般顶高约20~30mm）。在浇筑第一次混凝土时千斤顶不动，浇筑混凝土质量使挂篮的下沉量与模板的抬高量相抵消。在浇筑第二次混凝土时，将千斤顶分次下降，并随即收紧后锚系的螺栓，使挂篮后支点逐步贴近滑道面或轨道面。随着后支点的下降，以前支点为锚的挂篮前端必然上升一数值，此数值应正好与第二次混凝土质量使挂篮所产生的挠度相抵消，保证箱梁模板不发生下沉变形。此法需用设备很少，较水箱法简单，但需顶起量合适，顶起量应由实测确定。

斜拉式挂篮因其总变形小，一般可在浇筑混凝土前预留下沉量，不必在浇筑过程中进行调整。也可试用某桥的施工实践，将挂篮底模承重横梁采用直径1~1.2m加劲钢管，管内与水泵及卸水管连通，使加卸载控制灵活。在梁段混凝土浇筑过程中，逐渐卸水，保持挂篮的负荷和挠度基本不变。

(2) 挂篮法悬臂施工要点

① 混凝土浇筑除应符合项目2混凝土工程的相关内容要求外，还应满足以下要求。

a.墩顶梁段及附近梁段可采用托架或膺架为支架就地浇筑混凝土。托架或膺架要经过设计，计算弹性及非弹性变形。模板、预应力管道、钢筋、预埋件安装、混凝土浇筑应符合设计要求及规范的规定。

b.在梁段混凝土浇筑前，应对挂篮（托架或膺架）、模板、预应力筋管道、钢筋、预埋件、混凝土材料、配合比、机械设备、混凝土接缝处理情况进行全面检查，经签认后方准浇筑。

c.连续梁悬臂浇筑施工时，要有保证梁体施工稳定的措施。

d.桥墩两侧梁段悬臂施工进度应对称、平衡，实际不平衡偏差不得超过设计要求值。

e.悬臂浇筑段前端底板和桥面的标高，应根据挂篮前端的垂直变形及预拱度设置，施工过程中要对实际高程进行监测，如与设计值有较大出入时，应会同有关部门查明原因进行调整。

f.箱形截面混凝土浇筑顺序应按设计要求办理，当采用两次浇筑时，各梁段的施工应错开。箱体分层浇筑时，底板可一次浇筑完成，腹板可分层浇筑，分层间隔时间宜控制在混凝土初凝前且使层与层覆盖住。

g.梁段混凝土达到要求的强度后，方可按有关规定进行预应力筋的张拉、压浆。

h.梁段混凝土的拆模时间，应根据混凝土强度及施工安排确定。混凝土应尽量采用早强措施，使混凝土的强度及早达到预施应力的强度要求，缩短施工周期，加快施工进度。

i.混凝土养护应覆盖洒水，如冬期施工应按冬期施工的规定执行。

② 穿束、张拉。预应力筋除应符合项目2预应力混凝土工程的相关内容要求外，还应满足以下要求。

a.穿束的前端必须认真处理。

b.预应力张拉。挂篮移动前，顶、腹板纵向束的张拉应按设计要求的张拉顺序张拉，如设计无要求时，应注意上下、左右对称张拉。张拉时注意梁体和锚具的变化。张拉按规范的规定及设计要求执行。横向预应力在采用扁锚张拉时宜测定锚口、管道摩阻损失值。

对于箱形截面，如果所浇混凝土数量不大，可采用全截面一次浇筑，其施工工艺流程见图3-4-10。如果混凝土数量较大，每一梁段的混凝土通常分两次浇筑，即先浇底板混凝土，后浇腹板及顶板混凝土。当所浇箱梁腹板较高时，也可将腹板内模板改用滑动顶升模板，这时可将腹板混凝土与底板混凝土同时浇筑，待腹板浇筑到设计高度后，再安装顶板钢筋及预应力管道并浇筑顶板混凝土。有时还可先将腹板预制之后进行安装，再现浇底板与顶板，减少现场浇筑工作量，并减轻挂篮承受的一部分施工荷载，但需注意由混凝土龄期差而产生的收缩、徐变内力。

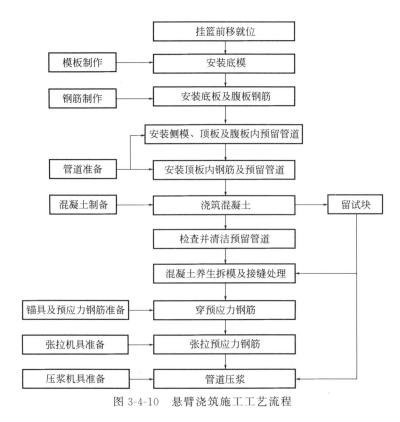

图 3-4-10 悬臂浇筑施工工艺流程

悬臂浇筑施工的周期一般为 6～10d，依节段混凝土的数量和结构的复杂程度而不同，在悬浇施工中，如何提高混凝土的早期强度，对有效缩短施工周期关系较大，这也是现场浇筑施工法的共性问题。

3.4.2.2 桁架吊悬臂浇筑施工

利用由钢结构组拼的桁架（导梁）悬吊移动式模板和施工设备进行悬臂浇筑施工。用桁式吊悬臂浇筑施工的主要特点在于，悬臂施工的节段重量和施工设备均由桁梁承担，通过桁架的支架和中间支架将荷重传到已浇筑完成的梁段和桥墩上；此外，由于桁梁将已完成的梁段和正在悬臂浇筑施工的梁段连通，材料和设备均可由桥面运至施工桥孔。

桁式吊有移动式和固定式两种。移动的桁式导梁设置在主梁的上方，随施工进程逐跨前移；而固定式桁梁在悬臂施工时不移动，需要在桥梁全长布置桁梁。因此，固定式的桁式吊仅在桥梁不太长的情况下使用。

移动桁式吊由桁梁、支架、吊框、中间支架和辅助支架构成（图 3-4-11），桁梁是主要承重构件，长度大于桥梁跨径。支架是桁架的支点，施工时支承在上部结构，吊框吊在桁梁上，用于悬挂模板和浇筑混凝土。中间支架支承浇筑的湿混凝土和悬吊模板的重量，辅助支架设在桁梁的前端，当桁梁移动到下一个桥墩时支承在桥墩上。

用桁式吊悬臂浇筑连续梁的施工顺序见图 3-4-12。悬臂浇筑施工合龙后，现将前后悬吊模板移向墩顶，移动桁梁至前方墩，浇筑前方墩上的节段，待墩上段张拉预应力束完成，梁墩临时固结，再将桁架前移呈单悬臂梁，并在墩顶主梁上设置支架支承桁梁，进行对称悬臂浇筑施工，逐段建立预应力，直至与后方悬浇梁段合龙，再循环原施工程序。

移动桁式吊悬臂浇筑施工，适用跨径在 40～150m 范围，经济跨径在 70～90m。对于多跨长桥，可一套设备多次周转使用，用以提高效率。同时，采用桁式吊悬臂浇筑施工的支架

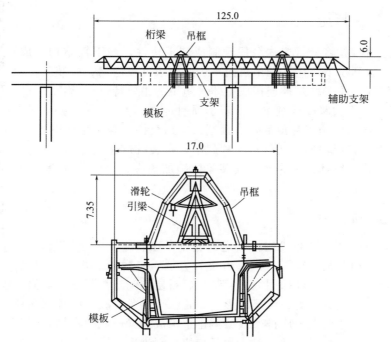

图 3-4-11 移动桁式吊悬臂施工示意（尺寸单位：m）

要比挂篮的强度高，稳定性好，因此，浇筑节段可加长至 10m 左右，可以加快施工速度。移动桁式吊也和采用挂篮施工一样，适用于变截面梁，也可用于变跨度桥和弯桥。移动桁式吊需要有长度大于最大桥跨的桁架，施工设备要比挂篮多些，但在边跨施工和墩顶阶段施工时都可由桁式吊完成，可以省掉其他一些施工支架设备。

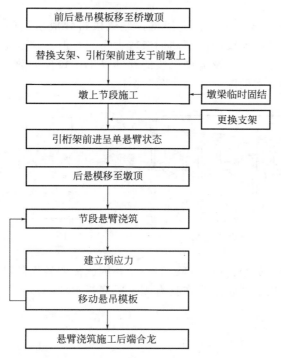

图 3-4-12 桁式吊悬壁浇筑连续梁施工工序流程

3.4.3 悬臂拼装施工

悬臂拼装施工，是将悬臂梁先分段预制成若干块件，当下部结构完成后，将预制块件运到桥下，用活动吊机向一边或两边逐段起吊、拼装就位、施加预应力，使其逐段对称延伸连接成整体。施工的主要特点包括：

悬臂拼装法施工

① 在梁场首先将大跨度连续梁分段若干预制。
② 当桥梁下部结构施工完成后，将预制梁段运至桥下等待悬臂拼装。
③ 用移动吊机将梁段向两边逐段对称起吊，拼装就位连接。
④ 通过张拉贯穿梁体的钢束对已安装梁体施加预应力，使其逐段对称延伸并最终完成合龙。

3.4.3.1 长线预制

长线预制是按桥梁下缘曲线制作固定的底座，在底座上安装底模，进行块件预制工作。构造预制梁下缘底座有多种方法：若在预制场，可以利用预制场的地形堆筑土胎，经加固夯实后铺垫砂石层或铺筑混凝土形成梁段预制底座；若在山区，可利用石料砌筑成所需的梁下缘形状；若在地质条件较差的预制场地，可采用短桩基础进行地基加固，再搭设由木质排架或型钢排架构成的梁段底模支撑台座。

长线法和短线法

利用长线预制法进行梁段预制时，为了加快预制进度，同时为了保证各个梁段之间悬臂拼装时的密贴，可采用间隔式梁段混凝土浇筑的方法。待第一批梁段浇筑完成后，在进行第二批梁段间隔浇筑时，以第一批梁段的横向端面作为第二批梁段的端面模板，并在上面涂刷隔离剂，确保相邻梁段混凝土在分界面处既不黏结又能够紧密接触。

除了间隔式梁段混凝土浇筑方法以外，还可以采用分区连续浇筑的方法。无论采用哪种浇筑方法，当预制梁段混凝土强度达到设计强度的70%以上时，可将其吊离预制台座，存放于存储场地。

采用长线预制法进行梁段预制将会使得预制梁段拼装成桥后的梁体线型更接近设计线型，而且长线预制台座可以为梁段的存储创造较大空间；但其缺点是台座占地面积较大，施工过程中混凝土的浇筑和养护以及成型梁段的移动等工作较为分散，同时台座对于地基强度的要求很高。长线预制技术见图3-4-13～图3-4-15。

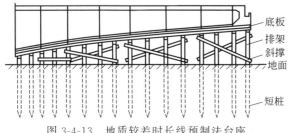
图3-4-13 地质较差时长线预制法台座

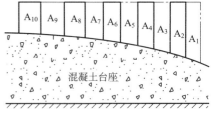
图3-4-14 长线预制法间隔台座

长线预制法底模长度最小为桥梁跨径的一半，因此需要较大的施工场地，并要求操作设备能在预制场移动，所以长线预制宜在具有固定梁底缘形状的多跨桥上采用，以提高设备的使用效率。

3.4.3.2 短线预制

短线预制是按箱梁纵剖面的变化尺寸设计出单个浇筑单元，在配有纵移及调整底板高度

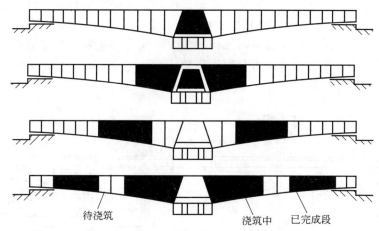

图 3-4-15 长线预制法节段的顺序

设备的底模上浇筑梁段。

短线预制节段由可调整外部及内部模板的台车与端模架完成,预制时第一段混凝土浇筑完成后,在其相对位置上安装下一段模板,并利用第一节段的端面作为第二节段的端模完成混凝土的浇筑工作。

短线预制节段的拼装面常做成企口缝,腹板企口缝用于调整高程,顶板企口缝可控制节段的水平位置,使拼装迅速就位,并能提高结构的抗剪能力。也有的在预制节段的底板处设预埋件,用以固定拼装时的临时筋(可用临时预应力或用花篮螺钉铰紧)。

短线预制适合工厂节段预制,设备可周转使用,每条生产线平均 5d 可生产 4 块,但节段的尺寸和相对位置的调整要复杂一些。短线预制法的生产工艺如图 3-4-16 所示。

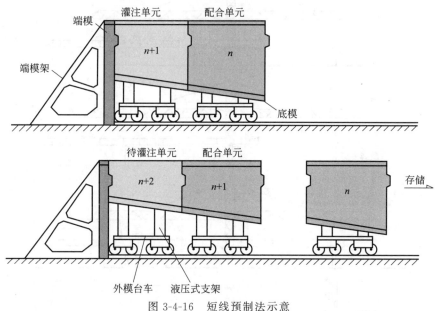

图 3-4-16 短线预制法示意

3.4.3.3 悬拼施工

由于悬臂拼装的机具种类很多,有移动式吊车、桁式吊、缆索起重机、汽车吊、浮吊等。移动式吊车外形似挂篮，由承重梁、横梁、锚固装置、起吊装置、行走系统和张拉平台等几个部分组成，见图 3-4-17。和用挂篮悬臂浇筑施工一样，在墩顶开始吊装第一（或第一、二）段时，可以使用一根承重梁对称同时吊装，在允许布置两台移动式吊车后，开始独立对称吊装。移动式吊车的起重能力目前国内约 1000kN。节段的运输可从桥下或水上运至桥位，由移动式吊车吊装就位。

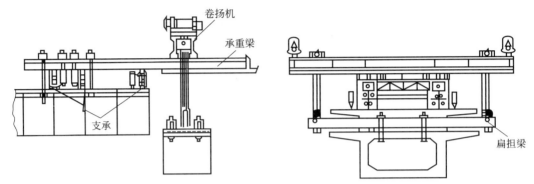

图 3-4-17　移动式吊车悬臂拼装施工

移动桁式吊在悬臂拼装施工中使用较多，依桁梁的长度分两类。第一类桁梁长度大于最大跨径，桁梁支承在已拼装完成的梁段上和待悬臂拼装的墩顶上，由吊车在桁梁上移运节段进行悬臂拼装；第二类桁式吊梁的长度大于 2 倍桥梁跨径，桁梁的支点均支承在桥墩上，而不增加梁段的施工荷重，同时前方墩 0 号块的施工可与悬臂拼装同时进行；图 3-4-18 为采用桁式吊进行悬拼施工。采用移动桁式吊悬拼施工，其节段重量一般可取 1000~1300kN。

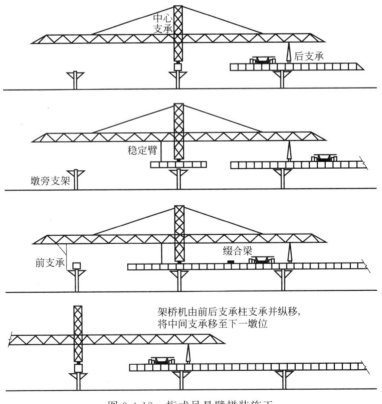

图 3-4-18　桁式吊悬臂拼装施工

(1) 支座临时固结或设置临时支架

为了确保连续梁分段悬拼施工的平衡和稳定，常与悬浇方法相同，将 T 构支座临时固结。当临时固结支座不能满足悬拼要求时，一般考虑在墩两侧或一侧加设临时支架。悬拼完成，T 构合龙（合龙要点与悬浇相同），即可恢复原状，拆除支架。

(2) 悬拼接缝形式

悬臂拼装时，梁段间的接缝形式分为湿接缝、胶接缝和干接缝。跨度大的 T 形刚构桥，由于悬臂很长，往往在伸臂中部设置一道现浇箱梁横隔板，同时设置一道湿接缝。这道湿接缝除了能增加箱梁的结构刚度外，也可以调整拼装位置。在拼装过程中，如拼装上翘的误差很大，难以用其他办法补救时，即可以增设一道湿接缝来调整。但应注意，增设的湿接缝宽度必须用凿打节段端面的办法来提供。

接缝处理

湿接缝［图 3-4-19(a)］铁皮管的对接，是一项施工工艺很高且很复杂的技术，在对接中往往不易处理，常会出现铁皮管长度、直径与接缝宽度不相称，预留管道位置不准确，管孔串浆、排气的三通铁皮管错乱等现象，施工时应特别注意。

胶接缝是在悬臂端面上涂厚约 0.8mm 左右的环氧树脂薄层，使接缝密贴，胶接缝可提高接缝的不透水性，较干接缝有较大的抗剪能力，这种方法目前在悬拼施工中较常采用，如图 3-4-19(b)、(d)、(e)、(f) 所示。齿形及单阶形的胶接缝常用于块件间摩阻力和黏结力不足以抵抗梁体剪力的情况，其中以单阶型接缝施工较为方便。干接缝即在接缝间不加任何填料，由于担心接缝渗水会导致钢筋锈蚀、降低结构的耐久性，以往很少采用。若用体外预应力筋，接缝采用干接缝则不会引起钢筋锈蚀，施工比较方便。

在实际拼装中，为调整悬臂位置，也有采用半干接缝的［图 3-4-19(c)］。拼装时，已拼块件的顶板和底板作为拼装安装块件的支托，而在腹板端面上有形成骨架的伸出钢筋，待浇筑混凝土后使块件组合成整体。在工程实践中，常在每一拼装悬臂内设置一个半干接缝以调整悬臂位置。

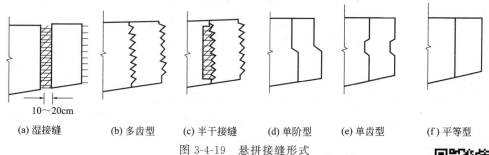

(a) 湿接缝　　(b) 多齿型　　(c) 半干接缝　　(d) 单阶型　　(e) 单齿型　　(f) 平等型

图 3-4-19　悬拼接缝形式

(3) 施工技术要点

① 1♯梁段的施工　1♯梁段是悬臂吊装的第一段。它的一端与现浇 0♯梁段对接，另一端与预制 2♯梁段对接，这就决定了 1♯梁段的预制与安装具有特殊性。

节段拼装

受墩顶施工条件所限，现浇 0♯梁段的端面成型效果很难满足梁段直接拼装所需要的精确度，因此，1♯梁段与 0♯梁段之间不宜采用定位胶结的方式，而适合采用混凝土湿接缝进行连接。0♯梁段与 1♯梁段之间湿接缝模板的安装如图 3-4-20 所示。

为了施工湿接缝，浇筑 0♯梁段和预制 1♯梁段时，必须在两个梁段的对接面上预留连

图 3-4-20 0♯梁段与1♯梁段之间湿接缝

接钢筋；当把1♯梁段吊起与0♯梁段进行拼装时，必须认真调整两个梁段之间的相对位置，使得1♯梁段的顶面标高和纵、横轴线与0♯梁段相对应，保证两者的相对位置符合设计要求。

在1♯梁段准确定位后立刻焊接连接钢筋，调整并制作接缝间的预应力管道接头，完成湿接缝内的钢筋绑扎和立模。随后进行湿接缝混凝土的浇筑，待接缝混凝土强度达到规定值后进行预应力钢束的张拉和锚固，从而完成0♯梁段与1♯梁段之间的连接。

湿接缝特别适用于对预制精度要求不高的大体积混凝土预制构件之间的整体性拼装，具有调整范围大，连接强度高，对构件预制精度要求低等优点，因而被广泛应用。在桥梁工程领域，悬臂拼装连续梁中0♯梁段与1♯梁段的连接通常就采用湿接缝连接的方法。

由于其他梁段都是预制的，梁段外观的预制精度比较高，所以1♯梁段与0♯梁段拼接完成之后，其他梁段便可以采用标准的胶结或干接方式与1♯梁段按顺序进行悬臂拼装连接，这样一来，1♯梁段便成为其他梁段悬臂拼接的基准块件，有时也可以用作调整块。

依上所述，1♯梁段的位置正好处在混凝土现浇段向混凝土预制梁段的过渡区。在后续其他梁段的拼装过程中，1♯梁段作为基本定位块件起着承上启下的重要作用，所以准确地安装1♯梁段便显得极为重要。

② 1♯梁段以后梁段的施工　1♯梁段与0♯梁段拼接完成后，1♯梁段的另一端具备了与2♯梁段进行吊装悬拼的条件。这是因为拼装面上的剪力齿和钢束孔道的预留位置都比较准确，两个端面可以凭借剪力齿的阴阳咬合进行精确定位，并利用事先涂抹的黏性材料将梁段黏结在一起，这种方式可称为胶结。

黏性材料通常采用环氧树脂水泥，涂抹厚度一般为1mm左右，并且在预应力钢束张拉所产生的0.2～0.5MPa的压强下进行压拼，冬期施工时无法实施胶结，可以将梁段直接贴合。当剪力齿咬合到位后，张拉预应力钢束来完成梁段的拼接，这种拼接方法称为干接。

显然，1♯梁段以后各个梁段的悬臂拼装过程，无论是操作过程，还是拼装技术等方面都非常相似，规律性强，具有鲜明的循环特点。因此，在这个施工阶段里，每个梁段的拼装效率都比较高，并且施工质量稳定，平均1～2d就可以拼装一个梁段。

③ 湿接缝的合理使用　连续梁预制拼装施工中，0♯梁段和1♯梁段之间通常采用湿接缝进行连接。其实，湿接缝除了能增加梁体的结构刚度外，还可以用来调整预制梁段在拼装过程中的线形。

因为标准梁段的拼装主要采用1mm左右厚度的环氧树脂水泥进行胶结，拼装过程中一旦某一段上翘或下挠过大，仅仅依靠胶结层厚度调整难以调整误差。在这种情况下，可以在适当的部位增设一道湿接缝，利用湿接缝较强的调整能力消除累积误差，让连续梁的拼装形态回归到正确线形。但应注意，新增设湿接缝时，必须将梁段端面凿毛。

④ 环氧树脂胶结和干接　在连续梁的拼装施工中，标准梁段之间主要采用黏性环氧树脂水泥进行胶结，必要时也可以采用干接。环氧树脂水泥与预制梁段混凝土之间具有很好的亲和力，固化后具有很高的强度。因此，采用环氧树脂胶结和张拉预应力钢束之后，可以保证梁段之间的紧密结合，确保黏结面的抗剪能力，同时可使胶结缝的防渗性能满足设计要求，从而使整个拼装梁体的各个断面都具备一定的抗弯、抗剪、抗扭和抗拉强度，使得桥梁建成以后在长时间内能够处于安全运营的状态。

目前，拼装施工中所采用的环氧树脂水泥主要由环氧树脂、固化剂、增塑剂、稀释剂、水泥填料等组成。环氧树脂一般选用环氧树脂 E-44(6101)，它具有工艺性能好、施工方便、可加入大量填料等优点。考虑单纯环氧树脂固化后的弹性模量很小而温度膨胀系数很大，因此需要加入各类添加剂和填料以改善其固化性能，同时降低成本。

其中，固化剂可改变环氧树脂分子之间的结合状态，使之形成网状立体聚合物，把填料包裹在网状体之中，从而更容易成型；增塑剂能改善环氧树脂的可工作性而使其便于施工，固化后还能增加胶体的塑性；稀释剂可降低环氧树脂的黏度，增加流动性，便于施工时的调配。

进行胶结缝施工时，一般先在混凝土对接面上涂抹环氧树脂底层胶（主要由环氧树脂、固化剂、稀释剂按照试验比例调配而成），然后涂抹加入水泥填料的环氧树脂胶。环氧树脂胶应随用随配，否则多余的胶体会因为固化而丧失使用性能。梁段胶结施工流程如图 3-4-21 所示。

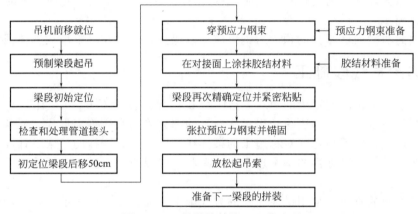

图 3-4-21 梁段胶结施工工艺流程

当拼装施工工期紧张或工期控制不当的时候，有可能需要进行冬期拼装。由于我国很多区域冬季温度过低，因此胶结施工难以实施。此时可以采取干接，让两个梁段直接贴合，然后依靠预应力钢束的张拉应力和结合面上的剪力齿咬合使两个梁段紧密结合在一起。

⑤ 预应力钢束的张拉、压浆和封锚

在进行预应力钢束的张拉前应做好准备工作，如图 3-4-22 所示。预应力钢束的张拉顺序与箱形梁的断面形式、可同时工作的千斤顶数量、是否设置临时张拉系统等因素有关。一般情况下，纵向预应力钢束的张拉顺序按以下原则确定。

a. 对称于箱形梁的中轴线，成对张拉两侧的钢束。

b. 先张拉腹板钢束，后张拉顶、底板钢束。

图 3-4-22 顶板预应力钢束张拉前的准备工作

c. 先张拉腹板下部的钢束，后张拉腹板上部的钢束。

d. 先张拉顶板钢束，后张拉底板钢束。

e. 先张拉顶、底板中部的钢束，后张拉其两侧的钢束。

预应力钢束的张拉应当在箱型梁混凝土强度达到强度的 90% 后进行，张拉阶段可分为：0→初张拉（10%）→终张拉（100%）→封锚。

张拉过程中应采取"张拉应力控制为主，伸长量控制为辅"的双控原则。当张拉应力达到设计值时，预应力钢束实际伸长量与计算伸长量的误差必须控制在±6%的范围内。当误差超出这个范围时，应松张预应力，查明原因后重新张拉。

预应力钢束张拉结束后，孔道应尽早压浆。压浆时采用由下至上的顺序进行单端压浆，待另一端溢出水泥净浆后封闭溢浆口，保持压力5s以上使灰浆充满孔道后封闭进浆口，最后采用强度不低于梁体标号的混凝土进行封锚。

a. 对采用胶接缝的节段，在拼装工作结束并经检查符合要求后，应立即施加预应力对接缝进行挤压，对采用湿接缝的节段，应在接缝混凝土强度达到设计强度的80%以上时方可对其施加预应力。

b. 临时预应力钢束的布置和张拉控制应力应符合设计规定，并应满足多次重复张拉的作业要求，临时预应力钢束在结构永久预应力施工完成后方可拆除。

c. 节段对称悬臂拼装完成并施加预应力后，方可放松起吊吊钩，并应立即对预应力孔道进行压浆和封锚。

d. 对梁顶面明槽内已张拉的预应力钢束应加以保护，严禁在其上堆放物体或抛物撞击。

3.4.4　边跨直线段施工

一般情况下，大跨度连续梁的边跨 l 与中跨 L 的比值取为0.6～0.7比较合适。这意味着边跨较中跨的一半长一些。边跨长出对称施工的部分采用直线等高形式，通常采用搭建支架的方式进行现浇，然后与悬臂对称施工的梁体在空中合龙。这样的桥梁设计和施工方式既能很好地落实悬臂施工对称性的基本理念，又有利于确保边墩支座在大桥建成后运营过程中的安全。

既然靠近边墩的直线段采用搭建支架的方式施工，那么在立模之前必须采用逐级加载的方式对支架体系进行预压，这一方面可以消除支架体系中存在的一些间隙和非弹性变形，另一方面可以掌握支架体系的弹性变形量，为下一步直线段梁体的立模提供预抛高量，确保直线段梁施工结束后的线形符合设计要求。

3.4.5　合龙段施工

在连续梁悬臂拼装施工过程中，合龙段的施工可采用现浇方式或预制安装方式。结构的合龙施工顺序取决于设计方所拟订的施工方案。通常采用的合龙顺序有：边跨至中跨的顺序合龙、中跨至边跨的顺序合龙、先形成双悬臂刚构再顺序合龙、全桥一次性合龙。

合龙段施工

3.4.5.1　现浇合龙施工

为保证桥梁工程质量，从合龙段混凝土开始灌注至达到设计强度并张拉部分预应力钢筋之前，既保持新浇混凝土不承受任何外力，又要使合龙段所连接的梁体在各种因素影响下变形协调，为此，应从以下四个方面采取措施。

(1) 结构设计

① 在满足施工需要的前提下尽量缩短合龙段的长度，以减小现浇混凝土数量，缩短合龙段混凝土浇筑时间，据国内外施工实践，合龙段长度以采用1.5～2.0m为宜。

② 合龙段的混凝土应选用早强、高强、微膨胀混凝土，以使混凝土尽早达到设计强度，及早施加预应力，完成合龙段的施工。

③ 合理选择合龙顺序，使合龙段施工中及合龙后体系转换时产生的内力较小，且满

足工期的需要。在结构体系转换时，通常多跨连续梁合龙段施工的顺序为先各边跨，再各次边跨，最后为中跨。次边跨和中跨合龙段施工的原则和要求类似边跨合龙施工，中跨合龙段因温差引起的变形变位大，由此产生的应力也大，对合龙临时连续约束的设施亦有更高要求。

④ 加强合龙段的配筋。

⑤ 对转换为超静定结构，需考虑钢束张拉、支座变形、温度变化等因素引起结构次内力。若按设计要求，需进行内力调整时，应以标高、反力等多因素控制，相互校核。

(2) 施工设计

为了保证结构按设计要求合龙，往往在合龙段设置临时劲性支撑，以保证合龙前、后结构变形协调。临时支撑分为下述两大类。

① 体内支撑法

a. 用劲性钢管作为合龙段支撑。这种方法是在合龙段内用厚壁钢管安装在箱梁顶、底板的某些预应力孔道位置上，钢管两端加法兰以增加支承面，并在钢管对应的预应力筋孔道内张拉部分预应力筋，以共同承受和传递合龙段在混凝土施工、养护期间的内力，待合龙段混凝土达到设计强度并张拉预应力筋后，放松钢管内临时束或补足到设计应力，成为永久索，最后拆除支承处临时支座，实现体系转换，其构造如图 3-4-23 所示。

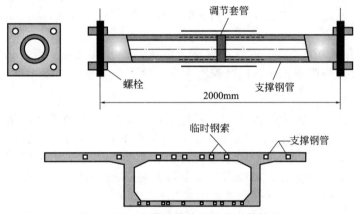

图 3-4-23 支撑钢管构造及临时筋构造

这种方法的不足是钢管不能回收，由于钢管的作用，减小了合龙后所张拉预应力筋对混凝土的有效预应力值。

b. 采用预制钢筋混凝土短柱支撑。在合龙段的上、下部设置预制钢筋混凝土短柱，短柱做成空心（与合龙段预应力孔道相吻合），短柱两端预埋带孔钢板，以便与已完成悬臂端预埋钢板焊接。施工程序与劲性钢管支撑相同，这种方法能节省钢材，且可避免钢管对预应力的影响。

② 体外支撑法 在箱梁顶面及底板上方，预先设置若干牛腿，然后在两悬臂端相应位置的牛腿上安装临时型钢支撑，以传递合龙段混凝土的压应力，在预应力管道中张拉部分预应力钢筋，以承受合龙段施工时悬臂两端的拉力，待合龙段混凝土达到张拉强度后，张拉连续束，之后即可解除临时型钢支撑，实现体系转换，其构造如图 3-4-24 所示。

这种方法钢材可以回收，但需设置专门的牛腿，牛腿位置往往与合龙用的托架模板有干扰，须特殊处理。

(3) 施工措施

合龙段设计及构造除应注意以上几方面以外，在施工过程中还应采取以下措施。

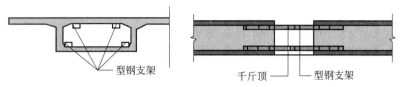

图 3-4-24 临时劲性骨架钢管布置

① 采取低温合龙。为避免新浇混凝土早期受到较大拉力作用，合龙段混凝土浇筑时间应选在当天气温最低时刻，当气温最高时，混凝土本身已能承受部分应力。

② 加强混凝土养护，使新浇箱梁混凝土在达到设计强度前处于潮湿状态，以减小箱梁顶面因日照不均所造成的温差。

③ 为防止合龙段两边悬臂端因降温而产生的上翘，在合龙段施工时应在两悬臂端增加压重。

④ 及时张拉。在合龙段混凝土强度达到设计强度的80%时，应及时张拉预应力连续束，解除临时支座，实现体系转换，以策安全。

⑤ 支撑合龙段混凝土重的吊架，应具有较大的竖向刚度，以保证合龙段混凝土施工时两悬臂端不致因升温产生过大的挠度。

⑥ 墩梁临时锚固的放松，应均衡对称进行，确保逐渐均匀地释放，在放松前应测量各梁段高程，在放松过程中，注意各梁段高程的变化，如有异常情况，应立即停止作业，找出原因，以确保施工安全。

⑦ 在结构体系转换中，临时固结解除后，将梁落于正式支座上，并按标高调整支座高度及反力。支座反力的调整，应以标高控制为主，反力作为校核。

(4) 施工控制

对于分节段悬臂浇筑施工的桥梁，施工控制即根据施工监测所得的结构参数真实值进行施工阶段计算，确定出每个悬浇节段的立模标高，并在施工过程中根据施工监测的成果对误差进行分析、预测和对下一立模标高进行调整，以此来保证成桥后桥面线形、合龙段两悬臂端标高的相对偏差不大于规定值以及结构内力状态符合设计要求。

悬臂浇筑施工控制是桥梁施工的一个关键点和难点，控制不好，两端悬臂浇筑至合龙时，梁底高程误差会大大超过允许范围，既对结构受力不利，且因梁底曲线产生转折点而影响美观，形成永久性的缺陷。

悬臂浇筑大跨径桥梁施工过程中，由于有许多因素的影响，施工中的实际结构状态将偏离预定的目标，这种偏离严重的将影响结构的使用。为了使悬臂浇筑状态尽可能到达预定的目标，必须在施工过程中逐段进行跟踪控制和调整。采用计算机程序控制，可提高控制速度和精度。

应用计算机程序进行跟踪控制的步骤如下。

① 将施工中实际结构状态信息如量测的标高、钢束张拉力、温度变化、截面应力，以及设计参数的实测值，如混凝土、钢材的容重和弹性模量，构件几何尺寸，施工荷载，混凝土的徐变系数等输入计算机程序。

② 通过对各种量测信息的综合处理，得到结构的误差。

③ 对成果进行判断，决定是否要采取有效措施来纠正已偏离目标的结构状态。纠正措施可采用调整浇筑梁段的标高，改变预应力束的张拉次序，改变张拉力等办法。

通过上述每个节段反复循环的跟踪控制调整办法，使结构与预定目标始终控制在很小误差范围内，最后合龙时，可达到理想目标。

3.4.5.2 预制安装合龙施工

如果采用预制安装方式进行合龙段的施工，则要求合龙段预制时两个端面必须采取不同的处理方式——其中一个端面按照胶结的要求预制，另一个端面必须按照湿接缝的方式预制，只有这样才有可能将预制合龙段吊装到合龙空间内。

进行合龙段施工时，首先将预制合龙段吊装进合龙空间，并且用刚性连接件将合龙口锁定，然后按照胶结作业的程序完成胶结面的对接，最后按照湿接缝的施工程序完成最后一个界面的浇筑，待湿接缝混凝土强度达到设计规定值时进行张拉、压浆和锚固，最终完成合龙段的施工。

3.4.5.3 结构体系转换

对采用悬臂法施工的悬臂梁桥和连续梁桥，为保证施工阶段的稳定，在结构体系转换的施工中应注意以下几点。

① 结构由双悬臂状态转换成单悬臂受力状态时，梁体某些部位的弯矩方向发生转换。所以在拆除梁墩锚固前，应按设计要求，张拉部分或全部布置在梁体下缘的正弯矩预应力束，对活动支座还需保证解除临时固结后的结构稳定，如控制和采取措施限制单悬臂梁发生过大纵向水平位移。

② 梁墩临时锚固的放松，应均衡对称进行，确保逐渐均匀地释放。在放松前应测量各梁段高程，在放松过程中，注意各梁段的高程变化，如有异常情况，应立即停止作业，找出原因，以确保施工安全。

③ 对转换为超静定的结构，需考虑钢束张拉、支座变形、温度变化等因素引起结构的次内力。若按设计要求需进行内力调整时，应以高程、反力等多因素控制，相互校核。如出入较大时，应分析原因。

④ 在结构体系转换中，临时固结解除后，将梁落于正式支座上，并按高程调整支座高度及反力。支座反力的调整，应以高程控制为主，反力作为校核。

任务 3.5 顶推法施工

【任务引领】

顶推法特点

顶推施工是在沿桥纵轴方向的台后设置预制场地，分节段预制梁，并用纵向预应力筋将预制节段与施工完成的梁体联成整体，然后通过水平千斤顶施力，将梁体向前顶推出预制场地，然后继续在预制场进行下一节段梁的预制，直至施工完成。本任务要求根据施工图纸编制顶推法的施工方案。

顶推法于1959年首次在奥地利的阿格尔桥上使用，该桥全长280m，为四跨一联预应力混凝土连续梁桥，最大跨径85m。该桥分节段预制，每段8.5m，段间采用0.5m现浇混凝土段，待全桥节段组拼完成后一次顶推施工。1962年在委内瑞拉建成的卡罗尼河桥，对顶推施工做了改进。该桥全长550m，主桥为六跨一联的预应力混凝土连续梁桥，最大跨径96m，采用了分节段预制、逐段顶推的工艺。该方法预制场地固定，节约了大量施工现场，减少了施工程序；同时，该桥在顶推梁的前端设置钢导梁，减小了梁在施工过程中的受力，并在最大跨的跨中设置临时墩，使桥梁顶推施工时的跨径减小到48m。从那以后，采用顶推法修建了近200座预应力混凝土连续梁桥，我国从1977年开始应用顶推法修建预应力混凝土连续梁桥，获得了不少成功的经验，至今已有几十座桥梁施工完成。

顶推法的优点是：模板可周转，节省材料，节约劳力，无需大型起吊设备，适合工厂化生产，不影响通航，施工安全。缺点是：不适应曲率变化的曲线桥和竖向曲率大的桥梁，受顶推悬臂弯矩的限制，顶推跨径大于70~80m时不经济。顶推过程中的反复应力，使梁高取值大，临时束多，张拉工序烦琐，随着桥长的增大，施工进度较慢。顶推法适用于桥下空间不能利用的施工场地，例如在高山深谷和水深流急的河道上建桥以及多跨连梁桥施工。

预应力混凝土连续梁桥上部结构，采用顶推施工的程序框图如图 3-5-1 所示，这一框图主要反映我国采用顶推施工的主要过程。

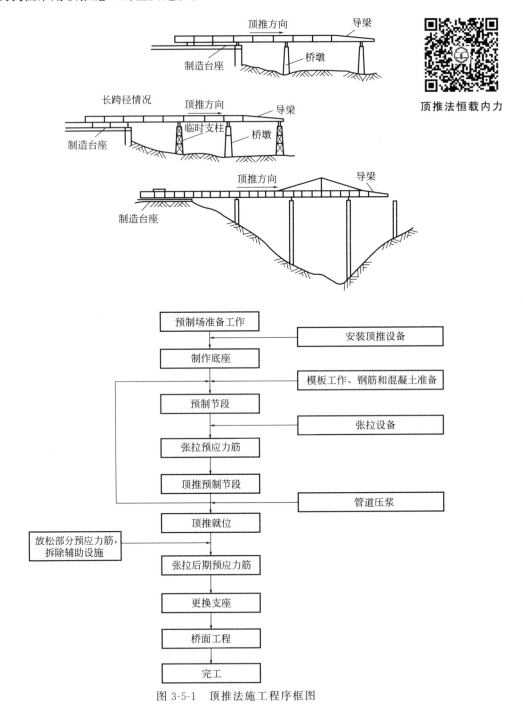

图 3-5-1 顶推法施工程序框图

顶推的施工方法有多种，纵向只设一个顶推装置的称为单点顶推法。近年来，也常采用多点顶推施工法。多点顶推是在每个墩台上设置一对小吨位的水平千斤顶，将集中力分散到各墩上的施工方法。下面从单点顶推法（TL顶推）、多点顶推法（SSY顶推）、其他分类的施工方法概述、施工中的临时设施及顶推施工中的要点等几个方面来讲述顶推法施工。

3.5.1 单点顶推法

单点顶推又可分为单向单点顶推和双向单点顶推两种方式，如图3-5-2(a)、(c)所示。只在一岸桥台处设置预制场地和顶推设备的称为单点顶推。为了加快施工进度，也可在两岸的桥台处设置预制场地和顶推设，从两岸向河中顶推，称为双向单点顶推。

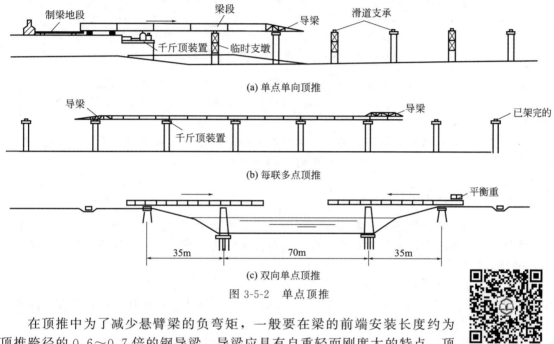

图 3-5-2　单点顶推

单点顶推与多点顶推

在顶推中为了减少悬臂梁的负弯矩，一般要在梁的前端安装长度约为顶推跨径的0.6~0.7倍的钢导梁，导梁应具有自重轻而刚度大的特点。顶推装置集中在主梁预制场附近的桥台或桥墩上，前方桥墩各支点上设置滑动支承。顶推装置的构造又可分为两种：一种是水平-竖向千斤顶法，另一种则是拉杆千斤顶法。

水平-竖向千斤顶法的施工程序为顶梁、推移、落下竖直千斤顶和收回水平千斤顶的活塞杆，如图3-5-3所示。顶推时，升起竖直千斤顶活塞，使临时支承卸载，开动水平千斤顶去顶推竖直千斤顶。由于竖直千斤顶下面设有滑道，千斤顶的上端装有一块橡胶板，即竖直千斤顶在前进过程中带动梁体向前移动。当水平千斤顶达到最大行程时，降下竖直千斤顶活塞，使梁体落在临时支承上，收回水平千斤顶活塞，带动竖直千斤顶后移，回到原来位置，如此反复不断地将梁顶推到设计位置。

拉杆千斤顶法是将水平液压千斤顶布置在桥台前端，底座紧靠桥台，由楔形夹具固定在梁底板或将侧壁锚固设备的拉杆与千斤顶连接，通过千斤顶的牵引作用，带动梁体向前运动。千斤顶回程时，固定在油缸上的刚性拉杆便从楔形夹具上松开，在锚头中滑动，随后重复下一循环。

滑移支承设在桥墩顶的混凝土垫块上，垫块上放置光滑的不锈钢板或镀铬钢板形成滑道，组合的聚四氟乙烯滑块由氟板表层和带有钢板夹层的橡胶块组成，外形尺寸有420mm×

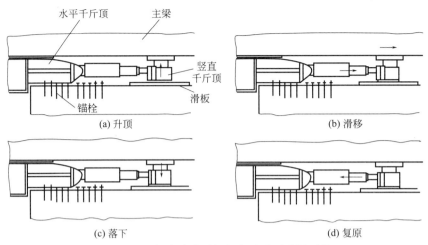

图 3-5-3 水平千斤顶与竖直千斤顶联用顶推

420mm、200mm×400mm、500mm×200mm 等数种，厚度也有 21mm、31mm、40mm 等多种。顶推施工时，滑块在前方滑出，通过在滑道后方不断喂入滑块，使梁身前移时始终支承在滑块上。

为了防止梁体在顶推时偏移，通常在梁体两旁隔一定距离设置导向装置。也可在导向装置上设水平千斤顶，在梁体顶推的过程中进行纠偏。

3.5.2 多点顶推法

在每个墩台上均设置一对小吨位的水平千斤顶，将集中顶推力分散到各墩上，并在各墩及临时墩上设滑移支承。所有顶推千斤顶通过控制室统一控制其出力等级，同步前进，如图 3-5-2(b) 所示。

由于利用了水平千斤顶，传给墩顶的反力平衡了梁体滑移时在桥墩上产生的摩阻力，从而使桥墩在顶推过程中承受着很小的水平力，因此在柔性墩上可以采用多点顶推施工。多点顶推通常采用拉杆式顶推装置。它在每个墩位上设置一对液压穿心式水平千斤顶，千斤顶中穿过的拉杆采用高强螺纹钢筋，拉杆的前端通过锥形楔块固定在活塞插头部，后端有特制的拉锚器、锚定板等连接器与箱梁连接，水平千斤顶固定在墩顶的台座上。当用水平千斤顶施顶时，将拉杆拉出一个顶程，即带动箱梁前进，收回千斤顶活塞后，锥形楔块又在新的位置上将拉杆固定在活塞杆的头部，如图 3-5-4 所示。

多点顶推法也称 SSY 顶推法，除采用拉杆式顶推系统之外，也可用水平千斤顶与竖向千斤顶联合作业。对于柔性墩，为尽量减小对其作用的水平推力，千斤顶的出力按摩阻力的变化幅度分为几个级别，通过计算机确定各千斤顶的施力等级，在控制室随时调整顶力的级数，控制千斤顶的出力大小。

多点顶推施工的关键在于同步，需要控制各千斤顶的出力等级，期望每个墩上的水平千斤顶出力克服该墩上的摩阻力，以保证同时启动，同步前进，同时停止和同时换向。同步既包括各个墩顶推设备纵向同步运行，也包括同一墩上顶推设备的同步运行。任一墩上的水平千斤顶由于某种原因导致顶推力减小，都将使该墩受到水平推力。

多点顶推与集中单点顶推比较，可以免去大规模的顶推设备，能有效地控制顶推梁的偏离，顶推时对桥墩的水平推力可以减到很小，便于结构采用柔性墩。采用拉杆式顶推系统，免去在每一循环顶推过程中需用竖向千斤顶将梁顶起使水平千斤顶复位的环节，简化了工艺流程，加快顶推速度。但多点顶推需要较多的设备，操作要求也比较高。

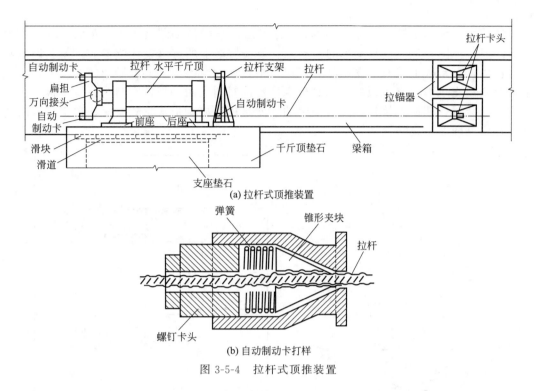

图 3-5-4 拉杆式顶推装置

多联桥的顶推，可以分联顶推，通联就位，也可连在一起顶推。两联间的结合面可用牛皮纸或塑料布隔离层隔开，也可采用隔离剂隔开。对于多联一并顶推时，多联顶推就位后，可根据具体情况设计解联、落梁及形成伸缩缝的施工方案，如两联顶推，第二联就位后解联，然后第一联再向前顶推就位，形成两联间的伸缩缝。

多点顶推与单点顶推比较，可以免用大规模的顶推设备，并能有效地控制顶推梁的偏移，顶推时对桥墩的水平推力可以减小，便于结构采用柔性墩。在顶推弯桥时，由于各墩均匀施加顶力，能顺利施工。在顶推时如遇桥墩发生不均匀沉陷，只要局部调整滑板高度即可正常施工。采用拉杆式顶推系统，免去在每一循环顶推中用竖向千斤顶将梁顶起和使水平千斤顶的复位操作，简化了工艺流程，加快了顶梁速度。但多点顶推所需顶推设备较多，操作要求比较高。

3.5.3 其他施工方法

(1) 设置临时滑动支承顶推

顶推施工的滑道是在墩上临时设置的，由光滑的不锈钢板与组合的聚四氟乙烯滑块组成，用于滑移梁体和起支承作用，待主梁顶推就位后，更换正式支座。我国采用顶推施工的几座预应力混凝土连续梁桥一般采用这种施工方法。在主梁就位后，拆除顶推设备，同时进行张拉后期预应力束和管道压浆工作，待管道水泥浆达到设计强度后，用数只大吨位竖向千斤顶同步将一联主梁顶起，拆除滑道及滑道底座混凝土垫块，安放正式支座。

(2) 使用与永久支座合一的滑动支承顶推

它是采用施工临时滑动支承与竣工后永久支座组合兼用的支承构造进行顶推的方法。它将竣工后的永久支座安置在墩顶的设计位置上，施工时通过改造作为顶推滑道，主梁就位后，恢复为永久支座状态，它不需拆除临时滑动支承，也不需要采用大吨位千斤顶进行顶梁作业。

上述兼用支承的顶推方法在国外称 RS 施工法，它的滑动装置由 RS 支承、滑动带卷绕装置等组成，见图 3-5-5。RS 支承的下支座安放在桥墩上的支座设计位置上，其上设滚动板起铰的作用，滚动板上装有上支座板，形成一个在运营状态下的支座雏形。施工时，在上支座上临时安装支承板，支承板的表面是聚四氟乙烯材料的滑动板，它与衬有橡胶板的不锈钢板形成滑动装置，调换连接板，并与主梁的上支座板连接则形成正式支座，顶推完成时的调换施工程序见图 3-5-5(b)。

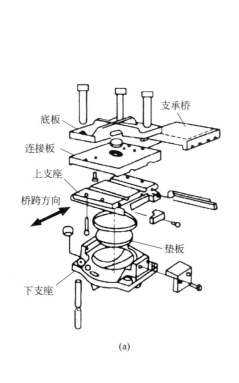
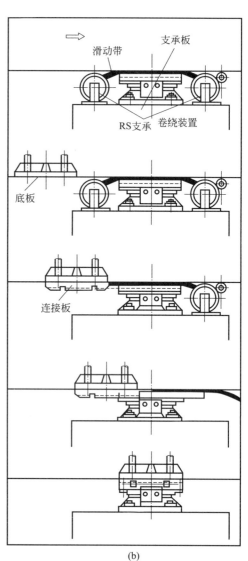

图 3-5-5　RS 支承的构造与施工程序

RS 施工法的顶推装置，可采用水平千斤顶与竖直千斤顶联用，可以用单点顶推或多点顶推。它的施工特点是操作工艺简单、省工、省时，但支承本身构造复杂。

为减小顶推过程中梁的受力大小，一般可采取的方法有：顶推前端使用导梁，在架设孔跨中设置临时墩，导梁和临时墩并用，两端同时顶推至跨中合龙，在梁上设拉索加劲体系。

综上所述，顶推法的施工特点如下。

① 顶推法可以使用简单的设备建造长大桥梁，施工费用较低，施工平稳、无噪声，可在深水、山谷和高桥墩上采用，也可在曲率相同的弯桥和坡桥上使用。

② 主梁分段预制，连续作业，结构整体性好；由于不需大型起重设备，所以施工节段的长度可根据预制场条件及分段的合理位置选用，一般可取用 10~20m。

③ 梁段固定在同一个场地预制，便于施工管理，改善施工条件，避免高空作业。同时，模板与设备可多次周转使用，在正常情况下，梁段预制的周期为 7~10d。

④ 顶推施工时梁的受力状态变化较大，施工应力状态与运营应力状态相差也较多，因此在截面设计和预应力束布置时要同时满足施工与运营荷载的要求；在施工时也可采取加设临时墩、设置导梁和其他措施，减少施工应力。

⑤ 顶推法宜在等截面梁上使用。当桥梁跨径过大时，选用等截面梁将造成材料的不经济，也增加了施工难度，因此以中等跨径的连续梁为宜，推荐的顶推跨径为 40~45m，桥梁的总长也以 500~600m 为宜。

3.5.4 施工中的临时设施

在顶推施工过程中，结构体系在不断变化，因此对每个截面来说，正负弯矩交替出现。为了减小施工中的内力，扩大顶推法施工的适用范围，同时也从安全（特别在施工初期不致发生倾覆失稳）和方便出发，可在施工过程中使用一些临时设施，如导梁（鼻梁）、拉索和托架、斜拉索及临时墩顶结构。

(1) 导梁

导梁一般在专业厂家制作，运输到工地拼装成型。导梁设置在梁段的前端，为变截面或等截面的钢板梁或钢桁梁，主梁前端装有预埋件与钢导梁拴接。导梁底缘与箱梁底应在同一平面上，前端底缘呈向上圆弧形，以便顶推时顺利通过桥墩。导梁设置的长度一般为顶推跨径的 0.6~0.8 倍，导梁的刚度为主梁的 1/15~1/9。

导梁的抗弯刚度和重量，必须在容许应力（强度）范围内使架设时作用在主梁上的应力最小，通过计算机分析表明：当导梁长度为顶推跨径 2/3 时，设导梁的抗弯刚度不变，如果顶推梁悬臂伸出长度在跨中位置时，则在支点位置的主梁出现最大负弯矩，其值与主梁的抗弯刚度与导梁的抗弯刚度比 $\dfrac{E_{c1}I_{c1}}{E_{c2}I_{c2}}$ 有关，与主梁重力与导梁重力比 $\dfrac{q_{c1}}{q_{c2}}$ 有关，当两者抗弯刚度比在 5~20 范围内，重力比在 2.5~5.8 范围内变化时，顶推梁中的弯矩在 10% 范围内变化。如导梁的刚度过小，主梁内就会引起多余应力；刚度过大则支点处主梁负弯矩将剧增。在设计中还需考虑动力系数，使结构有足够的安全储备。

由于导梁在施工中正负弯矩反复出现，边接螺栓易松动，在顶推中每经历一次反复均需检查和重新拧紧。施工时要随时观测导梁的挠度。根据施工经验，实测挠度往往大于计算挠度。有的甚至大到一倍，主要的原因有滑块压缩量不一致、螺栓松动、混凝土收缩及温度变化等，这些都将会影响导梁顶推进墩，解决的办法是在导梁的前端设置一个竖向千斤顶，通过不断地将导梁端头顶起而进入桥墩，这一措施被认为是行之有效的。

顶推施工通常均设置前导梁，也可增设尾导梁。对于大桥引桥采用顶推施工时，导梁在处于主桥相接的位置时，需不断拆除部分导梁，完成顶推就位；也可在即将就位时，将导梁移至箱梁顶，然后继续顶推就位。

曲线桥顶推施工时也可设置导梁，其导梁的平面线形呈圆曲线的切线方向；当曲线半径较小时，也可采用折线形导梁。

(2) 临时墩

临时墩应能承受顶推时最大竖直荷载和最大水平摩阻力引起的变形。钢制临时墩在荷载作用和温度变化下变形较大，较少采用，目前用得较多的是用滑升模板浇筑的混凝土薄壁空心墩、混凝土预制板拼砌的空心墩或混凝土板和轻便钢架组成的框架临时墩。临时墩的基础由地质、河水深度等情况决定，可采用桩基础等。为了减小临时墩承受的水平力和增加临时墩的稳定性，在顶推前将临时墩与永久墩用钢丝绳拉紧。也可采用在每墩上、下游各设一束钢索进行张拉，效果较好，施工也很方便。通常在临时墩上不设顶推装置而仅设置滑移装置。

(3) 拉索和托架

用拉索加劲主梁，可以抵消顶推时的悬臂弯矩。拉索系统由钢制塔架、竖向千斤顶、连接构件和钢索组成，设置在主梁的前端。牵拉的范围为两倍顶推跨径左右，塔架支承在主梁的混凝土固定块上，用钢铰连接，并在该处的箱梁截面进行加固，以承受塔架的集中竖向力。在顶推过程中，箱梁内力不断变化，因此，要根据不同阶段的受力状态调节索力，这项工作由设在塔架下端的两个竖向千斤顶来完成。

斜拉索在顶推时用于加固桥墩，特别是在具有较大纵坡和较高桥墩的情况下，采用斜拉索可以减小桥墩的水平力，增加稳定性。当采用向上坡方向顶推时，顶推力大于摩擦力，桥墩需在墩后拉索，如图 3-5-6(a) 所示。

当采用向下坡方向顶推时，顶推力很小，甚至需要制动装置控制梁向前滑移，此时摩擦力使墩产生向后的水平力，需在墩前设拉索，这种加固方法宜在水不太深或跨山谷的桥梁上采用，如图 3-5-6(b) 所示。

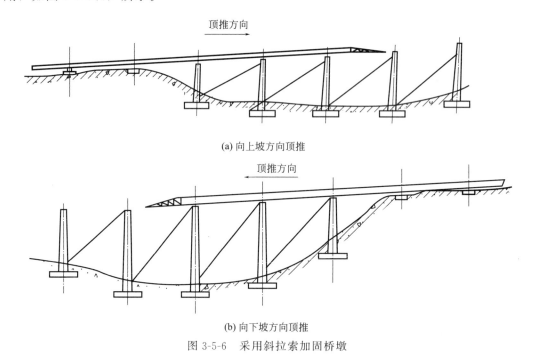

图 3-5-6 采用斜拉索加固桥墩

3.5.5 顶推施工要点

① 采用顶推法施工，要在沿桥的纵向台后设置一个固定的预制场地。顶推由水平千斤

顶完成。

② 要想用有限的顶推力将庞大的梁体顶推就位，必须采用摩擦系数很小的滑移装置。目前，顶推施工常采用不锈钢板滑道与聚四氟乙烯滑块形成滑移，它们的摩擦系数在 0.015～0.065 之间，常用 0.04～0.06。根据顶推施工法的测定，在顶推过程中，滑道的摩擦系数始终在不断变化，静摩擦系数要大于动摩擦系数。

③ 分段预制、逐段顶推施工方法，宜在等截面的预应力混凝土连续梁桥中使用，也可在结合梁斜拉桥的主梁上使用。采用顶推法施工，设备简单，施工平稳，无噪声，施工质量好，适用于深谷、宽深河道上的桥梁、高架桥以及等曲率的曲线桥、带竖曲线桥和坡桥。

④ 在顶推施工过程中，每个截面都要经历最大正弯矩和最大负弯矩，为了兼顾运营与施工阶段的受力要求，采用顶推法比其他施工方法在配筋上要多些。如果要减小施工期弯矩，可在施工中采用一些辅助措施，如使用临时支墩，可以减小梁在顶推过程中的跨径，若在梁的前端设置钢导梁，可以减小梁的悬臂长度，或采用斜拉梁体系避免悬臂端产生过大的弯矩。

任务 3.6　案例分析

3.6.1　重庆长江大桥

（1）概述

重庆长江大桥是一座位于重庆市中心区跨越长江的城市桥梁。桥址区域地质属上侏罗系重庆统，河床砂卵石覆盖层下为砂岩、页岩互层。江心有一个砂砾洲，称为珊瑚坝，枯水时将江水分割为南北两个河道。桥位上下游河道弯曲不大，江心砂洲稳定，按桥位处百年一遇的洪水流量设计流速，水位涨落变幅 30m 以上。

该桥是一座带挂梁的预应力混凝土 T 形刚构桥，最大跨径 174m。根据交通规划，行车道宽 15m，两侧人行道各 3m。桥梁的设计荷载按汽车-20 级计算，挂车-100 级及载重 147t 的平板车验算，人群荷载按 $350kg/m^2$ 设计。在桥梁的设计中，考虑了船只的撞击力和地震力，大桥区域经鉴定为基本烈度六级，设计时按七级验算。

（2）构造要点

① 桥跨布置　桥梁全长，共 8 跨。在桥跨布置时除满足通航净空要求外，从结构上应使每个 T 构的悬臂长度相等，全桥挂梁等长。本桥组成主孔的两个 T 构的悬臂长度为 69.5m，标准孔 T 构的悬臂长度为 51.5m，挂梁的计算跨径取用 35m，见图 3-6-1。

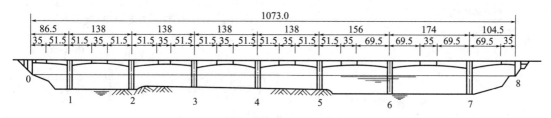

图 3-6-1　桥梁总体布置（尺寸单位：m）

主梁采用变截面，174m 主跨的根部梁高 11m，138m 跨的根部梁高为 8m，牛腿支承处的梁高均采用 3.2m，桥梁的高跨比为 1/17～1/16。梁底变化曲线选用三次抛物线，使梁的根部附近梁高变化陡些，跨中部分梁高变化平坦些，这样使得截面变化符合主梁的受力要求，并能节省材料。

挂梁的计算跨径35m，全长为35.9m。内梁用等截面，梁高取用3m。挂梁的外梁为在牛腿处与T构配合，梁高从跨中的3m变化到支点截面为3.185m。

② 纵横截面　T构横截面全宽21m，采用双箱单室，箱宽5.48m，箱梁间顶板长4.84m，外侧悬臂板1.6m，人行道悬臂长度1.0m。174m T构的底板采用变厚度，为了加强箱梁的整体性和横向刚度，在距根部6.65m范围内将两箱间底板连通，连通部分的底板厚度取用0.8m。箱梁的腹板为满足承受剪应力和主拉应力的要求，便于布筋和方便施工，其厚度采用分段变化，顶板厚度取用0.34m和0.27m两种，其细节尺寸见图3-6-2。

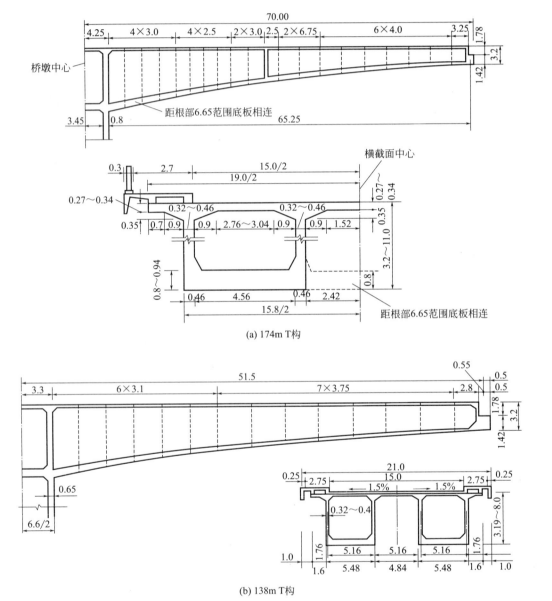

图3-6-2　T构结构尺寸（尺寸单位：m）

在主梁根部桥墩外壁的位置和牛腿处设置横隔梁。174m T构的悬臂长度69.5m，在离根部28m位置上增加了一道中横隔梁，以增加箱梁的横向刚度和减小箱梁畸变。

挂梁采用后张法预应力混凝土 T 形梁，考虑挂梁与箱梁腹板对齐，在横截面上布置四片，梁中距为 5.07m+5.16m+5.07m，挂梁除在两端牛腿处设置横隔梁外，梁的中部还有五道中横梁，间距 5.8m，由于起重能力限制在 120t 以内，预制梁采用短翼缘，宽 1.3m，同时为尽量减小挂梁尺寸和桥面重量，在桥面构造上，取消三角垫层，桥面横坡由挂梁的支承高度调整，桥面铺装层平均厚度 0.07m，它与桥面板的现浇部分同时浇筑。

③ 预应力体系　T 构采用三向预应力体系，纵向预应力筋采用 24ϕ51mm 高强钢丝组成的钢束，锚头采用钢制锥形锚具，纵向钢束分有直束、竖弯束和平竖弯束，布置在箱梁的顶板和腹板内。T 构各控制截面所需钢束数量通过计算确定，其中 174m T 构的每个单箱根部截面配置 320 束，138m T 构根部截面配置 272 束，纵向钢束的配置见图 3-6-3。

在布置钢束时，竖向最小净距 40mm，横向最小净距 50mm，同时横向按不等距排列，使每组钢束之间留有较大的空间，便于浇筑混凝土。钢束排列对称，在锚固截面上布置均匀。在设置孔道时预留了备用孔，以便在必要时补充。

横向预应力束也是由 24ϕ5mm 高强钢丝组成，布置在箱梁顶板上，钢束依照顶板的受力状况布置成弯索，束距 0.75m。采用横向预应力对改善桥面板的受力、减小结构尺寸、加强横向刚度作用很大，特别对于宽箱梁、长悬臂的截面效果更佳。

竖向预应力可提供预剪力，布置在箱梁薄腹板中提高了截面抵抗剪应力和主拉应力的能力，本桥的竖向预应力采用 25MnSiϕ28mm 冷拉粗钢筋，间距为 0.70m，张拉端备有螺纹，使用螺母锚固。T 构中所有预应力束和预应力筋的孔道均采用预埋铁皮套管成形。

挂梁按三向预应力设计，纵向和横向束均为 24ϕ5mm 高强钢丝，钢制锥形锚具，纵向钢束每梁 20 束，其中 12 束锚在梁端，另外 8 束在现浇桥面混凝土后锚固在梁顶上。横向预应力束布置在 T 梁翼缘和横梁底部，翼缘板的横向预应力束按 0.5m 间距排列。靠近牛腿部位，每端设置 6 根直径 28mm 的预应力粗钢筋，以抵抗该处较大的主拉应力。挂梁预应力孔道成形也采用 50mm 铁皮套管。

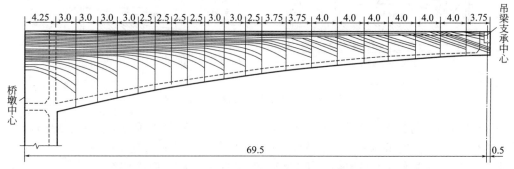

图 3-6-3　174m T 构纵向预应力束布置（尺寸单位：m）

(3) 施工技术

① 0 号块施工　0 号块的施工有三种方法。1～5 号墩的 0 号块采用立模现浇施工，托架作为施工平台，分四段浇筑完成。6 号墩的 0 号块高 11m，采用直滑模板施工，即 0 号块仍按桥墩滑模方法连续直滑现浇竖墙，底板四周预留竖向施工缝，并采取措施加强底板与墙体的整体性。7 号墩的 0 号块采用空滑方法施工，当滑模进入 0 号块底板位置后向上空滑，在浇筑底板混凝土后，再进行墙体滑模施工。采用空滑时，模板脱空 1.8m，承力杆的自由长度为 3.48m，需要采取措施予以加强。经三种不同施工方法的比较，以直滑施工为佳，它不需要木料，施工周期短，施工方便。

② T 构悬浇施工　T 构采用分箱分段悬臂浇筑施工。174m T 构悬臂长 69.5m，分为

20个节段，138m T构分14个节段，每一个节段质量不超过180t。两个单箱分别悬浇施工，箱间用0.5m现浇带相连，再用横向预应力将两箱组成整体截面。1号块主要采用托架现浇施工，在托架上立内模，整体浇筑。

悬臂浇筑采用挂篮施工，1～6号墩采用斜拉式挂篮，墩采用桁架式挂篮。斜拉式挂篮由悬吊系统、斜拉组合梁和行走锚固系统组成，斜拉挂篮具有刚度大、用钢量少、占据空间小、使用方便等优点。本桥T构混凝土设计强度等级为C40，要求3d强度不低于C30，每节段施工周期约为130h。

在T构悬浇施工中，成功地使用了箱梁内滑模板，使内模沿腹板向上滑升，直到箱梁顶板。内滑模板包括内模架、顶板、内模板、下承托模板和提升系统，见图3-6-4。内模板高1.2～1.3m，提升系统通过纵横梁固定在挂篮主梁上，随挂篮一起移动。腹板采用分层浇筑，每层0.3m，每班以12h计能滑升4～5m。使用箱梁内滑模板施工，特别用在薄腹板的高大截面以及钢筋和管道密集的箱梁，能够提高工效，减轻施工荷载，缩短工期，改善劳动强度和提高施工质量。

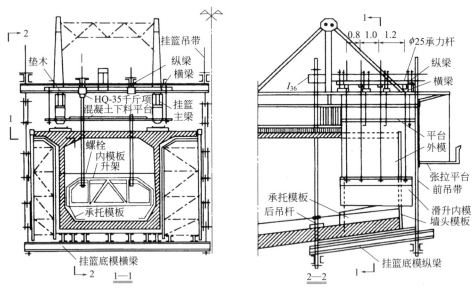

图3-6-4 箱梁内活动模板的构造尺寸

③ 挂梁的预制与架设 挂梁在桥位现场预制，分层浇筑混凝土，后张法施加预应力。挂梁间的桥面板，也在T构箱梁上预制，板厚0.25m，每块质量达10t左右。

挂梁采用拼装式预应力斜拉架桥机架设，纵向落位后用滚筒横移就位。在挂梁架设过程中，每个T构箱梁的另一端牛腿处需加平衡重，使T构的最大不平衡弯矩不超过容许值。挂梁就位后现浇横隔梁，并用扒杆机安装预制桥面板，现浇接头和面层混凝土，最后第二次张拉纵向预应力钢束，张拉横向、竖向预应力筋，并完成压浆和封锚，每孔挂梁的施工周期约为11d。

3.6.2 虎门大桥辅助航道桥

(1) 概述

广深珠高速公路虎门大桥工程位于广东省珠江三角洲中部，跨越珠江于流狮子洋出海航道。桥的东引道在东莞市虎门镇与广深高速公路相连，桥的西引道在番禺市南沙镇坦尾与广珠高速公路相接。该桥是珠江三角洲陆路交通的联系枢纽，是沟通广东东西两翼公路网的咽喉通道。

虎门大桥工程由跨越珠江口水面的虎门大桥及其东、西两岸引道和配套工程组成。全线设6个车道。路线全长15.762km，其中虎门大桥长4606m，由跨越主航道的主跨888m的悬索桥、跨越辅航道的主跨270m的预应力混凝土连续刚构桥和东、中、西引桥组成。

跨越辅航道的主跨270m的预应力混凝土连续刚构桥（下称辅航道桥）设计行车速度为120km/h。设计荷载为汽车-超20级，验算荷载为挂车-120级。6个车道，设有中央分隔带、路缘带和紧急停车带。桥面净宽30m。桥面纵坡3‰，横坡2%，通航宽160m，高40m，地震按7度设防。

辅航道桥桥型布置见图3-6-5。在平面构造上，采用上下行两座独立桥，主要理由是：第一，采用上下行桥，每桥宽15m，可以采用单室箱断面。而采用整桥，全宽31m，采用单室箱截面有困难，可能不得不采用双室箱截面，边跨需设置三个支座，支座顶面很难保持相同高程，受力很不明确。第二，采用上下行桥，挂篮的数量要增加1倍，但挂篮的承重量相对较小，可以采用较长的节段，施工快，有利于使长悬臂施工避开台风季节，并且由于采用单室箱，模板较简单；而采用双箱（整桥），挂篮数量虽少，但承重大，节段短，施工慢，模板也较复杂。由于路线平面线形的要求，桥梁位于$R=7000m$的平曲线上。

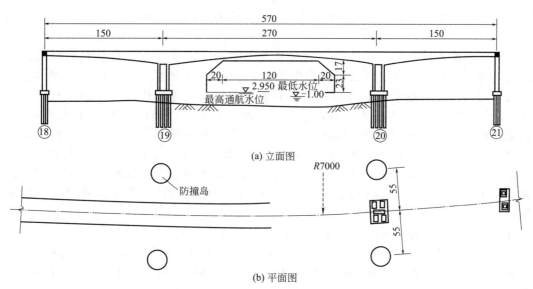

图3-6-5 虎门大桥辅航道桥桥型布置图（尺寸单位：m）

虎门大桥位于珠江出海口，每年都会经受热带风暴，风力较大。为了确保刚构桥在长悬臂施工状态下的安全，在设计上，采取了下面两条抗风结构措施：将上下行桥的两个主墩承台用系梁连成整体；在墩顶处将上下行桥的零号块用箱外横隔板连成整体，设4道外横隔板。这样，大大提高了抗风能力，并减小了悬臂施工的振幅。

(2) 上部结构

虎门辅航道桥上部结构为变截面箱梁，图3-6-6为上部结构的横断面。

辅航道桥主梁在根部（0号块位置），高度为14.8m，在跨中位置高度为5.0m。桥面宽15.0m，箱宽7.0m，顶板悬臂宽度为4.0m。

在虎门大桥辅航道桥的设计中，十分重视主梁的轻型化。设计者主要通过使用较高强度等级的混凝土（C55）以及采用大吨位预应力体系（6-22型大吨位预应力锚具）。

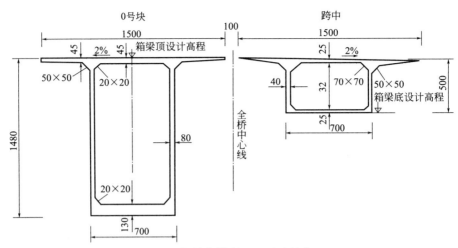

图 3-6-6　上部结构横断面（尺寸单位：cm）

当采用大吨位预应力锚具时，箱梁板件的尺寸由受力控制，而不是由布索控制。此时提高混凝土强度对顶、底板的轻型化效果特别显著。

虎门大桥辅航道桥设计的另一个独特之处是预应力索的配索方式——取消弯束的纵向配索方式。

在广东洛溪大桥以前，国外连续刚构和连续梁的配索方案完全是根据钢筋混凝土结构的配筋原理设置的，没有考虑预应力混凝土结构与钢筋混凝土结构的巨大差异。对连续梁而言，采用了顶板索、底板索、下弯索和弯起索，对连续刚构又增加了连续索，如图 3-6-7(a) 所示。洛溪大桥设计时，考虑上述配索方案的缺陷，取消了弯起索，而下弯索只象征性地设置了极少部分，如图 3-6-7(b) 所示。经过洛溪大桥的实践并经认真分析研究之后，在云南 156m 的连续梁桥设计咨询中，提出了只采用顶板索、底板索，仅在边跨端部由于受力的特殊要求设置了部分弯起索的配索方案。之后又将这一配索方案应用到跨径 70m、80m、106m、120m、140m、190m、206m、270m 等不同跨径的连续刚构桥的设计中，见图 3-6-7(c)。

此种配索方案显著的优点是，腹板长度的 90% 内均无纵向预应力管道，从而给腹板混凝土的浇筑带来了极大的方便，深受施工部门的欢迎；由于钢绞线设置在结构的最大受力部位，充分发挥了钢绞线的作用，从而可节约纵向预应力钢材 20%～30%，带来了显著的经济效益。

(3) 施工工艺

上部构造采用上下平行的两个单独桥方案，单桥宽 15m，为单室箱。在墩顶（0 号块）处以横向贯通的横隔板将两单桥连为整体，以提高上部构造的施工稳定性。

上部构造用挂篮悬浇施工，箱梁纵向分成 31 个梁段：10 段长 3m，7 段长 4m，14 段长 5m。先边跨合龙，再中跨合龙。采用 55MPa 混凝土，为三向预应力结构。

① 箱梁 0 号块施工　箱梁 0 号块为两个分离式箱，长 12.0m，高 14.8m，设 4 道箱内隔板，为加强悬臂施工时箱梁及墩柱的抗风能力，两箱之间用 4 道箱外隔板相连。箱外隔板长 9.0m，宽 0.5m，高 14.5m。两个墩柱之间托架用 9 排贝雷梁，两端埋入墩身；两个箱之间设 4 排贝雷梁托架；外侧翼板部分，设 2 排贝雷梁，由预埋型钢支承。为了便于拆除 0 号块底板贝雷梁，在 0 号块底板处用钢管设有两排预留孔。贝雷托架承受 0 号块第一次浇筑混凝土的荷载，第二次浇筑混凝土的荷载由第一次浇筑的混凝土和贝雷托架共同承受。

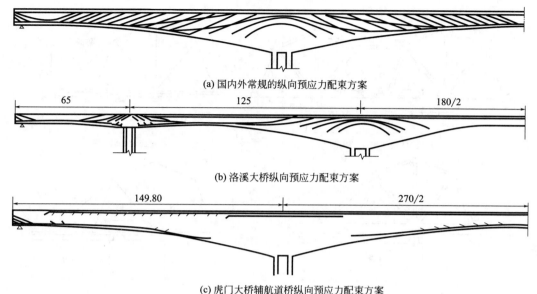

图 3-6-7 虎门大桥辅航道桥预应力配束方式（尺寸单位：mm）

0 号块分 3 次浇筑泵送混凝土。第一次，底板及倒角以上部分，高 3.0m，混凝土体积为 388m³，两个箱和外隔墙同时浇筑，两套拌和楼施工；厚 1.3m 的底板分三层浇筑，每层厚 40~50cm。第二次，腹板部分，高 6.0m，混凝土体积为 468m³，两个箱和外隔墙同时浇筑，两套拌和楼同时施工，分三层浇筑；浇筑第一层混凝土时，人必须进入底部振捣，以保证质量。第三次，腹板及顶板部分，高 5.8m 混凝土体积为 566m³，浇筑工艺与第二次相同。由于顶板面层面积大，必须用平板振动器振捣。

② 连续刚构箱梁施工　连续刚构箱梁共分 31 个梁段悬臂施工，梁段长分别为 3.0m、4.0m、5.0m，梁段混凝土 59.2~95.2m³。箱梁施工梁段数量多，悬臂施工时间长。施工采用鹰式轻型挂篮，如图 3-6-8 所示。挂篮采用桁架结构、分步滚动行走机构、整体模板和能通过精轧螺纹钢筋传力的高程调整系统，结构简便，节省材料，受力明确，自重轻且刚度大，移动灵活，抗风能力特别是横向抵抗台风的能力强。

③ 箱梁预应力施工工艺　连续刚构箱梁为三向预应力结构。纵向预应力钢束采用 AST-MA4-16-87a270 级钢绞线，钢绞线直径 ϕ15.24mm，极限强度 1860MPa，每个箱段布置 2~4 束 VSL6-22EC 钢束，部分箱梁增加 2 束 VSL6-12EC 钢束。

纵向预应力钢束最大长度 268m，张拉预应力控制吨位分别为 4297kN 和 2341kN。波纹管内径分别为 115mm 和 85mm。横向预应力钢束采用 ϕ15.24mm 钢绞线，为三孔扁锚，锚具为 BM15-3 型，预应力管道为镀锌双波扁管，内径为 65mm×22mm。单根控制张拉力 196kN。横向预应力钢束在箱梁顶板上每米设一束，单向张拉。为调整横向预应力的均匀性，张拉端和锚固端需交错布置。

竖向预应力采用 ϕ32mm 精轧螺纹钢筋，极限强度 1080MPa，张拉控制 540kN。竖向预应力钢筋定尺长 12m，而设计预应力筋最长为 14.7m，需用连接器接长。预应力管道为双波波纹管，预应力筋需使用连接器的管径为 70mm，其余为 50mm。考虑连续刚构桥预应力钢束长度大，预应力吨位较大，为确保大桥预应力顺利施工，减少施工意外，纵向预应力锚具使用质量可靠的 VSL 锚具，拉 2mm 精轧螺纹钢筋采用进口材料。各梁段三向预应力张拉顺序为：先纵向，后横向，最后竖向。横向预应力张拉，两单桥分别由靠近墩的一端依次张拉。纵向预应力张拉，一个腹板只有一个钢束时，单桥断面的张拉不分前后，依次张拉；

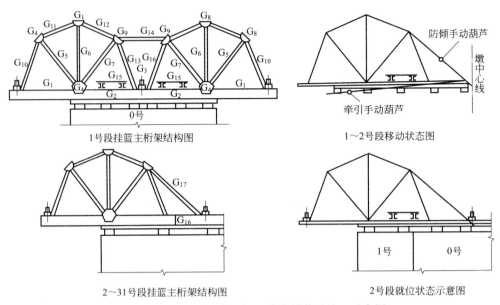

图 3-6-8 辅航道桥鹰式轻型挂篮拼装及施工示意图

一个腹板有 2 个或 2 个以上钢束，则考虑单桥截面对称张拉。顶板、底板都有预应力张拉钢束时，张拉顺序是先顶板后底板，先长束后短束。竖向预应力张拉，单桥两腹板对称依次从靠近墩的一端张拉。

④ 现浇段及合龙段施工　虎门大桥辅航道桥 270m，连续刚构上部构造最大悬臂长 134m，边跨有 14m 长的现浇段，重 520t，边跨和中跨均有 2m 的合龙段，单箱重 60t，见图 3-6-9。合龙的顺序是先边跨，后中跨。

现浇段箱梁施工方案，采用临时墩，做落地支架，上设承重梁。承重梁安装完成后，在其上安装模板、钢筋，先浇筑主桥边墩顶 1、2 梁段混凝土，待刚构箱梁悬浇完成后，承重梁一端用 φ32mm 精轧螺纹钢与箱梁悬臂端锚固，使箱梁悬臂端承受现浇段施工的部分垂直力和大部分水平力。在此基础上，进行其余现浇段和合龙段混凝土的施工。

根据广东省中心气象台提供的气象资料，确定边跨合龙温度为 22℃，是合龙期间较常出现的气温，自然降温合龙，在一段较长时间内气温变化幅度不大，对混凝土的应力是有利的。

边跨合龙工序是：搭设边跨合龙段的现浇落地支架→将合龙段两端梁底板与落地支架固结起来，使悬臂端部与落地支架具有相同变形→在合龙段两端各加 30t 配重→在最佳合龙温度时浇筑合龙段混凝土，在浇筑的同时逐级卸除两端配重→混凝土达到设计强度后解除固接设施→张拉边跨底板束，完成体系转换。

中跨合龙温度选择在温差较小的阴天进行，合龙温度为 24℃，并且选择当天温度较低的时刻。中跨合龙工序是：安装合龙用挂篮，利用悬臂现浇的鹰式挂篮进行合龙→安装水平刚性连接骨架，骨架设计为可抗水平拉压力→合龙段两端各配压重 30t→在适宜的合龙时间、温度，现浇合龙段混凝土，同时逐级卸除压重，每级 5t→合龙段混凝土达到设计强度后，按顺序张拉中跨底板束预应力→拆除挂篮。

合龙段施工需注意以下事项。

① 选取在较低气温下浇筑合龙段混凝土，使合龙段混凝土与梁体连接良好。

② 箱梁合龙段混凝土施工前，应在合龙段两端设置配重，配重量与合龙段混凝土自重相等。在浇筑合龙段混凝土时，逐步卸除配重，使合龙段两端不产生相对变位。

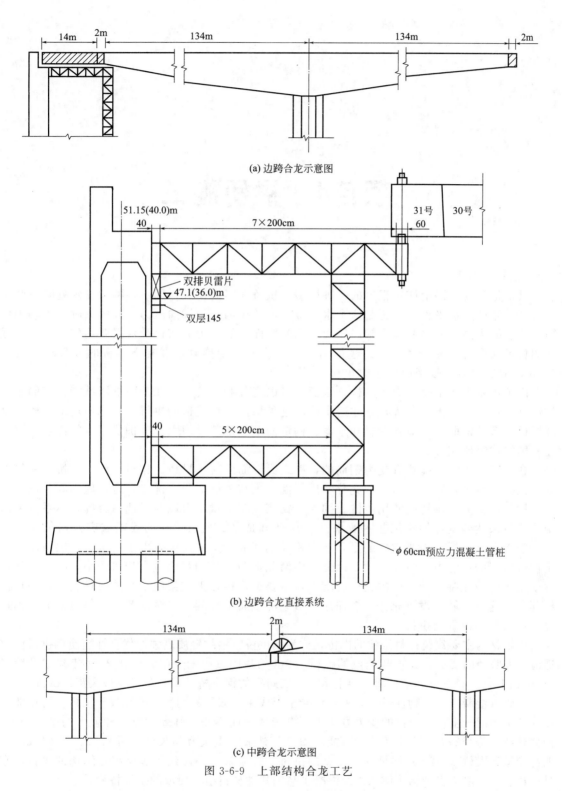

图 3-6-9 上部结构合龙工艺

③ 在箱梁悬臂施工和现浇段施工时，采取措施调整箱梁施工高程，使箱梁合龙高差控制在设计允许范围内。

项目4 拱桥施工

【情景引入】

拱桥是我国公路上使用很广的一种桥型。拱桥在竖向荷载作用下,两端支承处除有竖向反力外,还产生水平推力,正是这个水平推力,使拱内产生轴向压力,并大大减小了跨中弯矩,使它的主拱截面主要承受轴向压力,同时截面上的应力分布比受弯梁要均匀,使主拱截面的材料强度得到充分发挥,跨越能力增大。根据理论推算,混凝土拱桥的极限跨径可达500m,钢拱桥的极限跨径可达1200m。

由于拱是主要承受压力的结构,因而,可以充分利用抗拉性能差而抗压性能较好的圬工材料(石料、混凝土、砖等)来建造拱桥,这种圬工材料建造的拱桥,也称为圬工拱桥。这种拱桥具有就地取材、节省钢材和水泥、构造简单、承载潜力大、养护费用少等优点,因此在我国修建得比较多。

在混凝土拱中,配置有受力钢筋的,称之为钢筋混凝土拱桥。相对于圬工拱桥,钢筋混凝土拱桥自重小,跨越能力大,充分利用了混凝土与钢材的受力优势,有效地提高了拱桥的经济性能,扩大了拱桥的使用范围。同时,钢筋混凝土拱桥可以通过选择合理的体系及突出结构线条来达到良好的建筑艺术效果。1997年建成的跨径420m的我国重庆万州长江大桥是钢筋混凝土拱桥。需要指出的是,在大跨径钢筋混凝土拱桥中,由于自重大,拱截面中由于恒载引起的压应力数值相当大,因此,由活载弯矩引起的截面应力相对较小,故一般都是混凝土压应力控制设计。拱内钢筋的配置,主要根据拱在无支架施工时的要求进行,一旦拱桥建成,这些钢筋并没有充分发挥作用,故它应该属于混凝土拱桥的范畴,但习惯上也称这类拱桥为钢筋混凝土拱桥。

以钢材为主要建筑材料修建的拱桥,称为钢拱桥。钢材轻质高强的优良性能使钢拱桥能够适应更大跨径的要求。2009年建成的跨径552m的我国重庆朝天门大桥和2003年建成的跨径550m的上海卢浦大桥,是目前世界上第一、二跨径的钢拱桥,前者是世界最大跨径拱桥。

用钢管混凝土作为劲性骨架,外包混凝土形成主拱截面的劲性骨架混凝土拱桥,可使体积庞大的拱箱混凝土在符合拱的受力方式下逐渐形成,而不需要强劲的支架和强大的吊装能力,使修建特大跨径的混凝土拱桥成为可能。1997年建成的重庆万州长江大桥和1996年建成的广西邕宁邕江大桥(312m)均是这种类型的拱桥。近年来,还修建了多座组合结构的拱桥,它是由拱、梁、刚构多种结构体系以及混凝土与钢几种材料组合而成的拱形桥梁。它能充分发挥桥梁结构体系组合优势,充分利用各种材料性能,而取得改善受力、增大跨径、经济、环保和美观的效果。主跨420m的重庆菜园坝长江大桥是一座钢拱、预应力混凝土刚构和钢桁梁完美组合的拱桥。可以预见,围绕着解决修建拱桥所要求的用料省、安装重量小、施工简便、承载能力大的诸多问题，新的拱桥形式和先进的拱桥施工方法会不断地出现。

【知识目标】
① 掌握拱桥的分类及特点。
② 掌握拱桥的各组成部分。
③ 了解拱桥体系。
④ 掌握拱桥的施工方法。

【能力目标】
① 能够根据图纸分析拱桥结构体系及受力特点。
② 能够根据拱桥构造选择施工工艺。
③ 能够根据拱桥施工工艺编制施工方案。

任务 4.1　拱桥构造认知

【任务引领】

拱桥是人类最早也是最广泛使用的桥型之一，各文明古国都有建造拱桥的悠久历史。我国的拱桥建造历史更加辉煌，例如隋朝建造的赵州桥已有1400多年的历史，北京的卢沟桥始建于1189年，至今依然完好。这些拱桥代表当时世界上的最高建桥水平。目前也是拱桥快速发展的时期，新型的拱桥形式和先进的拱桥施工方法不断出现。本任务要求通过识读施工图分析拱桥的结构体系及受力特点。

4.1.1　拱桥的基本特点

拱桥与梁桥的区别，不仅在于外形的不同，更重要的是两者受力性能有很大的差别。梁桥在竖向荷载作用下见图4-1-1，支撑处仅仅产生竖向的支撑力；而拱桥在竖向荷载作用下见图4-1-2，支撑处产生竖向反力和水平反力。水平推力，使拱的弯矩比相同跨径梁的弯矩小很多，而拱圈内主要承受压力。特别对于大跨径桥梁，静载占全部荷载的绝大部分，因此合理选择拱的轴线，使拱圈在静载作用下主要受压，就可以充分利用抗压性能较好的石料和混凝土材料。

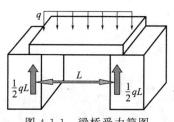

图 4-1-1　梁桥受力简图

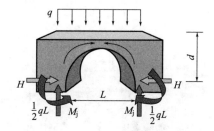

图 4-1-2　拱桥受力简图

（1）拱桥的主要优点

跨越能力大；能充分做到就地取材；耐久性好，养护、维修费用小；外形美观；构造较简单，有利于广泛采用。

（2）拱桥的主要缺点

① 拱桥是有推力的结构，而且自重较大，因而水平推力也较大，增加了下部结构的工

程量，对地基要求也高。

② 施工方面的缺点多。

③ 由于水平推力较大，在连续多孔的大、中桥中，为防止一孔破坏而影响全桥的安全，需要采取较复杂的措施，或设置单向推力墩，增加了造价。

④ 上承式拱桥的建筑高度较高。

拱桥的缺点正在逐步得到改善和克服，在200～600m范围内，拱桥仍然是悬索桥和斜拉桥的竞争对手。而且这些缺点也正在得到改善和克服。如在地质条件不好的地区修拱桥时，可从结构体系上、构造形式上采取措施，以及利用轻质材料来减轻结构自重，或采取措施提高地基承载能力。为了节约劳动力，加快施工进度，可采用预制装配式及无支架施工。这些都有效地扩大了拱桥的适用范围，提高了跨越能力。

4.1.2 拱桥的组成和分类

4.1.2.1 拱桥的主要组成

拱桥和其他桥梁一样，也由上部结构及下部结构两部分组成。拱桥上部结构由主拱圈（main arch ring）和拱上结构（spandrel construction）组成，拱圈是拱桥的主要承重结构。由于拱圈是曲线形，一般情况下车辆无法直接在弧面上行驶，所以在桥面系与拱圈之间需要有传递荷载的构件和填充物，这些构件或填充物和桥面系统称拱上结构或拱上建筑，见表4-1-1。

表 4-1-1　拱桥的基本组成

组成			作用
上部结构	主拱圈	拱圈或拱肋	主要承重结构
	拱上建筑	桥面系	车辆、行人通行
		传力构件或填充构造物	介于桥面和主拱之间，用于形成平顺的桥道（支撑桥面系）
下部结构	桥墩、桥台及基础		支撑上部结构，将荷载传至地基，桥台还与两岸路堤衔接

这些主拱圈以上的行车道系和传力构件或填充物称为拱上建筑。拱上建筑可做成实腹式[图4-1-3]或空腹式[图4-1-4]，相应称为实腹式拱桥或空腹式拱桥。

(a)

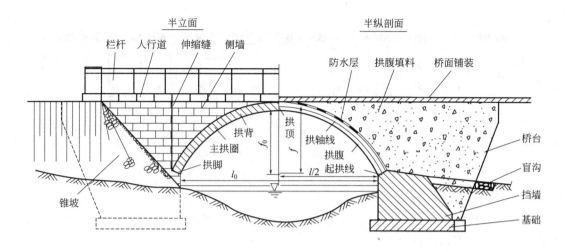

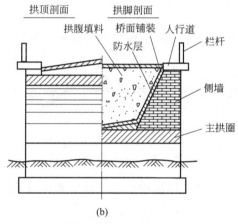

图 4-1-3 实腹式拱桥的主要组成部分

(a)

图 4-1-4

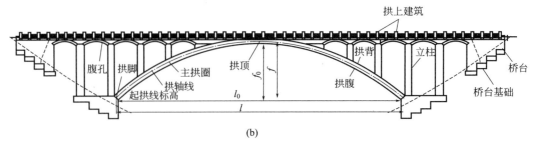

(b)

图 4-1-4 空腹式拱桥的主要组成部分

4.1.2.2 拱桥的分类

拱桥的结构形式多样,最基本的组成部分包括基础、桥墩台、拱圈及拱上结构。拱桥可以按照以下几种方式进行分类。

① 按建筑材料可以分为:石拱桥、混凝土拱桥、钢筋混凝土拱桥、钢管混凝土拱桥以及钢拱桥。

② 按拱圈位置可以分为:上承式、下承式和中承式,见图 4-1-5。

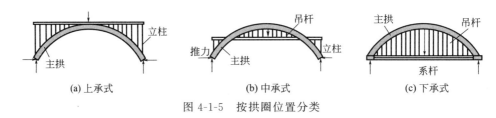

图 4-1-5 按拱圈位置分类

③ 按结构体系可以分为:简单体系拱桥、组合体系拱桥见图 4-1-6。

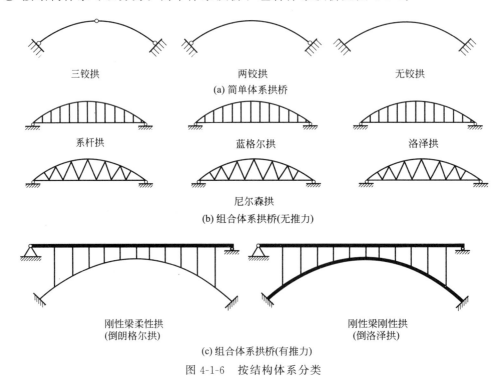

图 4-1-6 按结构体系分类

④ 按截面形式可以分为：板拱桥、肋拱桥、双曲拱桥、箱形拱桥、钢管混凝土拱桥等，见图 4-1-7、图 4-1-8。

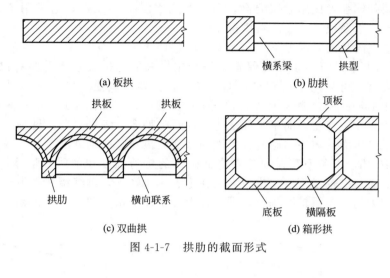

图 4-1-7 拱肋的截面形式

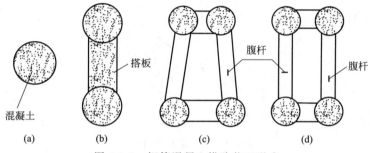

图 4-1-8 钢管混凝土拱肋截面形式

⑤ 按拱上建筑形式可以分为：实腹式及空腹式、组合体系式。
⑥ 按拱轴线可以分为：抛物线拱桥、圆弧拱桥、悬链线拱桥。

4.1.3 拱桥的构造

4.1.3.1 上承式拱桥构造

(1) 主拱圈

普通型上承式拱桥根据主拱（圈）截面形式不同主要分为板拱、板肋拱、肋拱、箱形拱、双曲拱等。

① 板拱 板拱是指主拱（圈）采用整体实心矩形截面的拱。按照主拱所用材料不同，板拱又分为圬工板拱（石板拱）、混凝土板拱、钢筋混凝土板拱等。

a. 石板拱 石板拱具有悠久的历史，由于其构造简单、施工方便、造价低，是盛产石料地区中、小型桥梁的主要桥型。按照砌筑主拱圈的石料规格不同，分为料石板拱、块石板拱、片石板拱以及乱石板拱等。

用于砌筑拱圈的石料要求具有：良好的整体性、匀质性、抗压性能、不易风化、无裂纹；强度等级不得低于 MU50，拱石形状根据桥梁大小以及当地石料供应情况采用。

砂浆及砌筑工艺直接影响石拱圈的结构性能。用于大、中跨径拱桥拱圈砌筑的砂浆强度等级不得低于 M10，对于小跨径拱桥则不得低于 M7.5。必要时也可用小石子混凝土进行砌筑，其石子粒径一般应控制在 2cm 以内，以便于灌缝。采用小石子混凝土（C15～C40 之间）砌筑的拱圈砌体强度比用砂浆要高，且可节约水泥 1/4～1/3，通常用于高强度等级粗料石大跨径石拱桥以及块、片、乱石拱桥。

砌筑时构造应满足的要求如下。

a）错缝。为便于拱石加工和确保砌筑符合主拱圈的构造要求，需要对拱石进行编号。当拱圈厚度不大时，可采用单层砌筑，编号简单，但要求其横向砌缝必须错开，且不小于 10cm，见图 4-1-9(a)；当拱圈厚度较大时，采用多层砌筑，见图 4-1-9(b)；采用变截面悬链线拱时，由于截面发生变化，曲率半径变化，拱石类型多，编号复杂，见图 4-1-10；多层砌筑要求其垂直于受压面的顺桥向砌缝、拱圈横截面内拱石竖向砌缝以及各层横向砌缝必须错开，且不小于 10cm，以免因存在通缝而降低砌体的抗剪强度和削弱其整体性。对块石拱，应使拱石较大的面与拱轴线垂直，拱石大头在上、小头在下，砌缝错开不小于 8cm。对片石拱，应使拱石较大的面与拱轴线垂直，大头在上，砌缝交错如图 4-1-11 所示。

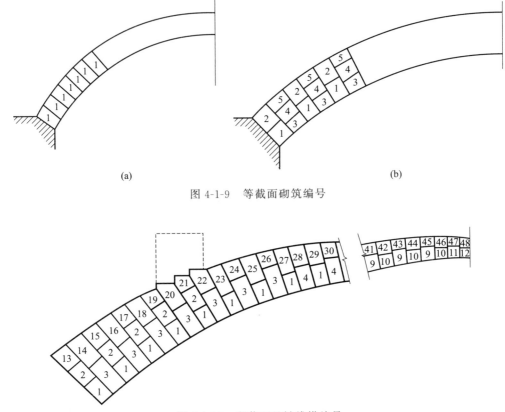

图 4-1-9　等截面砌筑编号

图 4-1-10　变截面悬链线拱编号

b）限制砌缝宽度。拱石砌缝宽度不能太大（因砂浆强度比拱石低得多，缝太宽时必将影响砌体强度和整体性）。通常，料石拱砌缝宽不大于 2cm，块石拱砌缝宽不大于 3cm，片石拱砌缝宽不大于 4cm。采用小石子混凝土砌筑时，块石砌缝宽不大于 5cm，片石砌缝宽为 4～7cm。

c）五角石设置。拱圈与墩台以及拱圈与空腹式拱上建筑的腹孔墩连接处，应设置特殊的五角石构造，如图 4-1-12 所示，用来改善该处的受力状况。为避免施工时损坏或被压碎，

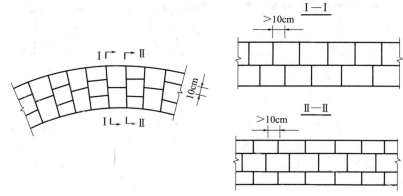

图 4-1-11　拱石的错缝要求（尺寸单位：10cm）

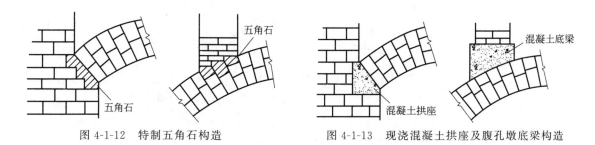

图 4-1-12　特制五角石构造　　　　图 4-1-13　现浇混凝土拱座及腹孔墩底梁构造

五角石不得带有锐角。为了简化施工，常采用现浇混凝土拱座及腹孔墩底梁（图 4-1-13）代替石质五角石。

b．混凝土板拱

a）素混凝土板拱。在缺乏合格天然石料的地区，可用素混凝土来建造板拱。混凝土板拱可以采用整体现浇，也可以预制砌筑。整体现浇混凝土拱圈时，拱内收缩应力大，同时，拱架、模板材料用量大，费工多，工期长，但其整体性好，被广泛采用。拱圈混凝土强度等级不得低于 C25。混凝土预制砌筑拱圈，则是先将混凝土板拱划分成若干块件，然后预制混凝土块件，最后进行块件砌筑成拱。预制块混凝土的强度等级不得低于 C30，砌筑砌块所用砂浆不得低于 M10。预制砌块在砌筑前应有足够的养生期，以消除或减少混凝土收缩的影响。混凝土预制砌块板拱施工以及构造要求与料石板拱相似，所不同的是用混凝土预制块代替料石。

b）钢筋混凝土板拱。与石板拱相比，钢筋混凝土板拱具有构造简单、外表整齐、板厚随需要而定（相对石料，可实现最小厚）、轻巧美观等特点，如图 4-1-14 所示。钢筋混凝土板拱根据桥宽需要可做成单条整体拱圈或多条平行板（肋）拱圈（拱圈之间是否设横向联系可根据需要设定），可反复利用一套较窄的拱架与模板来完成施工，既节省材料，也可节省一部分拱板混凝土。

钢筋混凝土板拱根据桥宽需要可做成单条整体拱圈或多条平行板（肋）拱圈（拱圈之间可不设横向联系），拱圈纵向配置拱形的受力钢筋（主筋），最小配筋率为 0.2%～0.4%，且上、下缘对称通长布置，以适应沿拱圈各截面弯矩的变化；拱圈横向配筋与受力钢筋相垂直的分布钢筋及箍筋，分布钢筋设在纵向主筋的内侧，箍筋应将上下缘主筋联系为一体，以防止主筋在受压时发生屈曲和在拱腹受拉时发生外崩，箍筋沿半径方向布置，其在拱背处的间距不大于 15cm。

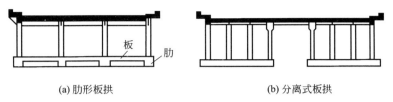

(a) 肋形板拱　　　　　　(b) 分离式板拱

图 4-1-14　混凝土板拱

② 箱形拱　箱形拱的拱圈，可以由一个闭合箱（单室箱）或由几个闭合箱（多室箱）组成。每个闭合箱又由顶板、底板、肋板（侧板）组成见图 4-1-15。底板厚度、预制腹板厚度及预制顶板厚度均不应小于 100mm。腹板的现浇混凝土厚度（相邻板壁间净距）及顶板的现浇混凝土厚度不应小于 100mm。预制边箱宜适当加厚。为提高拱箱抗扭能力，加强箱壁的局部稳定性，拱箱内每隔一定距离设一道横隔板。

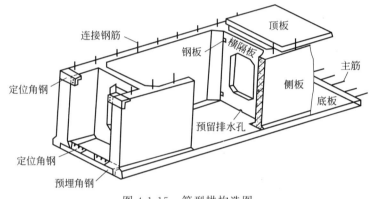

图 4-1-15　箱型拱构造图

箱形拱的主要特点如下。

a. 截面挖空率大。挖空率可达全截面的 50%～70%，与板拱相比，可大量节省圬工体积减轻重量。

b. 箱形截面的中性轴大致居中，对抵抗正、负弯矩具有几乎相等的能力，能较好地适应各截面正、负弯矩变化的情况。

c. 由于是闭合空心截面，抗弯、抗扭刚度大，拱圈的整体性好，应力分布比较均匀。

d. 单根箱肋的刚度较大，稳定性较好，能单片成拱，便于无支架吊装。

e. 预制拱箱的宽度较大，施工操作安全，易保证施工质量。

f. 制作要求较高，起吊设备较多，主要用于大跨径拱桥。

箱形拱的拱箱内宜每隔 2.5～5.0m 设置一道横隔板，横隔板厚度可为 100～150mm，在腹孔墩下面以及分段吊装接头附近均应设置横隔板，在 3/8 拱跨长度至拱顶段的横隔板应取较大厚度，并适当加密。箱形板拱的拱上建筑采用柱式墩时，立柱下面应设横向通长的垫梁，其高度不宜小于立柱间净距的 1/5。

③ 肋拱　拱圈由两条或多条分离的拱肋组成的拱桥叫肋拱桥。其每条拱肋相对来说窄而高，抗弯惯矩大。上承式肋拱桥包括横隔梁、立柱和有横梁支撑的行车道部分；下承式肋拱桥则将吊杆锚固在肋拱背上。肋拱质量轻，恒载内力减小，相应活载内力的比重增大，可充分发挥钢筋等材料的性能，具有较好的经济性，现已在大、中型拱桥中广泛使用，并逐渐取代板拱（图 4-1-16）。

拱肋材料：混凝土、钢筋混凝土、钢管混凝土、劲型骨架混凝土。拱肋的肋数：桥宽≤

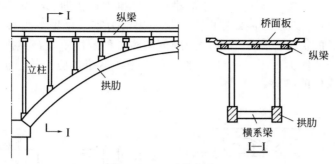

图 4-1-16 肋拱构造图

20m 时，可采用双肋式；桥宽＞20m 时，可采用分离的双幅双肋拱。拱肋的间距：上、下游拱肋最外缘的间距一般不宜小于跨径的 1/20，以保证拱肋的横向整体稳定性。

拱肋的截面形式：矩形、I 形、箱形、管形等，如图 4-1-17 所示。

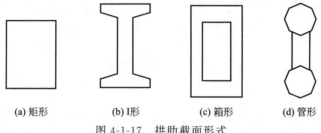

(a) 矩形　　(b) I形　　(c) 箱形　　(d) 管形

图 4-1-17 拱肋截面形式

矩形截面具有构造简单、施工方便等优点，但由于截面相对集中于中性轴，受弯矩作用时不能充分发挥材料的作用，经济性差，一般仅用于中小跨径的肋拱。初拟尺寸时，矩形拱肋肋高可取跨径的 1/60～1/40，肋宽可为肋高的 0.5～2.0 倍。

I 形截面，由于截面核心距比矩形大，具有更大的抗弯能力，适合于拱内弯矩更大的场合，因而常用于大、中跨径的肋拱桥。I 形拱肋肋高一般为跨径的 1/35～1/25，肋宽为肋高的 0.4～0.5，腹板厚度为 30～50cm。I 形肋拱虽在材料使用上比矩形肋拱经济，但也存在构造复杂、施工麻烦以及拱肋横向刚度小等问题。

管形肋拱是指采用钢管混凝土结构作为拱肋的拱桥。钢管混凝土肋拱断面中钢管直径、钢管根数、布置形式等应根据桥梁跨径、桥宽及受力等具体情况确定，一般有单管式、双管式（哑铃形）和四管式（梯形、矩形），如图 4-1-18 所示。钢管混凝土具有强度高、重量轻、塑性好、耐疲劳和冲击等优点，已广泛使用在中、下承式拱桥中，在上承式肋拱上也已有使用。

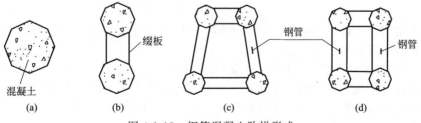

图 4-1-18 钢管混凝土肋拱形式

④ 双曲拱　双曲拱是 20 世纪 60 年代中期我国江苏省无锡的建桥职工首创的一种桥梁。

由于拱圈在纵、横向均呈拱形而得名。双曲拱桥的主拱圈由拱肋、拱波、拱板和横向联系四部分组成（图 4-1-19）。双曲拱主拱圈的特点是先化整为零，再集零为整，适应于无支架施工和无大型起吊机具的情况。由于双曲拱的刚度和施工稳定性不及箱形拱，加上构件小、工序多，与目前桥梁吊装能力的增长和装配化效率的提高不相适应。故目前在大跨径拱桥中，双曲拱有被箱形拱取代的趋势。

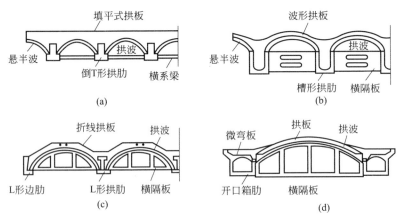

图 4-1-19 双曲拱截面形式

(2) 拱上建筑的构造

桥面系与传力构件或填充物统称为拱上建筑。按照拱上建筑采用的不同构造方式，可将拱桥分为实腹式和空腹式两种。一般情况下，小跨径拱桥多采用实腹式，大、中跨径拱桥多采用空腹式，以利于减小恒载，并使桥梁显得轻巧美观。

① 实腹式拱上建筑构造　实腹式拱上建筑由侧墙、拱肩填料、护拱以及变形缝、防水层、泄水管和桥面等部分组成，见图 4-1-20。

拱腹填料分为填充式和砌筑式两种。填充式拱腹填料应尽量做到就地取材，通常采用透水性好、土侧压力小的砾石、碎石、粗砂或卵石类黏土等材料，分层夯实。当地质条件较差，要求减轻拱上建筑质量时，可采用其他轻质材料，如炉渣与黏土的混合物、陶粒混凝土（其重度可小到 $10kN/m^3$）等。砌筑式拱腹就是在散粒料不易取得时采用的一种干砌圬工方式。

侧墙的作用是围护拱腹上的散粒填料，设置在拱圈两侧，通常采用浆砌块、片石，若有特殊的美观要求，可用料石镶面。对混凝土或钢筋混凝土板拱，也可用钢筋混凝土护壁式侧墙。这种侧墙可以与主拱浇筑为一体，其内配置的竖向受力钢筋应伸入拱圈内一定长度（规定的锚固长度）。侧墙一般要求承受填料土侧压力和车辆作用下的土侧压力，故按挡土墙进行设计。对浆砌圬工侧墙，顶面厚度一般为 50～70cm，向下逐渐增厚，墙脚厚度取该处墙高的 0.4 倍。

护拱设于拱脚段，以便加强拱脚段的拱圈，同时，便于在多孔拱桥拱腹上设置防水层和泄水管，通常采用浆砌块石、片石结构。

② 空腹式拱上建筑构造　空腹式拱上建筑除具有实腹式拱上建筑相同的构造外，还具有腹孔和支承腹孔的墩柱。空腹式拱上建筑的腹孔通常对称布置在主拱上建筑高度所容许的自拱脚向拱顶一定范围内，一般在半跨内以 1/4～1/3 为宜，孔数以 3～6 跨为宜。空腹式拱上建筑又分为拱式（图 4-1-21）和梁式两种。

a. 拱式腹孔。拱式腹孔的构造简单，外形美观，但重量较大，一般用于圬工拱桥。其跨径一般选用 2.5～5.5m，同时不宜大于主拱圈的 1/15～1/8。拱圈形式有板拱、双曲拱、微

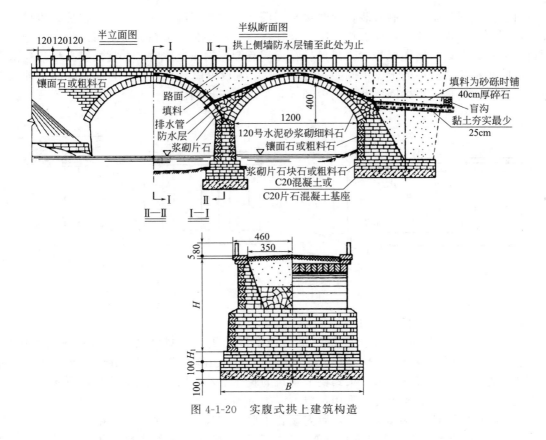

图 4-1-20 实腹式拱上建筑构造

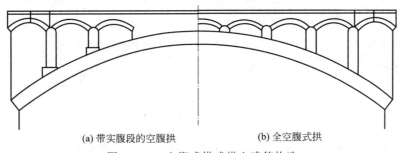

(a) 带实腹段的空腹拱　　(b) 全空腹式拱

图 4-1-21 空腹式拱式拱上建筑构造

弯板、扁壳等。板拱的矢跨比一般为 1/6～1/2，双曲拱为 1/8～1/4，微弯板为 1/12～1/10，拱轴线多用圆弧线。腹拱圈的厚度，当跨径小于 4m 时，石板拱为 0.3m，混凝土板拱为 0.15m，微弯板为 0.14m（其中预制厚 0.08m，现浇厚 0.08m）。当跨径为 4～6m 时，常采用双曲拱，厚度为 0.3～0.4m。腹孔圈在拱上建筑需要设置伸缩缝或变形缝的地方应设铰（三铰或两铰），其余为无铰拱。

　　腹拱墩由底梁、墩身和墩帽组成。腹孔墩常采用横墙式或立柱式。横墙施工简便，节省钢材，一般用圬工材料砌筑或现浇。为了节省体积，可横向挖空 [图 4-1-22(a)]。浆砌块、片石的横墙厚度一般不小于 66cm。现浇混凝土时一般应大于腹拱圈厚度的一倍。立柱式腹拱墩 [图 4-1-22(b)] 是由立柱和盖梁组成的钢筋混凝土排架或刚架式结构。立柱一般由两根或多根预制的钢筋混凝土柱组成。其上下间距不宜大于 6m。立柱钢筋应向上伸入盖梁的中部，向下伸入主拱圈（肋）的内部，并予以可靠的锚固。立柱采用现浇，施工慢，耗用支架材料多，应尽量采用预制安装，此时接头钢筋必须焊接牢固，并用混凝土包住。也可在接头处预埋钢板，焊接装配，以加快进度。立柱与盖梁的接头，可在盖梁中留出空洞，把立柱预留钢筋伸入洞内，用高标号砂浆封口。在河流有漂流物或流冰时，立柱式腹孔墩还应采取必要的防护措施。立柱的上、下间距超过6m时，宜设置横系梁。立柱的钢筋应向上伸入盖梁的中部，向下伸入主拱圈（肋）的内部，并予以可靠地锚固。

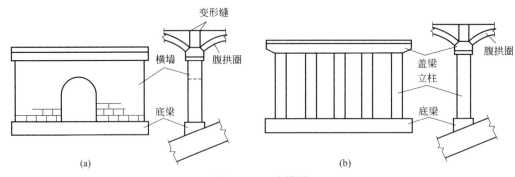

图 4-1-22 腹拱墩

腹孔拱腹填料与实腹拱相同。

b.梁式腹孔。梁式腹孔拱上建筑的拱桥造型轻巧美观，减轻拱上重力和地基承压力，以便获得更好的经济效果。大跨径混凝土拱桥一般都采用梁式腹孔拱上建筑。梁式腹孔结构有简支、连续、框架式等形式。梁式拱上建筑的腹孔墩基本同拱式拱上建筑，不同的是当钢筋混凝土立柱不能满足要求时，采用预应力混凝土等。

a）简支腹孔（纵铺桥道板梁）：简支腹孔由底梁（座）、立柱、盖梁和纵向简支桥道板（梁）组成，见图4-1-23。结构体系简单，基本上不存在拱与拱上结构的联合作用，受力明确，是大跨径拱桥拱上建筑主要采用的形式。

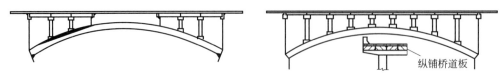

图 4-1-23 简支腹孔布置

b）连续腹孔（横铺桥道板）：连续腹孔由立柱、纵梁、实腹段垫墙及桥道板组成。即在拱上立柱上设置连续纵梁，然后再在纵梁上和拱顶段垫墙上设置横向桥道板，形成拱上传载结构（图4-1-24）。这种形式主要用于肋拱桥。1985年首先在四川使用。其特点是桥面板横置，拱顶上只有一个板厚（含垫墙）及桥面铺装厚，建筑高度较小，适合于建筑高度受限制的拱桥，但结构整体性及其刚度较低，容易形成单板受力，在长期动荷载作用下容易开裂且振感强烈。

c）框架式腹孔：框架式腹孔是在横桥向根据需要设置多片与主拱连为一体的连续框架，横向通过系梁形成整体（图4-1-25）。

(3) 拱桥其他细部构造

① 拱上填料、桥面及人行道　无论是实腹拱，还是拱式空腹拱，都需要在拱顶截面上缘以上作适当的拱腹填充处理，以使拱圈与桥头（单孔）或相邻两拱圈之间同拱顶截面上缘齐平，形成桥面。在进行上述填充后，通常还需设置一层填料，即拱顶填料（图4-1-26），在该填料以上才是桥面铺装。

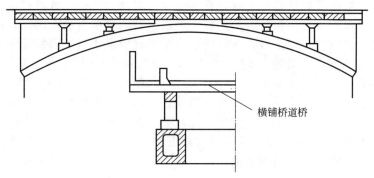

图 4-1-24 连续腹孔布置

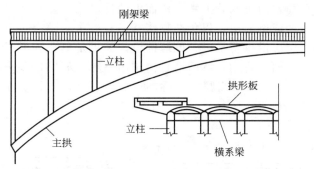

图 4-1-25 框架式腹孔布置

拱上建筑中的填料,一方面能起扩大车辆荷载分布面积的作用,同时还能减少车辆荷载的冲击作用。现行《公路桥涵设计通用规范》(JTG D60—2015)就规定,当拱上填料厚度(包括桥面铺装厚度)等于或大于50cm时,设计计算中可不计汽车荷载的冲击力。在地基条件很差的情况下,为了最大限度地减轻拱上建筑重量,可减少拱上填料厚度,甚至可以不设拱上填料,直接在拱顶截面上缘以上铺筑混凝土桥面,此时,其行车道边缘的厚度至少为8cm。为了分布车轮重力拱顶部分的混凝土桥面内可设置钢筋网。不设拱上填料时应计入汽车荷载的冲击力。拱顶填料用料选择与拱腹相同。

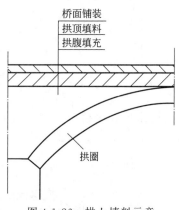

图 4-1-26 拱上填料示意

对具有拱顶实腹段的梁式空腹拱(肋拱除外),拱顶实腹段的拱上填料与上述相同。全空腹梁式空腹拱不存在拱上填料问题。

拱桥桥面铺装应根据桥梁所在的公路等级、使用要求、交通量大小以及桥型等条件综合考虑确定。低等级农村公路上的中、小跨径实腹或拱式空腹拱桥一般采用混凝土桥面,有条件时应采用沥青混凝土桥面,以降低噪声和扬尘,保护环境。大跨径拱桥以及高等级公路上的拱桥均应采用沥青混凝土桥面。

行车道两侧,根据需要可设人行道及护栏,其构造与梁桥相似。

② 排水及防水层 对于拱桥,不仅要求能够及时排除桥面的雨、雪水,而且对于透过桥面铺装渗入到拱腹内的雨水也要求及时排除,如渗水不及时排出,则会增大拱腹填料的含水量,降低承载能力,影响路面层的强度,使路面更易开裂破坏,并且渗水会沿着拱上结构

的一些缝隙（如变形缝或裂缝等）渗透，在冬季冰冻时使结构产生冻胀损坏。

小桥的桥面雨水，可利用顺桥向的纵坡，将水引到两端桥台后面排出，但应注意防止冲刷桥头路堤。大、中桥面应设横坡，并每隔适当距离设置泄水管，将桥面雨水排出。对于混凝土和沥青桥面的横坡，一般为1.5%～2.0%，对碎石桥面不宜小于3%。人行道应设置与行车道反向的横坡，一般为1.0%～2.0%。渗入到拱腹内的水，应通过防水层汇集于预埋在拱腹内的泄水管排出，防水层和泄水管的敷设方式，与上部结构的形式有关。

排水管可用铸铁管、混凝土管或陶瓷（瓦）管，其内径一般为6～10cm，严寒地区须适当加大，但不宜大于15cm。为便于排水管的检查和清理，排水管应用直管、短管并尽可能减少管节数量。泄水管应伸出结构表面，以不少于10cm为宜，以免雨水顺着结构物的表面流下。

排水管不宜设置在墩、台边缘附近，以免排水集中冲刷砌体。排水管进口处周围的桥面应做成集水坡度，以利雨水向排水管汇集。桥面上的排水管口要有保护设施，在拱腹内的进水口，须围以大块碎石做成倒滤层，以免杂物堵塞。

实腹式拱桥的防水层应沿拱背护拱、侧墙铺设。如果是单孔，可不设拱腹泄水管，积水沿防水层流至两个桥台后面的盲沟，然后沿盲沟排出路堤。如果是多孔拱桥，可在1/4跨径处设泄水管［图4-1-27(a)］。对于空腹式拱桥，防水层应沿腹拱上方与主拱圈跨中实腹段的拱背设置，泄水管宜布置在1/4跨径处［图4-1-27(b)］。

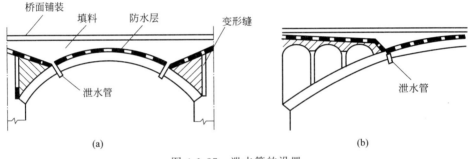

图4-1-27 泄水管的设置

防水层在全桥范围内不宜断开，当通过伸缩缝或变形缝处应妥善处理，使其既能防水又可以适应变形，其构造如图4-1-28所示。

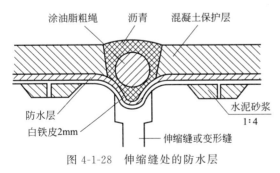

图4-1-28 伸缩缝处的防水层

防水层有粘贴式与涂抹式两种。粘贴式是由2～3层油毛毡与沥青胶交替贴铺而成，效果较好，造价较高，施工麻烦。涂抹式是由沥青或柏油涂抹于砌体表面，施工简便，造价低，效果较差，适合于少雨地区。当要求较低时，可采用石灰三合土、石灰黏土砂浆、黏土胶泥等简易办法代替粘贴式防水层。

③ 伸缩缝与变形缝　拱上建筑与主拱圈，在构造和受力上都有密切的联系。由于拱上建筑与主拱圈的共同作用，一方面拱上建筑能够提高主拱圈的承载能力，但另一方面，它对主拱圈的变形又起约束作用，在主拱圈和拱上建筑内产生附加内力，故需设置伸缩缝及变形缝来使拱上建筑与墩、台分离，并使拱上建筑和主拱圈一起自由变形。

对于实腹式拱桥，在主拱圈拱脚的上方设置伸缩缝，缝宽2～3cm，直线布置，纵向贯通侧墙全高，横桥向贯通全宽，从而使拱上建筑和主拱圈一起自由变形（图 4-1-29）。目前多将伸缩缝做成直线形，以使构造简单，施工方便。

对于大跨径空腹式拱桥的拱式腹拱拱上建筑，一般将紧靠墩、台的第一个腹拱圈作为三铰拱（图 4-1-30），并在靠墩（台）拱铰上方的侧墙设置伸缩缝，在其余两铰上方的侧墙设置变形缝（断开而无缝宽）。在特大跨径的拱桥中，在靠近主拱圈拱顶的腹拱，宜设置成两铰或三铰，腹拱铰上方的侧墙仍需设置变形缝。

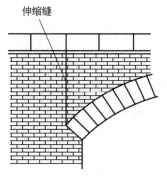 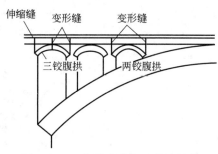

图 4-1-29 实腹式拱上伸缩缝　　图 4-1-30 空腹式拱上建筑伸缩缝

在设置伸缩缝或变形缝处的人行道、栏杆、缘石和混凝土桥面，均应相应设置伸缩缝或变形缝。在 2~3cm 的伸缩缝缝内填料，可用锯末沥青，按 1:1 的重量比制成预制板，施工时嵌入缝内。上缘做成能活动而不透水的覆盖层。缝内填料亦可采用沥青砂等其他材料。变形缝不留缝宽，其缝可干砌、用油毛毡隔开或用低标号砂浆砌筑，以适应主拱圈的变形。

④ 拱铰构造　通常，拱桥中有四种情况需设铰。一是主拱圈按两铰拱或三铰拱设计时；二是空腹式拱上建筑，其腹拱圈按构造要求需要采用两铰或三铰拱，或高度较小的腹孔墩上、下端与顶梁、底梁连接处需设铰时；三是在施工过程中，为消除或减小主拱圈的部分附加内力，以及对主拱圈内力作适当调整时，往往在拱脚或拱顶设临时铰；四是主拱圈转体施工时，需要设置拱铰。前两种为永久性铰，必须满足设计要求，并能保证长期正常使用。后两种为临时性铰。因此，永久性铰的要求较高，构造较复杂，又需经常养护，所以费用较高。临时性铰是适应施工需要而暂时设置的，待施工结束时，将其封固，故构造较简单。

拱铰的形式，按照铰所处的位置、受力大小、使用材料等条件综合考虑选择。目前常用的形式有下列几种。

a. 弧形铰。弧形铰一般用钢筋混凝土、混凝土、石料等做成，其主要尺寸如图 4-1-31 示。它由两个具有不同半径弧形表面的块件合成。一个为凹面（半径为 R_2），一个为凸面（半径为 R_1）。铰的接触面应精加工，以保证紧密结合。

石拱桥的拱铰，以往都是用石料加工而成的。但由于铰石尺寸大，开采石料、加工成型、运输、安装、就位均很困难，因此，目前多采用现浇混凝土铰代替石铰。当跨径较大，要求承压强度更高时，可采用钢筋混凝土拱铰，其钢筋布置按计算及构造要求确定。图 4-1-32 所示是净跨径 30m 的两铰双曲拱桥的拱铰构造及钢筋布置图。弧形铰由于构造复杂，加工铰面既费工又难以保证质量，故主要用于主拱圈的拱铰。

b. 铅垫铰。对于中小跨径的板拱或肋拱，可以采用铅垫铰（图 4-1-33）。铅垫铰用厚度 1.5~2.0cm 的铅垫板，外部包以锌、铜薄片做成。铅垫铰是利用铅的塑性变形达到支承面的自由转动从而实现铰的功能。同时，

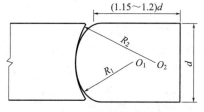

图 4-1-31 弧形铰的主要尺寸

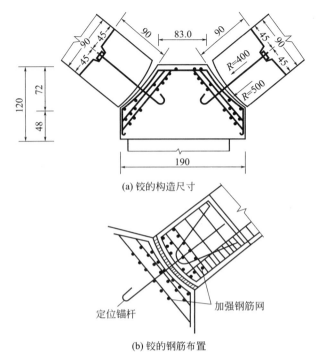

图 4-1-32 两铰双曲拱桥拱铰构造及钢筋布置

为了使压力正对中心，并且能承受剪力，故设置穿过垫板中心而不妨碍铰转动的错杆。为承受局部压力，在墩、台帽内以及邻近铰的拱段，需要用螺旋钢筋或钢筋网加强。

直接贴近铅垫铰的主拱圈混凝土，其混凝土强度等级应不小于C25。在计算铅垫板时，其压力沿铅垫板全宽均匀分布，铅垫铰也可用作临时铰。

c. 平铰。由于弧形铰的构造较复杂，铰面的加工既费工又难以保证质量，因此，对于空腹式拱上建筑的腹拱圈，由于跨径较小，可以采用构造简单的平铰（图 4-1-34）。平铰是平面相接，直接抵承，平铰的接缝间可用低标号的砂浆砌，也可垫衬油毛毡或直接干砌接头。

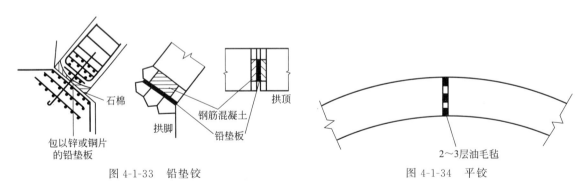

图 4-1-33 铅垫铰　　　　　图 4-1-34 平铰

d. 不完全铰。对于小跨或轻型的拱圈以及空腹式拱桥的腹孔墩柱铰，目前常采用不完全铰（图 4-1-35）。图 4-1-35（a）所示为小跨拱圈的不完全铰，由于拱的截面急剧地减小，保证了该截面的转动，在施工时拱圈不断开，使用时又能起铰的作用。由于减小截面内的应力很大，很可能开裂，故必须配以斜钢筋。图 4-1-35（b）、（c）所示为墩柱的不完全铰。

e. 钢铰。在大跨拱桥中还可以采用钢铰。钢铰可做成有圆柱形销轴的形式或没有销轴的形式。但其用钢量多，构造复杂，一般较少采用。

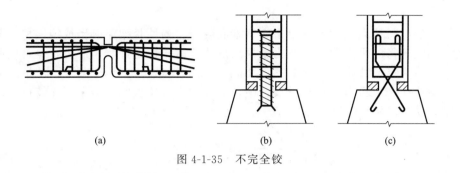

图 4-1-35 不完全铰

4.1.3.2 中、下承式拱桥构造

中承式拱桥的行车道位于拱肋的中部，桥面系（行车道、人行道、栏杆等）一部分用吊杆悬挂在拱肋下，一部分用刚架立柱支承在拱肋上（图 4-1-36）。

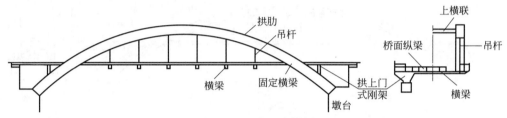

图 4-1-36 中承式拱桥

下承式拱桥桥面系通过吊杆悬挂在拱肋下，在吊杆下端设置横梁和纵梁，在纵、横梁系统上支承行车道板，组成桥面系如图 4-1-37 所示。

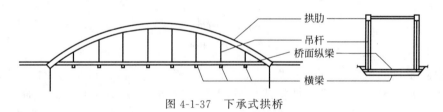

图 4-1-37 下承式拱桥

中、下承拱桥保持了上承式拱桥的基本力学特性，可以充分发挥拱圈混凝土材料的抗压性能，一般适用于以下几种情况。

① 桥梁建筑高度受到严格限制时，如采用上承式拱桥则矢跨比过小，可采用中、下承式拱桥满足桥下净空要求。

② 在不等跨拱桥中，为了平衡桥墩的水平力，将跨度较大的拱矢跨比加大，做成中承式拱桥，从而减小大跨的水平推力。

③ 在平坦地形的河流上，采用中、下承式拱桥可以降低桥面高度，有利于改善桥头引道的纵断面线形，减少引道的工程数量。

④ 在城市景点或旅游区，为配合当地景观而采用中、下承式拱桥。

⑤ 由于是推力拱，需要较好的地基。

中、下承式拱桥的桥跨结构一般由拱肋、横向联系、吊杆和桥面系等组成。拱肋是主要的承重构件；横向联系设置在两片拱肋之间，以增加两片分离式拱肋的横向刚度和稳定性；吊杆和桥面系称为悬挂结构，桥面荷载通过它们将作用力传递到主结构拱肋上。

(1) 拱肋

组成拱肋的材料可以是钢筋混凝土、钢管混凝土、劲性骨架混凝土或纯钢材,两片拱肋一般在两个相互平行的平面内。有时为了提高拱肋的横向稳定性和承载力,也可使两拱肋顶部互相内倾,称为提篮式拱(图 4-1-38)。由于拱肋的恒载分布比较均匀,因此,拱轴线一般采用二次抛物线,也可以采用悬链线。中、下承式拱桥的拱肋一般采用无铰拱,以保证其刚度。通常,肋拱矢跨比的取值在 1/7~1/4 之间。

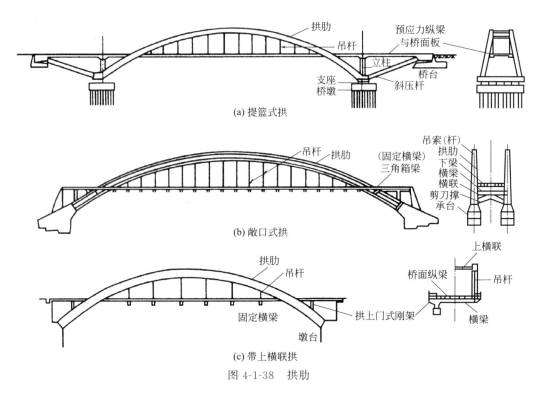

图 4-1-38 拱肋

钢筋混凝土拱肋的截面形状根据跨径的大小、荷载等级和结构的总体尺寸,可以选用矩形、工字形、箱形或管形(即构成钢管混凝土拱肋),见图 4-1-39。截面沿拱轴线的变化规律可以为等截面或变截面。矩形截面的拱肋施工简单,一般用于中小跨径的拱桥。拱肋的高度为跨径的 1/70~1/40,肋宽为肋高的 0.5~1.0 倍;工字形和箱形截面常用于大跨径的拱肋。其拱顶肋高的拟定采用相关经验公式。拱肋可以在拱架上立模现浇,也可以采用预制拼装。

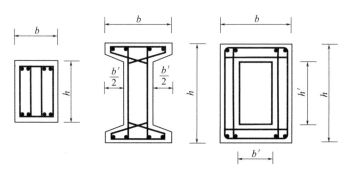

图 4-1-39 常见拱肋横截面形状

(2) 吊杆

桥面系悬挂在吊杆上,吊杆主要承受拉力。吊杆分刚性吊杆(图 4-1-40)和柔性吊杆(图 4-1-41)两类。刚性吊杆用钢筋混凝土或预应力混凝土制作,柔性吊杆用圆钢或钢丝束制作。使用刚性吊杆可以增强拱肋横向刚度,但用钢量大,施工工序多,工艺复杂。而柔性吊杆可部分消除拱肋与桥面系之间的相互影响,且省钢。吊杆间距,一般根据构造要求和经济、美观等因素决定。

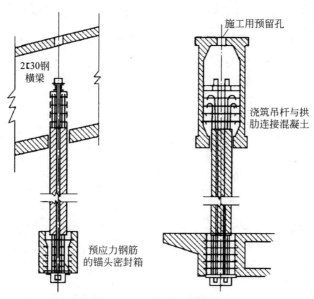

图 4-1-40 刚性吊杆构造

刚性吊杆两端的钢筋应扣牢在拱肋与横梁中。刚性吊杆一般设计为矩形,它除了承担轴向拉力之外,还须抵抗上下节点处的局部弯曲。

一般用高强钢丝,或冷轧钢筋制作,高强钢丝做的吊杆通常采用墩头锚,而粗钢筋则采用轧丝锚与拱肋、横梁相连。为了提高钢索的耐久性,必须对钢索进行防护,为了防止钢索锈蚀,要求防护层有足够强度而不至于开裂,有良好的附着性而不会脱落。钢索的防护方法很多,主要有缠包法和套管法。缠包法是采用耐候性防水涂料、树脂对钢丝进行多层涂覆,用玻璃丝布或聚酯带缠包。套管法是在钢索上套上钢管、铝套、不锈钢管或塑料套管,在套管内压注水泥浆、黄油或其他防锈材料。

吊杆的间距一般根据构造要求和经济美观等因素决定。间距大时,吊杆的数目减少,但纵、横梁的用料增多;反之,吊杆数目增多,纵、横梁用料减少。一般吊杆的间距为 4~10m,通常吊杆取等间距。

(3) 横向联系

为了保证两片拱肋的横向刚度和稳定,一般须在两片分离的拱肋间设置横向联系。横向联系可做成横撑、对角撑等形式(图 4-1-42)。横撑的宽度不应小于其长度的 1/15。横向联系的设置往往受桥面净空高度的限制,横向联系构件只容许设置在桥面净空高度范围之外的拱段(对于中承式拱肋,还可以设置在桥面以下的肋段)。有时为了满足规定的桥面净空高度要求,而不得不将拱肋矢高加大来设置横向构件。也有为满足桥面净空要求和改善桥上的视野而取消行车道以上的横向构件做成敞口式拱桥。为了保证敞口式拱桥的横向刚度和横向稳定,可以采取以下措施:采用刚性吊杆,使吊杆与横梁形成一个刚性半框架,给拱肋提供

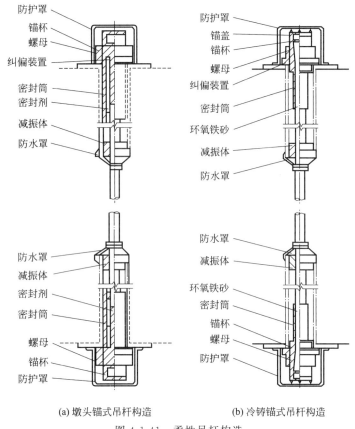

(a) 墩头锚式吊杆构造　　(b) 冷铸锚式吊杆构造

图 4-1-41　柔性吊杆构造

足够刚劲的侧向弹性支承,承受拱肋上的横向水平力;加大拱肋的宽度,使其本身具有足够的横向刚度和稳定性;使拱脚具有牢固的刚性固结;对中承式拱桥,要加强桥面以下至拱脚区段的拱肋间固定横梁的刚度,并设置 K 撑或 X 撑。

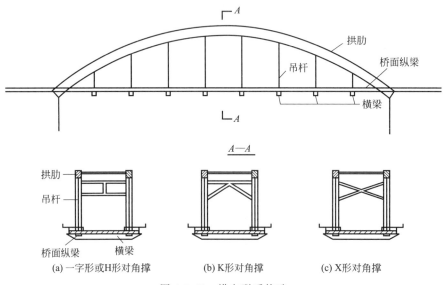

(a) 一字形或H形对撑　　(b) K形对角撑　　(c) X形对角撑

图 4-1-42　横向联系构造

(4) 桥面系

桥面系由横梁、纵梁、桥面板组成。

① 横梁 中承式拱桥桥面横梁可分为固定横梁、普通横梁及刚架横梁三类。桥面系与拱肋相交处的横梁一般与拱肋刚性联结，其截面尺寸与刚度远比其他横梁大，通常称为固定横梁；通过吊杆悬挂在拱肋下的横梁称为普通横梁；通过立柱支承在拱肋上的横梁称为刚架横梁。横梁的高度可取拱肋间距（横梁跨径）的 1/15～1/10。为了满足搁置和连续桥面板的需要，横梁上缘宽度不宜小于 60cm。固定横梁如图 4-1-43 所示。由于其位置的特殊，它既要传递水平横向荷载，有时还要传递纵向制动力，承担由拱肋和桥面传递到该处的弯矩、扭矩和剪力，受力情况复杂。因此必须与拱肋刚性联结，且其外形须与拱肋及桥面系相适应。在桥面与拱肋的交界处，主拱肋占去了一定宽度的桥面，为了保证人行道不在此处变窄，因此，固定横梁一般比普通横梁要长，常用的截面形式有对称工字形、不对称工字形和三角形等。

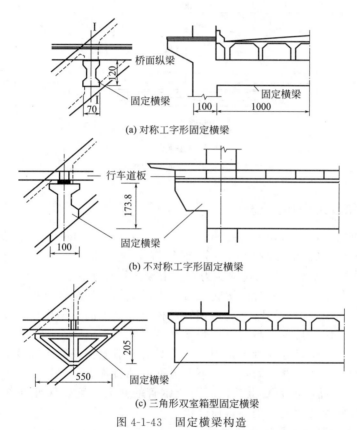

(a) 对称工字形固定横梁

(b) 不对称工字形固定横梁

(c) 三角形双室箱型固定横梁

图 4-1-43 固定横梁构造

普通横梁的截面形式常用矩形、工字形或土字形（图 4-1-44），大型横梁也可采用箱形截面，其尺寸取决于横梁的跨度（拱肋中距）和承担桥面荷载的长度（吊杆间距），一般为钢筋混凝土构件，跨度较大时，也可采用预应力混凝土构件。

② 纵梁 由于横梁的间距一般在 4～10m 之间，纵梁多采用 T 形、Ⅱ形小梁，设计成简支梁结构或连续结构（图 4-1-45），或直接在横梁上满铺空心板、实心板。

③ 桥面板 桥面板可与纵梁连成整体，形成 T 梁，也可在预制的纵梁上现浇桥面板形成组合梁。另一种方法是在横梁上密铺预制空心板或实心板来取代桥面板和纵梁两者的作用。桥面板一般为钢筋混凝土结构，也可采用预应力或部分预应力混凝土结构。

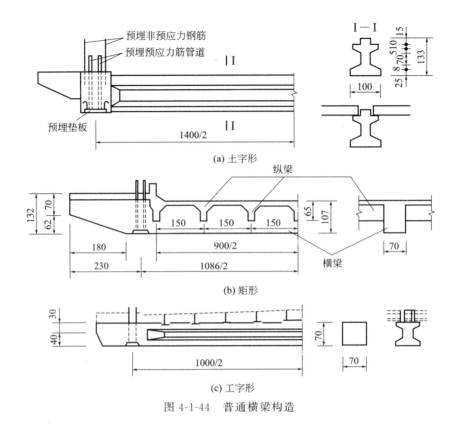

图 4-1-44 普通横梁构造

4.1.3.3 钢管混凝土拱桥构造

钢管混凝土拱桥（Concrete Filled Steel Tubular Arch Bridge）简称 CFST 拱桥，常用跨径为 80～280m。1990 年，我国第一座钢管混凝土拱桥——四川旺苍东河大桥建成（图 4-1-46），跨径为 115m 的下承式预应力钢管混凝土系杆拱桥。

钢管混凝土是在薄壁圆形钢管内填充混凝土而形成的一种组合材料，它一方面借助内填混凝土增强钢管壁的稳定性，同时又利用钢管对核心混凝土的套箍作用，使核心混凝土处于三向受压状态，从而使其具有更高的抗压强度和变形能力。

钢管混凝土本质上是套箍混凝土，因此，除具有一般套箍混凝土强度高、韧性好、重批轻、耐疲劳、耐冲击等特点外，尚具有以下几方面的独特优点。

① 承载力高。借助内填混凝土，提高薄壁钢管的侧向刚度，保证局部稳定性；混凝土受到钢管约束，改变受力性能，提高抗压强度。

② 塑性性能好。混凝土受到钢管约束，处于三向受力状态，不仅改善了使用阶段的弹性性质，而且破坏时可产生较大的塑性变形。

③ 经济效益显著。钢管混凝土结构同钢结构相比大约可节省钢材 50% 左右；同钢筋混凝土结构相比，可减少混凝土 50% 左右，用钢量大致相当，减轻自重 50% 以上；由于构件截面尺寸大大减小，增加了建筑物的使用面积和有效空间，经济效益显著。

④ 施工简单，缩短工期。钢管既是模板，又是纵筋和箍筋，可以省去模板制作与安装，节省脚手架、绑扎钢筋等工序。

⑤ 抗震性能优越。结构自重轻，可以减小地震作用，钢管的存在增加了结构延性，提高了抗震性能。

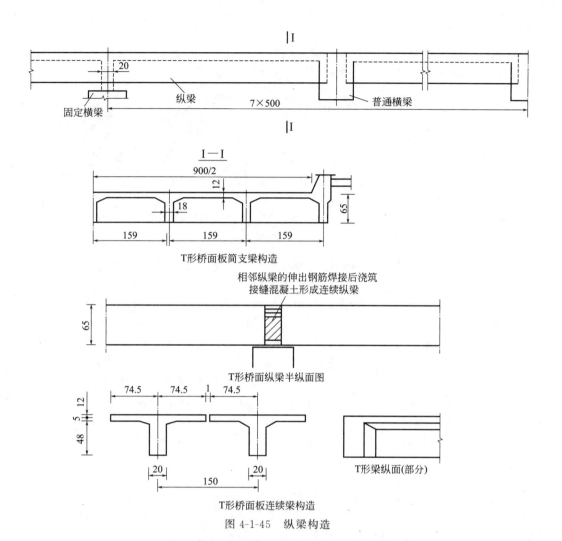

图 4-1-45 纵梁构造

图 4-1-46 四川旺苍东河大桥

⑥ 比钢结构抗火性能优越。由于管内混凝土能够吸收大量热能，增加构件的耐火时间，因此，钢管混凝土结构比钢结构具有良好的抗火性能。

⑦ 有利于采用高强混凝土。将高强混凝土充填到钢管内，可以改善其延性差、脆性大的缺点，进一步发挥高强混凝土性能。

(1) 主拱圈构造

钢管混凝土拱肋横截面形式，按钢管的根数及布置形式，常有单管形、哑铃形、四肢桁架式三种，此外还有三肢桁架式和集束形等，如图4-1-47所示。

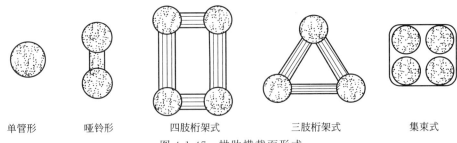

图4-1-47 拱肋横截面形式

单管形截面按其截面形式，有圆形、椭圆形、矩形等几种。椭圆形和矩形截面，在外力作用下管壁容易变形，其套箍约束作用远小于圆形钢管，因此不多采用。

单管形截面是最简单的拱肋截面，其构造简单，受力明确，但跨径大时相应要求增大钢管的直径和壁厚，这既不经济又不合理。适用于跨径80m以内的拱桥。

哑铃形截面由上、下两个钢管通过缀板连接而成，与单管拱肋相比，其纵向抗弯刚度大，是中等跨径拱桥一种较为理想的截面形式，国内早期建造的钢管混凝土拱桥，如四川旺苍大桥采用哑铃形截面（图4-1-47）。在采用哑铃形截面时可通过设置缀板拉杆或缀板内部不灌注混凝土而直接对缀板进行加劲等措施予以加强。此外，哑铃形截面的侧向刚度较小，应在桥面系上、下设置足够的风撑，确保其侧向稳定性，哑铃形钢管混凝土拱桥，其跨径不宜超过150m。哑铃形截面通常用于中承式拱桥和下承式系杆拱桥，也可用于上承式拱桥。

桁架式截面由上、下肢钢管（又称弦杆、弦管）与腹杆（空钢管）连接而成。桁架式截面根据弦管肢数的不同，有单片桁式、二肢桁式、四肢桁式、六肢桁式等，其中以四肢桁式应用最广，其他形式应用相对较少。桁架式截面将承受弯矩的上、下弦杆布置于远离截面中性轴位置，能够用较小的钢管直径取得较大的纵、横向抗弯刚度，同时，桁架式结构杆件以承受轴向力为主，能够充分发挥钢管混凝土这种材料的受力特性，因此，桁式截面是大跨径钢管混凝土拱桥常用的截面形式。当跨径超150m后应采用桁架式截面。

四肢桁式截面，按上下平联的构造形式，有横哑铃形桁式截面 [图4-1-48(a)]、全桁式截面 [图4-1-48(b)] 和混合式桁式截面 [图4-1-48(c)] 三种。

横哑铃形桁式截面是在两片桁架的上弦杆之间和下弦杆之间设置上、下缀板，缀板之间充填混凝土形成上下两个横放的哑铃形截面，是较早出现的桁式截面。横哑铃形缀板中的混凝土对加大抗弯刚度有较大作用。

对中、下承式拱桥，吊杆多布置于下弦管的缀板上，吊杆套管穿过下缀板及腹腔内混凝土，在混凝土灌注过程中容易堵管而压爆。相对于钢管混凝土截面，缀板及其腹腔内混凝土对整个刚度的贡献较小，因此，后发展为混合式桁式截面，即上弦杆采用横哑铃形，下弦杆采用钢管平联连接。

全桁式截面的上、下平联和腹杆均采用钢管，形成格构形截面，这种截面较横哑铃形桁式截面，由于取消了钢管间的横向缀板和腹腔内混凝土而采用钢管，节省了用钢批和混凝土用量，减轻了自重，使钢管混凝土拱桥具有更大跨越能力。由于各管均以轴向力为主，受力明确。六肢截面构造相对复杂，加工制作难度大，受力比较复杂，较少采用。采用桁式截面的钢管混凝土拱肋，跨径250m以内时可采用等高度，超过250m时，宜采用变高度。三肢

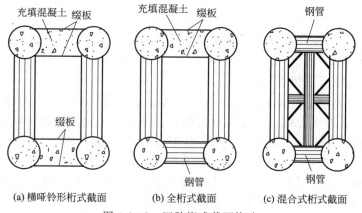

图 4-1-48 四肢桁式截面构造

桁架式截面纵向刚度大和横向刚度较大,适用于无风撑钢管混凝土拱桥,但受力不尽合理,国内使用较少。

集束型是将钢管桁架改成集束钢管,钢管间采用螺栓、电焊以及钢板箍(间距 2~3m)连成整体形成拱肋,与钢管桁架相比,可节省腹杆,但纵向刚度减弱,集成在一起的钢管抗弯刚度小,不利于钢管混凝土性能的发挥,同时钢管防腐较困难,不宜采用。

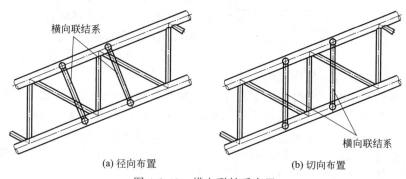

图 4-1-49 横向联结系布置

(2) 横向联结系

横向联结系的主要作用是将钢管混凝土拱肋联结成整体,并确保结构稳定。横向联结系有沿着拱肋横截面设置的横撑或剪刀撑,以及沿上、下弦杆顺桥向设置的 K 撑、X 撑和米形撑等(也称上、下平联)。为便于与拱肋弦管联结,横向联结系多采用空钢管桁架。

上承式拱桥,横向联结系通常在立柱横向之间设置 K 撑、剪刀撑或米形撑,在靠近拱脚第一排立柱的拱肋横向之间应设置剪刀撑或米形撑。

中、下承式拱桥,横向联结系在桥面附近受到行车空间的限制,同时对横向动力特性和美观也有很大影响,因此其合理布置十分重要。

横向联结系既可沿拱轴线径向布置 [图 4-1-49(a)],也可沿拱轴线切向布置 [图 4-1-49(b)]。

拱顶附近横向联结系布置成与拱轴线正交(径向)、其他地方与拱轴线相切,对提高横向稳定效果较好,这是由于拱肋横向失稳向面外侧倾时,拱顶处的横向联结系主要承受拱肋的扭转变形,采用竖向布置的联结系增强了对拱肋在拱顶处扭转变形的约束,提高了拱的面外稳定性。在其他地方,尤其是 1/4 跨附近拱肋侧倾时,横向联结系要承受拱肋的相对错动,对联结系是横向弯矩,因此,采用切向布置(如 K 撑),对约束拱肋的相对错动有较大的作用。

通常，横向联结系的宽度不应小于其长度的 1/15。

对大跨径宽桥，为加强整体稳定性和缩短横向联结系杆件的自由长度，多在拱顶布置米形撑，其两侧布置 K 撑。

(3) 吊杆、系杆及锚固构造

① 吊杆构造　中、下承式钢管混凝土拱桥需设置吊杆。吊杆应优先采用柔性吊杆，一般用冷轧粗钢筋、高强钢丝或钢绞线等材料制作，分别用轧丝锚、墩头锚和夹片锚与拱肋、横梁相连。受到桥面不平整的影响，汽车行驶引起的冲击容易使夹片退锚，因此，对夹片锚应有防退锚措施。靠近拱肋与桥面系交汇附近的短吊杆，受力复杂，约束变形大，应将两端设计成铰接，并设法增大其长度，对桁式拱肋，应将短吊杆锚具布置在上缀板或上缀条上。

吊杆可布置成单吊杆形式和双吊杆形式（图 4-1-50）。单吊杆受力明确，它对主拱和桥面系中吊杆锚固的尺寸空间要求小，施工方便，但后期吊杆更换时需额外施加一些更换辅助措施。双吊杆有横向双吊杆和纵向双吊杆两种布置方式，横向双吊杆是在横桥向同一吊杆布置双吊杆，纵向双吊杆则是在纵桥向同一吊杆位置布置成双吊杆。双吊杆存在吊杆受力不均的问题，构造也较单吊杆复杂，但后期更换吊杆时比较方便，可在不中断交通或短暂封闭交通下逐根进行，无需额外的临时措施，对桥梁运行影响较小，因此，在设计时应综合比较、权衡利弊。

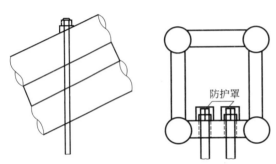

图 4-1-50　拱肋吊杆锚具布置

对单管和哑铃形拱肋，吊杆锚具只能布置在钢管顶部，桁式拱肋除短吊杆布置在上缀板或上缀条外，其余可布置在下缀板或下缀条上；吊杆下锚具布置在横梁底部，做成承压式锚具连接。这种锚固方式是以拱肋或吊杆横梁体受压为受力特点，优点在于使连接件受压，构造简单，特别是对于混凝土梁体的连接有益，缺点在于锚固连接件超出梁底界线，不利于美观，同时，梁底锚固区的运营检查也不方便。

通常将张拉端设置在拱肋，下端为固定端，以方便拆卸更换。锚头要求防护严密，不能外露在大气中，防止锈蚀。锚固在拱肋上的吊杆锚具，为避免直接暴露在大气中，应有完善的防水、防护罩措施，防止雨水和灰尘渗入锚头，锈蚀锚具。吊杆的使用寿命一般只有 20～30 年，在使用期间需要更换吊杆。

② 系杆构造　拱梁组合体系桥和系杆拱桥，需要设置系杆来平衡结构自重产生的水平推力。系杆宜采用抗弯刚度较小的柔性构件，并且与桥道系不产生共同作用。

系杆的构造方式有，在横梁顶面设置纵向可滑动的系杆箱，穿入高强度钢丝或钢绞线成品索；在横梁顶面设置滚轮，其上放置高强度钢丝或钢绞线成品索；在横梁上预设纵向可自由滑动的系杆孔，内穿高强钢丝或钢绞线成品索。系杆与吊杆相似，其使用寿命也只有 20～30 年，通常存在系杆更换问题。

(4) 桥面系构造

钢管混凝土拱桥的桥面系构造与钢筋混凝土肋拱桥的桥面系基本一致。上承式钢管混凝土拱桥，拱上立柱间距通常在 20～30m 之间，跨度较大，因此，桥面系纵梁应采用预应力混凝土 T 梁或箱形梁，也可采用钢-混凝土结合梁构造。中承式拱桥的吊杆横梁，应根据两吊杆的纵向间距和横向间距，采用钢筋混凝土、预应力混凝土或钢梁，截面形式有矩形、工字形、T形、凸字形、带凸字形的工字形和箱形。横梁应采用变高度以形成横坡，使桥面铺装做成等厚度，减轻铺装层重量。横梁顶作为桥面板的支承面，并与预制桥面板通过现浇混凝土结合成桥面结构。钢管混凝土拱桥桥面系部分结构形式可采用简支体系、先简支后连续和连续体系，从受力和行车条件考虑，连续体系较好。

4.1.3.4 其他类型拱桥的构造

(1) 组合体系拱桥

拱式组合体系桥是将梁和拱两种基本构件组合起来共同承受荷载，充分发挥梁受弯、拱受压的结构特性及其组合作用，达到节省材料的目的。按照拱脚是否产生推力，拱式组合体系桥一般可划分为有推力和无推力两种类型（图4-1-51）。

当建桥地质条件较好时，可以采用有推力的拱式组合体系桥［图4-1-51(a)］。

无推力拱式组合体系桥（也称系杆拱桥）是外部静定结构［图4-1-51(b)］，兼有拱桥的较大跨越能力和简支梁桥对地基适应能力强的两大特点，因而使用较多。当桥面高程受到严格限制而桥下又要求保证较大的净空，或当墩台基础地质条件不良易发生沉降，但又要保证较大跨径时，无推力拱式组合桥梁是较优越的桥型。

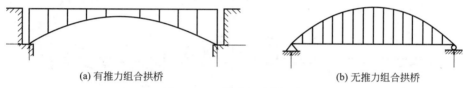

(a) 有推力组合拱桥 　　　　(b) 无推力组合拱桥

图4-1-51　拱式组合体系桥

按照桥跨的布置方式，拱式组合体系桥，又可分为以下几种形式。

① 简支梁拱组合式桥梁　这种类型的桥梁只用于下承式，为无推力的组合体系拱（图4-1-52）。拱肋结构一般为钢管混凝土和钢筋混凝土，桥面上常设风撑，简支梁拱组合式桥梁，外部为静定结构，内部为高次超静定结构。

图4-1-52　简支梁拱组合体系桥

根据拱肋和系杆相对刚度的大小，简支梁拱组合体系拱（系杆拱桥）可分为柔性系杆刚性拱、刚性系杆柔性拱、刚性系杆刚性拱三种基本组合体系。

a. 柔性系杆刚性拱。在柔性系杆刚性拱组合体系中，比普通下承式拱桥多设了承受拱肋推力的受拉柔性系杆，因而假设系杆和吊杆均为柔性杆件，只承受轴向拉力，不承受压力和弯矩。拱肋按普通拱桥的拱肋一样考虑，为偏心受压构件，严格地讲，该假定只有在拱肋和系杆刚度之比趋于无穷大时才成立，当 $(EI)_{拱}/(EI)_{系} > 80$ 时，可以忽略系杆承受的弯矩。认为组合体系中的弯矩均由拱肋承受，系杆只承受拉力，从而发挥材料的特性，节省钢材，减轻墩台负担，使这种体系能用于软土地基上。

b. 刚性系杆柔性拱。这种体系拱肋与系杆的刚度比相对小得多，即当 $(EI)_{拱}/(EI)_{系} < 1/80$ 时，拱肋分配到的弯矩远小于系杆，因而可以忽略拱肋中的弯矩，认为拱肋只承受轴向压力，系杆不仅承受拱的推力，还要承受弯矩，为拉弯组合梁式构件。该体系以梁（系杆）为主要承重结构，柔性拱肋对梁进行加劲，所以称为刚性系杆柔性拱。它的特点是内力

分配均匀，刚性系杆与吊杆、横撑可以组成刚度较大的框架，拱肋不会发生面内S形变形，在适用的跨度（100m以下）内拱的稳定性有充分保证。

c.刚性系杆刚性拱。刚性系杆刚性拱的特点介于柔性系杆刚性拱和刚性系杆柔性拱之间，当$(EI)_拱/(EI)_系$在1/80～80之间时，拱肋和系杆都有一定的抗弯刚度，荷载引起的弯矩在拱肋和系杆之间按刚度分配，它们共同承受纵向力和弯矩，内力计算与实际情况比较接近。由于拱肋和系杆是刚性的，拱肋和系杆的端部是刚性连接。故这种体系刚度较大，适用于设计荷载大的桥梁。

② 连续梁拱组合式桥梁　此种体系（图4-1-53），可以是上承式、中承式及下承式，也可以是单肋拱、双肋拱或多肋拱与加劲梁组合，双肋拱及多肋拱的加劲梁的截面形式可类似于简支梁拱组合式桥梁布置，而单片拱肋必须配置有箱形加劲梁，以加劲梁强大的抗扭刚度抵消偏载影响。这种桥型造型美观，本身刚度大，跨越能力大。

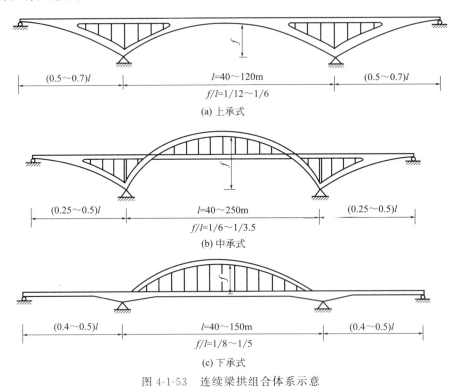

图 4-1-53　连续梁拱组合体系示意

③ 单悬臂组合式桥梁　单悬臂组合式桥梁（图4-1-54），只适用于上承式，采用转体施工特别方便。但中间设置牛腿带有挂孔，桥梁整体刚度差，较少使用。单悬臂梁拱组合式桥梁实际上是将实腹梁挖空，用立柱代替梁腹板，原腹板的剪力主要由拱肋竖向分力及加劲梁剪力平衡。这样的结构加劲梁受拉弯作用，加劲梁采用预应力混凝土，拱肋为钢筋混凝土。

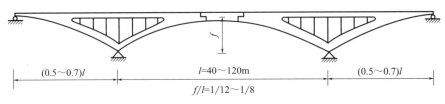

图 4-1-54　悬臂梁组合体系示意

(2) 系杆拱桥

系杆拱桥一般由拱肋、吊杆或立柱、系杆、行车道梁（板）及桥面系等组成（图 4-1-55）。拱肋结构一般为钢管混凝土和钢筋混凝土，桥面上设置风撑，因在拱肋和系杆之间设吊杆或立柱，所以外部静定而内部为高次超静定结构，主要承重结构除拱肋外，还有加劲梁，它与横梁组成平面框架，由吊杆上下联系以达到共同受力的目的。

① 拱肋构造　对于柔性系杆刚性拱，拱肋的构造基本上可以参考普通的下承式拱桥，拱肋截面可根据跨径的大小和荷载等级选用矩形、工字形或箱形。拱肋高度对于公路桥 $[h=(1/50\sim1/30)l]$ 为主拱跨径。拱肋宽为肋高的 0.4～0.5 倍。一般矩形截面用于较小跨径。当肋高超过 1.5～3.0m 时，采用工字形或箱形较为合理。柔性系杆刚性拱矢跨比一般在 1/5～1/4 之间。

刚性系杆柔性拱以梁为受力主体，拱肋在保证一定强度和稳定性的条件下，拱肋高度多采用 $h=(1/120\sim1/100)l$，有时可以压缩到 $h=(1/160\sim1/140)l$。拱肋宽度一般采用 $b=(1.5\sim2.5)h$，对公路桥，刚性系杆高度 $h=(1/35\sim1/25)l$，跨度较大时，还可做成变截面。柔性拱肋截面常采用宽矮实心截面，拱肋本身的横向刚度较大。若采用钢筋混凝土吊杆，就可以和横梁一道组成半框架，拱肋之间常可以不设横撑，就足以保证侧向稳定性，因此刚性系杆柔性拱可以设计成敞口桥，使之视野开阔。拱轴线通常采用二次抛物线，矢跨比一般为 1/7～1/5。

刚性系杆刚性拱的拱肋高度 $h=(1/60\sim1/50)l$，拱肋宽度 $b=(0.8\sim1.2)h$。拱肋与系杆的截面常设计成相同的几何形状，便于支承点处的构造连接，截面多采用工字形和箱形截面，拱肋轴线一般为二次抛物线。

图 4-1-55　系杆拱桥示意

② 系杆构造　系杆的构造见图 4-1-56。在系杆拱设计中，最关键的问题是系杆的设置。既要考虑系杆与拱肋的连接，保证系杆能与拱肋共同受力，又要考虑系杆与行车道部分之间相互作用，避免桥面行车道部分阻碍系杆的受拉而遭到破坏，常见的系杆构造如下。

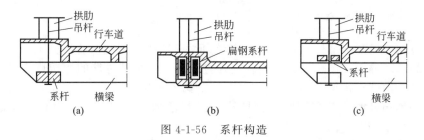

图 4-1-56　系杆构造

a. 在行车道中设置横向断缝，使行车道不参与系杆的受力 [图 4-1-56(a)]，行车道简支在横梁上。这种形式受力明确，应用较多。

b. 系杆采用型钢或扁钢制作，与行车道完全不接触［图 4-1-56(b)］，为了防止行车道参与系杆受力，一般还要在行车道内设置横向断缝，其缺点是外露系杆易锈蚀，在温度变化时，外露金属系杆和钢筋混凝土拱肋的温度有差别，由此而产生附加应力。

c. 采用独立的钢筋混凝土系杆［图 4-1-56(c)］，每个系杆由两部分组成，安放在吊杆两旁，自由地搁置在横梁上，一般尽量把系杆做得矮宽以增加柔性，故常用于柔性系杆刚性拱中。

d. 采用预应力钢筋混凝土系杆，为了方便连接，系杆截面形式与拱肋截面形式一致，行车道可设横向断缝，亦可不设，考虑行车条件，不设为宜。这种系杆较为合理，由于预加压力可克服混凝土承受的拉力，避免混凝土的裂缝，维修费用比钢系杆低。

③ 吊杆构造　吊杆一般是长而细的构件，与中、下承式拱桥的吊杆构造基本相同。由于设计时通常将其作为轴向受力构件考虑。故吊杆构造设计时必须兼顾到它不承受弯矩的特点，即顺桥向尺寸应设计得较小，使之具有柔性，而在横桥向为了增加拱肋的稳定性，其尺寸应设计得较大。吊杆以前多采用钢筋混凝土或预应力混凝土构件，由于钢筋混凝土吊杆易产生裂缝，预应力混凝土吊杆施工麻烦，现在吊杆的发展趋势是采用高强钢丝或粗钢筋。吊杆与拱肋的连接形式见图 4-1-57。

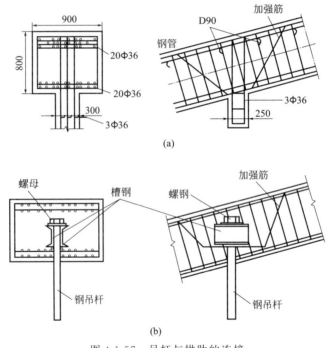

图 4-1-57　吊杆与拱肋的连接

a. 当采用钢筋混凝土吊杆时，吊杆内的受力钢筋环绕浇筑在拱肋混凝土中的钢管弯转扣接，并将钢筋末端锚固［图 4-1-57(a)］。钢管直径应满足吊杆主筋的弯转规定。或将吊杆钢筋末端绕拱肋内的粗钢筋弯转，然后焊牢，以形成环扣。

b. 当采用钢吊杆时，可在拱肋中预埋槽钢或其他劲性钢筋，把钢吊杆直接悬挂在预埋槽钢或其他劲性钢筋上［图 4-1-57(b)］。

c. 当采用高强钢丝时，可在拱肋中预埋管道，将钢丝末端锚固在拱肋上，通常锚头处要设置垫板，垫板下设置局部钢筋网，以分散作用在锚头处混凝土上的应力。

当采用柔性系杆时，为了避免系杆出现较大弯矩，同时克服系杆截面高度较小而造成的构造上的困难,通常将吊杆与横梁相连接。当采用刚性系杆时,由于系杆截面高度较大有可能允许把吊杆钢筋末端伸入系杆混凝土足够长,形成扣结,因此可将吊杆与系杆相连接。

④ 横向连接构造　为保证拱肋的横向稳定,一般需在两拱肋间设置横向联系。横向连接构件截面可设计成矩形、T形或箱形,平面上可布置成 X 形、K 形或与纵向垂直,顺桥方向可布置成单数或双数,通常以单数布置较多,即拱顶布置一根,两侧对称布置。其特点是可以改变纵向波形,缩短波长,提高结构稳定性。由于横向连接构件主要是防止拱肋横向失稳的作用,从受力形式上看是以轴向压力和自身恒载为主,配筋原则上照此进行。拱肋与横向构件交接部位设横隔板或浇筑成实心段,使横向连接构件的钢筋末端有足够的锚固长度。桥面系的构造见本教材的有关内容。

（3）桁架拱桥

桁架拱桥又称拱形桁架桥（图 4-1-58）,是一种具有水平推力的桁架结构,其下弦杆为拱形,上弦杆一般与桥道结构组合成一整体而共同工作。桁架拱的节点构造及桁架拱与墩台的连接形式分别如图 4-1-59 和图 4-1-60 所示。在跨中部分,因上、下弦杆很靠近,一般做成实腹段。拱形结构的水平推力减少了跨间弯矩,使跨中实腹段在恒载作用下主要承受轴向压力,在活载作用下将承受弯矩,成为一偏心受压构件。空腹段的桁架杆件主要承受轴向力。由于桁架拱兼备了桁架和拱式结构的有利因素,因此能充分发挥材料的受力性能。同时在一般拱桥中,桥面和拱圈之间都需设置传递荷载的拱上结构,这里利用拱上结构与拱圈形成桁架,使之整体受力,并不需要增加很多材料。因此桁架拱具有结构受力合理、整体性强、节省材料、自重较轻等特点。

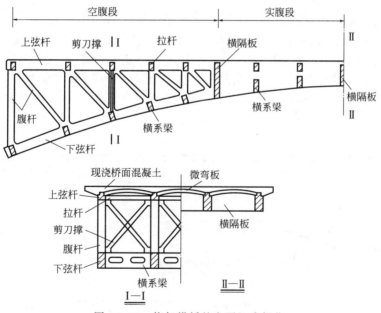

图 4-1-58　桁架拱桥的主要组成部分

桁架拱桥的构件除桥面外大部分都可预制,其安装块件的尺寸和重量根据运输和安装能力而定。通常,中等跨径的桁架拱片可分两至三段预制安装,每段重十余吨,当起重能力较大时,分段还可减少,或跨径还可增大,而且桁架拱桥的预制构件品种少,施工工序少,因此工期较短,但对构件的预制安装工艺有较高的要求。

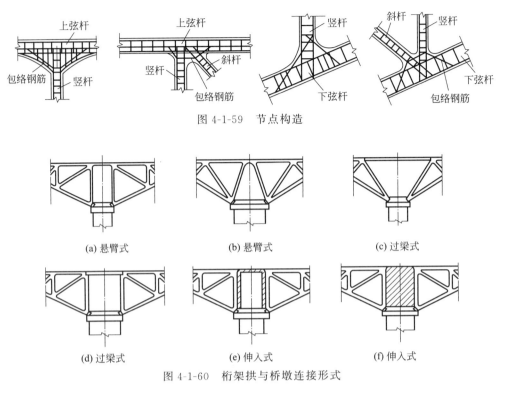

图 4-1-59 节点构造

(a) 悬臂式　(b) 悬臂式　(c) 过梁式
(d) 过梁式　(e) 伸入式　(f) 伸入式

图 4-1-60 桁架拱与桥墩连接形式

(4) 刚架拱桥

刚架拱桥的上部结构由刚架拱片、横向联结系和桥面等部分组成（图 4-1-61）。刚架拱片是刚架拱桥的主要承重结构，一般由跨中实腹段的主梁、空腹段的次梁、主拱腿（主斜撑）、次拱腿（斜撑）等构成（图 4-1-61），与桥面板一起形成刚架拱的主拱。总体布置形式主要与桥梁跨径、荷载大小等有关。当跨径小于 30m 时，可采用只设主拱腿、不设次拱腿的最简单形式［图 4-1-62(a)］。当跨径在 30~50m 时，为了减小腹孔段次梁和斜撑的内力，

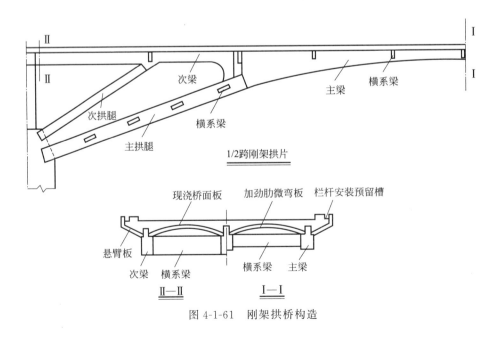

图 4-1-61 刚架拱桥构造

可以设置一根次拱腿［图 4-1-62(b)］。随着跨径增大，为减小次梁和斜撑的内力，可设置多根斜撑，如图 4-1-62(c) 所示。

横向联系的作用是将刚架拱片联成整体共同受力，并保证其横向稳定。为了简化构造，横向联系一般采用预制装配式的横系梁或横隔板形式，其间距视跨径大小酌情布置。一般在刚架拱片的跨中、主次梁端部等处设置横系梁。当跨径较大或者跨径小但桥面很宽时，为了加强跨中实腹段刚架拱片间的横向整体性，有利于荷载的横向分布，可增设直抵桥面板的横隔板。

桥面系可由预制微弯板、现浇混凝土填平层、桥面铺装等部分组成，也可采用预制空心板、现浇混凝土层及桥面铺装等构成。

刚架拱片可以采用现浇或预制安装的方法施工，应根据运输条件和安装能力研究，目前

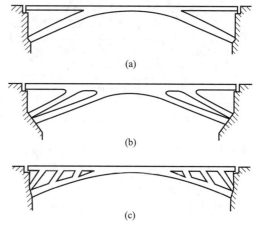

图 4-1-62　刚架拱总体布置

大多数采用后者。为了减小吊装质量，可将主梁和次梁、斜撑等分别预制，用现浇混凝土接头连接。当跨径较大时，次梁还可分段预制。如图 4-1-63 所示。

图 4-1-63　刚架拱分段吊装

任务 4.2　拱架施工法

【任务引领】

在拱桥施工过程中，最为重要的内容是拱圈施工。一旦拱圈成型并且可以承载，拱桥其余部分的施工难度将大大降低，目前拱圈的施工方法主要分为有支架施工方法和无支架施工方法两类。所谓有支架施工方法，就是在搭建的支架上将拱圈浇筑成型或者用预制砌块将拱圈砌筑成型，并在拱圈之上继续完成拱上结构之后再落架。有支架施工又分为就地浇筑施工、就地砌筑施工。本任务要求通过识读施工图编制有支架施工的方案。

4.2.1　常见支架形式

(1) 支架式木拱架

通常情况下，支架式木拱架的形式如图 4-2-1 所示。由于木拱架结构简单，搭建容易，并且立柱间距小，承重能力强，稳定性好，因此适于在河水流量小、无洪水威胁且无通航能力的河道上建造拱桥时使用。

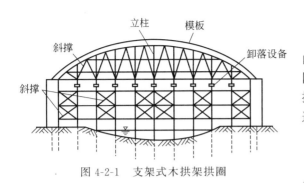

图 4-2-1 支架式木拱架拱圈

(2) 撑架式木拱架

撑架式木拱架的构造较为复杂（图 4-2-2）。由于拱架表面的支点间距可以做得较大，因而其可用于建造桥墩较高且跨径较大的拱桥，并可节省成本和材料，还可用于有通航要求的河道。

(3) 扇形拱架

扇形拱架的搭建以河道中的基础为中心支撑点，以放射状布置的斜杆为径向支撑骨架，再用水平横木逐层将放射状布置的斜杆连接成整体，从而形成如图 4-2-3 所示的扇形结构。扇形拱架主要用于支承砌筑式拱圈的施工荷载。虽然扇形拱架的结构比较复杂，但由于支撑斜杆采用径向布置，施工过程中以径向受压的方式承担施工荷载，因此可以更充分地发挥材料的承载能力，特别适合砌筑大拱度拱圈时采用。

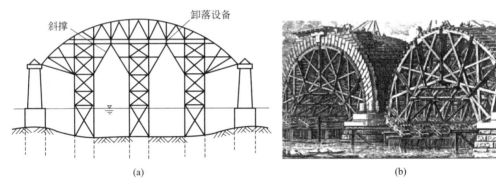

图 4-2-2 撑架式木拱架

(4) 钢木组合拱架

钢木组合拱架中的钢梁由于采用型钢、钢桁架或贝雷梁做成，具有抗弯截面较大、抗变形能力极强的特点，可以在环向作大跨度架设，因此大大增加了支架的间距，可大批替代径向布置的木质撑杆和横向连接木料，减少木材的使用量（图 4-2-4）。采用环向架设的钢梁后，可在梁面上设置变高方木以形成拱，并用以支承模板。

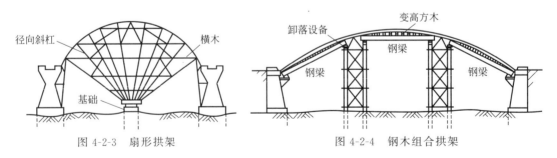

图 4-2-3 扇形拱架　　　　图 4-2-4 钢木组合拱架

(5) 满布式钢管拱架

满布式钢管拱架通常采用碗扣式或扣件式钢管脚手架搭建而成，见图 4-2-5。这种脚手架具有承载力较强、搭设灵活、拆卸和运输方便的特点，多用于房屋建筑工程。近年来，随着城市立交桥的发展，碗扣式或扣件式钢管脚手架被大量用作墩台施工的脚手架或上部梁式现浇的满堂支架,还经常被用作浇筑或砌筑拱桥拱圈时的满布式钢管拱架。

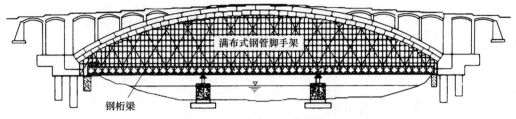

图 4-2-5 满布式钢管拱架

(6) 土牛拱胎

土牛拱胎适合在缺乏钢木建材的环境中建造砌筑式拱桥或拱形结构,所谓土牛拱胎,就是在需要建造拱桥的地点首先用土、砂、卵石、片石等按照拱圈的形状填筑一个拱形土胎。土牛拱胎堆成并经压实后,在其顶面用块石或砌块砌筑拱圈待拱圈完成后将土牛拱胎清除便形成了可以承载的砌筑式拱圈。

4.2.2 拱桥主拱圈就地浇筑施工

4.2.2.1 拱架计算

① 拱架的计算荷载应包括:
a. 拱圈自重乘系数 1.2;
b. 拱架和模板自重;
c. 施工人员、机具重,按 2.5kPa 计算;
d. 振捣混凝土产生的荷载,按 2.0kPa 计算。

还应根据实际情况,考虑作用在拱架上的风力、水流压力、流冰压力和船只漂流物的冲击力等荷载。

② 支架应置于可靠基础上,不得产生不均匀沉降。对地基基础必须进行承载力验算,置于水中的支架,还必须进行冲刷计算。

③ 支架宜采用标准化、通用化的常备式钢构件拼装,除非在特殊情况下,不宜采用木支架。

④ 强度及刚度要求。验算模板、拱架的刚度时,其变形值不得超过下列数值:
a. 结构表面的模板,挠度为模板构件跨度的 1/500,最大不超过 4mm;
b. 钢模板的面板变形为 1.5mm;
c. 落地式拱架受载后,其弹性挠度不得超过相应结构跨度的 1/2000,最大不超过 50mm;
d. 拱式拱架受载后,其弹性挠度不得超过相应结构跨度的 1/1000,最大不超过 100mm。

拱架各截面的应力验算,应根据拱架结构形式及所承受的荷载,验算拱顶、拱脚及 1/4 跨各截面的应力,同时应验算分阶段浇筑或砌筑时的强度及稳定性,抗倾覆稳定系数不得小于 2。

⑤ 支架设计拼装时,应设置施工预拱度。施工预拱度一般包括支架的弹性变形和非弹性变形、地基的非弹性变形:
a. 支架和拱架承受施工荷载引起的弹性变形;

b. 受载后由于杆件接头的挤压和卸落设备压缩而产生的非弹性变形；

c. 支架基础在受载后的沉降。

在计算出拱顶预拱度后，按二次抛物线方程分配于各控制点。该预拱度应与拱圈放样预拱度一致。

⑥ 拱式支架应验算拼装过程中的稳定性，应设计缆风绳，使拱式支架在拼装过程中横向稳定满足要求。

4.2.2.2 支架安装与注意事项

(1) 支架安装

① 支架基础　支架基础必须稳固，承重后应能保持均匀沉降且沉降值不得超过预计范围。

基础为石质时，应挖去表土，将柱根处岩面凿低、凿平。基础为密实土壤时，如在施工期间不致被流水冲刷，可采用枕木、石块铺砌或混凝土作基础；如施工期间可能被流水冲刷，或为松软土质时，需采用桩基或框架结构，或其他加固措施。

② 拱架的制作及安装　拱架的弓形木及立柱等主要杆件，应采用材质较强、无损伤及湿度不大的木材。拱架制作及安装时，应以基础牢固、立柱正直、节点连接紧密为主要原则。高拱架应特别注意其横向稳定性。

拱架可就地拼装，或根据起吊设备能力预拼成组件后再进行安装。满布式拱架的制作及安装程序如下。

a. 在平台上，按拱圈拱腹弧线加预拱度放出拱模弧线，并将拱模弧线分成段，定出弓形木接头位置和排架、斜撑、拉杆的中心线。

b. 在样台上量出各杆件尺寸，制作各杆件大样。

c. 在支架及卸落设备上操平，定出拉杆水平线。

d. 安装拉杆、立柱、斜撑、夹木及弓形木等杆件。

e. 在弓形木各节点抄平（包括预拱度），准确地按拱模弧线（减去模板、垫木和横梁的高度）控制弓形木高度。

(2) 支架安装注意事项

① 拱架在拼装前，应复核桥轴线、高程、跨距。对拱式支架和落地式支架的支撑面详细检查，准确调整其标高，确认无误后方能进行安装。

② 采用常备式钢构件拼装的拱架时，应遵循所采用的设备的相关要求。为保证拱架的稳定应设置足够的斜撑、剪力撑和缆风绳。

③ 各类拱架顶部的标高应符合拱圈下缘的拱轴线，允许偏差－10～20mm。

④ 拱式拱架和落地式拱架应稳定、坚固，应能抵抗在施工过程中有可能发生的偶然冲撞和振动。拱架立柱必须安装在有足够承载力的地基上，扣件式钢管立柱底端应设垫板来分布和传递压力，并保证浇筑混凝土后不发生超过允许的沉降量。

船只或汽车通行孔的两边支架应加设护桩，夜间应用灯光标明行驶方向。施工中易受漂流物冲撞的河中支架应设坚固的防护设备。

⑤ 木拱架所用的材料规格及质量应符合要求。桁架拱架在制作时，各杆件应当采用材质较强、无损伤及湿度不大的木材。木拱架制作时，木板长短应搭配好，纵向接头要求错开，其间距及每个断面接头应满足使用要求。木拱架的强度和刚度应满足变形要求。杆件在竖直与水平面内，要用交叉杆件连接牢固，以保证稳定。木拱架制作安装时，应基础牢固、立柱正直，节点连接应采取可靠措施以保证支架的稳定，高拱架横向稳定应有保证措施。

制作木拱架时，长杆件接头应尽量减少，两相邻立柱的连接接头应尽量分设在不同的水平面上。主要压力杆的纵向连接，应使用对接法，并用木夹板或铁夹板夹紧。次要构件的连接可用搭接法。

⑥ 拱架安装完毕后，应对其平面位置、顶部标高、节点连接及纵、横向稳定性进行全面检查，符合要求后，方可进行下一工序。

⑦ 对拱架宜进行预压，以检验拱架的安全性，并消除拱架的非弹性变形。

4.2.2.3 拱圈浇筑

(1) 施工程序

现浇混凝土拱桥施工工序一般分三阶段进行。

第一阶段：浇筑拱圈（或拱肋）及拱上立柱的底座。

第二阶段：浇筑拱上立柱、联结系及横梁等。

第三阶段：浇筑桥面系。

(2) 在支架上浇筑混凝土拱圈

① 连续浇筑。跨径小于16m的拱圈或拱肋混凝土，应按拱圈全宽度从两端拱脚向拱顶对称地连续浇筑，并在拱脚混凝土初凝前全部完成。如预计不能在限定时间内完成，则应在拱脚预留一个隔缝并最后浇筑隔缝混凝土。

② 分段浇筑。跨径大于或等于16m的拱圈或拱肋混凝土，应沿拱跨方向分段、对称浇筑。分段位置应以能使拱架受力对称、均匀和变形小为原则，宜设在拱架受力反弯点、拱脚及$L/4$等处。各段的接缝面应与拱轴线垂直，各分段点应预留间隔槽，其宽度一般为0.5～1.0m，如有钢筋接头时，其宽度尚应满足钢筋接头的需要。如预计拱架变形较小，可减少或不设间隔槽，而采取分段间隔浇筑。

间隔槽混凝土，应待拱圈分段浇筑完成后且其强度达到85%设计强度和结合面按施工缝处理后，由拱脚向拱顶对称进行浇筑。两拱脚间隔槽混凝土应在最后浇筑。拱圈合龙温度应选择当天最低温度进行。如需要在封拱合龙前用千斤顶施加压力的方法调整拱圈应力时，拱圈（包括已浇间隔槽）的混凝土强度应达到设计强度。

浇筑大跨径拱圈混凝土时，宜采用分环（层）分段法浇筑，也可沿纵向分成若干条幅，中间条幅先行浇筑合龙，达到设计要求后，再按横向对称、分次浇筑合龙其他条幅。

③ 箱形截面拱圈（或拱肋）的浇筑。大跨径拱桥一般采用箱形截面的拱圈（或拱肋），为减轻拱架负担，一般采取分环、分段的浇筑方法。分段的方法与上述相同。分环的方法一般是分成2环或3环。分2环时，先分段浇筑底板（第1环），然后分段浇筑肋墙、隔墙与顶板（第2环）；分3环时，先分段浇筑底板（第1环），然后分段浇筑肋墙脚（第2环），最后分段浇筑顶板（第3环）。

分环分段浇筑时，可采取分环填充间隔缝合龙和全拱完成后最后一次填充间隔缝合龙两种不同的合龙方法。箱形截面拱圈采用分环分段浇筑的施工程序见图4-2-6。

4.2.3 支架卸落

(1) 卸落设备

为保证拱架能按设计要求均匀下落，必须采用专门的卸架设备。常用的卸架设备有砂筒、木楔和千斤顶。

① 砂筒 [图4-2-7(a)]。砂筒一般用钢板制成，筒内装烘干的砂子，上部插入活塞（木

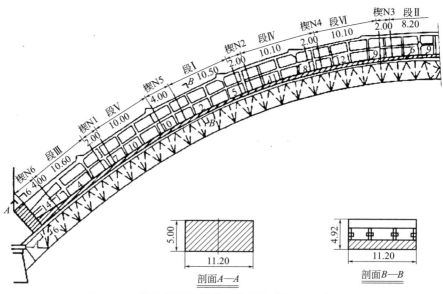

图 4-2-6 箱形截面拱圈分环分段浇筑施工程序示意

制或混凝土制)。卸落是靠砂子从筒的下部预留泄砂孔流出,因此要求筒内的砂子干燥、均匀、清洁。砂筒与活塞间用沥青填塞,以免砂子受潮而不易流出。由砂子泄出量来控制拱架卸落高度,这样就能由泄砂孔的开与关,分数次进行卸架,并能使拱架均匀下降而不受振动,使用效果良好。

② 木楔 [图4-2-7(b)、(c)]。图4-2-7(b)为由两块(1∶10)~(1∶6)斜面的硬木模组成,落架时,只需轻轻敲击木模小头,将木模取出,拱架即下落;图4-2-7(c)为组合木模,由三块楔形木和一根拉紧螺栓组成,卸架时只需扭松螺栓,木模下降,拱架即降落。

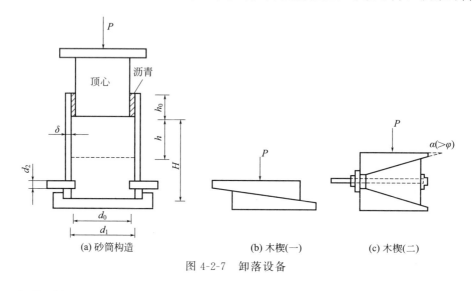

图 4-2-7 卸落设备

(2) 卸落时间

拱圈砌筑或现浇混凝土完毕,待达到一定强度后即可拆除拱架。

如果施工情况正常,在拱圈合龙后,拱架应保留的最短时间与跨径大小、施工期温度、养护方式等因素有关。对于石拱桥,拱圈通常需在砌筑完成后20~30d,砌筑砂浆达到85%

的设计强度或规范规定的要求后才可卸落拱架。对于混凝土拱桥，应按设计强度要求、混凝土块试压强度等具体情况确定。有要求安装设计要求，无设计要求在混凝土强度达到设计强度的85%的要求后，方可拆除拱架。

因施工要求必须提早拆除拱架时，应适当提高砂浆（或混凝土）的强度等级或采取其他措施。

(3) 卸落程序

卸落拱架应按提前拟定的卸落程序进行，分几个循环卸完。卸落量开始宜小，以后逐渐增大。在纵向应对称均衡卸落，在横向应同时一起卸落。在确定卸落程序时应按以下要求进行。

① 在卸落前应在卸架设备上画好每次卸落量的标记。

② 落地式拱架卸落时，可从拱顶向拱脚依次循环卸落；拱式拱架可在两支座处同时均匀卸落。

③ 多孔拱桥卸架时，若桥墩允许承受单孔施工荷载，可单孔卸落，否则应多孔同时卸落，或各连续孔分阶段卸落。

④ 在卸落拱架时应设专人用仪器观测拱圈挠度和墩台变化情况，并详细记录。另设专人观察是否有裂缝现象。

⑤ 不允许用猛烈地敲打和强扭等方法进行卸落拱架。拱架拆除后，应维修整理，分类妥善存放。

4.2.4 拱圈主拱圈的砌筑施工

(1) 连续砌筑

对于跨径不大于16m的拱圈，当采用满布式钢管拱架施工时，可以从两拱脚处开始，向着拱顶方向对称地依次砌筑，最后在拱顶处合龙；对于跨径小于10m的拱圈，若采用拱架施工，应在砌筑拱脚的同时预压拱顶以及距拱顶 $L/4$ 部位的拱架，以提前消除拱架的非弹性沉降并预防拱架的弹性变形，从而可有效地预防拱圈在砌筑过程中产生不正常的变形和开裂。预压物可采用拱石，随撤随砌，也可采用砂袋等其他材料。

砌筑拱圈时，常在拱顶处预留合龙口，最后在拱顶处合龙。为防止拱圈因温度变化而产生过大的附加应力，拱圈合龙应在设计所规定的温度范围内进行；当设计无规定时，宜在气温为10～15℃时进行。

(2) 分段砌筑

当跨径为16～25m的拱桥采用满布式钢管拱架施工，或跨径为10～25m的拱桥采用钢桁式拱架施工时，可将半跨分成两段，然后逐段对称砌筑，如图4-2-8所示。

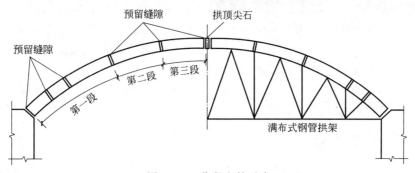

图 4-2-8 分段砌筑示意

分段砌筑时，各段间可预留缝隙，缝隙宽 3～4cm。在缝隙处砌筑的拱石要规则。为保证砌筑过程中不改变缝隙的形状和尺寸，也为了便于拱石传力，缝隙处可用铁条或水泥砂浆预制块作为垫块，待各段拱石砌完后再填塞缝隙。填塞缝隙应两半跨对称进行，各缝隙同时填塞，或从拱脚开始向拱顶方向填塞，因用力夯填缝隙砂浆可使拱圈拱起，故此法宜在小跨径拱施工下中使用。填塞缝隙砂浆使拱圈合龙时，应注意选择最后填塞缝隙的合龙温度。为加快施工进度并使拱架受力均匀，各段亦可交叉平行砌筑。

砌筑大跨径拱圈时，当拱脚与距拱脚 $L/4$ 段间的倾角大于拱石与拱架底模板间的摩擦角时，砌筑上拱段时，下端必须设置端模板并用撑木（称为闭合楔）支撑。闭合楔应设置在拱架挠度转折点处砌筑闭合楔时，必须从中部开始随拆随砌，并且必须在先砌筑的拱石砂浆达到一定强度后再对称拆除两侧的闭合楔，砌筑相应位置处的拱石。

(3) 分环分段砌筑

当拱桥跨度很大时，拱圈往往比较厚。若拱圈需要分三层以上进行砌筑，则可将拱圈分成几环砌筑，砌一环合龙一环。当下环砌筑完成并养护数日，砌缝砂浆达到规定强度时，再砌筑上环。

上、下环拱石的砌缝应交错，每环可采用分段砌筑，当跨径大于 25m 时，每段长度一般不宜超过 8m。段间可设置缝隙或闭合楔。对于采用分环砌筑且分段较多的拱圈，为了使拱架受力均匀、对称，可在拱跨跨中两侧 $L/4$ 处或在其他多处同时砌筑合龙。

任务 4.3　缆索吊装施工法

【任务引领】

在峡谷或水深流急的河段上，或在通航河流上需要满足船只的顺利通行，或在洪水季节施工并受漂流物影响等条件下修建拱桥，以及采用有支架方法施工将会遇到很大困难或很不经济时，宜优先考虑采用无支架施工方法。缆索吊装施工是无支架施工最常用的方法之一，见图 4-3-1。本任务要求通过施工图编制缆索吊装施工的方案。

缆索吊装施工具有设备跨越能力大，水平和垂直运输灵活，适应性广，施工稳妥方便等优点，是修建大跨径混凝土拱桥和钢管混凝土拱桥的主要方法。经过长期的工程实践，此法已得到了很大发展并积累了丰富的经验。采用缆索吊装的拱桥，为充分发挥缆索吊装设备的作用，拱上建筑也应尽量采用预制装配式构件，这样能有效提高桥梁工业

图 4-3-1　缆索吊装施工现场照片

化施工水平，并有利于加快桥梁建设速度。

拱桥缆索吊装施工大致包括：拱肋（箱）的预制（或制作），移运和吊装，拱上建筑的浇筑或安装，桥面结构的施工等主要工序。

4.3.1　缆索吊装设备

缆索吊装设备，按其用途和作用可以分为主索、工作索、塔架和锚固装置四个基本组成部分。其中主要机具设备包括主索、起重索、牵引索、扣索、缆风索、塔架（包括索鞍）、

地锚（锚锭）、滑轮和电动卷扬机等。其布置形式见图 4-3-2。

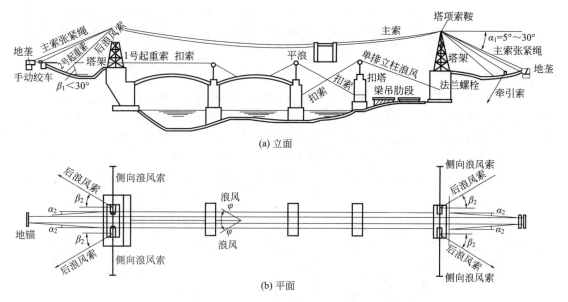

图 4-3-2 缆索吊装系统示意

(1) 主索（承重索）

主索由钢芯或纤维芯钢丝绳组成，支承在两侧塔架的索鞍上，两端锚固于地锚，吊运构件的跑车支承于主索上。主索直径、型号和根数可根据索塔间距（主索跨度）、起吊重量等因素由计算确定。横桥向主索组数，可根据桥面宽度（两外侧拱肋间的距离）、塔架高度（塔架高度越大，横移构件的宽度范围也就相应地增大）及设备供应情况等合理选择，一般可选 1~2 组，每组主索一般由 1~4 根平行钢丝绳组成，起吊重量很大时由 6~8 根组成。

(2) 起重索

起重索作起吊构件之用，如图 4-3-3 所示。受吊重拉力影响，宜选用柔软耐磨、不宜打结的钢丝绳，一端与卷扬机滚筒相连，另一端固定于对岸的地锚上。这样，当跑车在主索上沿桥跨往复运行时，可保持跑车与吊钩间的起重索长度不随跑车的移动而改变。

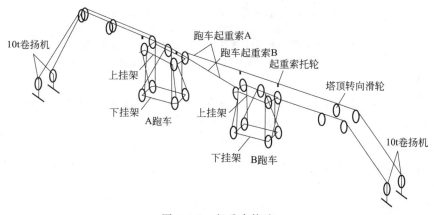

图 4-3-3 起重索构造

(3) 牵引索

用来牵引跑车在主索上沿桥跨方向来回移动（水平运输），需在跑车两端各设置一根牵引索，这两根牵引索的另一端既可分别安装在两台卷扬机上，也可合拴在一台双滚筒卷扬机上，便于操作。

(4) 扣索

拱肋分段吊装时，为暂时固定拱肋和调整拱肋高程所用的钢丝索称为扣索。扣索的一端系在拱肋接头附近的扣环上（钢筋混凝土）或分配梁上（钢管拱肋），另一端可直接锚固在墩台、地锚或扣塔上，兼做张拉端用。钢筋混凝土拱桥节段数一般在7段以内，多用普通钢丝绳作扣索卷扬机张拉；钢管混凝土拱桥跨径大、节段数多，多采用钢绞线作为扣索、千斤顶张拉，具有张拉行程准、节段高程容易控制的优点，见图4-3-4。

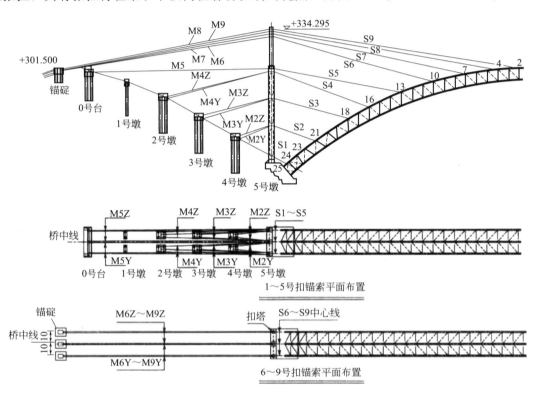

图 4-3-4　斜拉扣索布置示意（尺寸单位：cm）

1. 图中 S1~S9 为扣索，M1~M9 为锚索。
2. 扣索和锚索张拉端一般设置在扣塔上，也可设置在扣塔地锚处

(5) 结索

结索一般用于悬挂分索器，使主索、起重索、牵引索不至于互相干扰。它仅承受分索器（包括临时作用在它上面的工作索）的重量及自重。

(6) 缆风索

缆风索亦称浪风索，其作用是保证塔架的纵、横向稳定及拱肋安装就位后的横向稳定，调整拱肋安装过程中的横向偏位。

(7) 塔架及索鞍

塔架是用来提高主索的临空高度及支承各种受力钢索的重要结构，由塔脚、塔身、塔

顶、索鞍、抗风绳组成，如图4-3-5所示。其塔身一般采用万能杆件、六四军用梁、贝雷架组成。塔顶一般采用单滑轮式索鞍，索鞍用来放置主索、起重索、扣索等，使塔架承受较小的水平力，并减小钢丝绳的磨损。塔脚用来固接钢结构或铰接钢结构。

近年来，国内不少钢管混凝土拱桥、钢拱桥的主拱安装，采用将扣塔与缆塔合一的施工方法，缆塔置于扣塔之上，两者之间为铰接，以消除缆塔偏位对扣塔的影响，仅将缆塔系统的作用力传递给扣塔，如图4-3-6所示。

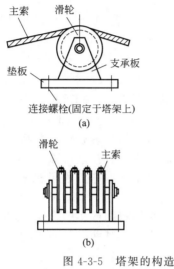

图4-3-5 塔架的构造

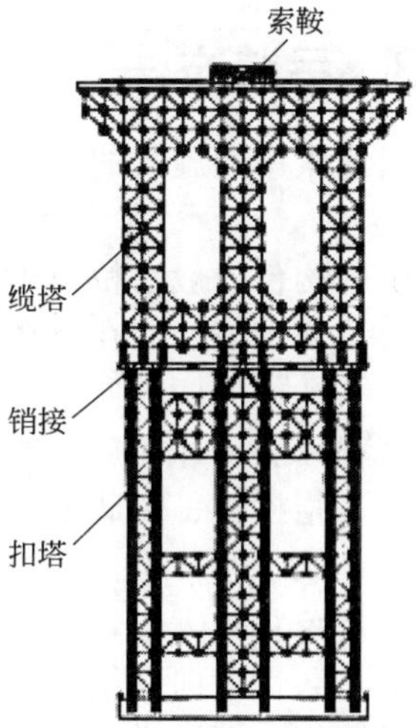

图4-3-6 扣塔与缆塔构造

（8）地锚

地锚亦称锚锭或地垄，用于锚固主索、扣索、起重索及绞车等。地锚的可靠性对整个缆索系统的安全有决定性影响，设计和施工都必须高度重视。按照承载能力的大小及地形、地质条件的不同，地锚的形式和构造可以是多种多样的。条件允许时，还可以利用桥梁墩、台作为锚锭，以节约材料，否则需设置专门的地锚。

（9）电动卷扬机

电动卷扬机是用做牵引、起吊等的动力装置，其速度快，但不易控制，一般多用于起重索和牵引索，也用于钢丝绳扣索的张拉。

（10）其他附属设备

如各种倒链葫芦、花篮螺栓、钢丝卡子（钢丝扎头）、千斤绳、横移索等。缆索吊装设备的形式及规格非常多，必须因地制宜地结合各工程的具体情况合理选用。

4.3.2 拱箱（肋）预制

预制拱箱（肋）首先要按设计图的要求，在样台上用直角坐标法放出拱箱（肋）的大样。在大样上按设计要求分出拱箱（肋）的吊装节段，然后以每段拱箱（肋）的内弧下弦为 x 轴，在此 x 轴上作垂线为 y 轴，在五轴上每隔1m左右量出内外弧的 y 坐标，作为拱箱（肋）分节放样的依据。在放样时，应注意各接头的位置力求准确，以减少安装困难。这种放大样的方法需在室外宽阔的平地（如操场）上进行，费工费时，放样精度低，现大都采用CAD软件或程序在计算机上放样。

拱箱（肋）的预制宜采用立式预制，便于拱箱（肋）的起吊及移运。

拱箱预制均采用组装预制。通常将拱箱分成底板、腹板、横隔板及顶板几个部分。

① 预制腹板与横隔板块件，腹板块件长为两横隔板的间距［一般可将侧板上缘长度缩短 50mm，下缘长度缩短 90mm 左右，便于组装为折（曲）线形］。

② 在预制台座上绑扎底板纵、横钢筋，将预制好的腹板和横隔板块件安放就位，绑扎接头钢筋，浇底板混凝土及腹板与横隔板接头混凝土，组成开口箱。

③ 在开口箱内立顶板的底模，绑扎顶板钢筋，浇筑顶板混凝土，组成闭口箱，待达到设计强度后即可移运拱箱，进行下一段拱箱的预制工作。

4.3.3 吊装方法

采用缆索吊装施工的拱桥，其吊装方法应根据桥的跨径大小、桥的总长及桥宽等具体情况而定。

拱桥的构件一般在桥位附近预制和预拼后送至缆索下面，由起重车起吊牵引至预定位置安装。为了使端段基肋在合龙前保持一定位置，在其上用扣索临时扣住后才能松开起重索，吊装应自一孔桥的两端向中间对称进行。待其最后一节构件吊装就位，并将各接头位置调整到规定高程以后，才能放松起重索，实现合龙，最后才将所有扣索拆除。

基肋（指拱箱、拱肋或桁架拱片）吊装合龙要拟订正确的施工程序和施工细则，并坚决遵照执行。

当拱桥跨径较大时，施工稳定是关键，因此最好采用双肋或多肋合龙。对于肋拱桥，应及时安装永久性横向联结系，以提高已安装拱肋的稳定性。基肋和基肋之间必须紧随拱段的拼装及时连接，端段拱箱（肋）就位后，除上端用扣索拉住外，还应在左、右两侧各用一对缆风索牵住，以免左右摇摆（控制拱肋轴线，防止出现横向偏位）。中段拱箱（肋）就位时，必须缓慢放松起重索，务必使各接头顶紧，避免简支搁置和冲击作用。

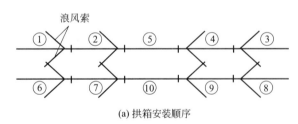

(a) 拱箱安装顺序

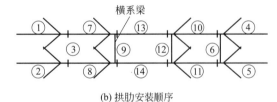

(b) 拱肋安装顺序

图 4-3-7 拱箱（肋）安装顺序

如图 4-3-7 所示为某拱桥按五段吊装合龙成，图中数字为节段安装顺序。

a. 吊装左端的端段①就位，将拱座处与墩、台帽直接抵接牢靠。上部用扣索扣好，下面将风缆索拉好，然后松去吊索。

b. 吊运次段拱箱②并与端段①相接，将接头处用螺栓固定，上部用扣索扣好，下面用缆风索拉好，然后松去吊索。

c. 再按上面的程序吊装右端的端段③和中段④。

d. 最后吊运合龙段⑤至所吊孔的上空，徐徐降落并与两中段②、④的上接头相接，然后慢慢松扣，合龙成拱。

e. 当拱圈符合设计高程后，即可用钢板模紧接头，松吊、扣索，但暂不取掉，待全部接头焊接牢固后，方可全部取掉扣、吊索。

f. 按同样的程序，进行下个拱箱⑥～⑩段的吊装合龙。

这种吊装顺序通常称为单肋合龙，适用于跨径在 50m 以内拱箱（肋）节段数少（通常在 7 段以内）的拱桥，且只需一组主索。当吊装节段数较多时（如钢管混凝土拱桥），多采用图 4-3-7(b) 的安装顺序。需要指出的是，当缆索吊装设备只有一组主索时，除了考虑施工稳定外，还应设法尽可能减少主索的横移次数，这样就可以加快安装速度，尽早完成拱箱

（肋）合龙。

4.3.4 加载程序

当拱箱（肋）吊装合龙成拱后，对后续各工序的施工，如拱箱之间的纵缝混凝土和拱上建筑等，如何合理安排这些工序，对保证工程质量和施工安全都有重大影响，如果采用的施工步骤不当，都会导致拱轴线变形不均匀而使拱圈开裂，严重的甚至造成倒塌事故，因此对施工程序必须做出合理的设计。

施工加载程序设计的目的，就是在裸拱上加载时，使拱圈各个截面在整个施工过程中，都能满足强度和稳定的要求，并在保证施工安全和工程质量的前提下，尽量减少施工工序，便于操作，以加快桥梁建设速度。

施工加载程序设计的一般原则如下。

a. 对于中、小跨径拱桥，当拱圈的截面尺寸满足一定的要求时，可不进行施工加载程序设计，按有支架施工方法对称、均衡地施工拱桥上部结构。

b. 对于大、中跨径的箱形拱桥或肋拱桥，应按对称、均衡、多工作面加载的总原则进行设计。对于坡拱桥，必须注意其特点，一般应使低拱脚半跨的加载量稍大于高拱脚半跨的加载量。

c. 在多孔拱桥的两个邻孔之间，两孔的施工进度不能相差太远，以免桥墩因承受过大的单向推力而产生过大的位移，造成施工进度快的桥孔拱顶下沉而邻孔拱顶上冒，从而导致拱圈开裂。

图 4-3-8 为一座连续多孔等跨径（85m）的箱形拱桥的施工加载程序（闭口箱吊装）。其程序如下。

a. 先将各片拱箱吊装合龙，形成裸拱，然后将全部纵、横接头处理完毕并浇筑接头混凝土，完成第一阶段加载。

b. 浇筑拱箱间的纵缝混凝土。纵缝应分为两层浇筑，先只浇筑到大约箱高一半处，待其初凝后再浇筑其余部分。横桥向各缝齐头并进，注意下层纵缝应分段浇筑。图 4-3-8 中②、③、④、⑤各步骤为纵缝浇筑。

c. 拱上各横墙加载。先砌筑①、②号横墙至③号横墙底面高度，再砌筑①、②、③号横墙至④号横墙底面高度，最后全部横墙（包括腹拱拱座）同时砌筑完毕（左、右两半拱对称、均衡同时进行），见图 4-3-8 中⑥、⑦、⑧各步骤。

d. 安砌腹拱圈及实腹段侧墙。由于拱上横墙断而单薄，只能承受一片预制腹拱圈块件的单向推力，因此，安砌腹拱圈时，应沿纵向逐条对应安砌，且至完毕，见图 4-3-8 中⑨步骤。

e. 以后各步骤（包括主拱顶填料、腹拱顶填料、桥面系等）按常规工艺要求进行。

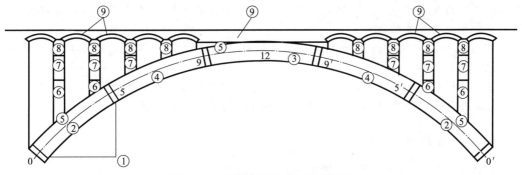

图 4-3-8 箱形拱桥的施工加载程序

任务 4.4　拱桥转体施工法

【任务引领】

随着桥梁施工技术及施工工艺的不断进步，桥梁转体施工技术越来越成熟。在很多桥梁建设环境中成为首选或必选施工方案。所谓桥梁转体施工，是指将桥梁结构在非设计轴线的位置（图 4-4-1 通常是平行于繁忙交通干线的两侧空地、峡谷两侧山坡或河流两岸阶地上）浇筑或拼装成形，然后通过转体作业逐步将其在设计轴线处就位并合龙，从而实现对障碍物的跨越。这种施工方法可以将在障碍物上空的作业转化为在障碍物两侧近地面或岸边的作业。本任务要求根据施工图纸编制拱桥转体施工方法的施工方案。

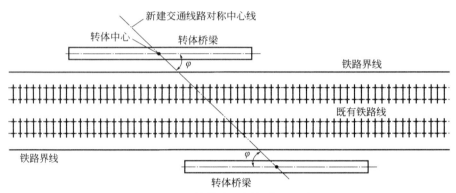

图 4-4-1　转体施工桥梁布置示意

在修建运输繁忙的高速公路和铁路跨线桥时其优势更加明显，转体施工法根据桥梁结构的转动方向，可分为平面转体施工法（简称平转法）、竖向转体施工法（简称竖转法）以及平竖综合转体施工法，其中以平转法应用最多。与传统施工方法相比，桥梁转体施工方法具有如下优点。

① 施工所需机具设备少，工艺简单，操作安全。

② 有利于在高山峡谷上空或水深流急、航运频繁的河道上架设大跨度桥梁，在运输繁忙的高速公路和铁路上空修建跨线桥时优势尤为明显。

③ 施工速度快，造价低，节约投资成本。在相同的地质条件下，拱桥如采用转体施工法，与传统的悬臂拼装施工法、支架现浇施工法相比，其经济效益和社会效益更显著，有时能降低造价 10%。

④ 更有利于对施工质量和施工安全的控制。因为采用转体施工法进行桥梁建造时避开干线运输繁忙的交通干线或峡谷河流上空，在更加安全和方便的环境下施工，所以更有利于对施工质量和施工方案的控制。

⑤ 不干扰被跨越障碍物（如高速公路、铁路、城市立交、水运航道等）的正常运营，同时降低了相关成本。

正因为桥梁转体施工法具有如上所述的优势，所以引起了人们的重视和研究的兴趣。并得到了广泛应用，在很多桥梁建设环境中成为首选或必选施工方案。

4.4.1　平面转体施工

平面转体施工法，是将两个半跨的拱圈（肋）的桥轴线旋转至沿岸线或台后堤岸，利用地形及支架按设计高程进行现浇或预制拼装，然后在水平面内绕拱座底部的竖轴旋转使拱圈

（肋）合龙成拱，平面转体施工法分为有平衡重转体和无平衡重转体两种。

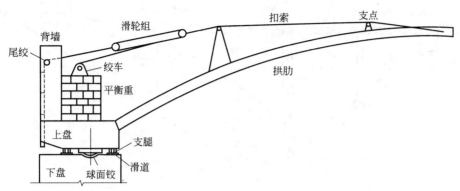

图 4-4-2　有平衡重转体施工示意

4.4.1.1　有平衡重转体施工

有平衡重转体施工时一般以桥台背墙和配重作为平衡重，将桥体上部转体结构前端用扣索锚固在反力墙上，用以稳定转动体系和调整重心位置。图 4-4-2 所示为有平衡重拱桥转体施工示意。出于拱桥转动体系质量的限制以及经济成本方面的考虑，有平衡重转体施工一般仅适用于跨径 100m 以内的拱桥。拱桥有平衡重转体施工的主要施工程序如下。

① 制作下盘。
② 制作上盘。
③ 试转上盘到预制轴线位置。
④ 浇筑背墙。
⑤ 浇筑主拱圈上部结构。
⑥ 张拉拉索，使上部结构脱离支架并和上盘、背墙形成一个转动体系，通过配重基本把重心调整到轴心处。
⑦ 引转动体系，使半拱平面转动合龙。
⑧ 封上、下盘，夯填桥台背土，封拱顶，松拉索，实现体系转换。

4.4.1.2　无平衡重转体施工

采用有平衡重转体施工法修建拱桥时，转动体系中的平衡重一般选用桥台背墙。但随着桥梁跨径的增大，需要的平衡重急剧增加，而实际上桥台并不需要如此巨大的圬工，转体质量太大也增加了转体难度。例如，某跨径为 144m 的拱桥曾采用有平衡重转体施工法设计施工，其转体重量达 7000 多吨。

无平衡重转体施工是把有平衡重转体施工中的拱圈扣索拉力锚固在两岸的岩体中，从而节省了庞大的平衡重。由于锚碇的要求，此施工方法宜在山区地质条件好或跨越深谷急流处建造大跨度拱桥时选用。

(1) 构造

拱桥无平衡重转体施工主要包含锚固、转动、位控三大体系，转体施工相关构造的布置如图 4-4-3 所示。

(2) 无平衡重转体施工的设计

① 锚固体系的设计

a. 锚碇设计。锚碇处岩体的抗剪强度、抗滑稳定性应分别大于使用值，并有足够的安全

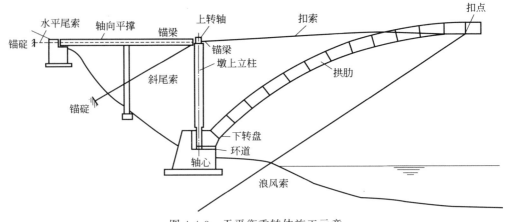

图 4-4-3　无平衡重转体施工示意

储备。锚碇是无平衡重转体施工的关键部位,必须绝对可靠,有条件时可做拔桩试验;当对锚碇的抗拔能力要求不太高时,可通过超张拉尾索来检验锚碇的安全度,虽然这样做会增加尾索和平衡撑的材料用量,但可保证锚碇的安全性和可靠性。

b. 平衡撑和尾索的设计。在双箱对称同步转体时,一般可只设轴向平衡撑或将其用引桥的桥面板代替;在双箱不对称同步转体时,考虑施工中可能出现拱箱自重误差和转体速度差而引起锚梁上产生横向水平力,还应增设斜向平衡撑和尾索,或上下游斜向尾索,以平衡其横向水平力。

拱箱在转体过程中,随着转出角度的改变,扣索力的方向也会发生变化,轴向平衡撑、斜平衡撑及尾索的内力随之变化,使得整个力系在任意转角处均处于平衡状态。

施工时,尾索一端浇筑于锚碇中,穿过空心箱和锚块之后在锚块外侧受张拉而施加预应力,此时钢筋受拉,混凝土平衡撑受压;当张拉拱箱扣索时,斜向尾索的拉力加大,混凝土平衡撑的压力减小。而轴向混凝土平衡撑的压力加大,尾索的内力减小。当拱箱向外转出时,两个方向的平衡撑及尾索会自动调节内力。

进行转体施工设计时,确定平衡撑和尾索的预应力及锚块位移的大小极为重要。其设计原则是上转轴铰点处的内力应达到平衡,并且平衡撑的变形应满足协调条件。平衡撑必须有足够的抗压储备,才能防止锚块在转体过程中产生较大的位移。

c. 立柱的设计。桥台拱座上的立柱在转体阶段用来支承锚块(锚梁)。对于跨径为110～200m 的拱桥而言,桥台上立柱的高度可达 30～50m,下端要承受拱箱的水平推力。由于立柱构件的长细比大,上下端受力大,经过计算比较,立柱按桅杆体系进行设计更合适。当立柱中部设平衡撑与岩体相连时,立柱顶端的变形可控制在较小的范围内,此时也可按刚架设计计算。

当拱座上无立柱,或立柱的位置不符合施工要求时,通常需在转体所要求的位置处设置临时立柱,柱顶支承锚块和平衡撑。临时立柱在转体完成后拆除。

d. 锚梁及锚块的设计。锚梁是一个短梁,锚块是一个节点实体,均用以联系立柱与轴向平衡撑和斜平衡撑,并作为扣索与尾索的锚固点。锚梁及锚块可以用钢筋混凝土制作,也可以采用型钢加工而成。

② 转动体系的设计

a. 拱箱的设计。在转体施工过程中,拱箱设计的关键在于结构体系的选择。为了使拱箱的受力状态良好和易于操作控制,只在拱箱顶端设一个扣点。调整扣点的高程可以使拱箱在整个转体过程中完全处于受压状态,而不出现拉应力。

b. 转轴的设计。转轴采用空心钢管制作,顶部轴套采用铸钢制作。设计时,不但要求转轴在设计荷载作用下的弯曲应力与局部应力均处于安全范围内,而且要求转轴外表面和轴套内表面的粗糙度等级达到 $Ra\,6.3\mu m$ 级以上。

c. 转盘的设计。转盘采用3~4层半环形钢带弯制成马蹄形,内弧与转轴接触处的粗糙度等级为 $Ra\,6.3\mu m$,钢带间浇筑混凝土。转盘下设走板,走板上开了许多小孔,用于嵌设蘑菇形聚四氟乙烯滑块,故称作千岛走板。其可以大大降低转体时的摩擦阻力。

d. 环道的设计。环道置于混凝土下盘基础的顶面并环绕在转轴四周,宽50cm,经机械加工而成。

e. 扣索的设计。扣索通常选用 $\phi 32mm$ 精轧螺纹钢筋制成,使用应力为设计强度的30%~45%。

③ 位控体系的设计　原则上,位控体系的设计就是预先设置上、下转轴中心的偏心值,并要求由此产生的自转力矩大于转轴及转盘在转动过程中受到的摩阻力矩。

通常情况下,当张拉扣索至设计吨位时,拱箱托架开始转体,并且自转力矩将随着拱箱轴向的逐渐转动而发生变化,当拱箱转至顺河方向与桥轴线垂直时自转力矩最大。在转体启动之前,摩阻力矩是由静摩擦力产生的,此时的摩阻力矩最大;转体过程启动之后便转为动摩擦力,因动摩擦力远小于静摩擦力,因此转体过程中的摩阻力矩明显小于静态摩阻力矩,并且在整个转体过程中基本保持稳定。如果在球面铰下盘表面镶嵌四氟滑块并且采用四氟板制作滑道,则静、动摩擦力相差较大,转动过程中的动态摩阻力矩相对于静态摩阻力矩减小得更为明显,因此,设计时应使自转力矩大于静态最大摩阻力矩。

影响静摩擦力的因素比较复杂,有时仅靠自转力矩很难顺利启动转体。针对这种情况,应在下盘混凝土反力台座与上盘混凝土顶推块之间预先布置启动千斤顶,利用启动千斤顶的顶推作用辅助转体的启动和转动。

(3) 拱桥无平衡重转体施工内容

拱桥无平衡重转体施工的内容主要包含以下各项:

① 转动体系的施工。a. 设置下转轴、转盘及环道;b. 设置拱座,预制拱箱或拱肋,预制前需搭设必要的支架、模板;c. 设置立柱;d. 安装锚梁、上转轴、轴套、环套;e. 安装扣索。

这一部分施工应主要保证转轴、转盘、轴套和环套的制作、安装精度及环道平面的平整度,并要做好安装完毕到转体前的防护工作。

② 锚碇系统的施工。a. 制作桥轴线上的开口地锚;b. 设置斜向洞锚;c. 安装轴向、斜向平衡撑;d. 张拉尾索;e. 张拉扣索。

其中,锚碇部分的施工应保证绝对可靠,以确保施工过程中的安全。张拉尾索在锚块端进行,张拉扣索在拱顶段拱箱内进行。张拉时,要按设计张拉力分级、对称、均衡地施加张拉力,要密切关注锚碇和拱箱的变形、位移和产生的裂缝,发现异常现象后应仔细分析研究,经处理后再进行下一道工序,直至拱箱张拉脱架。

③ 转体施工。正式转体前应再次对桥体各部分进行系统的全面检查,检查合格后方可实施转体。拱箱的转体是靠上、下转轴预设偏心值形成的转动力矩来实现的,启动时放松外缆风索,拱箱转到与桥轴线间的夹角约为60°时开始收紧内缆风索,索力逐渐增大,但应控制在20kN以下。当拱箱在索力接近20kN仍然转不动时,则应用千斤顶在桥台上顶推马蹄形下盘。为了使缆风索的受力角度合理,可设置两个转向滑轮。缆风索的行走速度在启动时宜选为 0.5~0.6m/min,在行走时宜选为 0.8~1.0m/min。

④ 合龙卸扣施工。当转体就位时,通过张紧扣索提升拱顶,放松扣索降低拱顶来调整拱顶合龙端的高程,直至达到设计位置。封拱宜选择在低温时进行。先用八对钢楔楔紧拱

顶，再焊接主筋和预埋钢件，最后封桥台拱座混凝土、浇封拱顶接头混凝土。当混凝土的强度达到设计强度70%后即可卸扣索，卸扣索应对称、均匀、分级进行。

4.4.2 竖向转体施工

当桥位处无水或水很浅时，可以将拱肋分成两个半跨放在桥孔下面预制。如果桥位处水较深时，可以在桥位附近预制，然后浮运至桥轴线处，再用起吊设备和旋转装置进行竖向转体施工。这种方法最适宜于钢管混凝土拱桥的施工。因为钢管混凝土拱桥的主拱圈必须先让空心钢管成拱以后再灌注混凝土，故在旋转起吊时，不但钢管自重相对较轻，而且钢管本身强度也高，易于操作。它的主要施工过程是，将主拱圈从拱顶分成两个半拱在地面胎架上完成，经过对焊接质量、几何尺寸、拱轴线形等验收合格后，由竖立在两个主墩顶部的两套扒杆分别将其旋转拉起，在空中对接合拢。

竖向转体施工方法较拱架施工可节省投资和材料，但如果跨径过大，拱圈（肋）过长，则竖向转动不易控制，故一般只用在中、小跨径拱桥中使用。

根据河道情况、桥位地形和自然环境等方面的条件和要求，竖向转体施工有以下两种方式。

① 竖直向上预制半拱，然后向下转动成拱。其特点是施工占地少，预制可采用滑模施工，工期短，造价低。需注意的是在预制过程中应尽量保持半拱轴线垂直，以减小新浇混凝土重力对尚未凝结混凝土产生的弯矩，并在浇筑定高度后加设水平拉杆，以避免因拱形曲率影响而产生较大的弯矩和变形。

② 在桥面以下俯卧预制半拱，然后向上转动成拱。主要适用于转体重量不大的拱桥，或某些桥梁预制部件（塔、斜腿、劲性骨架）。

4.4.3 平竖转体施工

由于受到河岸地形条件的限制，拱桥采用转体施工时，可能遇到既不能按设计高程处预制半拱，也不可能在桥位竖平面内预制半拱的情况（如在平原区的中承式拱桥）。此时，拱体只能在适当位置预制后既需平转又需竖转才能就位。这种平竖结合转体基本方法与前述相似，但其转轴构造较为复杂。

任务4.5 劲性骨架施工法

【任务引领】

劲性骨架施工法，是用劲性钢材（如角钢、槽钢等型钢）作为混凝土拱圈（肋）的配筋，在施工过程中，先完成拱圈（肋）内的劲性钢骨拱，作为拱圈（肋）混凝土施工的拱架，然后在钢骨拱上分环、分段现浇混凝土，将钢骨拱埋入拱隔（肋）混凝土中，最终形成钢筋混凝土拱圈（肋）。本任务要求根据施工图纸编制劲性骨架施工方法的施工方案。

该方法的优点是可以减少施工设备的用钢量，结构整体性好，拱轴线易于控制，施工进度快等。但结构本身的用钢量大，且需用型钢较多，故一般用在大跨径拱桥工程中，劲性骨架施工法是一种较老的施工方法，1942年西班牙就采用该法建成了跨径210m的Esla混凝土拱桥，但之后的发展并不是很快。近年来，因采用高强、经济的钢管混凝土等作为骨架材料，使这一方法的应用逐渐增多。

桁式拱骨架最初均采用型钢（如角钢、T字钢、槽钢等）做成了劲性型钢骨架，刚度大，但用钢量也较大。为节省钢材，我国在20世纪80年代采用半刚性型钢骨架建成了多座大跨径混凝土拱桥。通过实践证明，半刚性型钢骨架虽可节省一定钢材，但其柔性较大。在混凝土拱圈形成过程中不但给施工控制带来困难，并且往往难以保证混凝土拱圈的设计线形（立面），同时在施工安全上也存在一定风险，钢管混凝土结构在桥梁上的应用，给改进劲性骨架开辟了一条新的道路。

从20世纪80年代起，随着我国大跨径混凝土拱桥的大量建造、高强经济的骨架材料（钢管混凝土）的使用，以及桥梁施工控制技术的发展，采用钢管混凝土作为劲性骨架的上、下弦杆具有刚度大、用钢量省、安全、经济的优点，使得这一施工方法在大跨径混凝土拱桥的施工中得到了广泛应用，世界上最大跨径的混凝土拱桥——跨径420m的重庆万州长江大桥就是采用钢管混凝土劲性骨架施工方法建成的。

采用劲性骨架进行混凝土拱桥施工的步骤如下。

① 在现场按设计图进行骨架1∶1放样、下料及分段拼装成型，如图4-5-1所示。

② 采用缆索吊装法进行骨架吊装、成拱。对于钢管混凝土骨架，成拱后采用泵送法浇筑钢管内的混凝土，以形成最终的骨架结构，如图4-5-1所示。

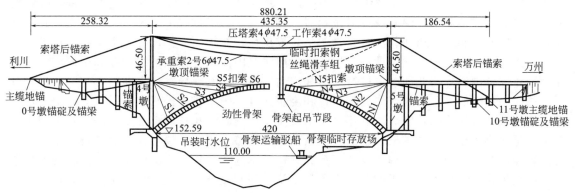

图4-5-1 重庆万州长江大桥主拱圈钢骨架吊装、扣、锚体系（尺寸单位：m；高程单位：m）

③ 在骨架上悬挂模板浇筑混凝土拱圈（分环、分段、多工作面进行）。如图4-5-2所示即为万州长江大桥主拱混凝土纵横向分环分段浇筑情况。

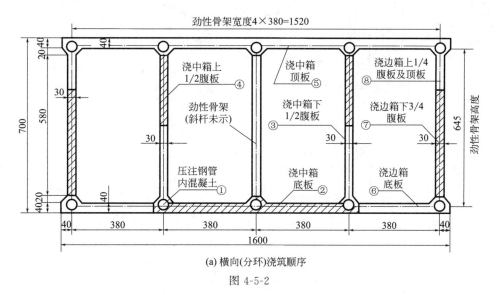

(a) 横向(分环)浇筑顺序

图4-5-2

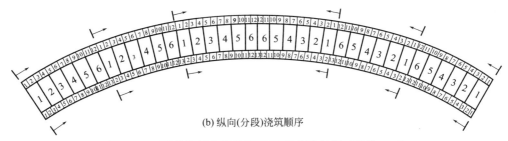

(b) 纵向(分段)浇筑顺序

图 4-5-2 万州长江大桥拱圈截面形式及布置（单位：m）

在劲性骨架上现浇拱圈过程中，由于已浇筑的混凝土逐渐参与骨架受力，骨架及其与混凝土成为一体后的结构受力状态不断变化，所以需特别注意施工控制，即骨架在混凝土浇筑与混凝土拱圈形成过程中的变形、应力与稳定控制，确保骨架在任何施工时刻的结构安全和混凝土拱圈形成后的线形符合要求。为此，应进行详细的施工-加载程序设计，并采取有效的手段调整、控制骨架在混凝土浇筑过程的变形。早期采用的是锚索加载法（图 4-5-3）、水箱加载法（图 4-5-4）。锚索加载法是采用钢索在劲性骨架反弯点以上部分设置拉索，拉索的另一端和地锚连接起来，中间设拉力张紧器，在混凝土施工过程中通过对拉索施力达到对劲性骨架变形的控制。水箱加载法是在骨架吊装成拱后，在拱顶部位设置多个水箱，在拱圈混凝土的浇筑过程中，根据预先计算的加载重量向水箱内注水，把拱轴线变形和截面应力控制在设计允许范围内。与此同时，进行变形和应力监测，如发现异常，立即停止施工，进行分析，并提出相应的处理措施，如调整水量和浇筑速度、张紧或放松八字浪风索等。由于水箱设备较复杂，故操作也较麻烦。近年来又出现了千斤顶斜拉扣挂调载法，该法巧妙地利用缆索吊装骨架拱时用于扣挂骨架节段的斜拉索的索力调整（用千斤顶在锚板后进行）来控制吊装高程和调整混凝土浇筑过程中拱圈变形和结构各部应力（图 4-5-5 当采用钢管混凝土骨架时，则在吊装完成后首先用于调整管内混凝土浇筑时拱肋轴线的变形）。该方法最先被用于广西邕江大桥（中承式）和重庆万州长江大桥的建设。

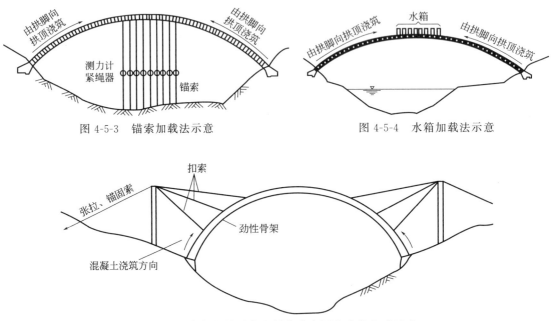

图 4-5-3 锚索加载法示意　　　　图 4-5-4 水箱加载法示意

图 4-5-5 斜拉扣挂系统和斜拉索力调整张拉方式示意

在劲性骨架施工过程中，斜拉扣挂体系是关键技术之一。其中，拉索应高强、模量大、变形稳定，索长与索力调整方便、行程大、控制精度高、锚固系统安全、可靠。劲性骨架施工法是目前特大跨径混凝土拱桥施主的主要方法。当然，在实践过程中也发现该法存在空中混凝土浇筑工序多、时间长、质量控制较难等不足，有待今后进一步改进。

任务 4.6　悬臂施工法

【任务引领】

拱桥悬臂施工包括悬臂浇筑和悬臂拼装两种，具体方法有：①在主拱圈施工中，利用塔架、斜拉索和主拱构成斜拉悬臂体系的塔架斜拉索法；②通过斜拉索使主拱圈、拱上立柱和桥面系在施工过程中构成斜拉式悬臂桁架体系的斜吊式悬浇法；③通过设置斜压杆和钢上弦杆与主拱圈、拱上立柱构成斜压式悬臂桁架体系的斜压式悬拼法；④桁架拱桥进行悬拼施工。本任务要求根据施工图纸编制悬臂施工方法的施工方案。

4.6.1　塔架扣索悬臂浇筑施工法

塔架扣索悬臂浇筑施工法简称塔架扣索施工法，是国外采用最早、应用最多的大跨径钢筋混凝土拱桥无支架施工方法。应用塔架扣索施工法的关键在于如下设备：缆索吊、塔架、扣索。其施工要点在于：首先根据地形特点在拱脚附近合适的位置安装临时塔架，拱圈施工采用悬臂浇筑施工法或悬臂拼装施工法；当施工完一段拱圈后，用扣索的一端拉住拱段前端，扣索的另一端则绕过塔架顶部锚固在塔架后部的锚碇或岩盘上。用这种方法便可以将拱圈逐段向河中悬臂架设，直至在拱顶处合龙。采用塔架扣索施工法施工拱圈时，多采用悬臂浇筑施工法，也可采用悬臂拼装施工法。

塔架扣索施工法需灵活应用。为了适应现场施工环境的需要，有时需安装多个临时塔架，或者利用一个塔架的不同部位支撑扣索。如图 4-6-1 所示。

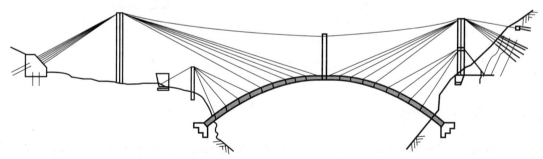

图 4-6-1　采用塔架扣索施工法施工大跨度拱桥示意

4.6.2　斜吊式悬臂浇筑施工法

斜吊桁架式悬浇法是使用专用挂篮，结合使用钢丝束或预应力粗钢筋作为斜吊杆构件，将拱圈、拱上立柱和预应力混凝土桥面板等一起向前同时浇筑，使之边浇筑边形成桁架，并利用已浇筑段的上部作为拱圈的斜吊点将其固定。斜吊杆的力通过布置在桥面上的钢索传至岸边地锚上（也可利用岸边桥台作地锚），其施工顺序如下。

① 在两岸引桥桥孔完成之后，于桥面板上设置临时钢索（或拉杆），在吊架上浇筑第一段拱圈，待这段混凝土达到要求强度之后，在其上设置斜吊杆，并撤去吊架，然后在其前端

安装悬臂挂篮。

② 用挂篮逐段悬臂浇筑拱圈，在挂篮通过拱上立柱位置后立刻浇筑拱上立柱及立柱间的桥面板（可采用活动支架逐孔浇筑），然后用挂篮继续向前浇筑拱圈，直至通过下一个立柱的位置，再安装前两个立柱之间桥面板上的临时钢索及斜吊杆，并浇筑新的桥面板，如此往复，每当挂篮前移一步，都要将桥面临时钢索收紧一次。

这样一边用斜吊钢筋形成桁架，一边向前悬臂浇筑，直至拱顶附近，撤去挂篮，再用吊架浇筑拱顶合龙混凝土。

采用斜吊式浇筑大跨径拱桥时，个别施工误差对整体工程的影响很大。对施工质量、材料规格和强度及混凝土的浇筑等必须进行严格的检查和控制，尤其应重视斜吊杆预应力钢筋的拉力控制、斜吊钢筋的锚固和地锚的地基反力的稳定、预拱度，以及混凝土应力的控制等。

1974 年日本首先在跨径 170m 的外津桥上采用了这种方法（图 4-6-2）。该桥拱肋除第一段（15m）用斜吊支架现浇混凝土外，其余各段均用挂篮现浇施工，斜吊杆为预应力高强粗钢筋（$\phi 32mm$）。架设过程中作用于斜吊杆的力通过布置在桥面板上的临时拉杆传至岸边的地锚上（也可利用岸边桥墩作为地锚）。

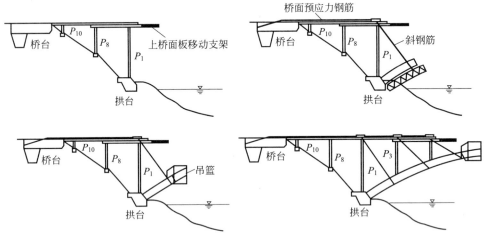

图 4-6-2 斜吊式悬臂浇筑施工法施工示意

4.6.3 悬臂拼装法

悬臂拼装法是另一种悬臂施工方法。在悬臂拼装施工之前，拱片（圈）沿桥跨划分为若干奇数预制段，箱形拱圈的顶、底板及腹板也可再分开预制。对于非桁架型整体式拱桥，应将拱肋（箱或部分箱）、立柱通过临时斜杆和上弦杆组成临时桁架拱片。然后，再用横梁和临时风构将两个（临时）桁架拱片组装成空间框架。每段框架整体运输至桥孔，由拱脚向跨中逐段悬臂拼装至合龙（图 4-6-3）。悬臂拼装过程中，悬臂结构通过桁架上弦拉杆及锚固装置固定在墩、台上，以维持稳定。以上是先形成桁架节段、组装成空间框架，再进行拼装的悬臂施工法。

这种悬臂拼装施工法的吊装要求较高。另一种悬臂拼装方法是先拼拱圈再组桁架，即先悬臂组拼一段拱圈，然后利用立柱、临时斜杆和上弦杆组拼成桁架，如此逐段拼装，直至合龙。

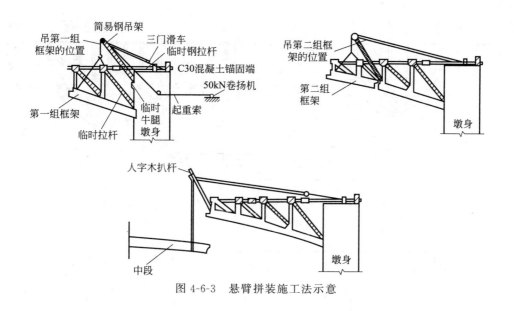

图 4-6-3 悬臂拼装施工法示意

任务 4.7 案例分析

4.7.1 重庆万州长江大桥

(1) 工程概况

该桥位于重庆市万州区长江上游 7km 处，是国道主干线（成都—上海）、国道 318 线上跨长江的一座特大公路桥梁（图 4-7-1）。

桥轴与河流正交。三峡水库蓄水后桥位处最宽江面 476m，最大水深 120m。万州年平均气温 18.1℃，多年平均降水量 1185.4mm。桥区基岩由巨厚层砂岩与薄-中层状泥质粉砂岩、泥岩相间组成。

该桥为四车道公路（兼城市道路功能）特大桥，设计风速 20m/s；地震基本烈度Ⅵ度（按Ⅶ度验算）；通航净高 24m，净宽不小于 300m，可双向通行三峡库区规划的万吨级船队。

图 4-7-1 重庆万州长江大桥

(2) 主桥结构

万州长江大桥孔跨布置为：5×30.667m（利川岸）+420m（主孔）+8×30.667m（万州岸），大桥全长 856.12m，桥面全宽 24m（图 4-7-2）。主桥为钢筋混凝土箱形拱桥，一孔跨江，无水下基础，拱上孔跨与引孔一致，为 30.667m。

① 主拱 拱圈：净跨径 420m，净矢高 84m，矢跨比为 1/5。拱圈横向等宽 16m、高 7m，内部在拱脚以上 30m 段长内加厚顶、底、侧板，以达到最佳受力效果。横向分为三室（图 4-7-3）。

② 拱上构造 为了减轻拱上荷载，拱上主柱采用了钢筋混凝土双柱式变截面箱形墩方案（图 4-7-4）。柱身顶部外形尺寸 1.4m×2.5m（纵×横），纵向按 1∶100 向下放坡，横向

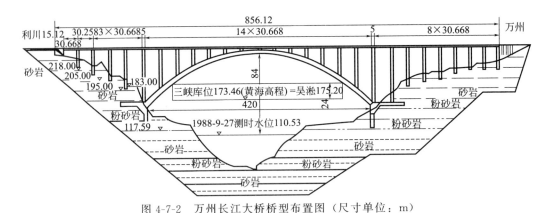

图 4-7-2 万州长江大桥桥型布置图（尺寸单位：m）

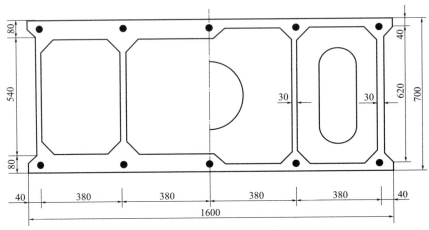

图 4-7-3 拱箱构造（尺寸单位：cm）

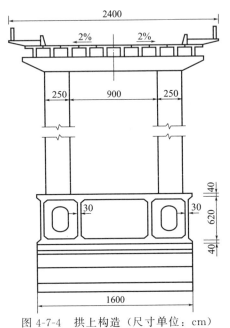

图 4-7-4 拱上构造（尺寸单位：cm）

等宽不变，壁厚为 25cm。柱顶设钢筋混凝土悬臂盖梁支撑 T 梁及桥面系，两柱之间不再设任何横系梁。引桥墩柱与拱上立柱采用同样规格。拱上立柱最高 60m，引桥墩最高 84m。

(3) 主桥施工

① 钢管混凝土劲性骨架法成拱 本桥选择"钢管混凝土劲性骨架法"成拱方案，刚度大、经济节约，技术成熟可靠，是拱桥施工方法的一大突破。空钢管骨架质量轻，施工便捷。钢管混凝土劲性骨架安装就位后，先浇筑管内混凝土，再以其为支架，安装模板，浇筑混凝土，将劲性骨架浇入混凝土中，形成箱形拱圈。

骨架弦管材料选用 16Mn ϕ402mm×16mm 热轧无缝钢管（全桥轴长分为 36 节桁段，每节段长 12.5m、宽 15.6m、高 6.8m，重约 60t，最重段 68t，全部骨架重 2200t）。每桁段横向由 5 桁片组成，间距 3.8m（图 4-7-5），在工厂制作完成桁架节段（全焊结构），节段之间上、下弦杆处用法兰盘螺栓连接，每桁段由船运至工地后起吊、高空拼装。

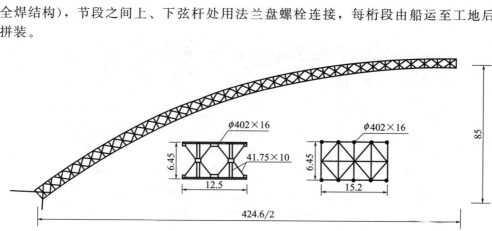

图 4-7-5　劲性骨架构造（尺寸单位：m；钢管直接及壁厚单位：mm）

施工时在桥轴跨江上布设缆索吊装系统，主缆跨距 435m。起重系统包括索塔、锚锭、缆索、扣索及行走系统等，扣索系统包括扣索、锚索、上锚梁、下锚梁、锚具等（图 4-7-6），安装高程由扣索系统调整。

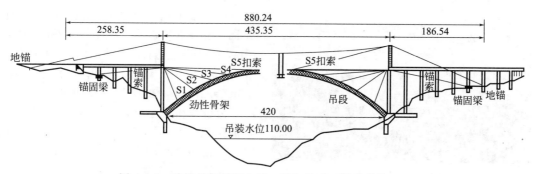

图 4-7-6　劲性骨架吊装方案、锚扣体系（尺寸单位：m）

吊装劲性骨架节段时逐段吊运、安装，从两岸拱脚向拱顶进行悬拼，直至合龙。每三节吊装段组成一个"扣索单元"、每岸各 6 个单元，其中第一段"悬拼"，第二段"临时扣"、第三段"正式扣"。全桥 36 节段共设 12 组"正式扣"，2 组"临时扣"（两岸各一半）。

② 压注钢管混凝土　劲性骨架吊装合龙松扣以后，向弦管内压注 C60 混凝土。压注顺序为：先中间后两边，先下弦后上弦。在弦管拱脚压注口安装液压阀门；拱顶设隔板和排气（浆）管。每根钢管混凝土由拱脚向拱顶一次压注完成，南北岸同步、对称进行。

③ 拱箱混凝土施工及控制　劲性骨架形成钢管混凝土桁拱结构后，再浇筑 11054m³ 拱圈混凝土外包骨架，成为钢筋混凝土箱形拱圈。靠骨架本身不能一次承受全部拱圈的混凝土重力，经多方案计算比较后采用了横向分环、纵向分段、对称同步的渐进方法浇筑拱圈混凝土。

分环程序设计：采用先中箱、后边箱；每箱先底板、后腹板（分两层）、再顶板的工序分环浇筑先后合龙，分环顺序如图 4-7-7 所示。各环间混凝土均间隔一个龄期，使先浇环的混凝土参与结构整体受力，共同承受新浇环的混凝土重力。在每一环的浇筑过程中，将拱箱沿纵向等分为 6 段，并设置 6 个工作面，在"6 工作面"上对称、同步地浇筑混凝土，最多允许有一个工作段的快慢差别。采用"6 工作面"方法后，骨架的挠度、内力曲线比较均匀，又有较多的工作面以利施工，每工作面模板向前移动周转达 80m 长（拱圆弧长的 1/6），相对也较经济。

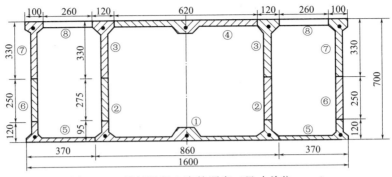

图 4-7-7 拱箱混凝土浇筑顺序（尺寸单位：cm）

4.7.2 重庆巫山长江大桥

(1) 概况

巫山长江大桥位于长江三峡段的巫峡入口处，全长 612.2m，主桥主跨采用 460m 中承式钢管混凝土拱桥（图 4-7-8）。三峡工程蓄水前，桥位处枯水期江面宽约 300m，水深约 70m，300 年一遇计算流量为 35600m³/s，流速 3.54m/s。三峡工程蓄水后，流速约 0.3m/s。两岸主拱座均处于裸露的灰岩上，两岸引桥及桥台基础均位于岸坡上。桥址区段属亚热带温湿季风气候区，年平均气温 18.4℃，多年平均降雨量 1049.3mm。

图 4-7-8 重庆巫山长江大桥

大桥桥面净宽净－15.0m＋2×1.5m（人行道）＋2×0.5m（栏杆），通航净空 300m×18m，地震烈度Ⅵ度，按Ⅶ度设防，设计基本风速 26.3m/s。

(2) 主桥结构

巫山长江大桥设计为中承式钢管混凝土双肋拱桥（图 4-7-9）。主孔净跨为 460m，位居同类桥型世界第一，跨径组合为 6×12m（引桥）＋492m（主跨）＋3×12m（引桥），桥面为预应力混凝土π形连续梁；全桥吊杆和立柱间距为 12m，吊杆、立柱横梁及引桥墩盖梁均设计为预应力混凝土截面梁，桥面与拱肋交会处横梁为组合截面梁。

① 拱肋 主桥两条拱肋为钢管混凝土组成的桁架结构，拱顶截面高 7.0m，拱脚截面高 14.0m，肋宽 4.14m（图 4-7-10），每肋上、下各有两根 φ220mm×22(25)mm 的内灌 C60 的钢管混凝土弦杆，弦杆通过横联钢管 φ11mm×16mm 和竖向钢管 φ610mm×12mm 连接而构成。钢管混凝土桁架吊杆处竖向两根腹杆间设交叉撑，以加强拱肋横向连接。拱肋中距为 19.7m，两肋间桥面以上放置 K 形横撑，桥面以下的拱脚段设置米形撑，每道横撑均为空钢管桁架。全桥共设横撑 20 道。

② 拱上立柱 在每条拱肋上立柱处均设有 1 根 φ920mm×12mm 的立柱钢管。

③ 吊杆 吊杆采用 109φ7mm 镀锌钢丝制成，两端采用冷铸墩头锚具，上、下两端锚具设有可调节横梁高度的螺母。吊杆钢丝外采用聚乙烯护套及哈佛管双层防护。

④ 横梁与桥面梁 吊杆横梁和钢管混凝土拱肋上的立柱横梁为预应力混凝土组合截面

项目 4 拱桥施工

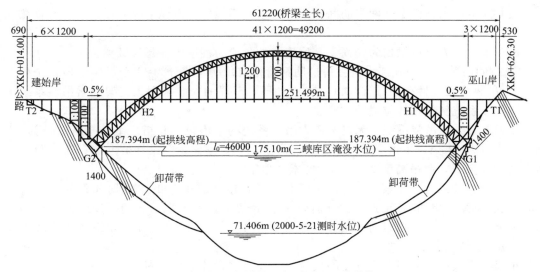

图 4-7-9 巫山长江大桥桥型布置图（尺寸单位：cm）

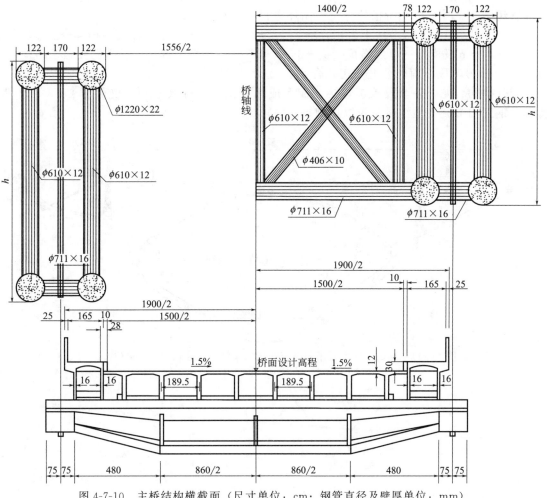

图 4-7-10 主桥结构横截面（尺寸单位：cm；钢管直径及壁厚单位：mm）

梁，拱肋间横梁为钢横梁。两岸肋间横梁与端吊杆横梁间设有纵向撑，以限制吊杆横梁纵向变位。

行车道梁、人行道梁均为先简支、后连续的预应力混凝土π形连续梁。

⑤ 拱肋吊装　巫山长江大桥主桥拱肋钢管桁架每肋半跨分为11个吊装节段，全桥两肋共44个吊装节段（另有20道横联），24个扣段，节段的安装采用无支架缆索吊装系统吊运就位、扣索系统斜拉扣挂位置的方式。

a.无支架缆索吊装系统。无支架缆索吊装系统的吊塔设于扣塔之上，扣塔质量为680t，钢结构质量为6200t，主拱圈节段最大设计吊重126t，缆索系统设计吊重170t，索跨576m，索塔高150.22m，起吊高度260m。为使索塔稳定，需设通长缆风绳。

b.斜拉扣挂系统。扣索分为正式扣索和临时扣索（图4-7-11），临时扣索为2根或4根ϕ47.5mm钢绳（单肋），正式扣索分别为4组6～10根ϕ15.24mm的钢绞线，均锚固于拱肋两根上弦管上。正式扣索通过塔顶索鞍（各由20个直径240mm的轮组成，曲线半径为3000mm）进入扣锚张拉端。

正式扣索张拉端采用自主开发的低应力夹片锚固系统进行锚固。

c.钢管拱肋的吊装。

两岸吊装顺序：巫山岸1号节段上游桁片→巫山岸1号节段下游桁片→建始岸1号上游桁片→建始岸1号节段下游桁片→交替循环进行，对称悬拼。

一岸吊装顺序：1号节段上游桁片→1号节段下游桁片→2号节段上游桁片→2号节段下游桁片→2号节段横撑→电焊横撑接头→3～9号节段→焊接拱脚接头形成无铰悬臂结构→10号节段→11号节段→瞬时合龙→正式合龙。

钢管拱肋合龙，各节段接头焊接完成形成无铰拱后，逐级松扣，仅保留2、3号扣索，待拱肋钢管内混凝土灌注时张拉以控制拱肋线形。

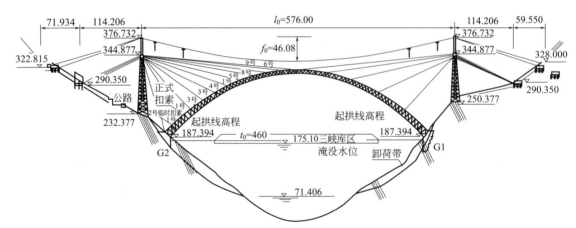

图4-7-11　巫山长江大桥吊扣系统布置（尺寸单位：m；高程单位：m）

项目5　斜拉桥施工

【情景引入】

昂船洲大桥（见图5-0-1）是我国香港九号干线青衣至长沙湾段的主要部分，大桥跨过900m宽通往繁忙的葵涌货柜码头的蓝巴勒海峡，主跨将会超过1000m。大桥是整项工程中最突出的部分，亦会成为香港这个大都会的一个主要标志。为此，香港特别行政区路政署首次举办了一项国际性桥梁设计比赛，为昂船洲大桥这座地标性大桥提供概念设计。

这项分两个阶段的桥梁设计比赛在1999年11月正式接受报名，路政署根据报名的设计队伍和各单位的桥梁设计记录及各队伍内准备参赛的桥梁工程师和建筑师的经验作比较，预审选出16支设计队伍，邀请他们参加

图5-0-1　我国香港昂船洲大桥

第一阶段的设计比赛。这16支队伍总共由64个独立公司及设计师组成，队伍的领导机构分别来自中国、芬兰、法国、德国、日本、挪威、英国和美国。

在第一阶段的比赛，有21支设计队伍提交两个方案，有5支队伍提交一个方案，总共27个设计方案。其中：二十二个为斜拉桥，两个为悬索桥，三个为斜拉桥和悬索桥的协作体系。两个评审委员根据预定的评分准则进行评定。首先由技术评审委员会评分，方案必须达到一定的水平方再交由美观评审委员会评分。经过两评审委员会对第一阶段设计方案评分后，路政署选取了五个优秀的方案，并安排参赛者进行方案优化和提交更详细资料进入第二阶段的比赛。

经评委投票选出的冠军为由Halcrow Group Ltd（英国）、Flint & Neill Partnership（英国）、Dissing+Weitling（丹麦）和上海市政工程设计研究院（中国）组成的设计团队提交的方案。方案是一座像烟囱形状桥塔的斜拉桥，桥塔上部的112.5m是钢结构而之下的部分是混凝土结构。大桥主跨为1018m，边跨分别是298m。全桥的总长度为1616m，拉索以半扇形的形式布置，加劲梁在边跨和近桥塔24m的主跨是采用双箱混凝土梁，在主跨其余部分则采用双箱钢梁，双箱钢梁由横梁连在一起。总体而言，这个方案在设计和施工上均为一个较新颖的方案。

【知识目标】

① 了解斜拉桥的跨径布置、索塔布置、拉索布置、主梁布置和斜拉桥的结构体系。

② 掌握斜拉索的构造、混凝土主梁的构造、钢-混凝土结合梁的构造和索塔的构造。
③ 掌握斜拉桥主梁施工、混凝土索塔施工和斜拉索施工。
④ 熟悉斜拉桥施工控制的原理及调整方法。

【能力目标】
① 能根据图纸分析斜拉桥的结构体系及受力特点。
② 能根据斜拉桥拉索、主梁和索塔的构造选择施工工艺。
③ 能根据斜拉桥施工工艺编制施工方案。

任务 5.1　斜拉桥总体布置❶

【任务引领】

斜拉桥是将斜拉索两端分别锚固在塔和梁或其他载体上，形成塔、梁、索共同承载的结构体系。按照主梁所使用的建筑材料可分为混凝土梁斜拉桥、钢梁斜拉桥、组合梁斜拉桥和混合梁斜拉桥。在编制斜拉桥施工方案前，首先应根据施工图了解斜拉桥的总体布置，本任务要求通过识读施工图分析斜拉桥的结构体系及受力特点。

图 5-1-1 为斜拉桥的示意图，斜拉桥索塔上用若干斜向拉索支承起主梁以跨越较大的河谷等障碍。拉索的作用相当于在主梁跨内增加了若干弹性支承，从而大大减少了梁内弯矩、梁体尺寸和梁体重力，同时还使桥梁的跨越能力显著提高。与悬索桥相比，斜拉桥不需很大的锚碇装置，且抗风性能优于悬索桥。通过调整拉索的预拉力可以调整主梁的内力，使主梁的内力分布更均匀合理。

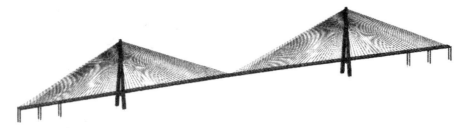

图 5-1-1　斜拉桥概貌

混凝土斜拉桥的主梁是由钢筋混凝土或预应力混凝土建成。拉索的水平分力可对混凝土主梁产生轴向预压作用，增强了主梁的抗裂性能并节省了高强钢材。斜拉桥利用主梁、拉索、索塔三者的不同组合形成不同的结构体系，以适应不同的地形和地质条件；斜拉桥便于采用臂法施工和架设，且安全可靠。但是，斜拉桥是一种高次超静定的组合结构，包含较多的设计变量，全桥总的技术经济合理性不能仅从结构体积小、用料省，或者满应力等概念来衡量，这给选定合理的桥型方案和经济合理的设计带来一定难度，同时拉索与主梁和索塔的连接构造较复杂，施工技术要求高。拉索索力的调整工序也较复杂，运营多年后拉索要更换。

斜拉桥总体设计应根据桥梁建设条件、通航规模、技术标准、景观环境、交通流量预测以及水利、电力、航空等部门的具体要求，对斜拉桥的结构体系、跨径布置、辅助墩的设置、车道数量等进行综合考虑，合理地布置。

---

❶ 任务 5.1 斜拉桥总体布置配套有矮塔斜拉桥 Revit 模型和矮塔斜拉桥 midas 模型，有需求的读者可登录 https://cip.com.cn/Service/Download 下载。

5.1.1 跨径布置

现代斜拉桥最典型的跨径布置有三种：双塔三跨式、独塔双跨式和多塔多跨式。

(1) 双塔三跨式 [图 5-1-2(a)]

双塔三跨式是斜拉桥中最常见的跨径布置方式。主孔跨径根据通航要求、水文、地形地质及施工条件等确定。由于主孔跨径较大，故适用于跨越较大的河流及海面。从简化设计方便施工考虑，双塔三跨式斜拉桥常采用两个边跨相等的对称布置，也可采用两边跨不相等的非对称布置。

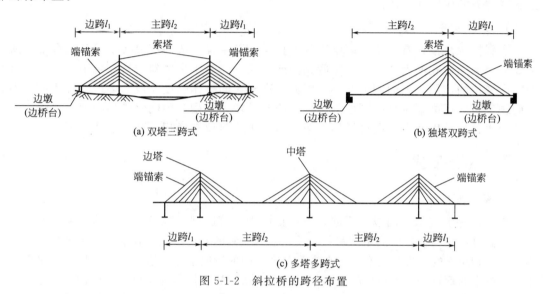

图 5-1-2 斜拉桥的跨径布置

边跨与主跨的跨径比应综合考虑全桥的刚度、拉索的疲劳强度、锚固墩承载能力等多种因素。一般来说，主跨有活载时会增加端锚索的应力；而边跨上有活载时，端锚索应力会减少。拉索的应力变化幅度则必须保持在钢拉索的疲劳强度安全范围内，所以拉索的疲劳强度是边跨与主跨跨径允许比值的判断标准。当边跨与中跨的跨径之比为 0.5 时，可对称悬臂施工至跨中合龙，施工方便，但考虑到施工时长悬臂的稳定性及提高成桥后的刚度，很多情况下跨径比取值常小于 0.5，以使中跨有一段悬臂施工是在有后锚的情况下进行的。大跨径斜拉桥为了减小中跨的跨中挠度和提高全桥的刚度常采用较小的跨径比。所以，一般情况下，双塔三跨式斜拉桥边跨与主跨的跨径比可取 0.33～0.50。其中，钢主梁可取 0.3～0.4，组合梁可取 0.4～0.5，混合梁可取 0.3～0.45，混凝土主梁可取 0.4～0.45，但在特殊地形条件下，可采用更小的跨径比或采用地锚式斜拉桥。当边跨与主跨的跨径比小于 0.5 时，边跨应设置端锚索（边索），以平衡两跨间的索力差，控制塔顶变位。端锚索对控制塔顶水平位移和主梁活载内力起着关键作用。当中跨作用活载时，主梁向下挠曲，中跨斜拉索的索力增加，塔柱有向主跨弯曲的趋势；在边跨，由于端锚索比跨内斜拉索刚度大，因此，端锚索索力增大很多，而其他拉索索力增加不多，强大的端锚索将限制塔顶向跨中移动，使中跨主梁正弯矩及挠度减少；当荷载作用在边跨时，由于有边墩及辅助墩的支承，主梁的弯矩和挠度较小，引起的塔顶水平位移也较小，从而中跨主梁负弯矩也较小。

(2) 独塔双跨式 [图 5-1-2(b)]

独塔双跨式也是一种常用的斜拉桥跨径布置方式。但由于它的主孔跨径一般比双塔三跨式的小，故特别适用于跨越中小河流谷地及作为跨线桥，或用于跨越较大河流的主航道部分，也可用主跨跨越河流，索塔及边跨布置在河流一岸的方式。

独塔双跨式斜拉桥可以采用两跨跨径相等的对称布置或两跨跨径不等的非对称布置，即分为主跨与边跨。但两跨对称布置，由于一般没有端锚索，不能有效约束塔顶位移，故在受力与变形方面不能充分发挥斜拉桥的优势；如果用增大桥塔的刚度来减少塔顶变位则不经济。而跨径不对称布置，通过端锚索减少塔顶变位比增大索塔刚度更有效，因此独塔双跨式采用不对称布置较合理，实践中采用较多。

独塔两侧跨径不对称布置时，边跨与主跨的比值更多的是依据桥位处地基条件和地形情况及跨越能力来选择，各种比例都可能出现。一般可取 0.5～1.0。采用不对称布置时，应注意悬臂端部的压重和锚固。

(3) 多塔多跨式 [图 5-1-2(c)]

多塔斜拉桥是指有两个以上索塔的斜拉桥，其主梁一般采用混凝土梁和组合梁，适用于需要多个大通航孔的大江大河、宽阔湖泊或海峡上。对于多塔斜拉桥，由于不存在边跨背索调整塔变位的作用，因而刚度变小，因此提高桥梁的整体刚度，成为多跨斜拉桥设计中的关键问题。目前提高全桥结构刚度的主要措施有：增大主梁和中间索塔的刚度、采用斜拉索对中间索塔顶加劲以及在边孔设置辅助墩，增大边孔斜拉索面积，减少边孔索距等。

5.1.2 索塔布置

(1) 索塔高度

索塔高度一般应从桥面以上算起，不包括由于建筑造型或观光等需要的塔顶高度。

索塔高度不仅与斜拉桥的主跨跨径有关，还与拉索的索面形式（辐射式、竖琴式或扇式）、拉索的索距和拉索的水平倾角有关。在主跨跨径相同的情况下，索塔高度低，拉索的水平倾角就小，则拉索的垂直分力对主梁的支承作用就小，从而导致拉索的钢材用量增加。反之，索塔高度越大，拉索的水平倾角越大，拉索对主梁的支承效果也越大；但索塔和拉索的材料用量也要增加，还会增加施工难度。因此，索塔的高度应由经济比较来确定。根据计算分析和已有斜拉桥设计资料的统计分析，可以用索塔高度 H 与斜拉桥主跨跨径 l_2 的比值，即高跨比 H/l_2 来表示索塔高度的大致范围。对于双塔、多塔斜拉桥 H/l_2 的比值宜选用 1/6～1/4；独塔双跨式斜拉桥塔高通过外索控制，H/l_2 宜选用 1/3.7～1/2.7，外索的水平倾角不宜小于 22°。通常，在经济性和施工可能的情况下宜选用 H/l_2 的高值，以降低拉索用量和减少跨中挠度。但在特大跨径斜拉桥中，仅以提高索塔高度来取得全桥刚度是不经济的，较好的选择是采用加强端锚索（边索）及地锚的方式，此时塔高和主跨的比值 H/l_2 宜选用低值。景观要求也是决定塔高的另一因素，一般在城市或宽阔的水面上，较高的塔可以使全桥显得更加雄伟。

(2) 部分斜拉桥（矮塔斜拉桥）

常规斜拉桥中主梁被视为支承在斜拉索上的弹性支承连续梁。在恒载作用下主梁只承担局部弯矩，这就要求斜拉索的倾角不能太小，塔柱必须保持一定的高度（一般为主跨的 0.18～0.25）。如果塔高太低，斜拉索将不能有效地支承主梁，需要增加斜拉索的用量，同时增加造价。

如果将斜拉索视为布置在连续梁或连续刚构体外的预应力束，而塔柱视为体外预应力束的转向装置，则全桥体系就变成梁桥，塔柱就可以布置得比较低，则斜拉索只分担部分荷载，其他荷载由主梁内的预应力承担，这就成为所谓的部分斜拉桥。部分斜拉桥中塔高取值比常规斜拉桥矮，一般为主跨的 1/12～1/8，所以部分斜拉桥也被称为矮塔斜拉桥。由于塔高矮，斜拉索只承担总荷载效应的 30% 左右，其余由主梁承担。同时，斜拉索在活载作用下的应力变化幅度也较小，一般在 50MPa 以下，而常规斜拉桥斜拉索的活载应力变化幅度在 150MPa 以下。在低应力变幅下斜拉索的疲劳问题可以大大缓解，从而可以提高钢丝的容许应力，达到节省造价的目的。因此，这种介于梁桥与索支承桥之间的桥型得到了越来越多的应用。

5.1.3 拉索布置

拉索是斜拉桥的主要承重构件之一。拉索对主梁有一个弹性支承作用，对整个斜拉桥的结构刚度和经济合理性起着重要作用。拉索宜采用抗拉强度高、疲劳强度好和弹性模量较大的高强钢丝、钢绞线及高强粗钢筋等钢材制作。众多拉索在梁与塔之间形成一个索面。目前，斜拉桥已从大索距的稀索发展到小索距的密索，世界各国的斜拉桥绝大多数采用密索布置。

(1) 拉索在空间的布置形式

由于塔、梁、索之间的连接及支承方式不同，桥面宽度不同，索塔和主梁的形式不同，拉索索面在空间可布置成单索面和双索面，而双索面又可分为竖向双索面和空间双索面，见图 5-1-3。

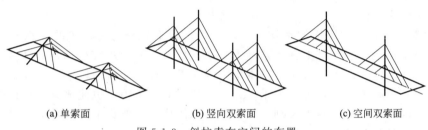

(a) 单索面　　　　(b) 竖向双索面　　　　(c) 空间双索面

图 5-1-3　斜拉索在空间的布置

拉索布置成单索面时，对抗扭不起作用，因此要求主梁应采用抗扭刚度较大的截面。采用双索面布置时，由于双索面的拉索锚固在主梁上，两个拉索面能加强结构的抗扭刚度，因此不需强调主梁采用抗扭刚度大的箱形断面。从桥面宽度的利用率来看，布置成单索面时由于拉索下端锚固在主梁中心线上，除了保证锚固所需的构造要求之外，还要有保护拉索免受车辆意外碰撞的防护构造，因此桥面中央有一部分宽度不能作为行车道，而只能作为上、下行车道的分隔带，所以较窄的双车道桥梁不宜采用单索面布置。双索面布置在桥宽方向可以把拉索下端锚固点放在桥宽以内（一般位于人行道部分），也可放在桥面两侧的外缘。前一种布置也有部分桥宽不能利用，而后一种布置则必须设置伸臂，由锚固拉索向梁体传递剪力和弯矩。双索面斜拉桥的索塔横桥向尺寸较大，对基础的结构尺寸要求也相应加大。

从施工、养护考虑，拉索在主梁上的锚固点放在桥面宽度以内要比放在两侧外缘好。单索面布置在中央分隔带内简洁、美观，避免了双索面给人以桥面两侧拉索交叉零乱的感觉。而倾斜双索面配合 A 形索塔，具有良好的抗风稳定性。

由于单索面斜拉桥要求主梁有较大的抗扭刚度，而主梁的抗扭刚度与跨径成反比，因此单索面布置的斜拉桥跨径不宜过大。在大跨径的各种斜拉桥布置中，由于结构和施工的需要，双索面布置被广泛采用，特别是倾斜双索面布置，在特大跨斜拉桥中更有竞争力。

(2) 拉索在索面内的布置形式

拉索在索面内的布置应根据设计总体构思、受力情况及美学要求等因素确定，常选用以下四种基本形式，即竖琴形、辐射形、扇形及星形，见图 5-1-4。

① 竖琴形　由于所有拉索的倾角完全相同，且拉索与索塔的锚固点分散布置，使拉索与索塔、拉索与主梁的连接构造简单，易于处理。竖琴形布置拉索加强了索塔的顺桥向刚度，对减少索塔的弯矩和提高索塔的稳定性都是有利的。从外观上看，拉索平行布置外形简

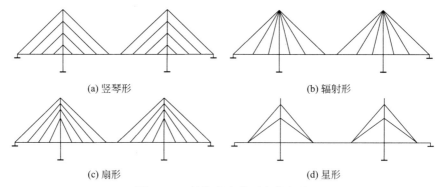

(a) 竖琴形　　(b) 辐射形
(c) 扇形　　(d) 星形

图 5-1-4　斜拉索在索面内的布置

洁美观，无辐射形拉索的视觉交叉感。如将中间拉索用边孔内设置的辅助墩锚固，可大大减少索塔的弯矩和变形。但竖琴形布置拉索倾角较小，拉索对主梁的支承效果差，拉索总拉力大，拉索用量相应较多，又无法形成飘浮体系，对抗风抗震不利，且难于控制中跨挠度，故拉索竖琴形布置一般仅用于中、小跨径的斜拉桥中。

② 辐射形　拉索与水平面的平均交角较大，拉索垂直分力对主梁的支承效果好，拉索用量最省。由于拉索的水平分力在塔顶基本平衡，故索塔的弯矩较小，索塔高度比采用另两种布置形式时低。但辐射形布置所有拉索集中锚固于塔顶，使塔顶构造比较复杂，局部应力集中现象突出，给施工和养护带来困难。此外，拉索倾角不等，也使锚具、垫板的制作与安装比较复杂。同时，索塔的内力及刚度、桥梁的总体稳定性能也不如竖琴形优越。因此，辐射形拉索布置已日趋减少。

③ 扇形　拉索在索面内呈扇形布置，兼有辐射形和竖琴形索的优点，又可灵活地布置，与索塔的各种构造形式相配合。扇形是采用最多的一种索型，特别是在大跨径斜拉桥中，几乎都采用扇形布置形式。

随着斜拉桥跨径的不断增大，对结构的总体刚度，特别是抗扭刚度以及抗风振稳定性和抗地震稳定性提出越来越高的要求。采用扇形空间倾斜双索面布置形式是理想的选择。但是，对拉索在索塔和主梁上的锚固位置构造要求及施工工艺要求较高，应妥善处理。

④ 星形　星形布置在美学上虽很引人注目，但它违反了斜拉桥的一个重要原则，即斜拉索在主梁上的锚固点应尽可能分散。因此，这种形式很少被采用。

(3) 拉索索距

拉索索距是指索面内相邻两根拉索的间距。索面内拉索根数多则索距小、拉索根数少则索距大。

拉索索距的选择应根据主梁内力、拉索张拉力、锚固构造、施工吊装能力、材料规格及经济因素综合考虑。拉索索距的确定应结合施工方法一起考虑。

索面内拉索根数的多少有一个发展过程。早期斜拉桥采用拉索是数少而刚性大的稀索布置，索距达 15～30m（混凝土主梁）或 30～50m（钢主梁），相应的斜拉桥跨径也不大。稀索布置的主要优点是拉索力易于调整到设计预期值。但由于索距大，主梁的弯矩和剪力也较大，因而需要较大的主梁高度。同时，拉索索力相对也较大，架设和施工较困难，拉索锚固构造也较复杂，其附近还需进行大规模的补强耗材较多。

随着斜拉桥的不断发展，为方便施工，减少风振危险，适应施工吊装能力及张拉条件，目前斜拉桥都趋向于索面内多根拉索布置，即拉索由早期的稀索型发展到现在的密索型。

索面内拉索根数多，使主梁由受弯为主向受轴向力为主转变，主梁弯矩的减少使梁高降低,直至主梁可采用高宽比例接近于薄板的梁板式截面形式,这样不仅取得了较好的经济效益,也大大改善了结构的动力性能,提高了结构的抗风、抗震能力,并使斜拉桥的造型更加柔细轻巧。由于索面内为多索布置,故对每根拉索索力的要求相应降低,简化了拉索锚固构造,张拉千斤顶可小型化轻型化。尤其是多索布置与悬臂平衡的施工方法相适应,更有利于斜拉桥的施工控制。多索、密索布置使每根拉索索力和截面较小,有可能使每根拉索在工厂制索中就完成防护、配装好锚具,也使在通车条件下更换索面内任何一根拉索成为可能,而且十分方便。

但采用多索密索布置会使每根拉索刚度相对较小,可能产生风振,导致边跨主梁可能出现较大负弯矩及端锚索刚度较小等问题。为此,必须增大端锚索刚度,将边跨拉索集中为一根端锚索或将边跨的部分拉索集中为端锚索群等。

由于采用拉索索距小的多索、密索布置优势明显,因此目前混凝土斜拉桥拉索采用密索布置较多。一般密索布置时,对于混凝土主梁,索距宜取 6~12m,钢主梁时索距宜取 8~16m。

(4) 拉索倾角

拉索的倾角是指拉索与梁轴线之间的夹角。拉索的倾角与拉索受力情况有关。当索与梁之间的倾角增大时则拉索索力减小,但塔的高度与索的长度都要增加,且此时由于索力的减小,索塔截面可相应减小。

根据已有斜拉桥的统计资料,无论是双塔三跨式还是独塔两跨式斜拉桥,边索倾角宜控制在 25°~45°之间;竖琴形布置时较多取 26°~30°;辐射形或扇形布置时倾角在 21°~30°范围内,以 25°最为普遍。

5.1.4 主梁布置

由于斜拉桥的结构特点,绝大多数斜拉桥的主梁梁高沿跨长是不变的。主梁梁高 h 与主跨 l_2 的比值称为主梁的高跨比,高跨比越小,则斜拉桥的主梁越柔细。早期稀索布置的斜拉桥,主梁的高跨比一般在 1/100~1/50 之间。随着斜拉桥拉索从稀索型向多索密索型发展,主梁的高跨比不断减小,已突破 1/300。根据世界各国斜拉桥的统计资料分析,密索布置的斜拉桥,其梁高与主跨跨径的比值一般在 1/150~1/100 之间,较多在 1/100 左右。我国斜拉桥所采用的高跨比也从约 1/50 发展到了 1/216。

《公路斜拉桥设计细则》(JTG/T D65-01—2007) 规定,双塔三跨斜拉桥梁高与跨径之比,混凝土主梁宜采用 1/220~1/100,组合梁宜采用 1/200~1/125,钢主梁宜采用 1/330~1/180。独塔斜拉桥梁高视主跨长度、索面数、截面形式等变化较大,可略低于同跨径的双塔式梁高。

5.1.5 辅助墩及外边孔

斜拉桥是否在边孔设置辅助墩,应根据边孔高度、通航要求、施工安全、全桥刚度以及经济和使用条件等具体情况而定。当斜拉桥的边孔设在岸上或浅滩,边孔高度不大或不影响通航时,在边孔设置辅助墩,可以改善结构的受力状态,提高施工期间的安全。当辅助墩受压时,减少了边孔主梁弯矩,而受拉时则减少了中跨主梁的弯矩和挠度,从而大大提高了全桥刚度。

辅助墩的位置通常由跨中挠度影响线确定,同时考虑索距及施工要求。大量设计实践证明,边孔设置一个辅助墩后,塔顶水平位移、主梁跨中挠度、塔根弯矩和边跨主梁弯矩都大大减少,一般为原来的 40%~65%。当边孔加两个辅助墩后,上述这些内力和位移虽然继续降低,但变化幅度不大;加三个辅助墩后,则上述内力和位移不再有明显变化。但当边孔设在岸上或浅滩，基础工程施工难度及费用不高时，还是可以考虑加设辅助墩的。

总之，无论斜拉桥属于哪种结构体系，在边孔加设辅助墩的个数，应综合考虑结构需要和全桥的经济性加以确定。

对于大型桥梁，除主桥部分为斜拉桥外，往往还有引桥部分。为改善斜拉桥结构的受力和变形可在边孔加设辅助墩。但由于桥面高程边孔水深等原因使设辅助墩施工困难或造价较高时，可采用外边孔的构造形式，即将斜拉桥的主梁向前后两侧再连续延伸孔或数孔，使斜拉桥的主梁与引桥的上部结构形成连续梁形式。这样既可减少端锚索的应力集中，又能缓和端支点的负反力，同时还可达到减少主梁和索塔的内力和位移、增强全桥刚度的目的，只是效果不如在边孔加设辅助墩明显。外边孔的长度和抗弯刚度必须精心设计和选定。若将斜拉桥的主梁和引桥的部分结构相连，则地震时将增加斜拉桥的水平惯性力，放在地震区桥梁上应慎重选用。

5.1.6 结构体系

斜拉桥是由上部结构的主梁、拉索、索塔及下部结构的桥墩、桥台五种基本构件组合成的组合体系桥梁。常用的结构体系包括飘浮体系、半飘浮体系、塔梁固结体系和刚构体系（图 5-1-5）。

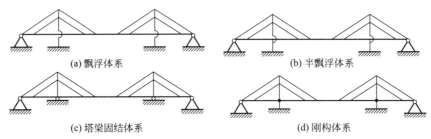

图 5-1-5 斜拉桥四种基本结构体系

(1) 塔墩固结、塔梁分离——飘浮体系

主梁除两端有支承外，其余全部由拉索作为支承，成为在纵向可稍作浮动的一根具有多点弹性支承的单跨梁。飘浮体系的主要优点是满载时，塔柱处主梁不出现负弯矩峰值；温度及混凝土收缩、徐变内力均较小；在密索情况下，主梁各截面的变形和内力的变化较平缓，受力较均匀。地震时允许全梁纵向摆动，从而起到抗震消能作用。因此地震烈度较高的地区应优先考虑选择这种体系。

飘浮体系斜拉桥当采用悬臂施工时，塔柱处梁段需临时固接，以抵抗施工过程中的不平衡弯矩和纵向剪力。空间动力计算表明，由于拉索不能对主梁提供有效的横向支承，所以对飘浮体系必须施加一定的横向约束，通过提高其振动频率来改善动力性能。为抵抗由于风力等引起的横向水平力，一般是在塔柱和主梁之间设置板式橡胶支座或聚四氟乙烯盆式橡胶支座以限制主梁的横向位移，并能使主梁在横向形成较为柔性的约束，保持良好的动力性能。

(2) 塔墩固结、塔梁分离，在塔墩处主梁下设置竖向支承——半飘浮体系

飘浮体系斜拉桥在主梁穿过桥塔位置一般通过垂直的吊索来支承主梁，如将 0 号吊索换成在塔柱横梁上的竖向支座，则成为半飘浮体系，主梁成为在跨内具有多点弹性支撑的连续梁，可设一个固定支座，多个活动支座，但一般均设活动支座。半飘浮体系对限制主梁纵向位移有利，同时省去了将施工临时支撑换成 0 号吊索的复杂工序。半飘浮体系的主梁内力在塔墩支承处出现负弯矩峰值，温度及混凝土收缩、徐变内力也较大，通常需加强支承区段的主梁截面。如在墩顶设置可调节高度的支座或支承来代替从塔柱中心悬吊下来的拉索（0 号

吊索），并在成桥时调整支座反力以消除大部分收缩、徐变等不利影响，这样与飘浮体系相比，无论在经济上还是美观上都有一定优点。

(3) 塔梁固结、塔墩分离——塔梁固结体系

塔梁固结并支承在桥墩上，这时主梁相当于顶面用拉索加强的一根连续梁或悬臂梁。主梁和塔柱内的内力挠度直接与主梁和塔柱的弯曲刚度比值有关。塔梁固接体系的主要优点是取消了承受很大弯矩的梁下塔柱部分，代之以一般桥墩，致使塔柱和主梁的温度内力极小，并可显著减小主梁中央段承受的轴向拉力。但当中跨满载时，由于主梁在墩顶处的转角位移导致塔柱倾斜，使塔顶产生较大的水平位移，因而显著增大了主梁的跨中挠度和边跨的负弯矩。并且上部结构的重力和活载反力均由支座传给桥墩，这就要求设置承受很大吨位的支座，故该体系一般仅用于小跨径斜拉桥。对于大跨径斜拉桥，由于上部结构反力过大，可能需要设置承受上万吨位的支座，使支座构造复杂，制作困难，且动力特性不理想，对抗风、抗震不利，故不宜采用。

(4) 主梁、索塔、桥墩三者互为固结——刚构体系

梁、塔、墩固结，主梁成为在跨内有多点弹性支承的刚构。这种体系的优点是结构刚度大，主梁和塔柱的挠度均较小，不需要大吨位支座，最适合用悬臂法施工。但刚构体系动力性能差，尤其是在窄桥时。因此，该体系用于地震区及风荷载较大的地区时，应认真进行动力分析研究。且在固结处主梁负弯矩极大，此区段内主梁截面必须加大。为了消除固结点处及墩脚处产生的温度附加弯矩，可在双塔三跨式主梁跨中设置可以允许水平位移的剪力铰或挂梁，但这样会导致行车不顺畅，且对养护不利，所以梁、塔墩固结体系较适合于独塔双跨式斜拉桥。

在塔墩很高的双塔三跨式斜拉桥中，若采用双薄壁柔性墩，以适应由于温度混凝土收缩徐变和活载等使结构产生的水平位移，形成连续刚构体系，既能保持刚构体系的优点，又能使行车平顺舒适。

以上四种结构体系的斜拉桥都有实际桥例，由于飘浮体系具有充分的刚度，故受力比较均匀，主梁可作为等截面而简化施工，且抗风、抗震性能也较好，是现代大跨径斜拉桥使用较多的一种体系。

任务 5.2 斜拉桥构造

【任务引领】

斜拉桥主要包括斜拉索、主梁和索塔三部分，不同的孔跨布置和结构体系的斜拉桥其构造也不相同，因此采用的施工作业方法也不相同，本任务要求根据斜拉索、主梁和索塔的构造，确定其可以采用的作业方式。

5.2.1 斜拉索构造

拉索是混凝土斜拉桥的重要组成部分，必须具备抗疲劳性能、耐久性和良好的抗腐蚀性。尤其腐蚀性环境中要选择好拉索的结构和防护形式。从构造和美学上考虑，拉索对斜拉桥都起着重要的作用。拉索施工工艺的不断进步，对斜拉桥的发展做出了重要贡献，而且拉索的造价占全桥总造价的 25%～30%。因此，对斜拉索的用材、构造及防护都应予以高度重视。

斜拉索的构造主要由两大部分组成，即锚具、钢索。钢索承受拉力，设置在钢索两端的

锚具将索力传给主梁或索塔。斜拉索的索力要根据设计要求进行调整，使结构体系处于最佳工作状态。

5.2.1.1 钢索的种类与构造

目前斜拉桥所用的斜拉索均为钢索，钢索由高强度钢筋、钢丝或钢绞线外加防护套制作而成。钢索必须满足以下几个要求：组成钢索的钢丝或钢绞线要排列整齐规则；组成的钢索断面应紧密并易于成形，使每索中的钢丝或钢绞线受力均匀；钢索的形式应便于穿过预埋管道，并易于锚固；钢索应易于防护和施工安装等。

根据材料及制作方法的不同，目前斜拉索基本上分为整体安装的斜拉索和分散安装的斜拉索两类，即平行钢丝斜拉索和钢绞线斜拉索。平行钢丝斜拉索是用热挤聚乙烯（PE）防护的平行钢丝索配以冷铸镦头锚拉索体系；钢绞线斜拉索是用热挤聚乙烯（PE）防护的单股钢绞线组成钢绞线束，整束的外层是双层同步挤压成形的高密度聚乙烯（HDPE）防护套管，两端配有单根锚碇夹片式锚具形成群锚钢绞线拉索体系。在我国，目前大多数斜拉桥采用平行钢丝拉索，但平行钢绞线拉索的优越性已经逐渐被人们所接受，斜拉桥采用平行钢绞线拉索的比重有逐渐增大的趋势。另外，也有采用早期已建成的斜拉桥中平行钢筋索、封闭式钢缆索和单股钢绞缆索等钢索形式。几种钢索的主要类型和构造如图5-2-1所示。

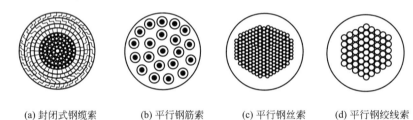

(a) 封闭式钢缆索　(b) 平行钢筋索　(c) 平行钢丝索　(d) 平行钢绞线索　(e) 单股钢绞缆索

图 5-2-1　斜拉索的类型和构造

(1) 封闭式钢缆索

封闭式钢缆索是以一根较细的单股钢绞缆为缆心，逐层绞裹断面为梯形的钢丝，接近外层时，绞裹断面为"Z"形的钢丝，相邻各层的捻向相反，最后得到一根粗大的钢缆。这种钢缆结构紧密，具有最大面积率，水分不易侵入，因此称为封闭式钢缆。封闭式钢缆使用镀锌钢丝，绞制时可以在钢丝上涂防锈脂，最外层再涂防锈涂料防护。封闭式钢缆配用热铸锚具。封闭式钢缆只能在工厂制作，盘绕后运送至现场。

(2) 平行钢筋索

平行钢筋索由若干高强钢筋平行组成，钢筋直径有16mm、26mm、32mm、38mm等几种规格。所有钢筋在金属管道内由聚乙烯定位板固定其位置，索力调整完后，在套管内采用柔性防护。这种钢索配用夹片式群锚。平行钢筋索必须在现场架设过程中形成，操作过程复杂，而且由于钢筋的出厂长度有限（15～20m），用于大跨径斜拉桥时，钢筋接头较多，影响疲劳强度。

(3) 平行钢丝索

钢丝束是将若干钢丝平行并拢、扎紧而成的。按照钢丝的集束方式可分为平行钢丝股索（PWS）、平行钢丝索（PWC）、半平行钢丝索。钢丝采用ϕ5mm或ϕ7mm高强钢丝或高强镀锌钢丝，标准强度在1600MPa以上。平行钢丝索一般配用冷铸镦头锚。

平行钢丝股索是将一定根数的镀锌钢丝平行地捆扎成股，股索的截面呈六角形，所以每股的钢丝根数是定的，为19、37、61、91和127等。大型的平行钢丝股索可直接单独用作拉索，大多数情况是每根拉索由多股平行钢丝股索组成。

平行钢丝索直接将钢丝平行并拢扎紧，截面不要求是六角形，因此截面内的钢丝根数可以自由地选定。

上述两种平行钢丝索由于钢丝未经旋扭，故整索的抗拉强度和弹性模量与单根镀锌钢丝相同，没有损耗，抗疲劳性能也较好。缺点是钢索刚度较大，不易弯曲，架设困难，易引起索内的弯曲次应力。一般斜拉索在施工现场平放制作，成束后穿入聚乙烯套管或金属套管内，张拉结束后再压注水泥砂浆防护。我国早期建设的斜拉桥大部分采用这种斜拉索，由于必须现场制作，且防护效果不太好，目前已经较少使用。

为解决不能弯曲的问题，将钢丝平行并拢后同心同向进行轻度扭绞，扭绞度 2°～4°，再用包带扎紧，最外层直接挤裹单层或双层聚乙烯索套作防护，就成为半平行钢丝索。这种索绕曲性能好，可以盘绕，具备长途运输条件，宜于工厂机械生产，质量易于保证，因此逐步取代了纯平行钢丝索。钢索扭绞后抗拉强度、弹性模量和抗疲劳性能有所降低，但扭绞度小于 4°时，损减很小。我国从 20 世纪 90 年代初开始生产成品的半平行钢丝索，最大使用索力可以达到 1000kN，近几年建造的斜拉桥几乎都使用了这种拉索。

(4) 钢绞线索

钢绞线索由多股钢绞线平行或经轻度扭绞组成，其标准强度达到 1860MPa，因此用钢绞线制作的钢索可以进一步减轻钢索的重量。钢绞线索可以平行成束，也可以扭绞一定的角度成为半平行钢绞线索。

平行钢绞线索一般在现场制作，配用夹片锚具，类似后张法预应力筋，将钢绞线逐根穿入预先安装在斜拉索位置处的套管内单根张拉，安装时起吊重量小，张拉力也小，可以采用小千斤顶张拉斜拉索，因此平行钢绞线索比较适合超长斜拉索。单根张拉钢绞线斜拉索时索力控制难度较大，有时在单根张拉形成初应力后，再用大千斤顶调整索力。由于上述原因，在小跨度斜拉桥中应用时不如半平行钢丝成品索好。

平行钢绞线索也可以在工厂预制好后运至工地，一般将多股钢绞线并拢后再进行一定角度的扭转使斜拉索便于盘绕，编索完成后同样在外侧挤 PE 进行保护。

(5) 单股钢绞缆索

单股钢绞缆索以一根钢丝为缆心，逐层增加钢丝，同一层的钢丝直径相同，但逐层钢丝的扭绞方向相反，以抵抗张拉时的扭矩，最后形成一根单股钢绞缆。

单股钢绞缆索配用热铸锚。由于扭绞关系，其抗拉强度及弹性模量有所降低，截面空隙率也较大。单股钢绞缆用作斜拉桥拉索时，可采用镀锌钢丝制作，最外层应加涂防锈涂料。

单股钢绞缆索只能在厂中生产，其柔性好，可成盘运输至现场安装，但用作混凝土斜拉桥的拉索较少。

5.2.1.2 拉索端部的锚具

上述钢索只有在其两端配装了合适的锚具后才成为可以承受拉力的拉索，把斜拉桥桥跨结构的重力和桥上活载的绝大部分（或全部）传递到索塔上，然后由索塔传至地基。锚具必须能顺畅地将索力传给索塔和主梁。锚具是斜拉桥中极其重要的部件，它的质量和性能对整个斜拉桥结构的可靠性有着直接影响。常用的拉索锚具有热铸锚、镦头锚、冷铸锚及夹片式群锚等几种。前面三种是拉锚式锚具，可以事先装固在钢索两端。配装夹片式群锚的拉索，张拉时千斤顶直接拉钢索，张拉结束后锚具才发挥作用，所以夹片式群锚又称为拉丝式锚具。

锚具的主要构造为锚环、锚圈、锚垫板、填充固化料、防漏板及夹片等。为便于穿索、张拉，在锚具尾部须设置张拉连接器及引出杆连接等附属构造。锚具与钢索的连接头必须可靠且耐疲劳，锚具与塔柱及梁体传力关系必须顺畅。

(1) 热铸锚

热铸锚构造如图 5-2-2 所示。由一个内壁为锥形的钢套筒（称为锚环）套在钢索上，然后使钢索端部的钢丝散开，在锚环中灌入熔融的低熔点合金（一般为锌铜合金），待合金凝固后就和散开的钢丝在锚环内形成一个楔形塞子。当钢索受拉时，这一塞子在锚环中越楔越紧，从而把外界拉力通过锚环传给钢索。用于张拉端的锚环，必须具有能和张拉设备相连接的内螺纹。锚头出口部分的环氧树脂可以防止金属之间的磨损腐蚀，还可缓和应力集中以及减少来自熔锌的不利影响。

热铸锚虽使用低熔点合金，但浇铸温度仍超过 400℃，对钢丝的力学性能有不利影响，故只适用于单股钢绞缆和封闭式钢缆。

(2) 镦头锚

镦头锚构造如图 5-2-3 所示。钢索的每根钢丝在穿过孔板后将其末端镦粗，由于镦粗后的钢丝头已通不过板上的孔眼，故钢丝拉力就可传递到孔板上。当孔板上的孔眼数与钢索中钢丝的根数相当时，这块孔板就能锚固整根钢索。同样用于张拉端的镦头锚须备有能和张拉设备相连接的内螺纹，如图 5-2-3 所示上半部为非张拉端（固定端），下半部为张拉端。

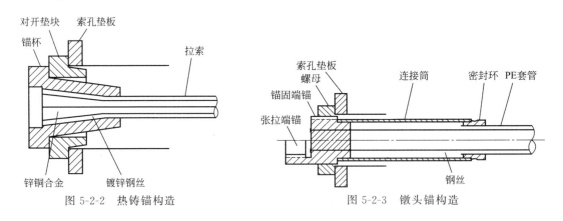

图 5-2-2　热铸锚构造　　　　图 5-2-3　镦头锚构造

使用镦头锚时必须选用可镦性的钢丝，镦头锚适用于钢丝索，具有良好的耐疲劳强度。

(3) 冷铸锚

冷铸锚是使用得较多的锚具，其构造与热铸相似，见图 5-2-4。只是在锚杯锥形腔后面增设了一块钢丝定位板，钢索中的钢丝通过锚杯后再穿过定位板上的对应孔眼镦头就位。锚杯中的孔隙用特制的环氧混合料填充，待环氧固化后即和锚杯中的钢丝结合成整体。环氧混合料中须加入铸钢丸，以便在混合料中形成承受荷载的构架。钢丝受拉后由于楔形原理，铸钢丸受到锚环内壁的挤压，对索中钢丝形成齿合，使钢丝获得锚固，即冷铸锚的锚固力，由锚筒的圆锥体内腔和筒内填料的横向挤压力承受，在正常情况下镦头不受力，只是作为安全储备。

相对于 400℃ 高温下浇铸的热铸锚而言，这种锚头可在室温下浇铸，固化温度低于 180℃，故被称为冷铸锚。冷铸锚有优异的抗疲劳性能，耐疲劳应力幅度大于 200MPa，完全满足斜拉桥要求，且锚头的纵向尺小，可在索塔两侧或主梁侧面的较小空间内发展。冷铸锚在国外又被称为 HiAm 锚。

(4) 夹片式群锚

夹片式群锚是一种由后张法预应力体系演变来的拉索锚具形式，用于锚固钢绞线索，其构造如图 5-2-5 所示。但用作斜拉桥拉索的夹片式群锚抗疲劳性能要求高，其构造不同于一般的夹片式群锚，如钢绞线索在进入群锚的锚板前，先穿过一节钢筒，钢筒的尾端与群锚板间需可靠的连接，待拉索的索力调整完毕后，在钢筒中注入水泥浆，这样拉索的静载由群锚承受，动载则在拉索通过钢筒时获得缓解传递，从而减轻了群锚的负担。

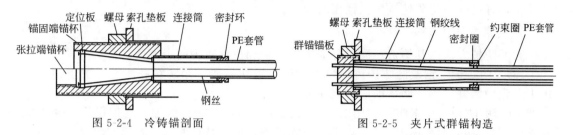

图 5-2-4　冷铸锚剖面　　　　　　图 5-2-5　夹片式群锚构造

由后张拉预应力体系演变来的拉索锚具还有迪维达格锚、VSL 锚、弗雷西奈锚等形式。

锚具是拉索极为重要的部件，必须严格满足《公路斜拉桥设计细则》（JTG/T D65-01）的要求。当采用新型锚具时，还必须经过耐疲劳及强度试验、锚固性能参数检验，且证明使用中不会出现滑丝、失锚现象后才能使用。

密索柔梁斜拉桥的拉索活载应力幅度很大，拉索最关键的部位是在锚头入口处，而受拉构件的疲劳强度常取决于锚头构造和浇铸材料及锚头位置上的角度变化。宜在拉索与锚具的结合部位、拉索与主梁和索塔的连接口部位设钢套管和嵌填橡胶减震材料（设置减振块），起到防水及减振作用。

5.2.1.3　斜拉索的应力

拉索的应力控制需要考虑三个因素，即有效弹性模量、破断强度和疲劳。根据 Ernst 公式，拉索的等效弹性模量 E_{eg} 为：

$$E_{eg}=\frac{E}{1+\frac{\gamma^2 l^2 E}{12\sigma^2}} \tag{5-2-1}$$

式中　E——拉索钢材的弹性模量；
　　　γ——索的重度；
　　　l——拉索的水平投影长度；
　　　σ——拉索的应力。

若拉索的应力过低，则拉索的垂度大，索的有效模量就小，这也反映了斜拉索必须采用高强度钢材的直接原因。因而控制拉索的最小应力是十分重要的。

根据钢材的受力特性，当拉索的荷载超过破断荷载的 50% 时，钢的非弹性应变将快速增加，因而对于一般荷载组合，拉索的最大荷载只能用到它破断强度的 40%。

另外，拉索应具有足够的抗疲劳能力，即在规定的应力变幅下拉索在承受 200 万次的荷载循环后，其强度不小于原来强度的 95%。拉索的抗疲劳能力与钢材和锚具有关，目前生产的成品拉索应力变幅为 220～250MPa。

5.2.1.4　斜拉索的防护

拉索都是由钢材组成的，如不加防护，锈蚀将是十分惊人的。为了提高拉索的耐久性，延长拉索的使用寿命，减少养护工作，必须重视拉索的防护。在过去 50 年内，全世界修建的 300 余座斜拉桥，其中由于斜拉索的锈蚀影响，使得部分早期修建的斜拉桥结构状况损坏非常严重，尽管桥梁设计者采用了多种斜拉索的防腐办法，但许多防护方法在某种程度上是不成功的。由于斜拉索腐蚀的作用，使其使用质量均过早地衰退了。

拉索的防护方法因其构造不同而不同。拉索的锈蚀主要是电化学锈蚀，因此采用的防护材料必须严格检验分析，使它不含有腐蚀钢材的成分，并要求防护层有足够的强度而不致老化和开裂，有良好的耐久性，延长使用时间。

(1) 拉索索体的防护

拉索的防护方法因其构造不同可分为钢丝防护和拉索防护两个方面。

① 钢丝的防护 钢丝的防护可以采用镀锌、镀防锈脂、涂防锈底漆等，防止钢丝在拉索施工过程中锈蚀。钢丝防护前应将表面油脂或锈迹去掉。

② 拉索的防护 拉索防护常用的方法可归为四类，即涂料保护、卷带保护、套管保护及拉索外施加塑料缠绕保护层等。对于封闭式钢缆，由于截面紧密，封闭性较好，空隙率很小，因此可以只对各组成索的钢丝镀锌并对钢缆表面施加涂料进行防护。但对于由钢丝索组成的拉索，由于拉索空隙率大，封闭性差，故必须进行钢丝和拉索两部分防护。

国内早期建成的斜拉桥拉索防护方法主要采用拉索外多层玻璃纤维缠绕并加涂沥青或环氧树脂形成玻璃钢外壳防护，主要问题是缠绕层易老化；后来采用拉索外套钢、铝或高密度聚乙烯套管，管内压注水泥浆方法防腐，该方法的主要问题是钢索、管内填充材料、外层套管的弹性模量及膨胀系数均不同，在使用过程中造成管内填充材料、套管的破损，从而失去防腐作用。目前最常用也较有效的拉索防护方法是热挤高密度聚乙烯套管，它不仅成本低，防腐效果好，而且可以工厂化生产，在制索时同时完成拉索的防护工作。国内许多大跨径混凝土斜拉桥的拉索防护就采用这种方法。

PE料的性能应符合《斜拉桥热挤聚乙烯高强钢丝拉索技术条件》(GB/T 18365)的要求，其老化年限不宜低于30年。

近年来随着超大跨度斜拉桥的建设，斜拉索的重量越来越大，平行钢绞线斜拉索也得到越来越多的应用。目前钢绞线都做到四层防护：①钢绞线钢丝镀锌；②钢绞线涂油或石蜡；③单根钢绞线热挤PE护套；④整根钢绞线HDPE管防护，如图5-2-6所示。

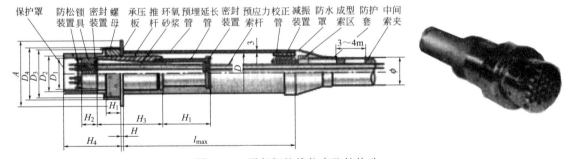

图5-2-6 平行钢绞线拉索防护构造

(2) 拉索的防撞

拉索设计必须考虑事故造成的危险，例如车辆撞击、火灾、爆炸和破坏等的防护，为此应考虑：

① 拉索下部2m范围内用钢管防护，固结于桥面并和拉索管道相接；
② 钢管的尺寸（厚度、间距）和锚固区的加强要足以抵抗火灾和破坏的危险；
③ 锚固区要予以加强，以抵抗车辆撞击；
④ 防护构件的替换不影响拉索本身，并尽可能不影响交通。

5.2.1.5 斜拉索的防振

随着现代材料和施工技术的发展，新一代桥梁结构往往柔性大、阻尼小，且质量轻，因此对风的敏感程度也就越来越高。尤其是大跨斜拉桥的拉索构件，极易在风的激励下产生以下几种典型的风致振动：卡门（Karman）涡激共振、尾流弛振、结冰索的弛振、风雨激振等。其中，风雨激振是目前所有拉索风致振动中最强烈的一种，它是指在风雨的共同作用下，拉索将发生的低频率、大幅度振动。虽然这种振动产生的机理目前尚未有充分的认识，但在大体上已形成了共识，风雨振动发生的必要条件为具有光滑的拉索表面和风雨共同作用。

以上的振动现象，会引起拉索中应力的交替变化而造成索股疲劳，导致人们对斜拉桥的安全性产生怀疑。因此，如何有效地防止或抑制包括风雨激振在内的拉索振动现象，已成为桥梁工程师讨论的热点问题。

目前，实桥上拉索采用的防止或抑制拉索风制振动的方法有以下几种。

(1) 气动控制法

气动控制法是将斜拉桥拉索由原来的光滑表面做成带有螺旋凸纹、条形凸纹、V形凹纹或圆形凹点的非光滑表面，如图5-2-7所示。通过提高斜拉索表面的粗糙度，使气流经过拉索时在表面边界层形成湍流，从而防止涡激共振的产生；拉索表面的凹凸纹还能阻碍下雨时拉索上、下缘迎风面水线的形成，从而防止雨振的发生。但其对塔梁在外界激励下导致索两端的支座激振（又称参数振动）无减振作用，且由于表面粗糙度的增加，会增大斜拉索对风的阻力。

(a) 表面凸起　　　　(b) 表面凹坑　　　　(c) 表面缠绕螺旋线

图 5-2-7　拉索气动控制措施

(2) 阻尼减振法

阻尼减振法的作用机理就是通过安装阻尼装置，提高拉索的阻尼比从而抑制拉索的振动。它对涡激共振、尾流弛振、雨振以及支座激励引起的拉索共振和参数振动都能起到较好的抑制作用。根据与拉索的相互关系，阻尼装置又可分为安放在套筒内的内置式阻尼器（图5-2-8）和附着于拉索之上的外置式阻尼器（图5-2-9）。

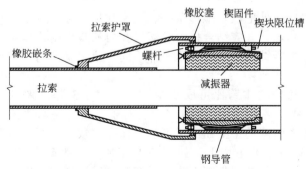 

图 5-2-8　内置式阻尼器　　　　图 5-2-9　外置式阻尼器

(3) 改变拉索动力特性法（见图 5-2-10）

采用连接器（索夹）或辅助索将若干根索相互连接起来，辅助索可以采用直径比主要索小得多的索。其作用机理是：通过连接，将长索转换成相对较短的短索，使拉索的振动基频提高，从而抑制索的振动。这对防止低频振动十分有效，同时也能降低雨振以及单根索振动发生的概率，但对通常以高阶形式出现的涡激振动抑制作用不明显。另外，辅助索易疲劳断裂，对桥梁景观有一定影响。

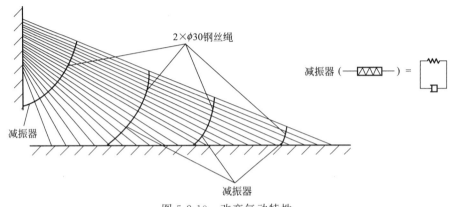

图 5-2-10　改变气动特性

5.2.2　混凝土主梁构造

5.2.2.1　混凝土主梁的立面和横截面布置

混凝土斜拉桥的主梁受到多根拉索的支承作用，因此其受力性能不仅取决于自身的结构体系，还与索塔的刚度（因拉索两端分别与索塔和主梁相连接）、主梁与索塔的连接方法、索的刚度和索型密切相关。所以主梁的设计必须综合考虑主梁、索塔、拉索三者之间的相互关系。

(1) 主梁的立面布置

混凝土斜拉桥由梁、塔、索、墩四种构件的不同组合构成飘浮体系、半飘浮体系、塔梁固结体系和刚构体系四种结构体系，而此时主梁按支承方式不同分为跨内由多点弹性支承的单跨梁、连续梁、悬臂梁、T形刚构或连续刚构等。在自锚体系斜拉桥中，混凝土主梁受压；在半自锚体系（部分地锚式）中主梁主要受压；对于密索自锚式斜拉桥，混凝土主梁是以受压为主的受弯构件。

主梁采用何种结构体系和布置应根据桥位处地质、地形条件、支座吨位、施工方法、行车平顺性、抗风、抗震等因素综合分析后确定，并应结合拉索、索塔在内的整个结构体系用综合观点来考虑。在相同的条件下，由于主梁结构体系和支承条件不同，使主梁内力和变形也随之变化。

一般来说，对于独塔双跨式斜拉桥，边跨与主跨比可取 0.5～1.0；对于双塔三跨式斜拉桥，边跨与主跨比值可取 0.25～0.5，从经济性考虑，宜取 0.4。对于主梁边跨与主跨比值小于 0.5 的双塔三跨式斜拉桥，为使索塔两侧的主梁断面尽可能地保持一致，以便于对称平衡施工，宜将背索集中锚固在局部加厚的端部主梁上，如图 5-2-11 所示。为确保安全，在边跨端横梁上压重，并将邻孔引桥搁置在边跨端部牛腿上作为平衡重，以抵消主梁端支点负反力，这种处理十分必要，并可使拉力支座仅作为意外情况下的保险措施。

现代混凝土斜拉桥由于采用密索布置及扁平的横断面形式，主梁由受弯为主转变为受轴向力为主，并且借助于拉索的预拉力对混凝土主梁内力进行调整，使结构的最终内力状态达到预期的理想状态。

图 5-2-12 是三跨刚性支承连续梁与斜拉桥主梁的恒载弯矩对比示意。由图看出，由于拉索的弹性支承作用斜拉桥主梁的恒载弯矩显著减小。

一般来说，斜拉桥的主梁高度不像其他体系桥梁梁高随跨径正比例增大，

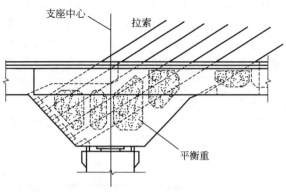

图 5-2-11　主梁端部构造

而与索塔刚度、索距、索型、拉索刚度、主梁的结构体系及截面形式等密切相关，特别是与索距大小有直接关系。对于密索体系且索距沿纵向等距布置时，通常主梁可做成等高度形式以简化施工，在城市大跨径立交桥中更显出结构轻巧、主梁纤细美观的特点。

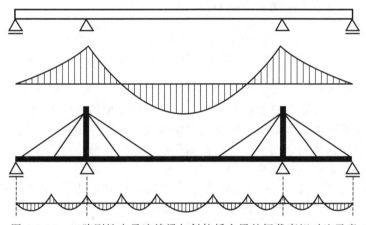

图 5-2-12　三跨刚性支承连续梁与斜拉桥主梁的恒载弯矩对比示意

由图 5-2-12 可知，通过拉索来调整主梁各截面的弯矩，使最大值接近相等，从理论上讲，抗弯所需的主梁高度可以沿纵向不变。对于大跨径混凝土斜拉桥来说，恒载内力所占比重较大，所以国内外大跨径混凝土斜拉桥绝大多数采用等高度主梁形式，只有极少数混凝土斜拉桥的主梁在索塔处梁高逐渐变大，以适应受力和构造上的要求。

(2) 横截面布置

混凝土斜拉桥主梁截面形式的选择，除一般桥梁必须考虑的因素外，还应充分考虑抗风稳定性，特别是大跨径斜拉桥的风振问题。同时要考虑扭矩的传递、主梁对拉索索力的传递问题。主梁的截面形式要方便拉索的张拉和锚固，所以应根据拉索的布置及施工方法综合考虑，正确选择主梁截面形式。

混凝土主梁常用的截面形式有边箱梁截面、箱形截面、带斜撑箱形截面和肋板式截面。

① 边箱梁截面　边箱梁截面的箱室可以做成带有竖腹板的矩形箱，箱梁用于承重及锚固拉索，箱梁之间设桥面系。这种截面形式的最大优点是采用悬臂施工较方便。但由于斜拉桥主梁截面尺寸较小，采用挖空的箱形截面节省的混凝土数量不多，而引起内模板、横隔梁钢筋布置、拉索锚固等趋于复杂，并增加施工困难和费用，所以近年来已较少采用，特别是

在抗风要求高的大跨径斜拉桥中，由分离双箱截面逐步向实体双主梁截面发展，或外侧为斜腹板、内侧为竖腹板的倒梯形箱形截面和三角形箱形截面［图5-2-13(a)］发展，两箱之间为整体桥面板，横截面外侧做成风嘴状以减少迎风阻力，端部加厚以锚固拉索。这种主梁截面形式有良好的抗风性能，特别适用于风荷载较大的双索面密索体系斜拉桥。

② 箱形截面　图5-2-13(b) 为单室箱形截面，是一种单索面混凝土斜拉桥采用的典型主梁截面形式，箱室内部设置一组人字形加劲斜杆，以传递单索面的索力。一般加劲斜杆的纵向间距为拉索索距的一半。桥面中央设置索面保护带，正好用作上下行车道的分隔带。倾斜的腹板虽然施工困难但抗风性能好，外形美观，并可减少下部结构宽度。

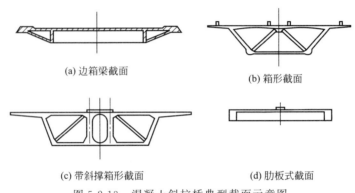

(a) 边箱梁截面　　　　　　　　　　　(b) 箱形截面

(c) 带斜撑箱形截面　　　　　　　　　(d) 肋板式截面

图5-2-13　混凝土斜拉桥典型截面示意图

③ 带斜撑箱形截面　图5-2-13(c) 为整体箱形截面，具有较大的抗弯及抗扭刚度，既适用于双索面体系，也适用于单索面斜拉桥，但用于双索面桥与单索面桥时箱形截面应有所不同，如单箱三室截面用在双索面桥时应将两个中间竖腹板尽量拉开，使中室大于边室，以获得较大的截面横向惯性矩。而单箱三室截面用在单索面桥时，应将中间两个竖腹板尽量靠拢，这样才便于将拉索锚固在较窄的中室内。

④ 肋板式截面　图5-2-13(d) 为板式边主梁截面形式，边主梁梁高相对于桥宽很小，两主梁之间的连接横梁底部与主梁齐平，形成底部挖有一个个空槽的板式梁底。低高度边主梁的截面带有风嘴尖角，以适应大跨径斜拉桥的抗风要求。拉索直接锚固在边主梁的下面，以不致削弱原来就较小的主梁截面。横梁间距一般取拉索索距的一半，约为5~6m。

上面叙述了混凝土主梁常用的截面形式。在设计混凝土斜拉桥时，究竟选用哪种主梁截面形式，如何布置，应综合考虑拉索布置、主梁对斜拉桥索力的传递、扭矩传递、施工方法和抗风稳定性等因素确定。由于大量的风洞试验结果表明，混凝土斜拉桥具有相当大的系统阻尼，一般抗风稳定性不控制设计，所以索面布置及施工方法是确定横截面布置的主要因素。

5.2.2.2　主梁主要尺寸拟定

在确定了主梁截面形式及横截面布置、主梁高度沿跨长的变化规律后，主要尺寸的拟定就是确定梁高及主梁截面尺寸、横梁尺寸及桥面板尺寸、拉索锚固点局部构造要求等，主梁主要尺寸的拟定一般按下面的步骤进行。

(1) 确定主梁高度

混凝土斜拉桥的主梁高度除极少数在索塔附近梁高变化外，通常都采用等高度梁。即使跨径和荷载相同，但由于主梁结构体系、截面形式和索距不同，混凝土主梁的梁高变化仍很大。而梁高与拉索的索距有直接关系。根据国内外混凝土斜拉桥的统计资料，无论是独塔双跨式还是双塔三跨式,对于密索体系,梁高与主跨的比值可取 1/200～1/50。因此,必须根据设计条件进行试算,从力学和经济的角度决定适宜的梁高。

不同的主梁截面形式,梁高的取值会有所不同。如选用实体双主梁截面且取主梁高度大于或等于横梁高,则主梁高度将取决于横向弯矩的大小,即主梁高度与桥宽和横向索距密切相关。所以,当桥面很宽,按横向弯矩要求的横梁高度很大时,也可采用两侧矮中间高的鱼腹式横梁,以降低主梁的高度(主梁高度低于横梁跨中高度)。

从提高主梁横向抗风稳定性考虑,主梁全宽 B 与主梁高度 h 比值宜大于等于 8。

(2) 主梁横截面全宽

主梁横截面全宽取决于行车道与人行道宽度、拉索的布置、横截面布置及抗风稳定性等因素。从提高斜拉桥结构的抗风稳定性考虑,梁宽 B 和主跨 L 比值宜大于等于 1/30,与梁高 h 比值宜大于等于 8。

(3) 确定横梁、桥面板、主梁截面各细部尺寸

一般可以根据桥面局部荷载按常规方法确定横梁和桥面板的尺寸。由主梁所承受的轴向力及构造要求确定主梁截面积大小,进而确定主梁截面各细部尺寸。

作用于主梁上的轴向力 N 的大小,主要由恒载引起,它可近似地按下式计算:

$$N = -F\cos\alpha = -\sum \frac{ga}{\sin\alpha}\cos\alpha$$

式中 F——拉索的拉力,kN;
   g——主梁每延米重力,10kN/m;
   a——拉索在主梁上锚固点之间的水平距离,m;
   α——拉索的水平倾角,(°)。

(4) 截面调试

① 初步拟定的截面尺寸是否满足强度、刚度及稳定性要求,可以根据《公路斜拉桥设计细则》(JTG/T D65)有关规定,编制程序利用计算机进行试算和调整,直至满足各项要求。

② 由验算主梁的抗扭刚度来确定梁高及主梁细部尺寸。

单索面布置的主梁高度应按抗扭刚度来确定。不同的索面布置及主梁截面形式,对扭矩(偏心力作用产生)的传递情况是不相同的。

箱形主梁的主要尺寸往往由所需的抗扭刚度来确定。首先初步拟定箱形截面各尺寸,根据主梁扭矩计算各部件(箱形截面顶板、底板及腹板)的扭转剪应力,并与整体截面调试中由恒载活载等产生的剪应力相叠加,计算出主拉应力,如不满足《公路斜拉桥设计细则》(JTG/T D65-01)的要求,则需修改主梁截面尺寸,重复上述步骤进行调试,直到满足设计规范要求为止。

5.2.2.3 钢束的布置

混凝土斜拉桥的主梁,无论拉索是稀索布置主梁以受弯为主,还是多索密索布置主梁以受轴向力为主,也无论主梁的结构体系是单跨梁、连续梁、悬臂梁,还是 T 形刚构或连续刚构,混凝土主梁都是一个既受轴向力又受弯受剪的构件,主梁除了设置一定数量的非预应力钢筋外,还需配置各种受力的预应力束筋。

混凝土主梁中非预应力钢筋及各种预应力束筋的配筋计算与其他混凝土梁式构件相同,但需根据斜拉桥主梁不同阶段的受力及不同部位受力的需要来配置,并符合《公路钢筋混凝土及预应力混凝土桥涵设计规范》(JTG D62)的要求。拉索与主梁的连接段(锚固区)应

力状态复杂，除了取锚固点前后各半个索距的梁段用有限元法分析求解外，钢筋（束）的配置上也应予以加强。

主梁中各种钢筋（束）的布置应结合主梁结构体系、受力情况、主梁截面形式及施工方法等进行。下面主要介绍主梁中预应力束筋的布置。

(1) 纵向预应力束筋布置

沿桥轴方向布置的纵向预应力束筋，可根据主梁的应力包络图配置，但由于拉索水平分力对主梁产生的轴向压力作用（自锚体系及部分地锚式斜拉桥），故纵向预应力束筋不必沿主梁通长布置而采用分段配置的方法。如在双塔三跨式混凝土斜拉桥的中跨跨中附近及边跨端部等区段由于拉索水平分力对主梁产生的轴向压力逐渐减少，当其不能抵消由弯矩产生的拉应力时，需配置纵向预应力束筋来承受此项拉应力，即在中跨跨中部分及边跨后锚索区段等部位纵向预应力束筋布置较多。

纵向预应力束筋沿横向的布置，对于主梁为板式梁截面形式，可沿板宽布置，中间稀，靠板两侧布置得密些；对于实体双主梁截面，抵抗正弯矩的下缘预应力束筋可布置在主梁内，抵抗负弯矩的上缘预应力束筋可布置在主梁上缘和桥面板内；对于箱形截面，因抗弯刚度大，截面内正、负弯矩也大，需配置较多的纵向预应力束筋，可分别布置在箱梁底板或顶板内。

(2) 其他预应力束筋的布置

在拉索锚固区及横隔梁设置处，有较大的局部应力，为抵抗此项局部应力，需配置横向或竖向预应力束筋。特别是在边跨端部拉索布置较集中区段，为克服拉索的横向张力，须设置横向及竖向预应力束筋。

对于较宽的斜拉桥，由于桥面板或横梁受力需要，有时必须设置横向预应力束筋。

对于单索面布置的箱形截面主梁，为了防止截面开裂而降低抗扭刚度，宜配置纵向、横向、竖向三向预应力束筋。

(3) 预应力度

混凝土主梁预应力束筋的配置可以根据主梁受力情况、经济性原则及施工方法等因素采用不同的预应力度。

① 对于单索面箱形截面主梁，为了防止混凝土开裂降低抗扭刚度而造成的不利影响，宜采用全预应力结构，或在主要组合作用下为全预应力结构，而在附加组合作用下混凝土允许出现少许拉应力，但不开裂，即将预应力度控制在 A 类区域。这样可加大预应力束筋的索界范围，不仅可以更合理地布置预应力束筋，还可降低束筋用量，提高主梁混凝土的延性。

② 双索面布置的斜拉桥，一般主梁采用实体双主梁或双分离箱梁。由于在双主梁下缘布置正弯矩预应力束筋的位置有限，同时偏心荷载产生的扭矩基本上是由两索面承受，因此即使主梁出现允许范围内的裂缝，也不影响结构使用，所以可以采用部分预应力结构。

③ 预应力度与施工方法的关系。如果主梁采用悬臂拼装法施工，因一般无纵向钢筋贯通接缝，故需要较高的预应力度；而如果主梁采用悬臂浇筑法施工，由于分段接缝处有搭接的纵向预应力钢筋提高了极限状态下的安全度，并有助于克服意外情况下出现的裂缝，此时预应力度可适当降低。

5.2.2.4 拉索与混凝土主梁的锚固构造

拉索与主梁的连接部位，即拉索锚固区是主梁结构的关键部位。主梁上应有刚度很大的锚固实体（锚固块）把拉索锚固在主梁上，并能将锚固点处强大的集中力迅速简洁地扩散到主梁全截面。如需在主梁上张拉拉索则应考虑有足够的张拉操作空间。选择锚固构造时应考虑确保拉索与主梁连接可靠，有防锈蚀能力和避免拉索产生颤振应力腐蚀，同时便于拉索养护及更换等。

拉索在混凝土主梁上的锚固构造按拉索索面布置形式可采用以下几种布置。

(1) 在主梁顶板设置锚固构造（锚固块）

在主梁顶板设置锚固构造一般适用于单索面有加劲斜杆的整体箱主梁。

锚固块以箱梁顶板为基础，向上、下两个方向延伸加厚而成，拉索直接锚固在顶板与一对斜拉杆交叉点的锚固块上，见图 5-2-14。

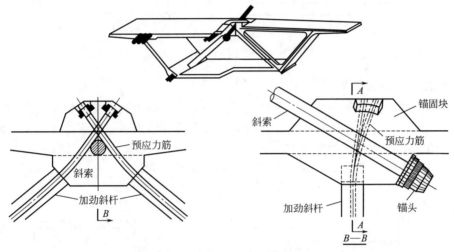

图 5-2-14　箱梁顶板锚固构造

拉索的水平分力通过锚固块传递给箱梁顶板后再扩散到主梁全截面，垂直分力则由一对加劲斜杆承受，因此，在锚固块内设一对交叉布置且通过加劲斜杆轴线的预应力筋是很必要的。

(2) 在箱梁内设锚固构造

在箱梁内设置锚固构造一般用于双索面分离双箱的混凝土主梁，也适用于单索面多室整体箱主梁，其构造见图 5-2-15。

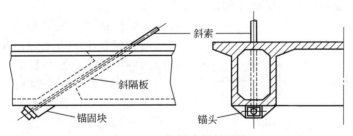

图 5-2-15　箱梁内设锚固块

锚固构造位于箱梁顶板下的两个腹板之间并与顶板腹板固接在一起。拉索的水平分力由锚固块以轴向压力方式传递给顶板再扩散到主梁全截面，垂直分力则由锚固块传给左右腹板。因此，锚固块与腹板连接处除需设置承托外，在腹板内还需设置竖向预应力筋束加强。

(3) 在箱梁内设斜隔板锚固

这种锚固构造在箱梁内设斜向隔板，其斜度与拉索一致。拉索通过斜隔板后锚固于箱梁底板，见图 5-2-16。若从美观上考虑也可把锚头埋在箱梁底板内，或在斜隔板上挖槽锚固。

这种锚固构造拉索的水平分力是通过斜隔板四周的箱梁顶板、腹板和底板等共同以轴压力传递给主梁，垂直分力由斜隔板两侧的腹板以剪力形式传递，因此，腹板内也需布置竖向预应力筋束加强，加强范围至少为斜隔板的水平投影长度。索力较大时可将斜隔板加强为斜隔梁，并从箱内伸臂牛腿形式延伸到箱体的两个外侧，拉索锚固在牛腿梁上。

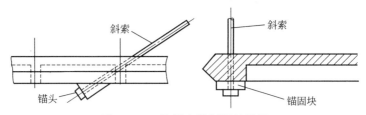

图 5-2-16　箱梁内设斜隔板锚固

(4) 在梁体两侧设锚固

这是双索面斜拉桥一种非常普遍采用的锚固构造。锚固块放在主梁梁体横向两侧风嘴形实体块下面，或较厚的倾斜边腹板下面，拉索通过预埋管锚固在风嘴形实体块上或较厚的斜腹板上，如图 5-2-17 所示。拉索的水平分力通过风嘴形实体或厚实的斜腹板传递，而垂直分力则需在斜腹板内设置一定数量的竖向预应力筋束来承受。

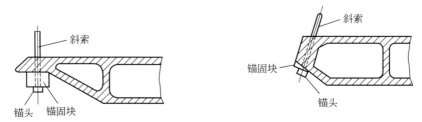

图 5-2-17　梁体两侧设锚固块

(5) 在梁底设置锚固块

最简单的锚固形式，适用于梁截面较小的实体双主梁或板式梁。在梁中设置与拉索倾角相同的管道，拉索穿过管道后锚固于梁底。如图 5-2-18 所示。

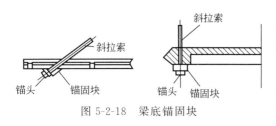

图 5-2-18　梁底锚固块

锚固构造设于主梁底部，可以避免削弱原来截面积就较小的边主梁，并且不干扰梁及板截面内的钢筋（束）布置。

从美观考虑，锚头也可不外露，但为了补助主梁锚固区的截面削弱，在一般区段，可采用钢锚箱和增加钢筋的办法，而在近塔柱附近，由于压力过大，还应局部加厚梁肋。

无论哪种锚固，一般斜拉索穿过主梁处应设钢套筒。套筒下端设锚垫板，上端伸出桥面一段距离以保护斜拉索不被车辆撞击，套筒上一般要焊接多道剪力环以帮助锚垫板传力。

钢锚箱制作应保证尺寸准确，在与拉索通过的管道一起安装时应保证空间位置准确，安装完后，管道中线与拉索轴线应一致，锚板端面应与拉索轴线相垂直。

5.2.3　钢-混凝土结合梁构造

结合梁斜拉桥又称叠合梁斜拉桥。这种斜拉桥的主梁是由钢和混凝土两种材料组成。钢主梁、钢横梁及钢纵梁等组成钢梁桥，与混凝土桥面板通过连接构件形成一个整体结合梁，作为主梁共同受力。由于结合梁斜拉桥与混凝土斜拉桥和钢斜拉桥相比较，施工方便且造价低，所以在 20 世纪 80 年代末得到较快发展。

钢-混凝土结合梁的构造如图 5-2-19 所示。虽然结合梁斜拉桥目前在我国修建不多，斜拉桥的设计规范也着重于混凝土斜拉桥部分，但由于结合梁自重力小，也相应减少了钢索用量和基础工程量；钢主梁及钢横梁可在工厂加工制作，混凝土桥面板可以预制，精度较高，质量容易控制；现场拼装简便，施工迅速，工期短，且结合梁梁高小，外观轻巧，体现了桥梁建设新技术等优点。随着跨径的增大，桥梁建设的发展和工业化程度的提高，在 21 世纪我国会修建更多的结合梁斜拉桥。

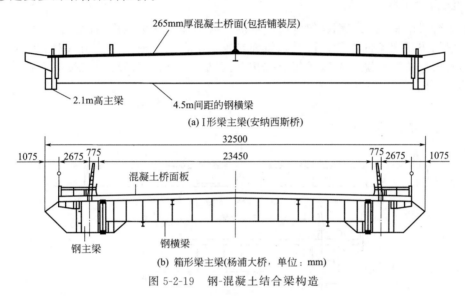

图 5-2-19　钢-混凝土结合梁构造

5.2.3.1　总体布置

（1）结合梁结构体系

结合梁结构体系的选择与跨径关系最大。一般大跨径钢-混凝土结合梁多采用塔墩固接、塔梁分离的飘浮体系，这样可以避免结合梁在索塔位置处因负弯矩太大而使混凝土桥面板产生过大的拉应力。由于混凝土开裂将影响结合梁的整体受力，所以防止桥面板混凝土开裂是结合梁设计中最关键的问题。为了方便施工，降低结合梁梁高，大跨径结合梁斜拉桥几乎都采用密索布置。在索面形式上多采用扇形，使拉索可以集中锚固在索塔的上塔柱，并减少索塔的弯矩。国内外已建成的跨径在 400m 以上的钢-混凝土结合梁斜拉桥都采用密索飘浮体系。

（2）边跨设置辅助墩及过渡孔问题

设辅助墩除了可以提高斜拉桥的总体刚度、减少索塔弯矩及中跨跨中挠度外，更重要的是增加了施工期间的抗风稳定性，减少了边跨主梁尾端的弯矩。而辅助墩顶的负弯矩可通过在该处设置双链杆支座等措施予以降低。

辅助墩的设置还应结合桥址地形、地质情况、修建辅助墩难易程度及经济性比较确定。

结合梁斜拉桥在边跨主梁尾端设置过渡孔有利于边索（端锚索）的受力。如将过渡孔主梁直接压在边跨尾端主梁上，对端锚索的布置和受力会更好，也不需另设平衡重，并可避免在恒载作用下锚墩（斜拉桥尾端外边墩）受拉。结合梁越过锚墩伸至引桥或外伸一定长度，可将过渡梁（可以是混凝土预制梁，也可是钢混凝土结合梁）用铰接挂在外伸结合梁上，也可直接将过渡孔压在锚墩顶部的结合梁上，视具体情况选用。

(3) 结合梁主梁节段布置

结合梁是由混凝土桥面板、钢主梁、钢横梁、钢纵梁构成的钢梁格结构及抗剪连接件组合。一般钢梁格在工厂加工制作，混凝土桥面板可预制或现浇，先在现场悬拼钢梁格结构，然后安装或现浇混凝土桥面板。主梁节段的长度应配合密索索距布置，从有利于施工和根据桥面板受力的需要，并和横梁间距统一考虑。主梁节段不宜太长，以免导致架设钢梁格时需另增加临时拉索。而横梁间距与跨径及桥面板形式有关。主梁节段长度以能布置1~2根拉索、2~4根横梁为宜。

(4) 结合梁横截面布置

由于结合梁的钢主梁与钢横梁纵梁构成的钢梁格体系在单索面情况下抗扭性能差，因此结合梁一般均采用双索面布置。配合双索面布置，结合梁在横截面采用双钢主梁布置，钢主梁截面形式根据跨径桥宽、荷载等级、抗扭及抗风等要求常采用开口实腹工字形梁、箱梁及门形梁等，见图5-2-20。

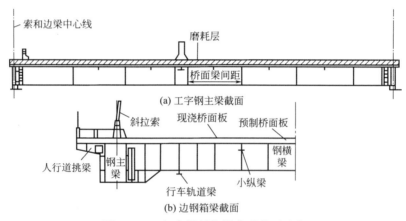

图 5-2-20 组合梁斜拉桥典型截面示意

开口实腹工字形梁施工架设方便，钢梁制作简便。当采用倾斜的空间双索面时，开口工字形梁可设计成倾斜的实腹板，有利于锚固拉索的锚固箱布置。但当工字形梁内力很大时，需增大腹板和下翼缘钢板的厚度，但过厚的钢板使焊接、制作、连接处高强螺栓的布置困难，在这种情况下，可采用箱形或门形钢主梁。钢箱梁抗扭性能好，能扩大主梁的桥面有效分布宽度，但加工制作工作量大。当采用双层桥面布置时，主梁可选用桁架式结构。

(5) 混凝土桥面板

混凝土桥面板和主梁横梁构成的钢梁格体系组成结合梁的桥面系，一方面承受桥面局部荷载，另一方面作为结合梁的一部分参与主梁整体受力。构造上将桥面板纵向跨在横梁上，使桥面局部活载产生的桥面板拉应力与作为整体主梁一部分在桥面板内产生的压应力相叠加，以防止桥面板混凝土产生过大拉应力而开裂，而当裂缝超过一定值后，就不能考虑混凝土桥面板参与钢梁整体受力作用了，且易造成钢梁及钢筋的腐蚀，这就要求设计结合梁时应十分注意预防各部分桥面板可能产生的裂缝。

桥面板是结合梁的重要部分，设计施工都应充分重视。

① 桥面板厚度　桥面板的厚度应根据桥面局部荷载和结合梁承受的整体荷载作用引起的总应力决定，还应考虑钢梁格形式，特别是横梁间距和荷载等级。当采用预应力混凝土桥面板时，桥面板厚度还应满足预应力管道尺寸布置的需要。一般为方便施工和设计，全桥采

用等厚度桥面板。作为结合梁的一部分,桥面板还要承受拉索的水平分力(桥面板受轴向力),而越靠近索塔,拉索水平分力就越大,所以特大跨径结合梁斜拉桥应根据受力情况在近索塔段增加桥面板厚度。

② 桥面板施工方法 混凝土桥面板可采用预制或现浇施工。采取预制吊装施工时,可减少因混凝土桥面板的收缩、徐变引起的结合梁斜拉桥的主梁内力重分布,特别是预制桥面板在良好条件下养生较长时间,可减少后期收缩和徐变变形的影响。采用预制桥面板还可加快施工进度,降低施工费用。对于跨度不太大的结合梁也可采用现场浇筑桥面板的施工方法,以增加结合梁的整体性并减少吊装工作量。

采用预制桥面板,必须通过现浇接缝混凝土将钢梁格和预制混凝土桥面板有效地结合成整体主梁——结合梁。钢梁顶面必须有抗剪连接件,预制板有外伸钢筋,接缝上还有纵横钢筋,待接缝混凝土结硬后才能将钢梁和桥面板结合成整体。

5.2.3.2 结合梁截面中混凝土桥面板与钢梁的连接

钢-混凝土结合梁的最大特点是由两种材料组成的结构共同承受荷载并充分发挥各自的材料特性(如混凝土抗压性能好、抗拉强度低,钢材抗拉抗压强度均高)。为了保证结合梁在各种荷载作用下能整体受力,应充分重视混凝土桥面板与钢梁格之间的连接构造及质量。常采用抗剪连接构件,即带头的栓钉。预先将抗剪栓钉焊接在钢梁格的顶部翼缘板(或箱梁顶板)上,桥面板的四周伸出连接钢筋,或在有抗剪栓钉位置开孔,通过现浇此处混凝土填满孔隙,混凝土结硬后即把桥面板和钢梁格连接成整体的结合梁,如图 5-2-21 所示。

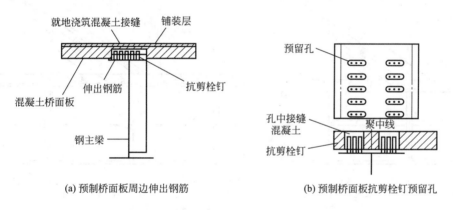

图 5-2-21 混凝土桥面板和钢梁格的连接构造

图 5-2-21(a) 这种抗剪连接形式较图 5-2-21(b) 更能保证现场浇筑质量及可靠的连接质量。

由于结合梁斜拉桥一般拉索是锚固在钢梁上,所以拉索索力的水平分力首先集中作用在钢梁上,然后由钢梁通过钢梁顶面的抗剪栓钉逐渐扩散传递到整体结合梁截面,即混凝土桥面板全部,因此,在靠近锚固点附近的截面上,混凝土桥面板中的应力在横向分布是不均匀的,主要集中在钢主梁附近一个有限的宽度范围内,这就是剪力滞后引起的有效分布宽度。所以抗剪连接构件的质量和可靠性是保证结合梁正常工作的关键。

抗剪连接构造在桥梁悬臂架设施工中可能承受最大的荷载。但因剪力滞效应限制了接缝附近混凝土桥面板的有效分布宽度,则该有效截面必须承担悬臂架设下一梁段时产生的较大的局部弯矩。所以,应选择简单可靠并可以很快取得强度的剪切连接,才能有效而快速地进行悬臂架设施工。

采用抗剪栓钉连接还必须考虑疲劳问题和随主梁内轴力的变化而在钢梁和混凝土桥面板

之间产生的内力重分布问题。

为了使抗剪连接处在桥梁设计使用寿命期内能抵抗较高的活载重复次数，必须慎重考虑焊接疲劳问题。

由于结合梁中轴力的传递是通过抗剪栓钉从钢梁传递到混凝土桥面板上的，以及混凝土的徐变，使得在架设过程中当混凝土桥面板还未达到全部强度时就已开始承受轴力并使桥面板中的轴力向钢梁转移，这将影响钢梁和混凝土桥面板两种构件中的恒载轴向力和桥梁的最终线形，故应对混凝土桥面板和钢梁之间的连接件进行详细验算。

5.2.3.3 拉索在结合梁上的锚固构造

结合梁斜拉桥的拉索通常直接锚在两侧的钢主梁上以使桥面系获得较大的抗扭刚度。拉索锚固结构是否可靠将直接影响整个斜拉桥的安全和可靠。

常用的拉索与结合梁的锚固构造有以下几种形式。

(1) 拉索与开口工字形钢梁的锚固构造

拉索与开口工字形梁的锚固构造有以下两种布置方式。

① 将拉索的锚固构件放在钢主梁顶面，如图 5-2-22 所示。图 5-2-22(a) 直接将锚固板焊在钢主梁腹板顶面的上翼缘上；图 5-2-22(b) 将锚固板穿过上翼缘板（在上翼缘板上开槽口）与主梁腹板相连接，上述连接形式也称锚固板连接。

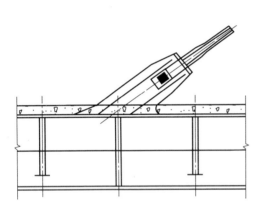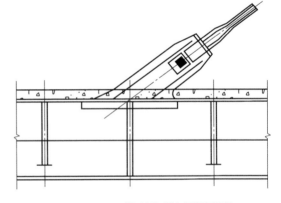

(a) 锚固板直接焊接在钢主梁上翼缘顶板上　　　　(b) 锚固板与钢主梁腹板焊接

图 5-2-22　锚固板与主梁连接

图 5-2-22(a) 锚固构造简洁，虽然占用了部分桥面宽度，但锚固结构受力效果好，特别是对于密索布置的斜拉桥，在安装拉索时有充分的工作位置。缺点是在钢梁上翼缘板焊接处

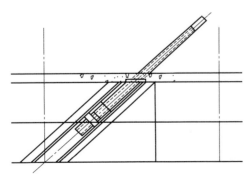

图 5-2-23　拉索锚固箱构造

及锚板与承受拉索锚头的筒体的焊接点处产生应力集中，且桥面板在锚固点附近混凝土易产生裂缝。

图 5-2-22(b) 受力可靠，效果好，但锚固构造加工制作较困难，且锚固板与上翼缘焊接后需进行焊后应力消除处理，对桥面板受力也不利。

② 将锚固箱布置在工字形钢主梁腹板侧面，拉索穿过上翼板到达锚固箱，锚固箱与腹板连接可采用高强螺栓摩擦连接或焊接连接。图 5-2-23 是拉索锚固箱构造，锚固箱偏心置于主梁腹板外

侧,锚固箱与腹板采用焊接连接,且与主梁上、下翼缘焊接,在主梁腹板内侧还对应加强,拉索通过钢管穿过主梁上翼缘锚于主梁腹板上。拉索与结合梁采用此种连接方式对桥面板损伤小,但在施工架设时需考虑锚具对主梁偏心引起的偏心弯矩和对主梁的扭矩。

当钢主梁为箱形或门形截面时,无论锚固箱采用螺栓连接还是焊接连接均需充分估计附近焊接区对锚固箱的影响。由于拉索的锚固力是集中作用在钢主梁上,然后才逐渐扩散传递到结合梁全截面,锚固区周围受力复杂,除应正确估计它的受力情况外,还应重视锚固构造。另外锚固构造应尽量布置在横梁附近,以减少对主梁的不利影响。

(2) 采用拉索锚固梁连接拉索与主梁

杨浦大桥拉索在结合梁上的锚固,采用了锚固梁构造,如图 5-2-24 所示。锚固梁直接承受拉索的集中锚固力,又把集中锚固力传递到钢主梁及结合梁全截面。所以,锚固梁结构本身的可靠受力和锚固梁与主梁腹板的连接可靠度是至关重要的。为此,应对不同水平倾角、直径和索力的拉索设计不同类型的锚固梁,并在满足锚固梁结构受力的基础上,进行结构形状和构造的标准化,以及结构加工工艺要求的标准化,以简化设计和施工。

由于拉索水平分力较大,如果拉索的水平分力直接作用在钢主梁腹板上将产生过大的横向弯曲应力和变形,对主梁腹板的稳定很不利。为此,在锚固梁周围的主梁腹板上,工字钢作为竖向加劲布置在钢箱梁内侧腹板上,箱梁外侧腹板布置双肢槽钢竖向加劲和单肢槽钢横向加劲,依靠加劲和主梁腹板的组合刚度来承受拉索的水平分力,并将其传给钢主梁的上、下翼板和一定间距的钢横梁上,以改善主梁腹板的受力状况。

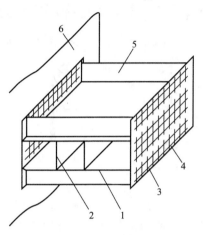

图 5-2-24 拉索锚固梁构造
1—支承肋;2—锚板;3—端板;4—高强螺栓;5—加劲肋;6—主梁腹板

锚固梁与主梁腹板的连接采用摩擦型高强螺栓连接。与焊接连接相比虽增加连接材料,在工序和工艺上要复杂些,但这种连接主要通过连接面的摩阻力来承受并传递外荷载,受力均匀,无应力集中现象,且受力性能稳定,耐疲劳。

(3) 拉索与结合梁连接的其他形式

将钢主梁腹板做成倾斜的形状,将拉索锚于腹板上,也可采用外伸牛腿连接,在结构上将主梁与拉索锚固部分分离,这样可减小桥面宽度,改善桥梁的抗扭刚度。但两拉索之间的横梁钢材用量要增加,特别是在密索布置时增加比较显著,且安装拉索需设专用脚手平台。

5.2.4 索塔构造

作用于斜拉桥主梁的恒载和活载通过拉索传递给索塔,因而索塔是通过拉索对主梁起弹性支承作用的重要构件。索塔上的作用力除索塔自身的重力外,还有由拉索索力的垂直分力引起的轴向力、拉索的水平分力引起的弯矩和剪力。此外,温度变化、日照温差、支座沉降、风荷载、地震力混凝土收缩和徐变等都将对索塔的轴向力、剪力、扭矩和顺、横桥向的弯矩产生影响。值得注意的是,当主梁采用悬臂施工时,索塔还要承受施工阶段相当大的不平衡弯矩。对于单索面独塔斜拉桥,还应考虑抗风稳定问题。

索塔设计应满足强度、刚度和稳定性要求。索塔的结构形式及截面尺寸应根据索塔的强度、刚度及稳定性要求、拉索布置、桥面宽度、主梁的截面形式、下部结构及桥位处的地质、地形等综合考虑确定，同时还要考虑施工简便、降低造价及造型美观等要求。

城市中的斜拉桥，应更多地从造型、景观及周围环境相协调等建筑艺术方面要求来确定索塔的结构形式。斜拉桥在美学上以其柔细感取胜，这种柔细感是人们对斜拉桥梁、塔、索的整体感觉，因此索塔的形状和尺寸比例是美学设计中的一个重要课题。需要特别指出的是，在人类文明高度发达的今天，在保证结构安全的前提下，斜拉桥在美学上的效果已逐渐成为该建筑成败的关键，造型优美且与周围环境配合协调的斜拉桥往往成为该城市的标志性，成为人们精神文化享受的艺术品。

索塔的顶部通常有一些附属建筑，如观光厅等旅游设施避雷针、航空与航道用的标志灯等，设计时也应予以考虑。

5.2.4.1 索塔的结构形式和分类

索塔在顺桥向的形式有单柱形、A形及倒Y形等几种，如图5-2-25所示。

图 5-2-25 索塔顺桥向结构形式

单柱形索塔构造简洁，外形轻盈美观，施工方便，是常用的塔型。目前国内外大多数斜拉桥在顺桥向均采用单柱形。A形和倒Y形在顺桥向索塔刚度大，有利于抵抗索塔两侧拉索的不平衡拉力，但是由于施工复杂，故这类索塔采用不多。

索塔在横桥向的形式有单柱形、双柱形、门形、花瓶形、A形、倒Y形、宝塔形和钻石形等，如图5-2-26所示。

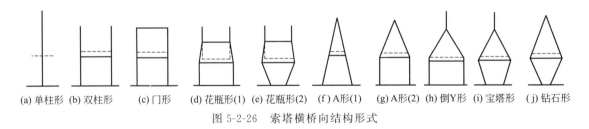

图 5-2-26 索塔横桥向结构形式

柱形塔柱构造简单，但承受横向水平荷载的能力较差。其中单柱形都用于单索面，双柱形则用于双索面。门形索塔在两塔柱之间设有横梁，抵抗横向水平荷载的能力较强，一般用于桥面宽度不大的双索面斜拉桥。A形、倒Y形、菱形索塔横向刚度大，但构造复杂，施工难度较大，既适用于单索面，也适用于双索面，多用于大跨径斜拉桥中。

斜拉桥索塔顺桥向各种形式可与横桥向各种形式配合使用，以下主要介绍顺桥向单柱形与横桥向各种塔型相配合的各种索塔的特点。

顺桥向、横桥向均采用单柱形的索塔仅适用于单索面斜拉桥。这类斜拉桥可采用两种结构体系：塔梁固接，塔墩分离和塔、梁、墩固接。塔梁刚性连接、塔墩分离时，作用在主梁和索塔上的荷载通过塔梁连接处设置在塔梁下的支座传递给下部结构。塔、梁、墩刚性连接时，塔梁上的荷载通过桥墩直接传到基础中去。这类斜拉桥的抗扭由主梁提供，因此主梁多为抗扭刚度大的箱形截面，特别是梯形箱（因底板尺小，塔墩和基础的尺寸可相应减小）。

由于索塔塔柱常设在桥面中央的分隔带上,因此增加了整个桥面的宽度。

顺桥向单柱形而横桥向为双柱形、门形、H形、梯形的索塔适用于双索面斜拉桥。双柱形索塔的两个塔柱间无连接构件,外观简洁轻巧,但对扭曲振动而言相对不利,特别是当两根塔柱的塔顶纵向水平位移反向时将增大主梁的扭曲振动振幅。在双柱形塔柱之间增加一或两根横梁,即形成门形、H形或梯形索塔。由于横梁的存在,增强了索塔抵抗扭曲振动的能力。门形索塔的优点是可利用塔顶吊机进行预制吊装和挂索施工等,H形索塔因为无塔顶横梁,故较为轻巧且景观较好;梯形索塔在塔柱间有两根及以上横梁,因此其横向刚度大于门形及H形,且塔柱的横向压屈自由长度也较小。门形、H形、梯形索塔既可采用直塔柱,也可采用斜塔柱,或仿照菱形索塔在桥面以下将塔柱向内收敛,这样可减小基础尺寸。这一类索塔适用于中等跨径斜拉桥。

顺桥向为单柱形而横桥向采用A形、倒V形、倒Y形和菱形的索塔,因两塔柱在索塔上部交会,故不可能发生塔顶反向的水平位移,从而增强了斜拉桥的整体抗扭刚度,常用于大跨径及特大跨径的斜拉桥。这类索塔的另一特点是既适用于单索面,又可用于双索面,当拉索布置成空间倾斜双索面时,两个索面与主梁形成一个封闭的稳定结构,抗扭刚度增大,有利于整个斜拉桥结构的抗风稳定性,并减小了活载偏心作用的影响,使主梁可采用抗扭刚度较小的双实体主梁。但是空间双索面布置的拉索锚固区构造复杂,并且为承受拉索的横桥向水平分力产生的塔柱弯矩使塔柱横向尺寸增加。当拉索布置成单索面时,A形、倒V形索塔由于塔顶附近可锚固拉索的高度范围较小,故仅适用于拉索上下层数较少的斜拉桥,而倒Y形索塔有一段竖直塔柱可容纳较多的单索面拉索。倒Y形索塔因其结构和拉索布置上的优越性,越来越多地为现代大跨径斜拉桥所采用。菱形索塔是对A形、倒V形、倒Y形索塔的改进,即在桥面以下将两塔柱向内倾斜,这样既可减小塔柱基础占用的空间,又使索塔造型更加优美。

索塔按材料的不同一般可分为钢筋混凝土索塔、钢索塔、钢-混凝土混合索塔和钢管混凝土索塔等。钢-混凝土混合索塔是指拉索锚固区采用钢锚箱,其他部位采用混凝土的索塔,一般用于较大跨径索力很大的斜拉桥中,其造价较高。

钢-混凝土混合索塔具有以下优点:①减轻塔顶重力,使地震时塔柱中的轴力和弯矩减小;②使塔柱顶部施工更加容易;③钢锚箱在工厂预制,容易保证精度;④简化斜拉索锚固,明确索塔受力;⑤使检查养护更加方便;⑥通过涂装可美化桥塔外观;⑦斜拉索钢套管定位更容易,无需定位骨架。但混合索塔的钢结构需要专业工厂加工,并且高空焊接难度较大。为保证索塔整体性和钢-混结合的可靠性,有时需要布置少量预应力索,加大了索塔施工难度。

5.2.4.2 索塔的组成

混凝土斜拉桥的索塔一般都由钢筋、混凝土材料建造。主塔常由基础、承台、下塔柱、下横梁、中塔柱、上横梁、上塔柱拉索区锚固段及塔顶建筑八大部分(或其中几部分),如图5-2-27所示。

塔柱是索塔的主要构件,塔柱之间设有横梁或其他连接构件,如图5-2-27所示。塔顶横梁及竖直塔柱之间的中间横梁是非承重横梁,只承受自身重力引起的内力。设有主梁支座的受弯横梁、竖塔柱与斜塔柱相交点处的受压横梁及反向斜塔柱相交点处的受拉横梁(位置均见图5-2-27)是承重横梁,除承受自身重力作用外,还承受其他的轴向力和弯矩。在设计横梁时务必要区别对待。所有的塔柱、横梁作为索塔面内的组成构件共同参与抵抗风力、地震力及偏心活载。

斜拉桥桥塔拉索锚固区是将拉索巨大集中力传递给桥塔的重要部位,为了承受这一巨大集中力，混凝土塔柱箱壁需要布设水平预应力筋。对于索塔拉索锚固区，由于拉索孔道和预应力筋孔道的削弱作用，以及预应力筋的预压力，导致该部位受力非常复杂。考虑到混凝土材料的弹性、塑性非均匀性、孔洞削弱预应力施工的误差等系列因素，在设计计算中，单纯的力学分析难以全面反映结构的实际工作状态和应力分布。为此，最直接、有效的方式是采用足尺模型，进行模拟力学加载试验验证。模型试验主要包括预应力张拉试验与极限承载力试验。

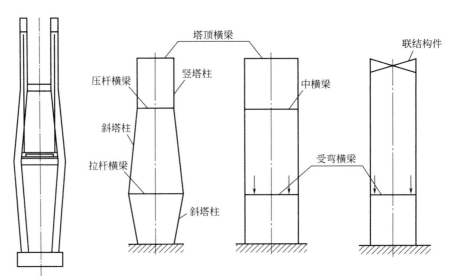

图 5-2-27 索塔的组成

5.2.4.3 索塔的截面尺寸

组成索塔的塔柱及横梁的截面形状和截面尺寸应根据结构强度、刚度、稳定性计算的要求，并结合拉索在索塔上的锚固构造要求和桥梁美学上的要求确定。

从整体形式看，塔柱的截面可采用实心截面和空心截面两种，而沿塔高又可采用等截面或变截面布置。一般实心等截面塔柱适用于小跨径斜拉桥；中等跨径斜拉桥可采用实心变截面塔柱；对于大跨径斜拉桥的索塔，一般采用空心变截面塔柱。如拉索在塔上张拉，从锚头的防护索塔结构的外观考虑，空心塔柱比实心塔柱好，如在空心塔柱内设置电动升降设备则上下检修就更加方便了。

塔柱截面形式可分成两大类：第一类基本形式为矩形，如图 5-2-28 所示；第二类基本形式为非矩形截面，如图 5-2-29 所示。

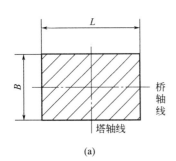
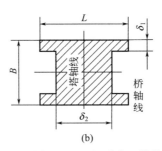

图 5-2-28 矩形截面塔柱

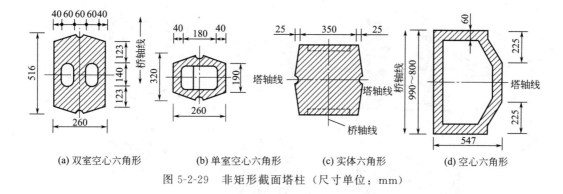

图 5-2-29 非矩形截面塔柱（尺寸单位：mm）

(1) 矩形截面

矩形截面塔柱一般长边与桥轴线平行，短边与索塔轴线平行，如图 5-2-28(a) 所示。当采用实心矩形截面塔柱时，拉索一般穿过塔柱交错锚固，塔柱上部的拉索锚固区位于塔轴线两侧。在矩形实心截面拉索锚头部位各挖一槽口，塔柱截面就变成如图 5-2-28(b) 所示的 H 形。当沿塔高塔柱截面变化时，一般仅变化长边尺寸 L，短边尺寸 B 保持不变。采用矩形空心截面塔柱时如图 5-2-28(c) 所示，拉索一般锚固于塔柱箱室中，通常不开槽口，而在箱室内壁增设锚固拉索用的锯齿形凸块，或在箱室内设置锚固钢横梁来锚固拉索。为增加美观且利于抗风，实心或空心矩形截面塔柱的四周常做成倒角或圆角。

(2) 非矩形截面

在受力、美观和抗风等方面有必要时可采用如图 5-2-29 所示的非矩形截面塔柱。这类截面包括五角形、六角形、八角形等，在形式上既可采用实心，也可采用空心截面。

主跨 320m 的法国伯劳东纳斜拉桥采用如图 5-2-29(a) 所示的空心六角形截面单柱塔，拉索从槽口进入箱室锚固，塔柱沿塔高采用变截面，下段是双室箱形截面，上段拉索锚固区部分则变为单室箱形截面，如图 5-2-29(b) 所示。

主跨 175m 的广州海印大桥的塔柱为实体六角形截面，由于是单柱塔，塔柱的两个外侧均成折角形，形成对称六角形截面，如图 5-2-29(c) 所示。在塔柱上部的拉索锚固区设有槽口以布置拉索的锚头。

主跨 856m 的法国诺曼底大桥倒 Y 形索塔的斜塔柱采用空心六角形截面，如图 5-2-29(d) 所示。

需要指出的是在箱形空心截面塔柱中一般应设水平隔板。

5.2.4.4 拉索与混凝土塔的锚固构造

索塔与拉索的连接处，由于拉索强大的集中力作用，再加上孔洞的削弱及局部受力，因此，该处应力集中现象普遍存在。拉索在索塔上的锚固区构造应综合考虑结构受力、锚固构造要求、施工工艺要求等确定。拉索的锚固构造是将拉索的锚固集中力安全、均匀地传递到塔柱全截面的重要构造。它与拉索的布置、拉索的根数和形状、索塔的形式与构造、拉索索力的大小、拉索的架设与张拉等多种因素有关，需从设计施工养护维修及拉索的更换等各方面综合考虑确定。

密索布置的斜拉桥相对于稀索布置，每根拉索索力及断面积小，但索数多，一般采用每根拉索在索塔上分散锚固的构造。常采用的锚固构造形式有侧壁锚固、钢横梁锚固、交叉锚固和钢锚箱。典型截面形式如图 5-2-30 所示。

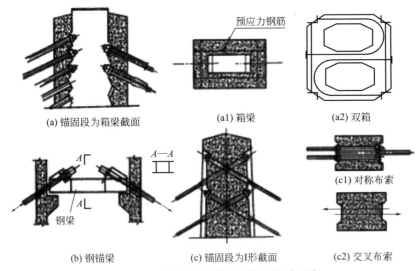

图 5-2-30　混凝土索塔锚固截面形式示意

(1) 拉索在塔柱上交叉锚固 [图 5-2-31(a)]

这种锚固构造一般用于实心截面塔柱。先在塔柱中预埋钢管,两侧拉索交叉穿过预埋钢管后锚固在钢管上端的钢板上。它利用塔壁实体上的锯齿形凹槽或凸形牛腿来锚固拉索。可在塔上设张拉端,也可把张拉端设在主梁上。为了避免塔柱受扭,塔柱两侧的拉索应采用横向排列的双股钢索,两侧股距采用能交叉的不同值,或塔柱一侧用横排的双股索,另一侧用纵排的双股索,以达到能交叉锚固的目的。在布置时除考虑张拉拉索的施工方便、工艺要求外,还需验算塔柱抗剪,并保证塔柱轴线两侧横桥向布置的对称性。

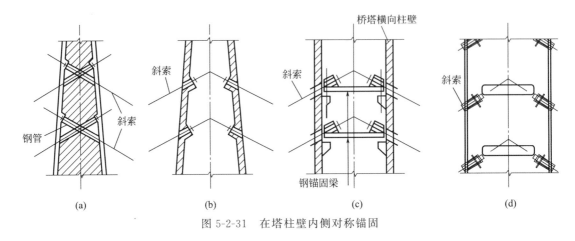

图 5-2-31　在塔柱壁内侧对称锚固

(2) 拉索在塔柱上对称锚固

对于大跨度斜拉桥,当混凝土塔柱采用空心截面时,拉索在塔柱上的锚固常采用对称的布置形式,一般有以下三种对称锚固构造。

① 在空心塔柱壁内侧对称锚固 [图 5-2-31(b)]　在塔柱的横壁上埋设钢管,拉索穿过钢管锚固在塔柱壁内侧的凸块上,形成对称锚固构造,如图 5-2-31(b) 所示,塔壁中需布置平面预应力筋,用预应力筋来平衡斜拉索水平分力产生的纵桥向拉力。平面预应力筋有井字形布置和环形预应力筋两种。近年来,在一些斜拉桥的主塔中,有采用曲线预应力束的趋

势。环向预应力体系具有整体性好、施工张拉工序少、预应力筋效能高、工程造价低的特点。该预应力体系也存在一些不足之处，一方面施工穿索定位较困难，摩阻损失大；另一方面多根力筋之间相互干扰影响较大。

当塔柱横桥向尺寸与索力均较小，且拉索为单股索时，只需在塔柱纵壁上设置预应力筋束；当塔柱横桥尺寸较大、拉索为横排的双股钢索时，需在塔柱纵横壁上都设置预应力筋束；当塔柱横向尺寸和索力均较大，且拉索为横排的双股钢索时，除在塔柱纵、横壁上都设置预应力筋束外，还应增加纵向中间隔板。

② 采用钢锚固梁对称锚固 ［图 5-2-31(c)］ 采用钢锚固梁对称锚固构造时将钢锚固梁支承于空心塔柱横壁内侧的牛腿凸块上，拉索穿过预埋在塔壁中钢管锚固在钢锚固梁两端的锚块上。钢锚固梁本身是一个独立和稳定的构件，梁两端的刚性垂直支承可在顺桥向和横桥向做微小的移动和转动，但需在两端设纵桥向和横桥向的限位构造装置。在各种受力情况下，拉索的垂直分力由钢锚固梁的垂直支承通过牛腿凸块传给塔柱，当塔柱两侧拉索索力不等或索力相等而倾角不等时，塔柱两侧的不平衡水平分力将通过钢横梁下的支承摩阻力或顺桥向两端的限位挡块传给塔壁牛腿，再传给塔壁，使塔壁承受的水平力减小，相应地也减少了塔柱在平面框架内的局部荷载及剪力、弯矩。由于钢锚固梁两端可做微小的自由移动和转动，由温度影响引起的约束力也将是很小的。

用钢锚固梁实现拉索在空心塔柱上的对称锚固，可使混凝土塔柱在拉索锚固区段受力明确，内力减少，不会产生水平缝，确保索塔和斜拉桥的长期使用和安全可靠。

③ 利用钢锚箱对称锚固 ［图 5-2-31(d)］ 利用埋设于塔柱中的钢锚箱锚固拉索，钢锚箱的构造和布置随索塔的结构形式、索面布置、索力大小而不同。

任务 5.3　混凝土斜拉桥的施工

【任务引领】

斜拉桥的施工方法是多种多样的，其基础墩台和索塔的施工与其他桥型基本相同，但主梁结构施工，有其特殊性。且斜拉桥属于高次超静定结构，所采用的施工方法和安装程序与成桥后的主梁线形及结构恒载内力有着密切的关系，在施工阶段随着斜拉桥的结构体系和荷载状态的不断变化，结构内力和变形亦随之不断发生变化。本任务要求根据施工图纸编制主梁、索塔和斜拉索的施工方案。

5.3.1　主梁施工

混凝土斜拉桥主梁的施工方法，除考虑现有的施工技术水平及施工设备、桥址地质、水文等因素外，还应考虑斜拉桥的结构体系、索型、索距和主梁截面形式等。有时结构设计往往由施工内力控制，所以主梁施工方法的选择应符合设计要求，并尽量采用先进合理的施工技术和施工设备。

(1) 主梁常用施工方法

一般大跨径混凝土斜拉桥上部结构主要采用悬臂浇筑或悬臂拼装的施工方法，对于中小跨径的斜拉桥，可根据桥址处的地形条件和结构本身的特点，采用顶推法、平转法或支架法等施工方法。

① 顶推法　顶推法的特点是施工需在跨间设置若干临时支墩，顶推过程中主梁要反复承受正、负弯矩。该法较适用于桥下净空小、修建临时支墩造价较低、支墩不影响桥下通航，主梁能反复承受正负弯矩作用的情况。对混凝土斜拉桥而言，一般是在拉索张拉前顶推

主梁，临时支墩间距如不能满足主梁负担自重弯矩能力时，为满足施工需要，要在主梁内设置临时预应力束，这在经济上并不合算。

② 平转法 平转法是分别在两岸或一岸顺河流方向的矮支架上现浇主梁，并在岸上完成所有的安装工序，即包括落架、张拉、调索，然后以塔墩为圆心，整体旋转到桥位合龙。该法适用于桥址地形平坦、塔身较低和适合整体转动的中小跨径斜拉桥。

③ 支架法 支架法施工主梁就是在桥孔位置搭设满布式支架，在临时支墩之间设置托架或劲性骨架，然后立模现浇混凝土主梁或者在临时支墩上拼装预制梁段的施工方法。

支架法施工的优点是施工简单方便，且能确保主梁结构满足设计形状要求。但只能用于桥下净空低、搭设支架方便且不影响桥下交通的情况，或跨径和规模较小的斜拉桥主梁的施工，如城市立交桥和净高较低的岸跨主梁施工。

(2) 主梁施工临时固接措施

在斜拉桥主梁悬臂施工过程中，索塔两侧的梁体因自重荷载的不平衡将产生一定的倾覆力矩，且两侧斜拉索张拉索力的不对称也将产生一定的不平衡力矩。当飘浮和半飘浮体系的斜拉桥采用悬臂浇筑法进行主梁施工时，为确保结构在施工阶段的稳定，施工过程中必须将塔梁临时固结，并按设计合龙程序中的规定，按步骤予以解除；将塔、梁固接体系转换为梁的连续体系。

塔、梁临时固接措施，一般采用在索塔下横梁上设置四个混凝土临时支座，支座内放置大直径螺纹钢筋，钢筋的下端预埋在下横梁中，上端锚固在主梁0号块的横隔梁内，钢筋的直径数量和埋置深度由计算确定。为便于拆除，可在支座内设置硫黄砂浆夹层。此法结构简单，安全可靠，但拆除较困难，见图5-3-1。

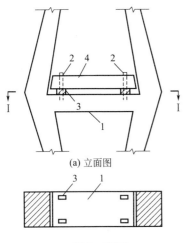

(a) 立面图

(b) I—I断面

图 5-3-1 临时固接支座布置示意
1—下横梁；2—锚筋；3—临时固接支座；4—主梁0号块

(3) 主梁悬臂浇筑法施工

悬臂浇筑法主要用在预应力混凝土斜拉桥上。其主梁混凝土的悬臂浇筑与一般预应力混凝土梁式桥基本相同。这种方法的优点是结构的整体性好，施工中不需用大量施工支架，不需要大吨位悬臂吊机和运输预制节段块件的驳船，不影响桥下交通，施工不受水位等因素的影响；但其不足之处是在整个施工过程中必须严格控制挂篮的变形和混凝土收缩徐变的影响，相对于悬臂拼装法而言其施工周期较长。

主梁悬臂施工采用的挂篮形式很多，各有特色，归纳起来可分为后支点挂篮、劲性骨架挂篮、前支点挂篮三种，其中前支点挂篮因结构合理，能充分发挥斜拉索的效用而使用最为普遍。后支点挂篮和劲性骨架挂篮应用较少，有时应用于单索面斜拉桥主梁的施工中。

前支点挂篮也称牵索式挂篮（图5-3-2），利用待浇梁段斜拉索作为挂篮前支点支承力，施工过程中将挂篮后端锚固在已浇梁段上，它能充分发挥斜拉索的效用，由斜拉索和已浇梁段来共同承担待浇节段的混凝土梁段的重量。待主梁混凝土达到设计强度后，拆除斜拉索与挂篮的连接使节段重力转换到斜拉索上，再前移挂篮。前支点挂篮的优越性在于它使后支点挂篮中的悬臂梁受力变成为简支梁受力，使节段悬浇长度及承重能力均有较大地提高，加快了施工进度。其不足之处是在浇筑一个节段混凝土过程中要分阶段调索，工艺复杂，挂篮与斜拉索之间的套管定位难度较大。

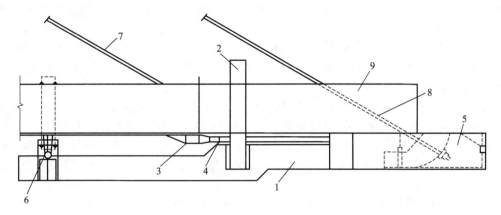

图 5-3-2 钢箱式前支点挂篮
1—纵梁；2—C形挂梁；3—水平止推座；4—水平止推杆；5—转动锚座；6—后锚座系统；
7—斜拉索；8—前支点斜拉索；9—待浇梁段

主梁 0 号梁段及相邻梁段浇筑施工时，应设置可靠的支架系统。支架系统应进行专门设计，其强度、刚度和稳定性应满足使用要求，同时应考虑变形、地基的不均匀沉降和日照温差等因素对支架系统的不利影响；施加在支架上的临时施工荷载应包括悬浇挂篮的重量。辅助跨梁段的现浇支架也应符合上述规定。

用于悬浇施工的挂篮应进行专门的设计，挂篮应满足使用期的强度和稳定性要求，同时应考虑主梁在浇筑混凝土时抗风震的刚度要求。挂篮的全部构件制作完成后应进行检验和试拼，合格后再运至现场整体组装，并应按设计荷载及技术要求进行预压。挂篮在预压时应测定其弹性挠度的变化、高程调整的性能及其他技术性能。

混凝土主梁施工质量控制标准见表 5-3-1。

表 5-3-1 悬臂浇筑混凝土梁质量控制标准

项目		规定值或允许偏差
混凝土强度/MPa		在合格标准内
轴线偏位/mm	$L \leqslant 100m$	10
	$L > 100m$	$L/10000$，且不大于 30
斜拉索索力/kN		符合设计和施工控制要求
断面尺寸/mm	高度	$+5, -10$
	顶宽	± 30
	底宽	± 20
	板厚	$+10, 0$
梁锚固点高程/mm	$L \leqslant 100m$	± 20
	$L > 100m$	$\pm L/5000$
锚具轴线与孔位轴线偏位/mm		5

注：L 为跨径。

(4) 主梁悬臂拼装法施工

预应力混凝土斜拉桥悬臂拼装法是先在塔柱区现浇一段放置起吊设备的起始梁段，然后用适宜的起吊设备从塔柱两侧依次对称安装预制节段，使悬臂不断伸长直到合龙。非塔、梁、墩固结的斜拉桥采用悬臂拼装法施工时需采取临时固接措施，方法与悬臂浇筑法相同。由于主梁是预制的，墩塔与梁可平行施工，因此可以缩短施工周期，加快施工进度，减少高空作业。主梁预制混凝土龄期较长，收缩和徐变影响小。梁段的断面尺寸和浇筑质量容易得到保证。但该法需配备一定的吊装设备和运输设备，要有适当的预制场地和运输方式，安装精度要求较高。

主梁在预制场的预制应考虑安装顺序，以便于运输。预制台座按设计要求设置预拱度，各梁段依次串联预制，以保证各梁段相对位置及斜拉索与预应力管道的相对尺寸。预制块件的长度划分以梁上水平索距为标准，并根据起吊能力决定，采用一个索距或将一个索距梁段分为有索块和无索块两个节段预制安装，块件的预制工序、移运和整修均与一般预制构件相同。

块件拼装基本程序如下。

① 主梁预制块件按先后顺序，从预制场通过轨道或驳船运至桥下吊装位置。
② 通过起吊工具将块件提升至安装高程。
③ 进行块件连接与接缝处理，接头有干接头和湿接头两种。
④ 张拉纵向预应力筋。
⑤ 进行斜拉索的挂索与张拉，并调整高程。

对于一个索段主梁分两个节段预制拼装的，在一般情况下，安装有索块后，挂索并初张至主梁基本返回设计线，再安装无索块。主梁悬臂拼装过程如图 5-3-3 所示。

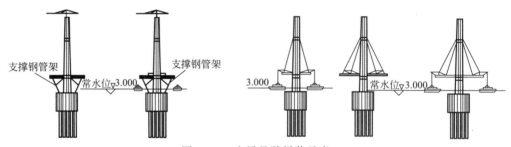

图 5-3-3 主梁悬臂拼装示意

梁段的预制可采用长线法或短线法台座。预制台座的设计应考虑主梁成桥线形的影响，并应保证预制梁段的截面尺寸能满足拼装的精度要求。预制梁段的混凝土端顶面应密实饱满，不得随意修补。

对梁段拼装用的非定型桥面悬臂吊机或其他起吊设备，应进行专门设计并宜委托具有相应资质的专业单位加工制造，加工完成后应进行出厂质量验收。起吊设备在现场经装后应进行试吊，确认安全方可用于正式施工。

0 号及其相邻的梁段为现浇时，在现浇梁段和第一节预制安装梁段间宜设湿接头，对湿接头结合面的梁段混凝土应进行凿毛并清洗干净。采用垫片调整梁段拼装线形时，每次调整的高程不应大于 20mm；多段拼装中的累积误差，可用湿接头调整。

混凝土主梁悬臂拼装施工质量应符合表 5-3-2 的规定。

表 5-3-2 悬臂拼装混凝土梁的施工要求

项目		规定值或允许偏差
合龙段混凝土强度/MPa		在合格标准内
轴线偏位/mm	$L \leqslant 100$m	10
	$L > 100$m	$L/10000$；且不大于 0

续表

项目		规定值或允许偏差
塔顶偏位/mm		符合设计和施工控制要求； 未要求时,纵向不大于30,横向不大于20
斜拉索索力/kN		符合设计和施工控制要求
锚具轴线与孔道轴线偏位/mm		5
梁锚固点高程/mm	$L \leqslant 100m$	± 20
	$L > 100m$	$\pm L/5000$

注：L 为跨径。

5.3.2　混凝土索塔施工

索塔的施工方法宜根据结构特点、施工环境和设备能力等综合确定。索塔施工期间，应具有必要的起重设备和安全通道。索塔施工时应对其平面位置、断面尺寸、倾斜度、应力和线形等进行监测和控制。

典型的塔、墩固结混凝土索塔的施工方法基本上与高墩相同，但由于索塔的形式多种多样，故索塔多数是变截面的，且有时还是斜塔柱（A形、倒Y形或菱形），索塔上设有众多的拉索锚固点，要考虑拉索锚固点位置和预埋件位置的精度，根据索塔结构的布置，塔柱间常用横梁或横向连接构件，并且索塔施工还要配合拉索的安装和张拉，设置必要的工作平台和起重设备等，因此，增加了拉索施工的难度。

(1) 混凝土索塔施工顺序

混凝土斜拉桥可先施工墩、塔，然后施工主梁和安装拉索，也可索塔、拉索、主梁三者同时并进。典型的塔、墩固结混凝土索塔的施工可按图 5-3-4 的施工顺序进行。

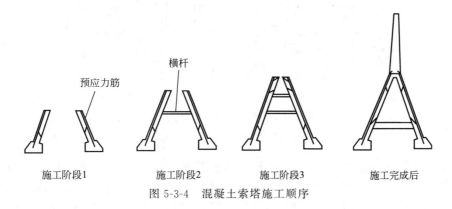

图 5-3-4　混凝土索塔施工顺序

(2) 塔柱的施工

① 塔柱的施工方法　混凝土索塔施工按施工模板提升方法可分为整体模板逐段提升法、翻转模板法、爬模提升法和滑模施工法四种。上述四种方法均可实现无支架施工。整体模板逐段提升法在设备能力满足要求的情况下，能同爬模提升法一样适用于各种塔形。滑模施工法因滑模提升要求在混凝土凝结时间不长的时间内进行，此时混凝土还未达到较高的强度，对向外倾斜的索塔而言，在模板滑升到位后，由于材料设备和模板自重的作用，将使新浇混凝土内侧出现拉应力而引起开裂，故多用于垂直塔柱。

a. 整体模板逐段提升法。对于截面尺寸相同、外观质量要求一般的混凝土索塔施工，可采用整体模板逐段提升法。施工时先制作和组拼模板,分块组装,模板下端夹紧塔壁以防止漏浆,然后进行混凝土全模板高度浇筑,混凝土达到规定的设计强度后,将模板拆成几块后提升并组装、继续施工。单面整体提升模板可分为组拼式钢模和自制钢模。模板一次浇筑,分节高度一般为3～6m。

整体模板逐段提升法施工简便,在无吊机的情况下,可利用索塔内的劲性骨架作支撑,用手拉葫芦提升。但在索塔截面尺寸变化较大,混凝土接缝质量要求高的情况下,其使用有一定的局限性,目前此法已很少采用。

b. 翻转模板法(交替提升多节模板)。每套翻转模板由内外模对拉螺杆、护栏及内工作平台等组成,不必另设内外脚手架。模板分节高度及分块大小,根据起重设备吊装能力和塔柱构造要求确定。一般情况下,每套模板沿高度方向分为三节,每节高度为1～3m,施工时先安装第一层模板,浇筑混凝土,完成一个基本节段的施工;再以已浇的混凝土为依托,拆除已浇节段下两节模板,顶节不拆,向上提升并接于顶节之上,安装对拉螺杆和内撑,完成第二层模板安装。如此由下至上依次交替上升,直至达到设计的施工高度为止。

翻转模板系统依靠混凝土对模板的黏着力自成体系,制造简单,构件种类少,模板的大小可根据施工能力大小灵活选用。混凝土接缝较易处理,施工速度快,能适应各种结构形式的斜拉桥索塔施工,目前被大量使用,特别是折线形索塔使用翻转模板施工更有优势,但此类模板本身不能爬升,要依靠塔吊等起重设备提升翻转循环使用,对起重设备要求较高。典型的翻转模板布置如图5-3-5所示。

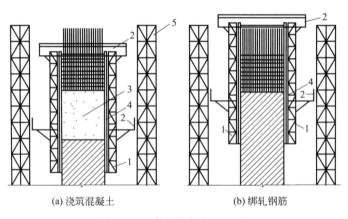

图5-3-5 翻转模板布置示意
1—模板桁架;2—工作平台;3—已浇墩身;4—外模板;5—脚手架

c. 爬模提升法(自备爬架的提升模板)。爬模系统一般由模板、爬架及提升系统三大部分组成,根据提升方式不同又可分为倒链手动爬模、电动爬架拆翻模、液压爬升模等几种。

爬模系统所配模板一般采用钢模,且沿竖向将模板分为3～4节,模板分节高度根据塔柱构造特点、混凝土浇筑压力、爬架本身提升能力等因素确定,一般分节高度为1.5～4.5m。爬架可用万能杆件组拼,亦可采用型钢加工,主要由网架和联结导向滑轮提升结构组成。爬架沿高度方向分为两部分,下部为附墙固定架,包括两个操作平台;上部为操作层工作架,包括两个以上操作平台。爬架总高度及结构形式根据塔柱构造特点、拟配模板组拼高度及施工现场条件综合确定,常用高度一般在15～20m之间。

爬架提升系统由爬架自提升设备和模板拆翻提升设备两部分组成。爬架自提升设备一般可采用倒链葫芦、电动机或液压千斤顶,模板拆翻提升设备则可采用倒链葫芦、电动葫芦或卷扬机。要求提升速度不可太快,以确保同步平稳。

爬模施工前须先施工一段爬模安装锚固段，俗称爬模起始段。待起始段施工完成后拼装爬模系统，依次循环进行索塔的爬模施工。根据爬模的施工特点，无论采用何种提升方式，相对其他施工方法均有施工速度快、安全可靠、对起重设备要求不高的特点。但此法对折线形索塔适应性较差，故一般在直线形索塔施工中应用较为广泛。

液压爬模的顶升运动通过液压油缸对导轨和爬架交替顶升来实现。导轨和爬模架二者之间可进行相对运动。在爬模架处于工作状态时，导轨和爬模架都支撑在埋件支座上，两者之间无相对运动。退模后就可在退模留下的爬锥上安装受力螺栓、挂座体及埋件支座，通过调整上下换向盒舌体方向来顶升导轨。待导轨顶升到位，就位于该埋件支座上后，操作人员可转到下平台去拆除导轨提升后露出的下部埋件支座、爬锥等。在解除爬模架上所有拉结之后就可以开始顶升爬模架，这时候导轨保持不动，调整上下舌体方向后启动油缸，爬模架就相对于导轨向上运动。通过导轨和爬模架这种交替附墙提升对方，爬模架沿着墙体上升，直到坐落于预留爬锥上，就这样实现逐层提升。爬升原理详见图5-3-6。

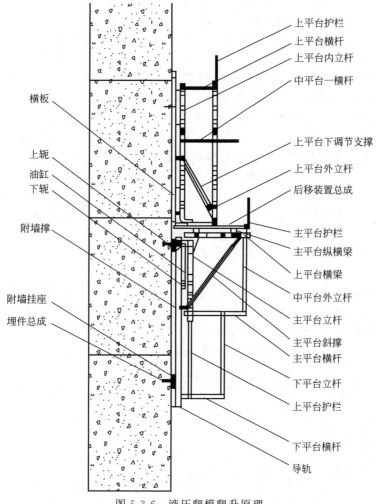

图5-3-6 液压爬模爬升原理

d. 滑模施工法。滑模施工法是将工作平台与模板组拼成可自动沿塔柱向上滑移的整体装置，利用已浇筑混凝土中预埋的钢材（常用劲性骨架）安装滑升装置，使模板与工作平台可以逐渐向上滑动。滑模法施工能连续不断地浇筑塔柱混凝土，因此施工工期最短。

② 混凝土索塔施工注意事项

a. 塔柱节段施工长度的划分，宜根据索塔结构形式、钢筋定尺长度和施工条件等因素确定；塔柱模板应具有足够的强度、刚度和稳定性，用于高塔且风力较大地区的模板应进行抗风稳定性验算。

b. 塔座及塔柱实心段施工时，除应控制好模板的平面位置和倾斜度外，尚应对混凝土采取降低水化热和温度控制的措施；同时宜采取适当措施缩短塔座与承台、塔柱与塔座之间浇筑混凝土的间隔时间，间歇期不宜大于10d。

c. 索塔与主梁不宜交叉施工，必须交叉施工时应采取保证质量和施工安全的措施。索塔施工时宜设置劲性骨架，所设置的劲性骨架应能起到保证钢筋架立、模板安装和拉索预埋导管空间定位精度的作用；劲性骨架应采用型钢制作，不得使用管材。

d. 横梁施工时，应设置可靠的支架系统。支架系统应进行专门设计，其强度、刚度和稳定性应满足使用要求，同时应考虑变形和日照温差等因素对支架系统的不利影响。体积过大的横梁可沿高度方向分次浇筑，但分次浇筑的时间间隔不宜超过10d，并应采取措施防止施工接缝处产生收缩裂缝；分次浇筑时支架系统的设计宜考虑横梁的全部自重。

e. 塔柱和横梁可同步施工或异步施工。但异步施工时塔柱与横梁之间浇筑混凝土的间隔时间不应超过30d，并应采取措施使塔梁之间的接缝可靠连接，不得产生收缩裂缝。倾斜塔柱施工时，应对各施工阶段塔柱的强度和变形进行验算，分高度设置主动横撑或拉杆，使其线形、内力和倾斜度满足设计要求并保证施工期结构的安全。

f. 混凝土浇筑施工时应根据索塔的高度及混凝土供应能力选择适宜的输送方式，采用输送泵时宜一泵到顶。浇筑混凝土时，布料应均匀，应控制其倾落高度不超过2m，保证混凝土不产生离析，并应采取措施避免上部塔体施工时对下部塔体的表面造成污染。混凝土浇筑完成后，应及时养护。养护的方法和措施应根据结构特点、气温、环境条件等因素综合确定，每一节段现浇混凝土的养护时间应不少于7d。

g. 索塔横梁和拉索锚固区的预应力施工，应符合预应力工程的有关规定。对拉索锚固区曲率半径较小的环向预应力钢束，宜按设计要求进行模型试验，取得经验数据后方可正式施工。

h. 对拉索预埋导管的安装，应在施工前认真复核设计，单位提供的施工图是否已进行拉索的垂度修正；定位安装时宜利用劲性骨架控制导管进出口处的中心坐标，并应采取其他辅助措施进行调整和固定；预埋导管不宜有接头。在上塔柱安装钢锚箱或钢锚梁时，应根据构件的结构特点，提前确定吊装的方法和施工工艺，并验算吊装的安全性；吊装宜在风速10m/s以下的时段进行，安装的允许误差应符合设计要求。

混凝土索塔施工质量应符合表5-3-3的规定。

表5-3-3 钢筋混凝土索塔质量控制标准

项目		规定值或允许偏差
混凝土强度/MPa		在合格标准内
塔座底偏位/mm		10
横梁轴线偏位/mm		10
倾斜度	总体	符合设计规定；设计未规定时按塔高的1/3000,且不大于30
	阶段	阶段高的1/100,且不大于8
塔顶高程/mm		±20
外轮廓尺寸/mm	塔柱	±20
	横梁	±10

续表

项目	规定值或允许偏差
拉索锚固点高程/mm	±10
横梁顶面高程/mm	±10
预埋索管孔道位置/mm	±10,且两端同向

(3) 横梁的施工要点

一般横梁采用支架法就地浇筑混凝土，但在高空中进行大跨径、大断面、高等级预应力混凝土的施工，难度较大。

桥梁施工时应考虑模板支撑系统，防止支撑系统的连接间隙变形、弹性变形、支承不均匀沉降变形；混凝土横梁和塔柱与钢支撑不同的线胀系数的影响；日照温差对钢和混凝土的不同时间差效应等产生的不均匀变形的影响，以及相应的变形调节措施。

每次浇筑混凝土的供应量应保证在最先浇筑的混凝土初凝前完成全部浇筑，并应采取有效措施防止在早期养护期间及每次浇筑过程中由于支架的变形引起混凝土横梁开裂。

5.3.3 斜拉索施工

拉索及其附件应符合设计规定，进场后应进行质量验收。平行钢丝拉索应符合现行国家标准《斜拉桥热挤聚乙烯高强钢丝拉索技术条件》（GB/T 18365）的要求，成品拉索在出厂前应做放索试验，同时应做 1.2~1.4 倍设计索力的超张拉检验，检验后冷铸锚板的内缩值不宜大于 5mm；钢绞线拉索采用的钢绞线、锚具应分别符合现行国家标准《预应力混凝土用钢绞线》（GB/T 5224）和《预应力筋用锚具、夹具和连接器》（GB/T 14370）的要求。成品拉索和钢绞线应缠绕成盘进行运输，在起吊、运输和存放时应采取措施防止其产生破损、变形或腐蚀。

成形拉索包括由钢丝（或钢绞线）组成的钢索和两端的锚具两部分，而不同种类和构造的钢索两端需配装合适的锚具后才成为可以承受拉力的拉索。

配装热铸锚、冷铸锚、镦头锚这三种锚具（统称为拉锚式锚具）的拉索可以事先将锚具装固到钢索两端预制成拉索，这些拉索可以在专门的预制厂制作，拖拉到桥位进行挂索和张拉，这些拉索有单股钢铰缆、封闭式钢缆、半平行钢绞线索、半平行钢丝索、平行钢丝索即平行钢丝股索等。这类拉索可称为预制索或成品索。

配装夹片群锚的拉索，张拉时直接张拉钢索，待张拉结束后锚具才发挥作用，因此装配夹片群锚的平行钢筋索及平行钢绞线索必须在桥梁现场架设过程中制作，故称现场制索。

5.3.3.1 拉索的制作

(1) 制索工艺流程

制索工艺流程一般为：钢丝除锈→调直→应力下料→防护油漆→穿锚→镦头→浇锚→烘锚，拉索防护→超张拉→标定。

若采用高密度聚乙烯管作拉索防护时，应在钢丝成索后即穿聚乙烯管，然后再穿锚。应力下料时，同索钢丝须在同温度下下料，以防止温差过大影响钢丝长度的精度。

(2) 索长计算

计算索长是为得出制作钢索的下料长度。首先求出每一根拉索的长度基数 L_0。然后对这一基数进行若干修正，即可得到钢丝的下料长度 L。对于大跨径斜拉桥，拉索的制作宜和挂索协调进行，随时注意上一阶段的挂索情况，根据反馈的信息，对下一阶段的拉索长度作出是否需调整的决定。

5.3.3.2 拉索的安装

斜拉索的安装也称为挂索，就是将拉索架设到索塔锚固点和主梁锚固点之间的位置上。由于斜拉桥的结构特性，挂索一般是从短索到长索。

斜拉桥所用的拉索，根据设计要求，可能是成品索或现制索，挂索的方式也各不相同。

(1) 成品索挂索

成品索无论是在专门工厂制造后成盘运输到工地，还是在工地附近制成的，都可以直接利用吊机将拉索起吊，借助卷扬机将拉索两端分别穿入主梁上和索塔上的预留索孔，并初步固定在索孔端面的锚板上完成挂索，或者设置临时钢索作为导向缆绳，并用滑轮牵引完成挂索，其主要安装方法有卷扬机组安装法（吊点法）、吊机安装法、分步牵引法和脚手架法等。

① 卷扬机组安装法 斜拉索卷扬机组安装方法称为吊点法安装，主要利用卷扬机组安装。

拉索上桥面后，从索塔孔道中放下牵引绳，连接拉索的前端，在离锚具下方一定距离设一个吊点，索塔吊架用型钢组成支架，配置转向滑轮。当锚头提升到索孔位置时，采用牵引绳与吊绳相互调节，使锚头尺寸准确，牵引至索塔孔道内就位后，穿入锚头固定，如图5-3-7所示。该方法施工简便、安装迅速，缺点是起重索所需的拉力大，斜拉索在吊点处弯折角度较大，故一般适应较柔软的短拉索。

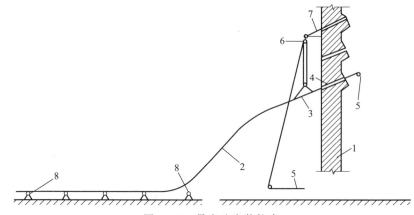

图 5-3-7 吊点法安装拉索
1—索塔；2—待安装拉索；3—吊运索夹；4—锚头；5—卷扬机牵引；6—滑轮；7—索孔吊架；8—滚轮

② 吊机安装法 吊机安装法是采用索塔施工时的提升吊机，用特制的扁担梁捆扎拉索起吊。拉索前端由索塔孔道内伸出的牵引索引入索塔拉索锚孔内，下端用移动式吊机提升，如图5-3-8所示。吊机法操作简单快速，不易损坏拉索，但要求吊机有较大的起重能力。

③ 分步牵引法 根据斜拉索在安装过程中索力递增的特点，而分别采用不同的工具，将拉索安装到位。首先用大吨位的卷扬机将索张拉端从桥面提升到预留孔外，然后用穿心式千斤顶将其牵引至张拉锚固面。在这个阶段前半部，采用柔性张拉杆钢绞线束，利用两套钢绞线夹具系统交替完成前半部牵引工作；牵引阶段的后半部，根据索力逐渐增大的情况，采用刚性张拉杆分步牵引到位。

分步牵引法的特点是牵引功率大，辅助施工少，桥面无附加荷载，便于施工。

由于长索质量大，长度大，挂索时垂度大，故需要吊机和卷扬机的牵引力也大。因此施工前应先计算卷扬机的牵引力及连接杆的长度。通常根据短索、中索、长索制订不同的挂索方案。挂索过程中还应校验计算值是否符合实际情况，并以先期挂索的实际情况对下根较长索的牵引力和连接杆长度及时进行调整。

斜拉索安装时，为克服索的自重所需牵引力（拖拽力）的计算方法有两种，即伸长位移法和悬链线简化法。伸长位移法同时考虑了索的弹性伸长和垂度影响，而悬链线简化法在计算索的长度时，用抛物线代替悬链线来计算曲线长度。

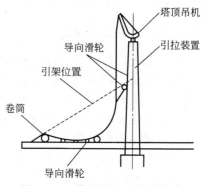

图 5-3-8 塔顶吊机法安装拉索

(2) 现制索挂索

现制索即拉索是在挂索过程中完成制索的，先在拉索上方设置一根粗大的钢缆作为导向索，将拉索的聚乙烯防护套管（或其他拉索防护套管）悬挂在导向索上，然后连根穿入钢绞线或高强钢筋，用单根张拉的小型千斤顶调整好每根钢绞线（或高强钢筋）的初应力，最后用群锚千斤顶整体张拉，完成制索挂索和张拉全过程。

现制索还有用其他方式制索挂索的，如采用高强度平行钢筋索配装迪维达格锚具，拉索防护采用钢套管，内压水泥浆。拉索施工即制索挂索、张拉采用满布脚手架，脚手架由拆装式杆件组拼而成，沿两个索面布置，平行钢筋束的每根螺纹钢筋在钢套管以外的扩散部位都各自带有波纹套管，并分别用迪维达格千斤顶张拉后用螺母固定。

在长索挂索施工时，应尽可能避免发生钢丝绳旋转和扭曲的现象。由于长索对牵引力要求高，故必须经计算挂索设备满足要求后方可施工。在将拉索锚具引拉进入拉索预埋钢套管及拉出拉索套管时，均应将千斤顶严格对中，并应由导向装置来调整拉索以不同的角度进入管道，防止拉索锚具碰撞、损伤，影响施工。

平行钢丝拉索施工前应根据索长、索重、斜度和风力等因素，计算拉索在安装时锚头距索管口不同距离以及满足锚环支承时的牵引力；张拉杆、连接套和软牵引等施工辅助设施应经专门设计，并应在正式使用前进行 1.2 倍设计牵引力的对拉试验。吊装时不宜使用起重钩或容易对索体产生集中应力的吊具直接挂扣拉索，宜采用带胶垫的管形夹具和尼龙吊带并设置多吊点进行起吊。放索时索体应在柔软的滚轮或皮带输送机上拖拉，并应控制索盘的转速，防止转速过快导致索盘倾覆。安装施工时不得挤压、弯折索体，不得损伤索体的保护层和索端的锚头及螺纹；应在索管管口处设置对中控制的装置或限位器进行调控，防止锚头和索体在穿入索管时因偏位而产生摩擦受损。当拉索的索体防护层和锚头已发生不影响使用的损伤时，应及时进行修复并记录在案，施工结束后对损伤部位尚应进行跟踪维护。拉索的内置式减振圈和外置式抑振器未安装前，应采取有效措施，保证塔、梁两端的索管和锚头不受到水或其他介质的污染和腐蚀。

钢绞线拉索安装施工前，应在桥面上的适当位置设置钢绞线的放线架、导向轮和切割工作平台，以及切割和墩头的相关设备；并应在塔柱外的顺桥向两侧附近安装操作平台和起吊设备。拉索外套管的连接接长采用热熔焊接接头时，热熔焊接的温度应符合外套管材料的要求。对外套管进行移动时，不得将其在未加支垫保护的桥面上拖拽；起吊过程中，其下方严禁站人。与外套管有连接关系或承套关系的所有部件均应与其临时固定，临时固定时宜在塔、梁两端各留出1m左右的空间。钢绞线的下料长度应计入牵引、张拉时的工作长度；下料时对钢绞线的切割应采用砂轮锯，不得采用电弧焊或氧乙炔焊进行切断。牵引安装钢绞线时，其牵引装置必须安全可靠，牵引过程中钢绞线不得产生弯折，转向时应通过导向轮实现。每根钢绞线安装就位后，均应及时用夹片锁定。

5.3.3.3 拉索的张拉

拉索的张拉是拉索完成挂索施工后导入一定的拉力，使拉索开始受拉而参与工作。通过对拉索的张拉，可以对拉索及桥面高程进行调整。所以拉索的张拉工艺、索力及高程的控制是斜拉桥施工的关键，应按照设计单位的要求进行，并将施工控制的实际结果迅速反馈给设计单位，以便及时调整，指导下一步施工。由于每根拉索的张拉力很大，且伸长量也大，千斤顶和座架等均是大型的设备，因此，张拉位置选择在索塔一侧还是主梁一侧，应根据千斤顶所需的张拉空间和移动空间等决定。

为减少索塔和主梁承受的不平衡弯矩、扭矩及方便施工，应尽量采用索塔两侧平衡、对称、同步张拉或相差一个数量吨位差的张拉施工方法。必要时，也可考虑单边张拉，但必须要经过仔细的计算。

拉索的张拉包括悬臂架设时最外一根拉索的一次张拉、内侧紧邻一根拉索的二次张拉、主梁合龙后的最终张拉，以及施工中间的调整张拉等。工作平台等的设置，要适应以上各种张拉情况。如在主梁一侧张拉时，则需要有能够在主梁下面自由移动的吊篮式工作平台。

通过张拉对索力进行调整，索力的大小由设计单位根据各个不同的工况，经过计算后给出，张拉拉索时应准确控制索力。对于长索的非线性影响、大伸长量及相应的各种因素的影响，在设计与施工时都应充分考虑，并采取有效的技术措施。

(1) 拉索张拉方法

① 用千斤顶直接张拉　在拉索的主梁端或者索塔端的锚固点处安装千斤顶直接张拉拉索。这种方法较简单直接，是普遍采用的方法，但需在索塔内或主梁上有足够的千斤顶张拉空间。

② 用临时钢索将主梁前端拉起　依靠主梁伸出前端的临时钢索将主梁吊起，然后锚固拉索，再放松临时钢索使拉索中产生拉力。用此法张拉拉索虽然不需要大规模的机具设备，但由于只靠临时钢索有时不能满足主梁前端所需的上移量，最后还需要其他方法来补充拉索索力，所以此法较少采用。

③ 在支架上将主梁前端向上顶起　原理同用临时钢索将主梁前端拉起的方法，只是由向上拉改为向上顶，但这种方法仅适用于主梁可用支架来架设的斜拉桥。如果主梁前端在水面上时也可采用浮吊将主梁前端吊起或利用驳船的浮力将主梁前端托起。

国内几乎都采用液压千斤顶直接张拉拉索的施工工艺。

(2) 斜拉索施工注意事项

拉索可在塔端或梁端单端进行张拉，张拉时应按索塔的顺桥向两侧及横桥向两侧对称同步进行。同步张拉时不同步索力之间的差值不得超出设计和施工控制的规定；两侧不对称或设计拉力不同的拉索，应按设计规定的索力分级同步张拉，各千斤顶同步之差不得大于油表读数的最小分格。拉索张拉的顺序、级次数和量值应符合设计和施工控制的规定；张拉宜以测定的索力或油压表量值为准，以延伸值作校核。

① 平行钢丝拉索的安装和张拉施工应符合的规定

a. 施工前应根据索长、索重、斜度和风力等因素，计算拉索在安装时锚头距索管口不同距离以及满足锚环支承时的牵引力；张拉杆、连接套和软牵引等施工辅助设施应经专门设计，并应在正式使用前进行1.2倍设计牵引力的对拉试验。

b. 吊装时不宜使用起重钩或容易对索体产生集中应力的吊具直接挂扣拉索，宜采用带胶垫的管形夹具和尼龙吊带并设置多吊点进行起吊。放索时索体应在柔软的滚轮或皮带输送机上拖拉，并应控制索盘的转速，防止转速过快导致索盘倾覆。

c. 安装施工时不得挤压、弯折索体，不得损伤索体的保护层和索端的锚头及爆纹，应在索管管口处设置对中控制的装置或限位器进行调控，防止锚头和索体在穿入索管时因偏位而产生摩擦受损。当拉索的索体防护层和锚头已发生不影响使用的损伤时，应及时进行修复并记录在案，施工结束后对损伤部位尚应进行跟踪维护。

d. 拉索的内置式减振圈和外置式抑振器未安装前，应采取有效措施，保证塔、梁两端的索管和锚头不受到水或其他介质的污染和腐蚀。

e. 张拉平行钢丝拉索时，其施工的方法和设备应根据索型、锚具、布索方式、塔和梁的构造特点确定。

② 钢绞线拉索的安装施工应符合的规定

a. 安装施工前，应在桥面上的适当位置设置钢绞线的放线架、导向轮和切割工作平台，以及切割和镦头的相关设备；并应在塔柱外的顺桥向两侧附近安装操作平台和起吊设备。

b. 拉索外套管的连接接长采用热熔焊接接头时，热熔焊接的温度应符合外套管材料的要求。对外套管进行移动时，不得将其在未加支垫保护的桥面上拖拽；起吊过程中，其下方严禁站人。与外套管有连接关系或承套关系的所有部件均应与其临时固定，临时固定时宜在塔、梁两端各留出1m左右的空间。

c. 钢绞线的下料长度应计入牵引、张拉时的工作长度；下料时对钢绞线的切割应采用砂轮锯，不得采用电弧焊或氧乙炔焊进行切断。

d. 牵引安装钢绞线时，其牵引装置必须安全可靠，牵引过程中钢绞线不得产生弯折，转向时应通过导向轮实现。每根钢绞线安装就位后，均应及时用夹片锁定。

e. 钢绞线拉索的安装与张拉施工同样应采取有效措施对拉索的各个部位进行保护。

③ 钢绞线拉索的张拉施工应符合的规定

a. 钢绞线拉索宜采用单根安装、单根张拉、最后再整体张拉的施工方法。单根钢绞线的张拉应按分级、等值的原则进行，整体张拉时应以控制所有钢绞线的延伸量相同为原则。拉索整体张拉完成后，宜对各个锚固单元进行顶压，并安装防松装置。

b. 在一根斜拉索中，单根张拉后各钢绞线索力的离散误差不宜超过±2%；整体张拉完成后，各钢绞线索力的离散误差不宜超过±1%。

c. 拉索的张拉工作全部完成后，应及时对塔、梁两端的锚固区进行最后的组装以及抗震防护与防腐处理。

(3) 索力测量

为了施工中准确测量调整索力，必须掌握测定索力的方法。由于测量数据会有一定的误差，故要求反复多次进行测定。测定索力的方法很多，如千斤顶油压表测力盒应变仪、拉索伸长量、拉索的垂度、主梁线形、拉索的频率振动法、测力传感器测定索力等，这里主要介绍三种常用的测定索力的方法。

① 千斤顶油压表 拉索用液压千斤顶张拉时，由于千斤顶张拉油缸中的液压和张拉力有直接的关系，因此只要量得油缸中的液压就可求出索力。但张拉用的千斤顶油压表要用精密压力表事先标定，求得压力表的液压和千斤顶张拉力之间的关系。用此法测定索力的精度可以达1%～2%。

也可用液压传感器测定千斤顶的液压，液压传感器感受液压后输出相应的电信号，接受仪表收到信号后即可显示压强或经换算后直接显示出张拉力。电信号可由导线传入，因此能进行遥控，使用也更方便。

由于液压换算索力简单方便，因此这种方法是施工过程中控制索力最实用的方法。

② 测力传感器 用测力传感器测定索力的原理是，拉索张拉时，千斤顶的张拉力是由

连接杆传到拉索锚具的,如果将一个穿心式测力传感器套在连接杆上,则张拉拉索时,处于千斤顶张拉活塞和连接杆螺母之间的传感器,在受压后输出电信号,就可在配套的二次仪表上读出千斤顶的张拉力。

这类测力传感器通常需专门设计,由专业厂生产方可收到良好的效果,其精度一般可达0.5%~1.0%。

③ 频率振动法 频率振动法是根据拉索索力和振动频率之间的关系求得索力。

对于跨径较小的斜拉桥,由于索力小,故可用人工激振测得拉索频率。为消除由频率推算索力过程中其他因素的影响,可先在预拉台座对每种规格和长度的拉索,在指定的索力范围内,逐级测定其频率和索力的关系。在实际斜拉桥的索力测定时,根据实测的频率,对照相应的索力和频率的相关关系,可求得索力。

对于大跨径斜拉桥,由于拉索既长质量又大,对拉索已不可能用人工激振来获得理想的振态,也不适宜预先进行实索标定来求得频率和索力的相关。根据研究分析,可用精密的拾振器,通过频谱分析,根据功率谱图上的峰值,能够判定拉索的各阶段频率。频率得到后,就可根据索力与频率的关系求得索力。

采用频率振动法测定索力,设备可重复使用,整套仪器携带安装方便,测定结果可信,特别适用于对索力进行复测及测定活载对索力的影响。

任务 5.4 斜拉桥的施工控制与调整

【任务引领】

为确保斜拉桥在施工过程中结构的受力状态和变形始终处在合理安全的范围内,成桥后主梁的线形符合预期的设计效果,结构本身又处于最优的受力状态,在施工过程中必须进行严密的施工控制,本任务要求编制斜拉桥施工控制与调整的方案。

斜拉桥是高次超静定结构,可能有各种不同的应力组合。可以通过对拉索索力在一定范围内的调整,使结构中恒载内力分布更合理。一般斜拉桥设计总是使拉索应力和主梁中的弯矩尽可能均匀。

斜拉桥采用不同的施工方法和架设程序,对成桥后的主梁线形和结构中恒载内力的分布情况会有不同的影响。此外,斜拉桥的结构体系和荷载状态随着施工的进展不断变化,各施工阶段发生的应力和变形的误差,如果不加以有效地管理和控制,累计起来也会影响成桥后的线形和应力。拉索中的应力过大或不足同样会使结构应力分布和主梁线形与设计不符。如果竣工后斜拉桥拉索索力、主梁内力和线形与设计相差较大,就会影响桥梁的安全使用。为了确保斜拉桥在施工过程中结构受力状态和变形处于设计值的安全范围内,成桥后的主梁线形符合预期的目标,并使结构处于理想的受力状态,就必须对各施工阶段发生的误差及时进行调整,这就是斜拉桥的施工控制与调整所要解决的问题。

斜拉桥的施工控制和调整是一个系统工程,贯穿于施工的全过程,主要包括以下两个方面:

① 对于选定施工方法的每个施工阶段进行详细的理论计算以求得各个施工阶段的施工控制参数。

② 对于在实际施工中因各种原因实测值和理论计算值出现的不一致问题,应采取一定的方法在施工中予以控制和调整。

下面从三个方面来介绍斜拉桥的施工控制和调整。

(1) 斜拉桥施工的理论计算

斜拉桥施工计算时,应对主梁架设期间的施工荷载给予准确的识别。施工计算时的计算图式应按不同的施工阶段拟定，并考虑该施工阶段所有的作用荷载。对于宽跨比较小的窄桥，施工计算采用平面结构分析方法足以满足实际施工架设中施工控制和调整的需要。对于宽桥或位于平曲线上的斜拉桥以及某些特殊问题，如 0 号段临时固结处的局部应力等施工计算宜按空间结构进行分析。拉索垂度对结构的非线性影响，无论跨径大小均应考虑，通常按拉索换算模量法公式考虑这项的影响。施工计算中，对于地震、风荷载、混凝土的收缩、徐变及温度变化的影响，按《公路斜拉桥设计细则》（JTG/T D65-01—2007）的规定考虑。施工理论计算方法有以下几种。

① 倒拆法　倒拆法是从斜拉桥的成桥状态出发（理想的恒载状态出发），用与实际施工步骤相反的顺序进行逐步倒退计算来获得各施工阶段的控制参数，根据这些参数对施工进行控制与调整，并按正装顺序施工。成桥后，理论上斜拉桥的恒载内力和主梁线形便可达到预定的理想状态。倒拆法是斜拉桥施工计算中广泛采用的种方法。

原则上倒拆法无法计算混凝土徐变对结构的影响。因为徐变计算在时间上只能是按顺序进行的，而倒拆法在时间上是逆序的。对于大跨径斜拉桥，施工计算若不考虑混凝土收缩、徐变的影响，会使计算发生较大偏差，一般可用迭代法解决这个问题。

② 正算法　正算法就是按斜拉桥的施工顺序，依次计算出各施工阶段架设时的内力和位移。并依据一定的计算原则，选定相应的计算参数作为未知变量，通过求解方程得到相应的控制参数。一般来说，只要计算参数选得恰当，结构按正算法求得的控制参数和施工顺序进行施工，成桥后理论上斜拉桥的恒载内力和主梁线形应与预定的理想状态基本吻合。

施工中如不得已需改变施工步骤或施工荷载时，正算法可很方便地进行修改计算，而倒拆法却需重新计算，而且斜拉桥各施工阶段的控制参数必须在倒拆法计算全部完成后才能得到。因此，正算法更为灵活方便。

采用悬臂施工法的斜拉桥运用正算法进行施工计算时常用的设计原则有：

a. 刚性支撑连续梁法；

b. 五点（四点）为零法；

c. 零弯矩悬拼法。

(2) 施工控制管理和施工测试

① 施工控制管理　施工控制是个高难度的施工技术问题，但不是孤立的施工技术问题，它涉及设计施工、监理等单位的协作与配合。斜拉桥设计细则中已经明确地把通过实际测量来修改设计参数的施工控制方法作为实现设计目标的必要措施。施工过程中设计为施工提供理论指导同时通过对施工过程实测资料的收集对设计参数进行修正。由此可见施工控制过程中的管理工作显得尤为重要，通过严格高效的管理，使得设计施工更好地结合起来保证施工控制程序正常运转。

为确保斜拉桥施工控制工作正常进行，一般情况下，大多数斜拉桥在施工时都聘请工程技术人员专职负责施工过程中的施工控制工作，并由业主设计、施工、监理等联合成立施工控制工作小组，制订施工控制纲要、施工控制工作细则、各阶段施工控制目标。为了使施工控制的各个步骤程序化，施工控制工作小组可根据具体的施工进度安排制订施工控制工作程序。

桥梁的施工控制和调整是国内外研究的一个重要课题，它包括数据采集系统和数据分析处理系统，需在桥上埋设各类传感器和设置监控系统，并把采集到的数据进行分析处理，以确定下一阶段的工作，因此，施工控制管理工作非常重要。

a. 正确计算恒载重力。为了准确控制整个施工过程。应将各施工阶段出现的荷载（主梁及施工机具设备等的重力）不遗漏地全部归纳计算，并将各个阶段产生的内力、应力、索力及位移等计算结果作为施工详细设计的计算数据列出，便于在施工过程中进行检验校对，指导施工。计算中所用的施工荷载应尽可能地接近实际情况,以求得精确的恒载重力。

b. 对施工管理人员的要求。施工管理人员应熟悉上述设计计算数据并掌握这些数据与各施工阶段结构内力和变形之间的关系。施工管理人员还应掌握各种重要因素对结构引起的影响,如荷载关系(自重力、温度、预应力、索力、施工临时荷载)、刚度关系(混凝土各龄期的弹性模量、拉索的换算弹性模量)、温度变动关系、地基沉降及基础转动关系等。

c. 严格按设计要求施工。因成桥后的应力状态与施工过程密切相关,因此,施工应严格按设计规定的施工阶段和工作内容进行,如因实际情况变化,确实需要变动原设计的施工程序时,则应根据变更后的施工程序施工荷载或架设方案重新进行施工计算,求得相应的施工控制参数的理论值,以保证理论计算与实际施工相一致。

d. 严格进行各施工阶段的各项测试。施工管理首先应掌握各施工阶段的受力和变形情况,为此应及时完成各项施工测试工作,并与设计计算值作充分的比较和研究。测试工作应以短间隔的频率进行,以掌握随实践变化引起的变动,特别是荷载变化较大的施工阶段。在夜间测定主梁线形时必须同时测量斜拉桥各构件的温度,当梁、索、塔之间存在温差时,对测量数据应进行温度补偿处理。

e. 实测值与设计值的比较。如实测值与设计计算值有较大偏离时,除了应分析发生偏离的原因外,还应分析其对最终变形和应力设计值的影响,以便决定对拉索张力的调整措施及主梁待浇节段的高程修正值。同时,还应进行拉索的最佳调整以取得变形、应力和索力等的均衡。

施工管理控制应严格,无论是在架设、安装或制造与浇筑过程中,都应进行应力和变形的双控。变形控制方面主要是控制拉索的长度、索塔的垂直度以及主梁的线形等。管理控制的严格与否往往直接影响到主梁线形和拉索索力的偏离程度的大小。在进行上述管理时,要采集大量的计算数据和实测数据,并进行分析研究,因此宜采用计算机进行施工管理以迅速和合理地处理并分析各种数据。

② 施工测试 为获得施工控制与调整的第一手资料,须进行各项测试工作,包括变形测试、应力测试和温度测试三个方面。

a. 变形测试。变形测试主要是测试主梁的挠度、主梁轴线的偏离和索塔塔柱水平位移的变化情况。一般使用精密水准仪、经纬仪、倾角仪等测量仪器来测试变形。

b. 应力测试。应力测试主要是测定拉索索力、支座反力、主梁和塔柱应力在施工过程中的变化情况。一般用千斤顶油压表、测力传感器、频率振动法等测定拉索索力,测试主梁和塔柱应力可使用各种应变仪(应变片)或测力计等仪器。

c. 温度测试。观测梁、塔、拉索的温度及主梁挠度、塔柱位移等随气温和时间变化的规律。可用热电偶测量气温。

对于斜拉桥整体结构升温或降温,温度变化对主梁挠度的影响可根据季节温差进行修正。而日照温差对主梁挠度的影响较大,特别在主梁悬臂长度增大时。如果在施工过程中考虑日照温差的影响,既增加工作量,又不易符合实际情况,因此,一般采用在一天中日照温差对结构变形影响最小时测试主梁的挠度,如清晨日出之前。

(3) 施工控制与调整

① 施工控制与调整的原则 施工控制通常是指对拉索张拉力的控制调整和对主梁高程的控制以使成桥后结构内力及外形达到设计预期值。但施工实践证明,单纯控制索力或高程虽是片面的,但两者同时控制又很难实施。一般来说对于采用悬臂施工的斜拉桥在主梁悬臂架设阶段,确保主梁线形的和顺、准确是最重要的,在这个施工阶段应以主梁高程控制为主。而在二期恒载施工时,为保证结构的整体内力和变形理想状态拉索张拉时应以索力控制为主。

以高程控制为主并不是只控制主梁高程,而不考虑拉索索力的偏差。施工中应根据结构本身的特性及不同的施工方法,采用相应的控制措施。假如主梁刚度较小、拉索索力的变化会引起主梁悬臂端挠度的变化较大时,则拉索张拉时应以高程测量进行控制。而当主梁刚度较大或主梁与桥墩刚接,拉索索力变化很大时,主梁悬臂端挠度却很有限,施工中应以拉索张拉力进行控制,然后根据高程的实测情况对索力进行适当的调整。

悬臂施工的斜拉桥,主梁高程和线形的控制主要是通过混凝土浇筑前放样高程的调整(悬臂浇筑施工时)或通过预制块之间接缝转角的调整(悬臂拼装法施工时)来实现。

② 施工控制与调整的方法　桥梁施工控制与调整的技术是目前国内外工程技术人员研究的一个重要课题,在国内许多桥梁施工中也在实施,设计和施工人员必须予以充分重视。由于各种因素的影响,斜拉桥施工中出现的理论计算值与施工实测值会有偏离,如不加以有效地控制与调整,随着主梁悬臂施工长度的增加,主梁高程最终会明显地偏离设计值,对全桥合龙造成困难,并将影响成桥后的结构内力和桥面线形。因此必须对偏离予以处理,对索力进行调整。下面简单介绍斜拉桥施工控制与调整的几种方法。

a. 一次张拉法。一次张拉法即在施工过程中每根拉索拉到设计索力后不再重复张拉。对于施工中出现的主梁悬臂端挠度和塔顶水平位移实测值与理论计算值之间的偏差不用索力来调整,而通过与下一梁段的接缝转角进行调整,或任偏差自由发展,直至跨中合龙时挠度的偏差用压重等方法强迫合龙。

一次张拉法由于对已施工完的主梁高程和索力不再调整,主梁线形较难控制,故对构件的制作质量要求较高。且跨中采用强迫合龙将扰乱结构理想的恒载内力状态,但一次张拉法施工简单,操作方便。

b. 多次张拉法。多次张拉法是在整个施工过程中,对拉索进行分批张拉,最后达到设计索力,使结构在各施工阶段的内力较为合理,梁和索塔的受力处于大致平衡状态,即梁、塔只承受轴向力和数值不大的弯矩。主梁的线形主要通过在一定范围内调整拉索索力(多次张拉拉索)来加以控制。

c. 设计参数识别、修正法。设计参数识别、修正法是根据施工中结构应力和挠度等的实测值,对斜拉桥的主要参数,如混凝土的收缩及徐变系数、主梁的抗弯刚度 EI、构件重力等进行估计,然后把修正过的设计参数反馈到控制计算中,求得新的施工索力和挠度的理论期望值,以此消除理论计算值与实测值偏差中的主要部分。

d. 卡尔曼滤波法。卡尔曼滤波法对斜拉桥施工控制与调整的理论依据是最优随机控制原理的一个重要特例,即最优终点控制问题。其基本原理是,斜拉桥恒载索力一般是根据刚性支承连续梁的原则制订的,并由此逐步计算出各施工阶段的设计索力及相应挠度,然而按此索力进行施工,到某一施工阶段由于各种因素影响必然产生挠度偏差值,内力状态也将出现偏差。若要使梁体内力达到刚性支承连续梁的内力状态,必须改变原设计索力,才能使挠度达到预定值。现以挠度预定值作为状态变量,以索力调整值作为控制变量,以结构内能最小化作为控制指标,代入最优终点控制问题计算程序中,即可求得使挠度达预定值时应作的索力调整值。以此类推,一直控制、调整到施工合龙。使主梁的线形和结构内力达到预期的目标。

卡尔曼滤波法除能简单有效地控制结构的内力和变形外,还能较正确地预报下一阶段结构的表现,并与实测值比较以检查施工中可能出现的问题,确保施工安全。所以该法是个相当有效的施工控制与调整方法,已在斜拉桥施工中得到广泛应用。

除了上述方法外,灰色系统理论、最小二乘法、人工神经网络遗传算法等都已在斜拉桥施工控制中得到应用。图 5-4-1 是某桥施工控制与调整的管理方法实例,可供参考。

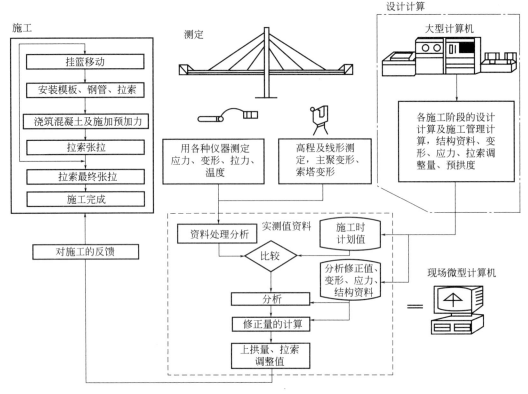

图 5-4-1 施工控制与调整的管理方法实例

任务 5.5 案例分析

【任务引领】

斜拉桥是半个多世纪以来最富于想象力和构思内涵最丰富而引人注目的桥型，它具有广泛的适应性。一般来说，对于跨度从 200~1200m 左右的桥梁，斜拉桥在技术上和经济上都具有相当优越的竞争能力。本任务要求根据几座较为典型的斜拉桥实例，了解斜拉桥的设计构思、不同结构的应用以及施工方法等。

5.5.1 案例一——苏通长江公路大桥

设计思想：根据桥位处 8km 宽阔江面、5 万吨级集装箱船双向通航和覆盖层厚达 300m 等条件，研究了斜拉桥、悬索桥和斜拉悬吊协作体系等多个方案，最后确定主跨为 1088m 斜拉桥。大桥的设计研究了群桩基础稳定、大跨斜拉桥非线性影响、拉索减震、抗风稳定性和塔梁连接体系等一系列技术问题。

苏通长江公路大桥控制及影响主航道桥跨径的主要因素如下。

① 苏通大桥桥位通航各种江、海轮，船舶密度大，是长江最繁忙的水道。通航孔布置应按深水深用、浅水浅用及多孔通航的原则，设置一个主通航孔、两个边通航孔、一个专用通航孔及一个洪季通航孔。其中主通航孔按单孔双向通航标准进行设计，通航净空宽度不小于 891m；主通航孔两侧边孔按单孔单向通航标准进行设计，通航净空宽度不

小于 220m。

② 根据河床演变及河势分析报告，桥位处深水区主槽有 300～350m 的摆动范围，因而跨径选择及布置应考虑深槽历史和未来可能的平面变幅，以适应桥梁使用期航道可能在一定范围内摆动的需要，为航道提供更大的调整空间。

③ 由于长江在桥位轴线上游 2～3km 处形成弯道，航道也随其设置，因此跨径选择应给通航留有一定的航向调整富余，对船舶的航行安全、桥墩的防撞有利。

④ 桥址处 −20m 等深线宽约 1000m，−10m 等深线宽约 2000m，主航道桥应尽量覆盖深水区，为通航提供较好条件；并尽量减少深水墩数量，以降低施工难度。

⑤ 结构距航道越远，发生撞击的概率越小，船舶撞击力亦越小。因此，应有一定的通航净宽余量，以减小船舶撞击主体结构的概率，保证结构安全。

⑥ 主桥索塔基础侧面一定范围内存在绕流区，范围 50～70m 左右，绕流区内流速变化的差值梯度很大，船只一旦进入绕流变速区，容易发生撞击桥墩事故，对通航和航行安全极为不利，行船应避开。因此，主跨跨径的选取应保证单侧通航净宽以外富裕约 50～70m，以避开绕流区。

根据上述控制及影响因素，苏通大桥主航道桥主跨至少应满足以下条件。

a. 通航净宽要求：不小于 891m。

b. 索塔基础及防撞设施尺寸：根据设计方案，两侧共 55～85m。

c. 充分考虑主航道的重要性，为保证其在任何情况下均有较好的通航条件，考虑索塔基础侧面绕流区影响范围尺寸：单侧按 50～70m 计，两侧共 100～140m。综合考虑，主跨跨径取 1088m。针对苏通大桥建设条件，结合目前国内外桥梁建设的实际水平，研究并提出了四种主桥桥型方案。

① 主跨 1088m 的双塔斜拉桥方案，边跨设置两个辅助墩，跨径布置为：100＋100＋278＋1088＋278＋100＋100＝2044（m）。

② 主跨 650m 的三塔斜拉桥方案，边跨设置一个辅助墩，跨径布置为：96＋164＋2×650＋164＋96＝1820（m）。

③ 主跨 1510m 的双塔三跨吊悬索桥方案，跨径布置为：453＋1510＋453＝2416（m）。

④ 主跨 1510m 的斜拉-悬索协作体系桥方案，跨径布置为：120＋188＋1510＋188＋120＝2126（m）。

桥型方案概略布置见图 5-5-1。

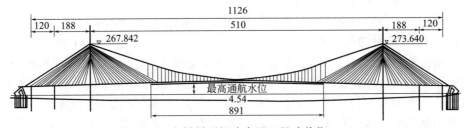

图 5-5-1　主桥桥型概略布置（尺寸单位：m）

世界上已建成的悬索桥的最大主跨跨径为 1991m，修建 1510m 的悬索桥，其上部结构的设计与施工有较成熟的经验，其通航适应性佳。但由于苏通大桥江面宽阔，基底持力层软、埋藏深，使锚碇基础不仅只能放在水中，而且规模巨大，多个深水基础导致施工难度大、工期长、工程造价较高，南岸锚碇基础对局部河势的影响尚需深入研究。此外，其结构抗风能力及其抗风安全性不佳。投资估算表明，主跨 1510m 的悬索桥方案的造价比主跨 1088m 的双塔斜拉桥方案高约 9 亿元。

对主跨1510m的斜拉-悬索协作体系桥方案的研究表明,大跨度斜拉-悬索协作体系桥的建设在技术上是有可能的,但目前跨径超过500m以上尚无工程实例,由于受力复杂,可借鉴的设计与施工经验少,技术不成熟。与同等规模的悬索桥比较,由于大桥地质条件较差,锚碇规模仍相当大,投入的施工设备多,其技术优势不明显。

主跨650m的三塔斜拉桥方案由于在深水区设置了较多的大型结构物,对航运的适应性和应变能力较差,对防止船舶撞击极为不利,对河势的影响也较大。同时这样跨度规模的三塔斜拉桥亦属世界第一,在技术上也有相当大的难度。

对于双塔斜拉桥,日本1999年建成通车的多多罗(Tatara)大桥主跨跨径已经达890m,超过了1995年建成的主跨为856m的法国诺曼底(Normandy)大桥,成为当时世界上主跨跨径最大的斜拉桥,说明国际上修建主跨1000m斜拉桥的技术日趋成熟。苏通大桥主跨1088m双塔斜拉桥方案,由于在深水区大型结构物相对较少,主跨跨径已经满足了双向航道宽度要求和主槽可能出现的摆动范围,对河势影响相对较小,工程造价合理。

经过工可阶段桥梁方案和桥梁关键技术研究,综合各方面的专家意见,可以得出这样的结论:

对于苏通大桥根据其建设条件要求和特点,采用主跨1088m的双塔斜拉桥方案,虽然存在一定的技术难度,尚有许多关键技术有待深化研究,以力争将其建设成为一座技术先进、水平一流的现代化桥梁,但根据国内外目前的建桥和实践水平,经深化研究和必要的科学试验,吸纳国际先进技术,在设计、施工、材料、设备、管理等方面是完全可行的,有关技术问题均是可以解决的。

5.5.2 案例二——瑞士Sunniberg大桥

(1) 特殊的桥梁设计条件

30多年前,瑞士政府提出了在阿尔卑斯山脉地区建造一条高速公路的设想,由于线路将会对环境造成影响而遭遇了强烈的反对,在更多地考虑环境因素的基础上对原设计进行了数次修改,从而使线路中大部分成了隧道。1993年,一个通过克洛斯特斯镇的新方案终于被确定下来了,该通道中最重要的结构是长为4.5km的Gotschna隧道,与该隧道直接相连的就是圣尼伯格桥,该桥与流淌于山谷中的兰德夸特河面之间的净空高度约为50~60m。圣尼伯格桥是整个克洛斯特斯通道最显著的建筑,桥梁概念设计主要取决于三个条件,即桥梁结构必须满足很高的美学需求以及与桥址处的景色相融合、因恶劣的气候条件无法正常养护所引发的高结构耐久性要求、桥梁施工时必须高度重视的自然环境保护因素。

(2) 融入景色主导的概念设计

圣尼伯格桥位于克洛斯特斯镇,是瑞士阿尔卑斯山脉地区的几座最大桥梁之一。考虑到当时的桥梁建设能力,即使这座桥梁存在地形与地质条件困难和位于线路曲线段上这两个难题,建造这样规模的桥梁仍然不会有太大的困难。然而,由于桥梁所处位置十分显眼,将桥梁融合于周围景色是设计中存在的最大挑战。在空旷的乡村山谷中,圣尼伯格桥是唯一的一座重要的人工建筑。从远处眺望,这座桥梁十分显眼,它是克洛斯特斯度假胜地周围的标志性建筑。尽管这座桥梁以醒目的高度跨越山谷,但它却不能够喧宾夺主地支配整个山谷的景色。正是考虑到当地情况,这座桥梁必须设计成既与这个富有乡村气息的地区默默地融合,又保持桥梁自身建筑优美。同时,对于通过铁路或者公路到达的游客,这座桥为他们展示的应该是现代的桥梁技术与独特的建筑景观。

鉴于设计中对这座桥梁的美学要求非同寻常,因此选中了斜拉桥设计方案(图5-5-2)。该方案中的这座桥梁有四个桥塔、三个跨径较大的主跨以及两个跨径较小的边跨。考虑到这座桥是平面弯桥,在主梁两端并未设置伸缩缝而是采取主梁与桥台整体连续的构造。这样的构造使得主梁在桥墩处的纵向和侧向运动受到约束,同时桥墩中由作用在主梁上的部分荷载引起的弯矩从墩顶到墩底线性减少。

桥墩的尺寸反映了墩中弯矩的变化规律。考虑到弯曲路段桥面净空要求,桥塔略微向外倾斜。由于车辆通过桥梁时两旁连续变化的景色,斜拉索的排列样式选择尽可能简洁的竖琴

图 5-5-2 设计方案景观

式排列。桥面由一块板构成,该板的两侧边缘安装有相对修长的刚性构件。这个设计方案的造价大约比耗资最少的传统悬臂梁方案高出 14%。但是考虑到该方案新颖的设计构思,使得这座位于敏感风景中的醒目桥梁非比寻常的优美,追加的投资被认为是非常值得的。

(3) 技术设计概述

① 桥墩 沿桥梁的纵向桥墩呈现出抛物线型的锥状,其宽度同时也发生变化。桥墩的横向宽度从底部的 8.8m 增加到主梁处的 13.4m。因此桥墩呈立体杯状的外形轮廓。塔柱呈隔板状,且高出桥面 15m。沿桥梁纵向,板状的桥塔承担由主梁上局部作用的车辆荷载所引起的弯矩。由于线路在水平面上呈曲线状,两侧对应的斜拉索的索力不同。在横向上,桥塔承担由于两侧索力不同所引起的巨大的横向弯矩。斜拉索锚固于桥塔中部内置的钢板上。桥塔上紧挨主梁下表面设置了巨大的横梁,传递着对应两根塔柱中巨大的横向弯矩,使得桥墩的两根支柱轴向力不同,曲线内侧的支柱大约承担 60%,而外侧的支柱大约承担 40%。

② 主梁断面 主梁断面包含宽度为 12.1m 的板以及两个边梁。在桥梁横向板厚在 0.40m 到 0.32m 之间变化。边梁的外侧设置了可移动的斜拉索锚固点。出于静力原因,板厚沿着桥梁纵向在桥墩处增加。由于所使用的施工方法,边梁使用一次张拉的方法形成完全预应力构件。主梁跨中部分,由于要补偿由于斜拉索的张拉力所引起的主梁内的轴向力下降,该处施加的纵向预应力增大。

③ 斜拉索 斜拉索是由包裹着硬质聚乙烯套的平行钢丝索构成。每根斜拉索由 125~160 根、直径为 7mm 的镀锌钢丝构成,钢丝索使用应力满足 $\sigma_{p,adm} = 0.50 f_{tk}$。由于每根斜拉索都是单独锚固的,因此可以自由调节斜拉索长度。斜拉索锚固口经过了特殊地设计以使其能够承受巨大的变异荷载。

④ 施工过程 这座桥梁的施工工期从 1996 年 7 月开始至 1998 年 10 月结束。将近 2.5 年的施工工期需要对施工过程进行精细的筹划。桥梁使用平衡悬臂施工法,第一阶段的 0 号块长 13m,以后连续施工的相应梁段长度为 6m,使用一对专门建造的挂篮进行主梁架设。在每个施工阶段中,只浇注当前节段的边梁混凝土以及上一节段的中心板区的混凝土。挂篮前移之前,进行斜拉索的挂索与锚固。施工时四个主塔两侧的悬臂都是由 7~9 个 6m 长度的主梁节段所组成。

这座桥梁获得了 2001 年国际桥协杰出结构奖,也是第一项获得杰出结构奖的桥梁工程项目,被认为是"基于敏感风景区的一项精制的结构艺术创举"。

5.5.3 案例三——法国米约大桥

(1) 特殊的桥梁设计条件

米约高架桥是 A75 高速公路上的一座主要桥梁,连接北欧和西班牙东部。米约市位于

塔恩河和多比河的交汇处，这两条河流在古老的马塞夫中部高原上形成了两条深谷。由于高架桥必须从北边约600m的高地跨越宽阔的河谷到南边720m高的拉尔扎克高原，道路选线并不是一件容易的事情，更何况还要考虑到地基中由于黏土所造成的不稳定土壤。

遵循桥梁长度最小的原则选择桥位，以北边601m高度和南边675m为基准连一条直线，这条直线长约2.5km，直线离塔恩河床底约275m（图5-5-3），显然墩高具有很大的挑战性。米约大桥的设计条件可以简单表述为在长度2.5km和高差275m的河谷上布置一座多跨纤细的优美桥梁，并兼顾采用合理的施工方法。

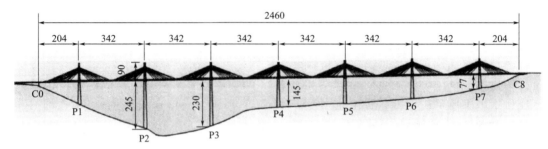

图5-5-3　桥位河谷断面（单位：m）

(2) 合理分孔主导的概念设计

首先跨越塔恩河需要200m以上的跨径，而且跨径越大墩高越低；相邻的两个桥跨大小与墩高关系也很密切，但是其他桥跨跨径与墩高关系不大。为了追求建筑效果首先应当考虑等跨布置桥梁，而最传统的高墩等跨布置桥梁就是连续刚构，一般连续刚构桥的跨度在150~200m之间，即使最大的300m跨度连续刚构，也需要设置9个以上的高桥墩。为了尽量减少桥墩的数量，必须加大桥跨跨度，而将跨度突破300m就必须做成斜拉或悬吊结构，这便是1990年Michel Virlogeux最先提出的7塔8跨连续斜拉桥方案的基本思路（图5-5-4）。

图5-5-4　桥梁照片

桥型和跨径确定之后，还必须兼顾因地制宜的施工方法。传统的施工斜拉桥的方法是对称悬臂施工法，这在米约大桥上就意味着要同时或先后在8个桥塔上进行16个工作面和9个合龙点的复杂施工，如此多和分散的施工点，施工质量很难控制。法国人秉承浪漫的天性，提出了梁端带一个索塔和部分拉索的加劲梁和中间临时墩减少跨度的从两端向中间顶推的施工方法（图5-5-5），创造性地解决了因地制宜施工问题。

(3) 技术设计概述

① 桥梁断面　米约高架桥全长2460m长，由8跨342m的斜拉结构组成，两个边

图5-5-5　两端顶推施工方法

跨204m。主梁采用正交异性板钢箱梁，截面为简洁的流线三角形（图5-5-6），中间两道腹板是为了顶推施工而专门设置的。包括风嘴的桥面全宽为32.05m，设双向四车道和两条3m宽的紧急停车带。紧急停车带外侧的风嘴上，专门设计了能够降低侧向风速的风障，以便改善侧风行车安全性。

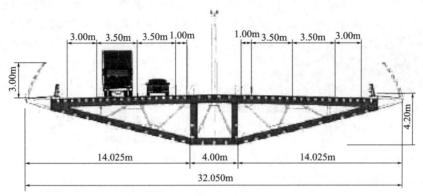

图5-5-6 桥梁断面

② 桥墩 桥墩设计必须考虑多跨非对称活载所引起的纵桥向不平衡力以及不同高度处温度对箱型截面的影响。为了抵抗由于极端高度而引起的弯矩，墩身采用宽阔强大的箱型截面，但在最上端的90m范围内纵向分成两叉（图5-5-7）。箱梁桥面采用竖向预应力筋固定到桥墩的两个分叉支座上，最后将倒V字形塔固定住。在极端不对称活载作用下，每个支座可以承受100MN的垂直荷载。

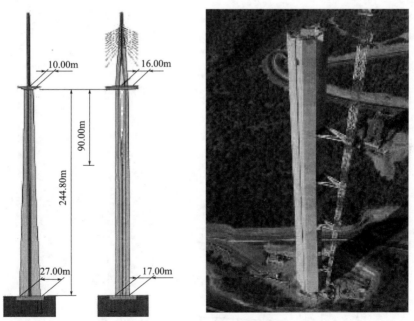

图5-5-7 典型桥墩

两个最高的桥墩分别有245m和223m，加上塔式起重机，可以达到275m的高度。因此，有必要将塔式起重机在每一个施工步骤中都固定到相应的桥墩上。每个桥墩基础由四个4～5m直径、9～16m深的沉井组成。

③ 顶推系统 钢箱梁桥面顶推从两端开始，在跨越塔恩河的两侧桥墩中间合龙。为了减

图 5-5-8 顶推系统

小跨度，除了塔恩河合龙跨之外，都设置由一个钢管桁架结构的中间临时墩（图 5-5-8）。为了控制最大悬臂长度不超过 150m，中间临时墩上设两个跨距为 12m 的支点。每一个周期的顶推作业相当于 171m 长，在良好的气候条件下需要 5d 时间。当天气预报风速大于 37km/h 时，必须停止顶推作业。

④ 桥塔　2004 年 5 月 18 日塔恩河跨合龙后，由工厂预制的桥塔构件被运送到各个桥塔位置，安装固定后悬挂和张拉斜拉索，最终完成施工。

这座桥梁获得了 2006 年国际桥协杰出结构奖，被认为是"一座翱翔在连接两个高地的深深峡谷中的优美纤细的桥梁、创造性的顶推施工推动了桥梁施工的技术进步"。

参考文献

[1] JTG D60—2015 公路桥涵设计通用规范 [S].
[2] TB 10002—2017 铁路桥涵设计规范 [S].
[3] JTG B01—2014 公路工程技术标准 [S].
[4] JTG D81—2017 公路交通安全设施设计规范 [S].
[5] JTG 3362—2018 公路钢筋混凝土及预应力混凝土桥涵设计规范 [S].
[6] JTG/T F50—2011 公路桥涵施工技术规范 [S].
[7] JTG/T 3365-01—2020 公路斜拉桥设计规范 [S].
[8] 万明坤,项海帆,等.桥梁漫笔 [M].北京:中国铁道出版社,2015.
[9] 项海帆.桥梁概念设计 [M].北京:人民交通出版社,2018.
[10] 范立础.桥上工程(上册)[M].北京:人民交通出版社,2017.
[11] 邵旭东.桥梁工程 [M].北京:人民交通出版社,2016.
[12] 顾安邦,向中富.桥上工程(下册)[M].北京:人民交通出版社,2017.
[13] 叶见曙.结构设计原理 [M].北京:人民交通出版社,2018.
[14] 魏红一,王志强.桥梁施工及组织管理 [M].北京:人民交通出版社,2016.
[15] 周传林.桥梁上部施工技术 [M].北京:人民交通出版社,2014.
[16] 满洪高.桥梁上部施工技术 [M].北京:高等教育出版社,2012.
[17] 申爱国.桥梁工程施工技术 [M].武汉:武汉大学出版社,2016.
[18] 余丹丹.桥梁工程与施工技术 [M].北京:中国水利水电出版社,2014.